2026 박문각 행정사

5년 최다
★ 전체 수석 ★
합격자 배출

행정사 2차
수험용 법전

2차 | 법령집

박문각 행정사연구소 편 _ 임병주

시험과목별 법령 편성!!

PREFACE

머리말

I. 수험용 법전의 활용방법

1. 행정사시험 과목은 '법령'입니다.

행정사자격증 취득 준비를 시작하는 분들이 범하시는 오류 중 하나는 시험과목에 대한 정확한 이해를 못하는 것입니다. 행정사의 업무는 행정과 관련되어 있고 그 행정은 행정법령에 의해서 내용과 절차가 정해져 있습니다. 그래서 행정사자격증 시험과목은 바로 '법령'으로 구성되어 있습니다. 그러나 법령을 중심으로 시험과목이 정해져 있음에도 존재하는 법령을 중심으로 공부하지 않고, 막연하게 추상적 접근방법으로 공부를 하기 때문에 학습이 어려워지고, 결론적으로 합격할 확률은 줄어듭니다.

2. 법전을 자주 보면서 생각하고 암기해야 합니다.

사례논술형·단문약술형 모두 법령을 중심으로 논리적으로 서술해가는 것이 주관식 시험입니다. 기본서로 내용을 이해하였다면 법전을 휴대하고 다니면서 범위별 법령의 조문을 읽고, 생각하고, 암기하여야 합니다.

3. 법전의 법령 중 기출표시된 부분은 완전히 자신의 것으로 만들어야 합니다.

법전에 수록된 법령 중 행정사시험에 기출된 부분에 표시를 해두었습니다. 표시된 부분은 반복 출제될 가능성이 높고, 주요 부분이기 때문에 그와 관련된 내용을 조문을 중심으로 체계적으로 정리해 두어야 합니다. 그러나 혼자서 법률의 조문을 읽고 이를 체계화한다는 것은 어렵고, 많은 시간을 필요로 합니다. 결국 전문가의 조력을 받아야 하고 이를 위해 수업이 있는 것입니다. 수업을 통해 내용을 이해하고 체계를 잡는 한편, 법전을 휴대하여 조문을 부지런히 암기하시기 바랍니다.

4. 법령의 조문을 답안지에 서술하는 것이 주관식 시험입니다.

시험을 준비하는 분들의 첫 마디는 "어렵다"입니다. 교재도 어렵고, 강의도 어렵고… 그래서 여기저기 찾아 헤매다 시간낭비를 하게 됩니다. 그러나 합격을 위하여 중요한 것은 어려운 법령의 조문을 답안에 직접 써야 한다는 것입니다. 집중하고 반복하고 암기하여야 서술할 수 있습니다. 이때 서술도 법령의 조문 용어를 중심으로 이루어져야 합니다. 결국 법령(조문)과 친해지지 않으면 행정사시험은 합격할 수 없습니다.

행정사 2차
수험용 법전

II. 수험용 법전의 구성형태

1. 과목별 구성

민법계약, 행정절차론, 사무관리론, 행정사실무법으로 구분하여 각 과목별로 관련 법령을 편성하였습니다.

2. 법률조문과 관련 부속법령 연결

법률조문 밑에 관련된 법령을 함께 연계하여 구성하였습니다. 예를 들어 민법계약의 임대차기간 조문 밑에 주택임대차보호법의 임대차기간과 상가건물임대차보호법의 임대차기간을 함께 수록하는 방식입니다. 또한 법률과 시행령 또는 시행령과 시행규칙을 별도로 수록하지 않고, 법률조문 밑에 관련 시행령을 함께 묶는 방식으로 구성하였습니다.

글을 맺으며

도움 주신 출판사 관계자분들께 지면을 통해서나마 깊은 감사의 마음을 표합니다. 더불어 시험을 준비하는 분들께도 조금이나마 도움이 되었으면 합니다.

편저자 임병주 올림

CONTENTS

차 례

제1편 　민법계약

01 민법　　　　　　　　　　　　　　　　　　　　· 08

제2편 　행정절차론

01 행정절차법　　　　　　　　　　　　　　　　　· 42

02 공공기관의 정보공개에 관한 법률　　　　　　· 64

03 개인정보 보호법　　　　　　　　　　　　　　· 76

04 행정조사기본법　　　　　　　　　　　　　　· 133

05 가족관계의 등록 등에 관한 법률　　　　　　· 143

06 주민등록법　　　　　　　　　　　　　　　　· 173

07 질서위반행위규제법　　　　　　　　　　　　· 194

08 행정규제기본법　　　　　　　　　　　　　　· 207

행정사 2차
수험용 법전

제 3 편 　사무관리론

01 행정업무의 운영 및 혁신에 관한 규정 　· 222

02 민원 처리에 관한 법률 　· 258

제 4 편 　행정사실무법

01 행정심판법 　· 298

02 행정사법 　· 320

03 비송사건절차법 　· 335

행정사 2차
수험용 법전

01 민법

제1편

민법계약

민법
(주택임대차보호법과 상가건물 임대차보호법 포함)

[시행 2026. 1. 1.] [법률 제20432호, 2024. 9. 20., 일부개정]

제3편 채권

제2장 계약

제1절 총칙

제1관 계약의 성립

제527조【계약의 청약의 구속력】계약의 청약은 이를 철회하지 못한다.

제528조【승낙기간을 정한 계약의 청약】① 승낙의 기간을 정한 계약의 청약은 청약자가 그 기간 내에 승낙의 통지를 받지 못한 때에는 그 효력을 잃는다.
② 승낙의 통지가 전항의 기간 후에 도달한 경우에 보통 그 기간 내에 도달할 수 있는 발송인 때에는 청약자는 지체 없이 상대방에게 그 연착의 통지를 하여야 한다. 그러나 그 도달 전에 지연의 통지를 발송한 때에는 그러하지 아니하다.
③ 청약자가 전항의 통지를 하지 아니한 때에는 승낙의 통지는 연착되지 아니한 것으로 본다.

제529조【승낙기간을 정하지 아니한 계약의 청약】승낙의 기간을 정하지 아니한 계약의 청약은 청약자가 상당한 기간 내에 승낙의 통지를 받지 못한 때에는 그 효력을 잃는다.

제530조【연착된 승낙의 효력】전2조의 경우에 연착된 승낙은 청약자가 이를 새 청약으로 볼 수 있다.

제531조【격지자간의 계약성립시기】격지자간의 계약은 승낙의 통지를 발송한 때에 성립한다.

제532조【의사실현에 의한 계약성립】청약자의 의사표시나 관습에 의하여 승낙의 통지가 필요하지 아니한 경우에는 계약은 승낙의 의사표시로 인정되는 사실이 있는 때에 성립한다.

제533조【교차청약】당사자간에 동일한 내용의 청약이 상호교차된 경우에는 양청약이 상대방에게 도달한 때에 계약이 성립한다.

> 2022년 제10회 약술형
> 교차청약

제534조【변경을 가한 승낙】승낙자가 청약에 대하여 조건을 붙이거나 변경을 가하여 승낙한 때에는 그 청약의 거절과 동시에 새로 청약한 것으로 본다.

제535조【계약체결상의 과실】① 목적이 불능한 계약을 체결할 때에 그 불능을 알았거나 알 수 있었을 자는 상대방이 그 계약의 유효를 믿었음으로 인하여 받은 손해를 배상하여야 한다. 그러나 그 배상액은 계약이 유효함으로 인하여 생길 이익액을 넘지 못한다.
② 전항의 규정은 상대방이 그 불능을 알았거나 알 수 있었을 경우에는 적용하지 아니한다.

2016년 제4회, 2019년 제7회 논술형 쟁점
2024년 제12회 약술형
계약체결상 과실책임

제2관 계약의 효력

제536조【동시이행의 항변권】① 쌍무계약의 당사자 일방은 상대방이 그 채무이행을 제공할 때까지 자기의 채무이행을 거절할 수 있다. 그러나 상대방의 채무가 변제기에 있지 아니하는 때에는 그러하지 아니하다.
② 당사자 일방이 상대방에게 먼저 이행하여야 할 경우에 상대방의 이행이 곤란할 현저한 사유가 있는 때에는 전항 본문과 같다.

2015년 제3회 논술형 쟁점, 2020년 제8회 약술형
동시이행항변의 타당성

제537조【채무자위험부담주의】쌍무계약의 당사자 일방의 채무가 당사자 쌍방의 책임 없는 사유로 이행할 수 없게 된 때에는 채무자는 상대방의 이행을 청구하지 못한다.

2014년 제2회 논술형 쟁점
2018년 제6회, 2021년 제9회 약술형
위험부담

제538조【채권자귀책사유로 인한 이행불능】① 쌍무계약의 당사자 일방의 채무가 채권자의 책임 있는 사유로 이행할 수 없게 된 때에는 채무자는 상대방의 이행을 청구할 수 있다. 채권자의 수령지체 중에 당사자 쌍방의 책임 없는 사유로 이행할 수 없게 된 때에도 같다.
② 전항의 경우에 채무자는 자기의 채무를 면함으로써 이익을 얻은 때에는 이를 채권자에게 상환하여야 한다.

제539조【제삼자를 위한 계약】① 계약에 의하여 당사자 일방이 제삼자에게 이행할 것을 약정한 때에는 그 제삼자는 채무자에게 직접 그 이행을 청구할 수 있다.
② 전항의 경우에 제삼자의 권리는 그 제삼자가 채무자에 대하여 계약의 이익을 받을 의사를 표시한 때에 생긴다.

2018년 제6회, 2025년 제13회 논술형 쟁점
2023년 제11회 약술형
제3자의 법적 지위

제540조【채무자의 제삼자에 대한 최고권】전조의 경우에 채무자는 상당한 기간을 정하여 계약의 이익의 향수여부의 확답을 제삼자에게 최고할 수 있다. 채무자가 그 기간 내에 확답을 받지 못한 때에는 제삼자가 계약의 이익을 받을 것을 거절한 것으로 본다.

제541조【제삼자의 권리의 확정】제539조의 규정에 의하여 제삼자의 권리가 생긴 후에는 당사자는 이를 변경 또는 소멸시키지 못한다.

제542조【채무자의 항변권】 채무자는 제539조의 계약에 기한 항변으로 그 계약의 이익을 받을 제삼자에게 대항할 수 있다.

제3관 계약의 해지, 해제

제543조【해지, 해제권】 ① 계약 또는 법률의 규정에 의하여 당사자의 일방이나 쌍방이 해지 또는 해제의 권리가 있는 때에는 그 해지 또는 해제는 상대방에 대한 의사표시로 한다.
② 전항의 의사표시는 철회하지 못한다.

제544조【이행지체와 해제】 당사자 일방이 그 채무를 이행하지 아니하는 때에는 상대방은 상당한 기간을 정하여 그 이행을 최고하고 그 기간 내에 이행하지 아니한 때에는 계약을 해제할 수 있다. 그러나 채무자가 미리 이행하지 아니할 의사를 표시한 경우에는 최고를 요하지 아니한다.

제545조【정기행위와 해제】 계약의 성질 또는 당사자의 의사표시에 의하여 일정한 시일 또는 일정한 기간 내에 이행하지 아니하면 계약의 목적을 달성할 수 없을 경우에 당사자 일방이 그 시기에 이행하지 아니한 때에는 상대방은 전조의 최고를 하지 아니하고 계약을 해제할 수 있다.

제546조【이행불능과 해제】 채무자의 책임 있는 사유로 이행이 불능하게 된 때에는 채권자는 계약을 해제할 수 있다.

제547조【해지, 해제권의 불가분성】 ① 당사자의 일방 또는 쌍방이 수인인 경우에는 계약의 해지나 해제는 그 전원으로부터 또는 전원에 대하여 하여야 한다.
② 전항의 경우에 해지나 해제의 권리가 당사자 1인에 대하여 소멸한 때에는 다른 당사자에 대하여도 소멸한다.

제548조【해제의 효과, 원상회복의무】 ① 당사자 일방이 계약을 해제한 때에는 각 당사자는 그 상대방에 대하여 원상회복의 의무가 있다. 그러나 제삼자의 권리를 해하지 못한다.
② 전항의 경우에 반환할 금전에는 그 받은 날로부터 이자를 가하여야 한다.

제549조【원상회복의무와 동시이행】 제536조의 규정은 전조의 경우에 준용한다.

제550조【해지의 효과】 당사자 일방이 계약을 해지한 때에는 계약은 장래에 대하여 그 효력을 잃는다.

제551조【해지, 해제와 손해배상】 계약의 해지 또는 해제는 손해배상의 청구에 영향을 미치지 아니한다.

> 2013년 제1회, 2021년 제9회, 2022년 제10회 논술형 쟁점
> 해제의 효과

제552조【해제권행사여부의 최고권】① 해제권의 행사의 기간을 정하지 아니한 때에는 상대방은 상당한 기간을 정하여 해제권행사여부의 확답을 해제권자에게 최고할 수 있다.
② 전항의 기간 내에 해제의 통지를 받지 못한 때에는 해제권은 소멸한다.

제553조【훼손 등으로 인한 해제권의 소멸】해제권자의 고의나 과실로 인하여 계약의 목적물이 현저히 훼손되거나 이를 반환할 수 없게 된 때 또는 가공이나 개조로 인하여 다른 종류의 물건으로 변경된 때에는 해제권은 소멸한다.

제2절 증여

제554조【증여의 의의】증여는 당사자 일방이 무상으로 재산을 상대방에 수여하는 의사를 표시하고 상대방이 이를 승낙함으로써 그 효력이 생긴다.

> 2017년 제5회 약술형, 2025년 제13회 논술형 쟁점
> 증여계약의 특유한 해제원인 3가지

제555조【서면에 의하지 아니한 증여와 해제】증여의 의사가 서면으로 표시되지 아니한 경우에는 각 당사자는 이를 해제할 수 있다.

제556조【수증자의 행위와 증여의 해제】① 수증자가 증여자에 대하여 다음 각 호의 사유가 있는 때에는 증여자는 그 증여를 해제할 수 있다.
1. 증여자 또는 그 배우자나 직계혈족에 대한 범죄행위가 있는 때
2. 증여자에 대하여 부양의무 있는 경우에 이를 이행하지 아니하는 때
② 전항의 해제권은 해제원인 있음을 안 날로부터 6월을 경과하거나 증여자가 수증자에 대하여 용서의 의사를 표시한 때에는 소멸한다.

> 2021년 제9회 논술형 쟁점
> 증여계약의 해제

제557조【증여자의 재산상태변경과 증여의 해제】증여계약 후에 증여자의 재산상태가 현저히 변경되고 그 이행으로 인하여 생계에 중대한 영향을 미칠 경우에는 증여자는 증여를 해제할 수 있다.

제558조【해제와 이행완료부분】전3조의 규정에 의한 계약의 해제는 이미 이행한 부분에 대하여는 영향을 미치지 아니한다.

> 2017년 제5회 약술형
> 증여계약의 해제와 이행완료부분에 대한 효력

제559조【증여자의 담보책임】① 증여자는 증여의 목적인 물건 또는 권리의 하자나 흠결에 대하여 책임을 지지 아니한다. 그러나 증여자가 그 하자나 흠결을 알고 수증자에게 고지하지 아니한 때에는 그러하지 아니하다.
② 상대부담 있는 증여에 대하여는 증여자는 그 부담의 한도에서 매도인과 같은 담보의 책임이 있다.

제560조【정기증여와 사망으로 인한 실효】정기의 급여를 목적으로 한 증여는 증여자 또는 수증자의 사망으로 인하여 그 효력을 잃는다.

제561조【부담부증여】상대부담 있는 증여에 대하여는 본절의 규정 외에 쌍무계약에 관한 규정을 적용한다.

> 2020년 제8회 논술형 쟁점
> 부담부증여

제562조【사인증여】 증여자의 사망으로 인하여 효력이 생길 증여에는 유증에 관한 규정을 준용한다.

제3절 매매

제1관 총칙

제563조【매매의 의의】 매매는 당사자 일방이 재산권을 상대방에게 이전할 것을 약정하고 상대방이 그 대금을 지급할 것을 약정함으로써 그 효력이 생긴다.

제564조【매매의 일방예약】 ① 매매의 일방예약은 상대방이 매매를 완결할 의사를 표시하는 때에 매매의 효력이 생긴다.
② 전항의 의사표시의 기간을 정하지 아니한 때에는 예약자는 상당한 기간을 정하여 매매완결여부의 확답을 상대방에게 최고할 수 있다.
③ 예약자가 전항의 기간 내에 확답을 받지 못한 때에는 예약은 그 효력을 잃는다.

제565조【해약금】 ① 매매의 당사자 일방이 계약 당시에 금전 기타 물건을 계약금, 보증금등의 명목으로 상대방에게 교부한 때에는 당사자간에 다른 약정이 없는 한 당사자의 일방이 이행에 착수할 때까지 교부자는 이를 포기하고 수령자는 그 배액을 상환하여 매매계약을 해제할 수 있다.
② 제551조의 규정은 전항의 경우에 이를 적용하지 아니한다.

> 2017년 제5회 약술형
> 해약금의 효력
> 2018년 제6회, 2023년
> 제11회 논술형 쟁점
> 해약금에 의한 해제 가능성

제566조【매매계약의 비용의 부담】 매매계약에 관한 비용은 당사자 쌍방이 균분하여 부담한다.

제567조【유상계약에의 준용】 본절의 규정은 매매 이외의 유상계약에 준용한다. 그러나 그 계약의 성질이 이를 허용하지 아니하는 때에는 그러하지 아니하다.

제2관 매매의 효력

제568조【매매의 효력】 ① 매도인은 매수인에 대하여 매매의 목적이 된 권리를 이전하여야 하며 매수인은 매도인에게 그 대금을 지급하여야 한다.
② 전항의 쌍방의무는 특별한 약정이나 관습이 없으면 동시에 이행하여야 한다.

제569조【타인의 권리의 매매】 매매의 목적이 된 권리가 타인에게 속한 경우에는 매도인은 그 권리를 취득하여 매수인에게 이전하여야 한다.

제570조【동전-매도인의 담보책임】전조의 경우에 매도인이 그 권리를 취득하여 매수인에게 이전할 수 없는 때에는 매수인은 계약을 해제할 수 있다. 그러나 매수인이 계약 당시 그 권리가 매도인에게 속하지 아니함을 안 때에는 손해배상을 청구하지 못한다.

2016년 제4회 논술형 쟁점, 2022년 제10회 약술형 타인권리 매매와 매도인의 담보책임

제571조【동전-선의의 매도인의 담보책임】① 매도인이 계약 당시에 매매의 목적이 된 권리가 자기에게 속하지 아니함을 알지 못한 경우에 그 권리를 취득하여 매수인에게 이전할 수 없는 때에는 매도인은 손해를 배상하고 계약을 해제할 수 있다.
② 전항의 경우에 매수인이 계약 당시 그 권리가 매도인에게 속하지 아니함을 안 때에는 매도인은 매수인에 대하여 그 권리를 이전할 수 없음을 통지하고 계약을 해제할 수 있다.

제572조【권리의 일부가 타인에게 속한 경우와 매도인의 담보책임】① 매매의 목적이 된 권리의 일부가 타인에게 속함으로 인하여 매도인이 그 권리를 취득하여 매수인에게 이전할 수 없는 때에는 매수인은 그 부분의 비율로 대금의 감액을 청구할 수 있다.
② 전항의 경우에 잔존한 부분만이면 매수인이 이를 매수하지 아니하였을 때에는 선의의 매수인은 계약전부를 해제할 수 있다.
③ 선의의 매수인은 감액청구 또는 계약해제 외에 손해배상을 청구할 수 있다.

제573조【전조의 권리행사의 기간】전조의 권리는 매수인이 선의인 경우에는 사실을 안 날로부터, 악의인 경우에는 계약한 날로부터 1년 내에 행사하여야 한다.

제574조【수량부족, 일부멸실의 경우와 매도인의 담보책임】전2조의 규정은 수량을 지정한 매매의 목적물이 부족되는 경우와 매매목적물의 일부가 계약 당시에 이미 멸실된 경우에 매수인이 그 부족 또는 멸실을 알지 못한 때에 준용한다.

제575조【제한물권 있는 경우와 매도인의 담보책임】① 매매의 목적물이 지상권, 지역권, 전세권, 질권 또는 유치권의 목적이 된 경우에 매수인이 이를 알지 못한 때에는 이로 인하여 계약의 목적을 달성할 수 없는 경우에 한하여 매수인은 계약을 해제할 수 있다. 기타의 경우에는 손해배상만을 청구할 수 있다.
② 전항의 규정은 매매의 목적이 된 부동산을 위하여 존재할 지역권이 없거나 그 부동산에 등기된 임대차계약이 있는 경우에 준용한다.
③ 전2항의 권리는 매수인이 그 사실을 안 날로부터 1년 내에 행사하여야 한다.

제576조【저당권, 전세권의 행사와 매도인의 담보책임】① 매매의 목적이 된 부동산에 설정된 저당권 또는 전세권의 행사로 인하여 매수인이 그 소유권을 취득할 수 없거나 취득한 소유권을 잃은 때에는 매수인은 계약을 해제할 수 있다.
② 전항의 경우에 매수인의 출재로 그 소유권을 보존한 때에는 매도인에 대하여 그 상환을 청구할 수 있다.
③ 전2항의 경우에 매수인이 손해를 받은 때에는 그 배상을 청구할 수 있다.

제577조【저당권의 목적이 된 지상권, 전세권의 매매와 매도인의 담보책임】 전조의 규정은 저당권의 목적이 된 지상권 또는 전세권이 매매의 목적이 된 경우에 준용한다.

제578조【경매와 매도인의 담보책임】① 경매의 경우에는 경락인은 전8조의 규정에 의하여 채무자에게 계약의 해제 또는 대금감액의 청구를 할 수 있다.
② 전항의 경우에 채무자가 자력이 없는 때에는 경락인은 대금의 배당을 받은 채권자에 대하여 그 대금전부나 일부의 반환을 청구할 수 있다.
③ 전2항의 경우에 채무자가 물건 또는 권리의 흠결을 알고 고지하지 아니하거나 채권자가 이를 알고 경매를 청구한 때에는 경락인은 그 흠결을 안 채무자나 채권자에 대하여 손해배상을 청구할 수 있다.

제579조【채권매매와 매도인의 담보책임】① 채권의 매도인이 채무자의 자력을 담보한 때에는 매매계약 당시의 자력을 담보한 것으로 추정한다.
② 변제기에 도달하지 아니한 채권의 매도인이 채무자의 자력을 담보한 때에는 변제기의 자력을 담보한 것으로 추정한다.

2018년 제6회 약술형 물건의 하자에 대한 매도인의 담보책임

제580조【매도인의 하자담보책임】① 매매의 목적물에 하자가 있는 때에는 제575조 제1항의 규정을 준용한다. 그러나 매수인이 하자 있는 것을 알았거나 과실로 인하여 이를 알지 못한 때에는 그러하지 아니하다.
② 전항의 규정은 경매의 경우에 적용하지 아니한다.

제581조【종류매매와 매도인의 담보책임】① 매매의 목적물을 종류로 지정한 경우에도 그 후 특정된 목적물에 하자가 있는 때에는 전조의 규정을 준용한다.
② 전항의 경우에 매수인은 계약의 해제 또는 손해배상의 청구를 하지 아니하고 하자 없는 물건을 청구할 수 있다.

제582조【전2조의 권리행사기간】 전2조에 의한 권리는 매수인이 그 사실을 안 날로부터 6월 내에 행사하여야 한다.

제583조【담보책임과 동시이행】 제536조의 규정은 제572조 내지 제575조, 제580조 및 제581조의 경우에 준용한다.

제584조【담보책임면제의 특약】매도인은 전15조에 의한 담보책임을 면하는 특약을 한 경우에도 매도인이 알고 고지하지 아니한 사실 및 제삼자에게 권리를 설정 또는 양도한 행위에 대하여는 책임을 면하지 못한다.

제585조【동일기한의 추정】매매의 당사자 일방에 대한 의무이행의 기한이 있는 때에는 상대방의 의무이행에 대하여도 동일한 기한이 있는 것으로 추정한다.

제586조【대금지급장소】매매의 목적물의 인도와 동시에 대금을 지급할 경우에는 그 인도장소에서 이를 지급하여야 한다.

제587조【과실의 귀속, 대금의 이자】매매계약 있은 후에도 인도하지 아니한 목적물로부터 생긴 과실은 매도인에게 속한다. 매수인은 목적물의 인도를 받은 날로부터 대금의 이자를 지급하여야 한다. 그러나 대금의 지급에 대하여 기한이 있는 때에는 그러하지 아니하다.

> 2015년 제3회 논술형
> 쟁점
> 매매목적물 인도 전 과실수취권

제588조【권리주장자가 있는 경우와 대금지급거절권】매매의 목적물에 대하여 권리를 주장하는 자가 있는 경우에 매수인이 매수한 권리의 전부나 일부를 잃을 염려가 있는 때에는 매수인은 그 위험의 한도에서 대금의 전부나 일부의 지급을 거절할 수 있다. 그러나 매도인이 상당한 담보를 제공한 때에는 그러하지 아니하다.

제589조【대금공탁청구권】전조의 경우에 매도인은 매수인에 대하여 대금의 공탁을 청구할 수 있다.

제3관 환매

제590조【환매의 의의】① 매도인이 매매계약과 동시에 환매할 권리를 보류한 때에는 그 영수한 대금 및 매수인이 부담한 매매비용을 반환하고 그 목적물을 환매할 수 있다.
② 전항의 환매대금에 관하여 특별한 약정이 있으면 그 약정에 의한다.
③ 전2항의 경우에 목적물의 과실과 대금의 이자는 특별한 약정이 없으면 이를 상계한 것으로 본다.

> 2019년 제7회 약술형
> 환매와 재매매 예약

제591조【환매기간】① 환매기간은 부동산은 5년, 동산은 3년을 넘지 못한다. 약정기간이 이를 넘는 때에는 부동산은 5년, 동산은 3년으로 단축한다.
② 환매기간을 정한 때에는 다시 이를 연장하지 못한다.
③ 환매기간을 정하지 아니한 때에는 그 기간은 부동산은 5년, 동산은 3년으로 한다.

제592조【환매등기】매매의 목적물이 부동산인 경우에 매매등기와 동시에 환매권의 보류를 등기한 때에는 제삼자에 대하여 그 효력이 있다.

제593조 【환매권의 대위행사와 매수인의 권리】 매도인의 채권자가 매도인을 대위하여 환매하고자 하는 때에는 매수인은 법원이 선정한 감정인의 평가액에서 매도인이 반환할 금액을 공제한 잔액으로 매도인의 채무를 변제하고 잉여액이 있으면 이를 매도인에게 지급하여 환매권을 소멸시킬 수 있다.

제594조 【환매의 실행】 ① 매도인은 기간 내에 대금과 매매비용을 매수인에게 제공하지 아니하면 환매할 권리를 잃는다.

② 매수인이나 전득자가 목적물에 대하여 비용을 지출한 때에는 매도인은 제203조의 규정에 의하여 이를 상환하여야 한다. 그러나 유익비에 대하여는 법원은 매도인의 청구에 의하여 상당한 상환기간을 허여할 수 있다.

제595조 【공유지분의 환매】 공유자의 1인이 환매할 권리를 보류하고 그 지분을 매도한 후 그 목적물의 분할이나 경매가 있는 때에는 매도인은 매수인이 받은 또는 받을 부분이나 대금에 대하여 환매권을 행사할 수 있다. 그러나 매도인에게 통지하지 아니한 매수인은 그 분할이나 경매로써 매도인에게 대항하지 못한다.

제4절 교환

제596조 【교환의 의의】 교환은 당사자 쌍방이 금전 이외의 재산권을 상호 이전할 것을 약정함으로써 그 효력이 생긴다.

제597조 【금전의 보충지급의 경우】 당사자 일방이 전조의 재산권이전과 금전의 보충지급을 약정한 때에는 그 금전에 대하여는 매매대금에 관한 규정을 준용한다.

제5절 소비대차

제598조 【소비대차의 의의】 소비대차는 당사자 일방이 금전 기타 대체물의 소유권을 상대방에게 이전할 것을 약정하고 상대방은 그와 같은 종류, 품질 및 수량으로 반환할 것을 약정함으로써 그 효력이 생긴다.

제599조 【파산과 소비대차의 실효】 대주가 목적물을 차주에게 인도하기 전에 당사자 일방이 파산선고를 받은 때에는 소비대차는 그 효력을 잃는다.

제600조 【이자계산의 시기】 이자 있는 소비대차는 차주가 목적물의 인도를 받은 때로부터 이자를 계산하여야 하며 차주가 그 책임 있는 사유로 수령을 지체할 때에는 대주가 이행을 제공한 때로부터 이자를 계산하여야 한다.

제601조 【무이자소비대차와 해제권】 이자 없는 소비대차의 당사자는 목적물의 인도 전에는 언제든지 계약을 해제할 수 있다. 그러나 상대방에게 생긴 손해가 있는 때에는 이를 배상하여야 한다.

제602조 【대주의 담보책임】 ① 이자 있는 소비대차의 목적물에 하자가 있는 경우에는 제580조 내지 제582조의 규정을 준용한다.
② 이자 없는 소비대차의 경우에는 차주는 하자 있는 물건의 가액으로 반환할 수 있다. 그러나 대주가 그 하자를 알고 차주에게 고지하지 아니한 때에는 전항과 같다.

제603조 【반환시기】 ① 차주는 약정시기에 차용물과 같은 종류, 품질 및 수량의 물건을 반환하여야 한다.
② 반환시기의 약정이 없는 때에는 대주는 상당한 기간을 정하여 반환을 최고하여야 한다. 그러나 차주는 언제든지 반환할 수 있다.

제604조 【반환불능으로 인한 시가상환】 차주가 차용물과 같은 종류, 품질 및 수량의 물건을 반환할 수 없는 때에는 그때의 시가로 상환하여야 한다. 그러나 제376조 및 제377조 제2항의 경우에는 그러하지 아니하다.

제605조 【준소비대차】 당사자 쌍방이 소비대차에 의하지 아니하고 금전 기타의 대체물을 지급할 의무가 있는 경우에 당사자가 그 목적물을 소비대차의 목적으로 할 것을 약정한 때에는 소비대차의 효력이 생긴다.

> 2015년 제3회 약술형
> 준소비대차의 의의, 성립요건, 효과

제606조 【대물대차】 금전대차의 경우에 차주가 금전에 갈음하여 유가증권 기타 물건의 인도를 받은 때에는 그 인도시의 가액으로써 차용액으로 한다.

제607조 【대물반환의 예약】 차용물의 반환에 관하여 차주가 차용물에 갈음하여 다른 재산권을 이전할 것을 예약한 경우에는 그 재산의 예약 당시의 가액이 차용액 및 이에 붙인 이자의 합산액을 넘지 못한다.

제608조 【차주에 불이익한 약정의 금지】 전2조의 규정에 위반한 당사자의 약정으로서 차주에 불리한 것은 환매 기타 여하한 명목이라도 그 효력이 없다.

제6절 사용대차

제609조 【사용대차의 의의】 사용대차는 당사자 일방이 상대방에게 무상으로 사용, 수익하게 하기 위하여 목적물을 인도할 것을 약정하고 상대방은 이를 사용, 수익한 후 그 물건을 반환할 것을 약정함으로써 그 효력이 생긴다.

제610조 【차주의 사용, 수익권】 ① 차주는 계약 또는 그 목적물의 성질에 의하여 정하여진 용법으로 이를 사용, 수익하여야 한다.

② 차주는 대주의 승낙이 없으면 제삼자에게 차용물을 사용, 수익하게 하지 못한다.
③ 차주가 전2항의 규정에 위반한 때에는 대주는 계약을 해지할 수 있다.

제611조【비용의 부담】 ① 차주는 차용물의 통상의 필요비를 부담한다.
② 기타의 비용에 대하여는 제594조 제2항의 규정을 준용한다.

제612조【준용규정】 제559조, 제601조의 규정은 사용대차에 준용한다.

제613조【차용물의 반환시기】 ① 차주는 약정시기에 차용물을 반환하여야 한다.
② 시기의 약정이 없는 경우에는 차주는 계약 또는 목적물의 성질에 의한 사용, 수익이 종료한 때에 반환하여야 한다. 그러나 사용, 수익에 족한 기간이 경과한 때에는 대주는 언제든지 계약을 해지할 수 있다.

제614조【차주의 사망, 파산과 해지】 차주가 사망하거나 파산선고를 받은 때에는 대주는 계약을 해지할 수 있다.

제615조【차주의 원상회복의무와 철거권】 차주가 차용물을 반환하는 때에는 이를 원상에 회복하여야 한다. 이에 부속시킨 물건은 철거할 수 있다.

제616조【공동차주의 연대의무】 수인이 공동하여 물건을 차용한 때에는 연대하여 그 의무를 부담한다.

제617조【손해배상, 비용상환청구의 기간】 계약 또는 목적물의 성질에 위반한 사용, 수익으로 인하여 생긴 손해배상의 청구와 차주가 지출한 비용의 상환청구는 대주가 물건의 반환을 받은 날로부터 6월 내에 하여야 한다.

제7절 임대차

제618조【임대차의 의의】 임대차는 당사자 일방이 상대방에게 목적물을 사용, 수익하게 할 것을 약정하고 상대방이 이에 대하여 차임을 지급할 것을 약정함으로써 그 효력이 생긴다.

제619조【처분능력, 권한 없는 자의 할 수 있는 단기임대차】 처분의 능력 또는 권한 없는 자가 임대차를 하는 경우에는 그 임대차는 다음 각 호의 기간을 넘지 못한다.
1. 식목, 채염 또는 석조, 석회조, 연와조 및 이와 유사한 건축을 목적으로 한 토지의 임대차는 10년
2. 기타 토지의 임대차는 5년
3. 건물 기타 공작물의 임대차는 3년
4. 동산의 임대차는 6월

주택임대차보호법
제4조【임대차기간 등】 ① 기간을 정하지 아니하거나 2년 미만으로 정한 임대차는 그 기간을 2년으로 본다. 다만, 임차인은 2년 미만으로 정한 기간이 유효함을 주장할 수 있다.
② 임대차기간이 끝난 경우에도 임차인이 보증금을 반환받을 때까지는 임대차 관계가 존속되는 것으로 본다.

상가건물 임대차보호법
제9조【임대차기간 등】 ① 기간을 정하지 아니하거나 기간을 1년 미만으로 정한 임대차는 그 기간을 1년으로 본다. 다만, 임차인은 1년 미만으로 정한 기간이 유효함을 주장할 수 있다.
② 임대차가 종료한 경우에도 임차인이 보증금을 돌려받을 때까지는 임대차 관계는 존속하는 것으로 본다.

제620조【단기임대차의 갱신】 전조의 기간은 갱신할 수 있다. 그러나 그 기간만료 전 토지에 대하여는 1년, 건물 기타 공작물에 대하여는 3월, 동산에 대하여는 1월 내에 갱신하여야 한다.

제621조【임대차의 등기】 ① 부동산임차인은 당사자 간에 반대약정이 없으면 임대인에 대하여 그 임대차등기절차에 협력할 것을 청구할 수 있다.
② 부동산임대차를 등기한 때에는 그때부터 제삼자에 대하여 효력이 생긴다.

제622조【건물등기 있는 차지권의 대항력】 ① 건물의 소유를 목적으로 한 토지임대차는 이를 등기하지 아니한 경우에도 임차인이 그 지상건물을 등기한 때에는 제삼자에 대하여 임대차의 효력이 생긴다.
② 건물이 임대차기간만료 전에 멸실 또는 후폐한 때에는 전항의 효력을 잃는다.

주택임대차보호법
제3조【대항력 등】 ① 임대차는 그 등기(登記)가 없는 경우에도 임차인(賃借人)이 주택의 인도(引渡)와 주민등록을 마친 때에는 그 다음 날부터 제삼자에 대하여 효력이 생긴다. 이 경우 전입신고를 한 때에 주민등록이 된 것으로 본다.
② 주택도시기금을 재원으로 하여 저소득층 무주택자에게 주거생활 안정을 목적으로 전세임대주택을 지원하는 법인이 주택을 임차한 후 지방자치단체의 장 또는 그 법인이 선정한 입주자가 그 주택을 인도받고 주민등록을 마쳤을 때에는 제1항을 준용한다. 이 경우 대항력이 인정되는 법인은 대통령령으로 정한다.
③ 「중소기업기본법」 제2조에 따른 중소기업에 해당하는 법인이 소속 직원의 주거용으로 주택을 임차한 후 그 법인이 선정한 직원이 해당 주택을 인도받고 주민등록을 마쳤을 때에는 제1항을 준용한다. 임대차가 끝나기

전에 그 직원이 변경된 경우에는 그 법인이 선정한 새로운 직원이 주택을 인도받고 주민등록을 마친 다음 날부터 제삼자에 대하여 효력이 생긴다.
④ 임차주택의 양수인(讓受人)(그 밖에 임대할 권리를 승계한 자를 포함한다)은 임대인(賃貸人)의 지위를 승계한 것으로 본다.
⑤ 이 법에 따라 임대차의 목적이 된 주택이 매매나 경매의 목적물이 된 경우에는 「민법」 제575조 제1항·제3항 및 같은 법 제578조를 준용한다.
⑥ 제5항의 경우에는 동시이행의 항변권(抗辯權)에 관한 「민법」 제536조를 준용한다.

제3조의3【임차권등기명령】 ① 임대차가 끝난 후 보증금이 반환되지 아니한 경우 임차인은 임차주택의 소재지를 관할하는 지방법원·지방법원지원 또는 시·군 법원에 임차권등기명령을 신청할 수 있다.
④ 임차권등기명령의 신청을 기각(棄却)하는 결정에 대하여 임차인은 항고(抗告)할 수 있다.
⑤ 임차인은 임차권등기명령의 집행에 따른 임차권등기를 마치면 제3조 제1항·제2항 또는 제3항에 따른 대항력과 제3조의2 제2항에 따른 우선변제권을 취득한다. 다만, 임차인이 임차권등기 이전에 이미 대항력이나 우선변제권을 취득한 경우에는 그 대항력이나 우선변제권은 그대로 유지되며, 임차권등기 이후에는 제3조 제1항·제2항 또는 제3항의 대항요건을 상실하더라도 이미 취득한 대항력이나 우선변제권을 상실하지 아니한다.
⑥ 임차권등기명령의 집행에 따른 임차권등기가 끝난 주택(임대차의 목적이 주택의 일부분인 경우에는 해당 부분으로 한정한다)을 그 이후에 임차한 임차인은 제8조에 따른 우선변제를 받을 권리가 없다.
⑧ 임차인은 제1항에 따른 임차권등기명령의 신청과 그에 따른 임차권등기와 관련하여 든 비용을 임대인에게 청구할 수 있다.
⑨ 금융기관등은 임차인을 대위하여 제1항의 임차권등기명령을 신청할 수 있다. 이 경우 제3항·제4항 및 제8항의 "임차인"은 "금융기관등"으로 본다.

제3조의4【「민법」에 따른 주택임대차등기의 효력 등】 ① 「민법」 제621조에 따른 주택임대차등기의 효력에 관하여는 제3조의3 제5항 및 제6항을 준용한다.

상가건물 임대차보호법
제3조【대항력 등】 ① 임대차는 그 등기가 없는 경우에도 임차인이 건물의 인도와 「부가가치세법」 제8조, 「소득세법」 제168조 또는 「법인세법」 제111조에 따른 사업자등록을 신청하면 그 다음 날부터 제3자에 대하여 효력이 생긴다.
② 임차건물의 양수인(그 밖에 임대할 권리를 승계한 자를 포함한다)은 임대인의 지위를 승계한 것으로 본다.

2020년 제8회 약술형
임차권등기의 효력

③ 이 법에 따라 임대차의 목적이 된 건물이 매매 또는 경매의 목적물이 된 경우에는 「민법」 제575조 제1항·제3항 및 제578조를 준용한다.
④ 제3항의 경우에는 「민법」 제536조를 준용한다.

제623조 【임대인의 의무】 임대인은 목적물을 임차인에게 인도하고 계약존속 중 그 사용, 수익에 필요한 상태를 유지하게 할 의무를 부담한다.

제624조 【임대인의 보존행위, 인용의무】 임대인이 임대물의 보존에 필요한 행위를 하는 때에는 임차인은 이를 거절하지 못한다.

제625조 【임차인의 의사에 반하는 보존행위와 해지권】 임대인이 임차인의 의사에 반하여 보존행위를 하는 경우에 임차인이 이로 인하여 임차의 목적을 달성할 수 없는 때에는 계약을 해지할 수 있다.

제626조 【임차인의 상환청구권】 ① 임차인이 임차물의 보존에 관한 필요비를 지출한 때에는 임대인에 대하여 그 상환을 청구할 수 있다.
② 임차인이 유익비를 지출한 경우에는 임대인은 임대차 종료 시에 그 가액의 증가가 현존한 때에 한하여 임차인의 지출한 금액이나 그 증가액을 상환하여야 한다. 이 경우에 법원은 임대인의 청구에 의하여 상당한 상환기간을 허여할 수 있다.

> 2014년 제2회 약술형
> 유익비상환청구권

제627조 【일부멸실 등과 감액청구, 해지권】 ① 임차물의 일부가 임차인의 과실 없이 멸실 기타 사유로 인하여 사용, 수익할 수 없는 때에는 임차인은 그 부분의 비율에 의한 차임의 감액을 청구할 수 있다.
② 전항의 경우에 그 잔존부분으로 임차의 목적을 달성할 수 없는 때에는 임차인은 계약을 해지할 수 있다.

제628조 【차임증감청구권】 임대물에 대한 공과부담의 증감 기타 경제사정의 변동으로 인하여 약정한 차임이 상당하지 아니하게 된 때에는 당사자는 장래에 대한 차임의 증감을 청구할 수 있다.

주택임대차보호법
제7조 【차임 등의 증감청구권】 ① 당사자는 약정한 차임이나 보증금이 임차주택에 관한 조세, 공과금, 그 밖의 부담의 증감이나 경제사정의 변동으로 인하여 적절하지 아니하게 된 때에는 장래에 대하여 그 증감을 청구할 수 있다. 이 경우 증액청구는 임대차계약 또는 약정한 차임이나 보증금의 증액이 있은 후 1년 이내에는 하지 못한다.
② 제1항에 따른 증액청구는 약정한 차임이나 보증금의 20분의 1의 금액을 초과하지 못한다. 다만, 특별시·광역시·특별자치시·도 및 특별자치도는 관할 구역 내의 지역별 임대차 시장 여건 등을 고려하여 본문의 범위에서 증액청구의 상한을 조례로 달리 정할 수 있다.

제8조 【보증금 중 일정액의 보호】 ① 임차인은 보증금 중 일정액을 다른 담보물권자(擔保物權者)보다 우선하여 변제받을 권리가 있다. 이 경우 임차인은 주택에 대한 경매신청의 등기 전에 제3조 제1항의 요건을 갖추어야 한다.
② 제1항의 경우에는 제3조의2 제4항부터 제6항까지의 규정을 준용한다.
③ 제1항에 따라 우선변제를 받을 임차인 및 보증금 중 일정액의 범위와 기준은 제8조의2에 따른 주택임대차위원회의 심의를 거쳐 대통령령으로 정한다. 다만, 보증금 중 일정액의 범위와 기준은 주택가액(대지의 가액을 포함한다)의 2분의 1을 넘지 못한다.

상가건물 임대차보호법
제14조 【보증금 중 일정액의 보호】 ① 임차인은 보증금 중 일정액을 다른 담보물권자보다 우선하여 변제받을 권리가 있다. 이 경우 임차인은 건물에 대한 경매신청의 등기 전에 제3조 제1항의 요건을 갖추어야 한다.
② 제1항의 경우에 제5조 제4항부터 제6항까지의 규정을 준용한다.
③ 제1항에 따라 우선변제를 받을 임차인 및 보증금 중 일정액의 범위와 기준은 임대건물가액(임대인 소유의 대지가액을 포함한다)의 2분의 1 범위에서 해당 지역의 경제 여건, 보증금 및 차임 등을 고려하여 제14조의2에 따른 상가건물임대차위원회의 심의를 거쳐 대통령령으로 정한다.

> 2016년 제4회 약술형
> 임대인의 동의 없는 전대차
> 2017년 제5회 논술형
> 쟁점
> 임차권의 양도

제629조 【임차권의 양도, 전대의 제한】 ① 임차인은 임대인의 동의 없이 그 권리를 양도하거나 임차물을 전대하지 못한다.
② 임차인이 전항의 규정에 위반한 때에는 임대인은 계약을 해지할 수 있다.

제630조 【전대의 효과】 ① 임차인이 임대인의 동의를 얻어 임차물을 전대한 때에는 전차인은 직접 임대인에 대하여 의무를 부담한다. 이 경우에 전차인은 전대인에 대한 차임의 지급으로써 임대인에게 대항하지 못한다.
② 전항의 규정은 임대인의 임차인에 대한 권리행사에 영향을 미치지 아니한다.

제631조 【전차인의 권리의 확정】 임차인이 임대인의 동의를 얻어 임차물을 전대한 경우에는 임대인과 임차인의 합의로 계약을 종료한 때에도 전차인의 권리는 소멸하지 아니한다.

제632조 【임차건물의 소부분을 타인에게 사용케 하는 경우】 전3조의 규정은 건물의 임차인이 그 건물의 소부분을 타인에게 사용하게 하는 경우에 적용하지 아니한다.

제633조 【차임지급의 시기】 차임은 동산, 건물이나 대지에 대하여는 매월 말에, 기타 토지에 대하여는 매년 말에 지급하여야 한다. 그러나 수확기 있는 것에 대하여는 그 수확 후 지체 없이 지급하여야 한다.

제634조 【임차인의 통지의무】 임차물의 수리를 요하거나 임차물에 대하여 권리를 주장하는 자가 있는 때에는 임차인은 지체 없이 임대인에게 이를 통지하여야 한다. 그러나 임대인이 이미 이를 안 때에는 그러하지 아니하다.

제635조 【기간의 약정 없는 임대차의 해지통고】 ① 임대차기간의 약정이 없는 때에는 당사자는 언제든지 계약해지의 통고를 할 수 있다.
② 상대방이 전항의 통고를 받은 날로부터 다음 각 호의 기간이 경과하면 해지의 효력이 생긴다.
1. 토지, 건물 기타 공작물에 대하여는 임대인이 해지를 통고한 경우에는 6월, 임차인이 해지를 통고한 경우에는 1월
2. 동산에 대하여는 5일

제636조 【기간의 약정 있는 임대차의 해지통고】 임대차기간의 약정이 있는 경우에도 당사자 일방 또는 쌍방이 그 기간 내에 해지할 권리를 보류한 때에는 전조의 규정을 준용한다.

제637조 【임차인의 파산과 해지통고】 ① 임차인이 파산선고를 받은 경우에는 임대차기간의 약정이 있는 때에도 임대인 또는 파산관재인은 제635조의 규정에 의하여 계약해지의 통고를 할 수 있다.
② 전항의 경우에 각 당사자는 상대방에 대하여 계약해지로 인하여 생긴 손해의 배상을 청구하지 못한다.

제638조 【해지통고의 전차인에 대한 통지】 ① 임대차계약이 해지의 통고로 인하여 종료된 경우에 그 임대물이 적법하게 전대되었을 때에는 임대인은 전차인에 대하여 그 사유를 통지하지 아니하면 해지로써 전차인에게 대항하지 못한다.
② 전차인이 전항의 통지를 받은 때에는 제635조 제2항의 규정을 준용한다.

제639조 【묵시의 갱신】 ① 임대차기간이 만료한 후 임차인이 임차물의 사용, 수익을 계속하는 경우에 임대인이 상당한 기간 내에 이의를 하지 아니한 때에는 전임대차와 동일한 조건으로 다시 임대차한 것으로 본다. 그러나 당사자는 제635조의 규정에 의하여 해지의 통고를 할 수 있다.
② 전항의 경우에 전임대차에 대하여 제삼자가 제공한 담보는 기간의 만료로 인하여 소멸한다.

> **주택임대차보호법**
> **제6조 【계약의 갱신】** ① 임대인이 임대차기간이 끝나기 6개월 전부터 2개월 전까지의 기간에 임차인에게 갱신거절(更新拒絶)의 통지를 하지 아니하거나 계약조건을 변경하지 아니하면 갱신하지 아니한다는 뜻의 통지를 하지 아니한 경우에는 그 기간이 끝난 때에 전 임대차와 동일한 조건으로 다시 임대차한 것으로 본다. 임차인이 임대차기간이 끝나기 2개월 전까지 통지하지 아니한 경우에도 또한 같다.

② 제1항의 경우 임대차의 존속기간은 2년으로 본다.
③ 2기(期)의 차임액(借賃額)에 달하도록 연체하거나 그 밖에 임차인으로서의 의무를 현저히 위반한 임차인에 대하여는 제1항을 적용하지 아니한다.

제6조의2【묵시적 갱신의 경우 계약의 해지】 ① 제6조 제1항에 따라 계약이 갱신된 경우 같은 조 제2항에도 불구하고 임차인은 언제든지 임대인에게 계약해지(契約解止)를 통지할 수 있다.
② 제1항에 따른 해지는 임대인이 그 통지를 받은 날부터 3개월이 지나면 그 효력이 발생한다.

제6조의3【계약갱신 요구 등】 ① 제6조에도 불구하고 임대인은 임차인이 제6조 제1항 전단의 기간 이내에 계약갱신을 요구할 경우 정당한 사유 없이 거절하지 못한다. 다만, 다음 각 호의 어느 하나에 해당하는 경우에는 그러하지 아니하다.

1. 임차인이 2기의 차임액에 해당하는 금액에 이르도록 차임을 연체한 사실이 있는 경우
2. 임차인이 거짓이나 그 밖의 부정한 방법으로 임차한 경우
3. 서로 합의하여 임대인이 임차인에게 상당한 보상을 제공한 경우
4. 임차인이 임대인의 동의 없이 목적 주택의 전부 또는 일부를 전대(轉貸)한 경우
5. 임차인이 임차한 주택의 전부 또는 일부를 고의나 중대한 과실로 파손한 경우
6. 임차한 주택의 전부 또는 일부가 멸실되어 임대차의 목적을 달성하지 못할 경우
7. 임대인이 다음 각 목의 어느 하나에 해당하는 사유로 목적 주택의 전부 또는 대부분을 철거하거나 재건축하기 위하여 목적 주택의 점유를 회복할 필요가 있는 경우
   가. 임대차계약 체결 당시 공사시기 및 소요기간 등을 포함한 철거 또는 재건축 계획을 임차인에게 구체적으로 고지하고 그 계획에 따르는 경우
   나. 건물이 노후 · 훼손 또는 일부 멸실되는 등 안전사고의 우려가 있는 경우
   다. 다른 법령에 따라 철거 또는 재건축이 이루어지는 경우
8. 임대인(임대인의 직계존속 · 직계비속을 포함한다.)이 목적 주택에 실제 거주하려는 경우
9. 그 밖에 임차인이 임차인으로서의 의무를 현저히 위반하거나 임대차를 계속하기 어려운 중대한 사유가 있는 경우

② 임차인은 제1항에 따른 계약갱신요구권을 1회에 한하여 행사할 수 있다. 이 경우 갱신되는 임대차의 존속기간은 2년으로 본다.
③ 갱신되는 임대차는 전 임대차와 동일한 조건으로 다시 계약된 것으로 본다. 다만, 차임과 보증금은 제7조의 범위에서 증감할 수 있다.

> 2013년 제1회 약술형
> 주임법상 묵시적 갱신

상가건물 임대차보호법

제10조【계약갱신 요구 등】 ① 임대인은 임차인이 임대차기간이 만료되기 6개월 전부터 1개월 전까지 사이에 계약갱신을 요구할 경우 정당한 사유 없이 거절하지 못한다. 다만, 다음 각 호의 어느 하나의 경우에는 그러하지 아니하다.
1. 임차인이 3기의 차임액에 해당하는 금액에 이르도록 차임을 연체한 사실이 있는 경우
2. 임차인이 거짓이나 그 밖의 부정한 방법으로 임차한 경우
3. 서로 합의하여 임대인이 임차인에게 상당한 보상을 제공한 경우
4. 임차인이 임대인의 동의 없이 목적 건물의 전부 또는 일부를 전대(轉貸)한 경우
5. 임차인이 임차한 건물의 전부 또는 일부를 고의나 중대한 과실로 파손한 경우
6. 임차한 건물의 전부 또는 일부가 멸실되어 임대차의 목적을 달성하지 못할 경우
7. 임대인이 다음 각 목의 어느 하나에 해당하는 사유로 목적 건물의 전부 또는 대부분을 철거하거나 재건축하기 위하여 목적 건물의 점유를 회복할 필요가 있는 경우
   가. 임대차계약 체결 당시 공사시기 및 소요기간 등을 포함한 철거 또는 재건축 계획을 임차인에게 구체적으로 고지하고 그 계획에 따르는 경우
   나. 건물이 노후·훼손 또는 일부 멸실되는 등 안전사고의 우려가 있는 경우
   다. 다른 법령에 따라 철거 또는 재건축이 이루어지는 경우
8. 그 밖에 임차인이 임차인으로서의 의무를 현저히 위반하거나 임대차를 계속하기 어려운 중대한 사유가 있는 경우

② 임차인의 계약갱신요구권은 최초의 임대차기간을 포함한 전체 임대차기간이 10년을 초과하지 아니하는 범위에서만 행사할 수 있다.
③ 갱신되는 임대차는 전 임대차와 동일한 조건으로 다시 계약된 것으로 본다. 다만, 차임과 보증금은 제11조에 따른 범위에서 증감할 수 있다.
④ 임대인이 제1항의 기간 이내에 임차인에게 갱신 거절의 통지 또는 조건 변경의 통지를 하지 아니한 경우에는 그 기간이 만료된 때에 전 임대차와 동일한 조건으로 다시 임대차한 것으로 본다. 이 경우에 임대차의 존속기간은 1년으로 본다.
⑤ 제4항의 경우 임차인은 언제든지 임대인에게 계약해지의 통고를 할 수 있고, 임대인이 통고를 받은 날부터 3개월이 지나면 효력이 발생한다.

> 2021년 제9회 약술형, 2024년 제12회 논술형 쟁점

제640조【차임연체와 해지】건물 기타 공작물의 임대차에는 임차인의 차임연체액이 2기의 차임액에 달하는 때에는 임대인은 계약을 해지할 수 있다.

제641조【동전】건물 기타 공작물의 소유 또는 식목, 채염, 목축을 목적으로 한 토지임대차의 경우에도 전조의 규정을 준용한다.

제642조【토지임대차의 해지와 지상건물 등에 대한 담보물권자에의 통지】전조의 경우에 그 지상에 있는 건물 기타 공작물이 담보물권의 목적이 된 때에는 제288조의 규정을 준용한다.

제643조【임차인의 갱신청구권, 매수청구권】건물 기타 공작물의 소유 또는 식목, 채염, 목축을 목적으로 한 토지임대차의 기간이 만료한 경우에 건물, 수목 기타 지상시설이 현존한 때에는 제283조의 규정을 준용한다.

> 민법
> 제283조【지상권자의 갱신청구권, 매수청구권】① 지상권이 소멸한 경우에 건물 기타 공작물이나 수목이 현존한 때에는 지상권자는 계약의 갱신을 청구할 수 있다.
> ② 지상권설정자가 계약의 갱신을 원하지 아니하는 때에는 지상권자는 상당한 가액으로 전항의 공작물이나 수목의 매수를 청구할 수 있다.

제644조【전차인의 임대청구권, 매수청구권】① 건물 기타 공작물의 소유 또는 식목, 채염, 목축을 목적으로 한 토지임차인이 적법하게 그 토지를 전대한 경우에 임대차 및 전대차의 기간이 동시에 만료되고 건물, 수목 기타 지상시설이 현존한 때에는 전차인은 임대인에 대하여 전전대차와 동일한 조건으로 임대할 것을 청구할 수 있다.
② 전항의 경우에 임대인이 임대할 것을 원하지 아니하는 때에는 제283조 제2항의 규정을 준용한다.

제645조【지상권목적토지의 임차인의 임대청구권, 매수청구권】전조의 규정은 지상권자가 그 토지를 임대한 경우에 준용한다.

제646조【임차인의 부속물매수청구권】① 건물 기타 공작물의 임차인이 그 사용의 편익을 위하여 임대인의 동의를 얻어 이에 부속한 물건이 있는 때에는 임대차의 종료 시에 임대인에 대하여 그 부속물의 매수를 청구할 수 있다.
② 임대인으로부터 매수한 부속물에 대하여도 전항과 같다.

제647조【전차인의 부속물매수청구권】① 건물 기타 공작물의 임차인이 적법하게 전대한 경우에 전차인이 그 사용의 편익을 위하여 임대인의 동의를 얻어 이에 부속한 물건이 있는 때에는 전대차의 종료 시에 임대인에 대하여 그 부속물의 매수를 청구할 수 있다.

② 임대인으로부터 매수하였거나 그 동의를 얻어 임차인으로부터 매수한 부속물에 대하여도 전항과 같다.

제648조 【임차지의 부속물, 과실 등에 대한 법정질권】 토지임대인이 임대차에 관한 채권에 의하여 임차지에 부속 또는 그 사용의 편익에 공용한 임차인의 소유동산 및 그 토지의 과실을 압류한 때에는 질권과 동일한 효력이 있다.

제649조 【임차지상의 건물에 대한 법정저당권】 토지임대인이 변제기를 경과한 최후 2년의 차임채권에 의하여 그 지상에 있는 임차인 소유의 건물을 압류한 때에는 저당권과 동일한 효력이 있다.

제650조 【임차건물등의 부속물에 대한 법정질권】 건물 기타 공작물의 임대인이 임대차에 관한 채권에 의하여 그 건물 기타 공작물에 부속한 임차인 소유의 동산을 압류한 때에는 질권과 동일한 효력이 있다.

제651조 삭제

제652조 【강행규정】 제627조, 제628조, 제631조, 제635조, 제638조, 제640조, 제641조, 제643조 내지 제647조의 규정에 위반하는 약정으로 임차인이나 전차인에게 불리한 것은 그 효력이 없다.

제653조 【일시사용을 위한 임대차의 특례】 제628조, 제638조, 제640조, 제646조 내지 제648조, 제650조 및 전조의 규정은 일시사용하기 위한 임대차 또는 전대차인 것이 명백한 경우에는 적용하지 아니한다.

제654조 【준용규정】 제610조 제1항, 제615조 내지 제617조의 규정은 임대차에 이를 준용한다.

상가건물 임대차보호법

제10조의3 【권리금의 정의 등】 ① 권리금이란 임대차 목적물인 상가건물에서 영업을 하는 자 또는 영업을 하려는 자가 영업시설·비품, 거래처, 신용, 영업상의 노하우, 상가건물의 위치에 따른 영업상의 이점 등 유형·무형의 재산적 가치의 양도 또는 이용대가로서 임대인, 임차인에게 보증금과 차임 이외에 지급하는 금전 등의 대가를 말한다.
② 권리금 계약이란 신규임차인이 되려는 자가 임차인에게 권리금을 지급하기로 하는 계약을 말한다.

제10조의4 【권리금 회수기회 보호 등】 ① 임대인은 임대차기간이 끝나기 6개월 전부터 임대차 종료 시까지 다음 각 호의 어느 하나에 해당하는 행위를 함으로써 권리금 계약에 따라 임차인이 주선한 신규임차인이 되려는 자로부터 권리금을 지급받는 것을 방해하여서는 아니 된다. 다만, 제10조 제1항 각 호의 어느 하나에 해당하는 사유가 있는 경우에는 그러하지 아니하다.

2019년 제7회 약술형,
2024년 제12회 논술형
쟁점
권리금의 의의와
권리금 회수기회 보호

1. 임차인이 주선한 신규임차인이 되려는 자에게 권리금을 요구하거나 임차인이 주선한 신규임차인이 되려는 자로부터 권리금을 수수하는 행위
2. 임차인이 주선한 신규임차인이 되려는 자로 하여금 임차인에게 권리금을 지급하지 못하게 하는 행위
3. 임차인이 주선한 신규임차인이 되려는 자에게 상가건물에 관한 조세, 공과금, 주변 상가건물의 차임 및 보증금, 그 밖의 부담에 따른 금액에 비추어 현저히 고액의 차임과 보증금을 요구하는 행위
4. 그 밖에 정당한 사유 없이 임대인이 임차인이 주선한 신규임차인이 되려는 자와 임대차계약의 체결을 거절하는 행위

② 다음 각 호의 어느 하나에 해당하는 경우에는 제1항 제4호의 정당한 사유가 있는 것으로 본다.
1. 임차인이 주선한 신규임차인이 되려는 자가 보증금 또는 차임을 지급할 자력이 없는 경우
2. 임차인이 주선한 신규임차인이 되려는 자가 임차인으로서의 의무를 위반할 우려가 있거나 그 밖에 임대차를 유지하기 어려운 상당한 사유가 있는 경우
3. 임대차 목적물인 상가건물을 1년 6개월 이상 영리목적으로 사용하지 아니한 경우
4. 임대인이 선택한 신규임차인이 임차인과 권리금 계약을 체결하고 그 권리금을 지급한 경우

③ 임대인이 제1항을 위반하여 임차인에게 손해를 발생하게 한 때에는 그 손해를 배상할 책임이 있다. 이 경우 그 손해배상액은 신규임차인이 임차인에게 지급하기로 한 권리금과 임대차 종료 당시의 권리금 중 낮은 금액을 넘지 못한다.

④ 제3항에 따라 임대인에게 손해배상을 청구할 권리는 임대차가 종료한 날부터 3년 이내에 행사하지 아니하면 시효의 완성으로 소멸한다.

⑤ 임차인은 임대인에게 임차인이 주선한 신규임차인이 되려는 자의 보증금 및 차임을 지급할 자력 또는 그 밖에 임차인으로서의 의무를 이행할 의사 및 능력에 관하여 자신이 알고 있는 정보를 제공하여야 한다.

제8절 고용

제655조【고용의 의의】 고용은 당사자 일방이 상대방에 대하여 노무를 제공할 것을 약정하고 상대방이 이에 대하여 보수를 지급할 것을 약정함으로써 그 효력이 생긴다.

제656조【보수액과 그 지급시기】 ① 보수 또는 보수액의 약정이 없는 때에는 관습에 의하여 지급하여야 한다.
② 보수는 약정한 시기에 지급하여야 하며 시기의 약정이 없으면 관습에 의하고 관습이 없으면 약정한 노무를 종료한 후 지체 없이 지급하여야 한다.

제657조【권리의무의 전속성】① 사용자는 노무자의 동의 없이 그 권리를 제삼자에게 양도하지 못한다.
② 노무자는 사용자의 동의 없이 제삼자로 하여금 자기에 갈음하여 노무를 제공하게 하지 못한다.
③ 당사자 일방이 전2항의 규정에 위반한 때에는 상대방은 계약을 해지할 수 있다.

제658조【노무의 내용과 해지권】① 사용자가 노무자에 대하여 약정하지 아니한 노무의 제공을 요구한 때에는 노무자는 계약을 해지할 수 있다.
② 약정한 노무가 특수한 기능을 요하는 경우에 노무자가 그 기능이 없는 때에는 사용자는 계약을 해지할 수 있다.

제659조【3년 이상의 경과와 해지통고권】① 고용의 약정기간이 3년을 넘거나 당사자의 일방 또는 제삼자의 종신까지로 된 때에는 각 당사자는 3년을 경과한 후 언제든지 계약해지의 통고를 할 수 있다.
② 전항의 경우에는 상대방이 해지의 통고를 받은 날로부터 3월이 경과하면 해지의 효력이 생긴다.

제660조【기간의 약정이 없는 고용의 해지통고】① 고용기간의 약정이 없는 때에는 당사자는 언제든지 계약해지의 통고를 할 수 있다.
② 전항의 경우에는 상대방이 해지의 통고를 받은 날로부터 1월이 경과하면 해지의 효력이 생긴다.
③ 기간으로 보수를 정한 때에는 상대방이 해지의 통고를 받은 당기 후의 일기를 경과함으로써 해지의 효력이 생긴다.

제661조【부득이한 사유와 해지권】고용기간의 약정이 있는 경우에도 부득이한 사유 있는 때에는 각 당사자는 계약을 해지할 수 있다. 그러나 그 사유가 당사자 일방의 과실로 인하여 생긴 때에는 상대방에 대하여 손해를 배상하여야 한다.

제662조【묵시의 갱신】① 고용기간이 만료한 후 노무자가 계속하여 그 노무를 제공하는 경우에 사용자가 상당한 기간 내에 이의를 하지 아니한 때에는 전고용과 동일한 조건으로 다시 고용한 것으로 본다. 그러나 당사자는 제660조의 규정에 의하여 해지의 통고를 할 수 있다.
② 전항의 경우에는 전고용에 대하여 제삼자가 제공한 담보는 기간의 만료로 인하여 소멸한다.

제663조【사용자파산과 해지통고】① 사용자가 파산선고를 받은 경우에는 고용기간의 약정이 있는 때에도 노무자 또는 파산관재인은 계약을 해지할 수 있다.
② 전항의 경우에는 각 당사자는 계약해지로 인한 손해의 배상을 청구하지 못한다.

제9절 도급

제664조【도급의 의의】 도급은 당사자 일방이 어느 일을 완성할 것을 약정하고 상대방이 그 일의 결과에 대하여 보수를 지급할 것을 약정함으로써 그 효력이 생긴다.

제665조【보수의 지급시기】 ① 보수는 그 완성된 목적물의 인도와 동시에 지급하여야 한다. 그러나 목적물의 인도를 요하지 아니하는 경우에는 그 일을 완성한 후 지체 없이 지급하여야 한다.
② 전항의 보수에 관하여는 제656조 제2항의 규정을 준용한다.

제666조【수급인의 목적부동산에 대한 저당권설정청구권】 부동산공사의 수급인은 전조의 보수에 관한 채권을 담보하기 위하여 그 부동산을 목적으로 한 저당권의 설정을 청구할 수 있다.

제667조【수급인의 담보책임】 ① 완성된 목적물 또는 완성 전의 성취된 부분에 하자가 있는 때에는 도급인은 수급인에 대하여 상당한 기간을 정하여 그 하자의 보수를 청구할 수 있다. 그러나 하자가 중요하지 아니한 경우에 그 보수에 과다한 비용을 요할 때에는 그러하지 아니하다.
② 도급인은 하자의 보수에 갈음하여 또는 보수와 함께 손해배상을 청구할 수 있다.
③ 전항의 경우에는 제536조의 규정을 준용한다.

제668조【동전-도급인의 해제권】 도급인이 완성된 목적물의 하자로 인하여 계약의 목적을 달성할 수 없는 때에는 계약을 해제할 수 있다. 그러나 건물 기타 토지의 공작물에 대하여는 그러하지 아니하다.

제669조【동전-하자가 도급인의 제공한 재료 또는 지시에 기인한 경우의 면책】 전2조의 규정은 목적물의 하자가 도급인이 제공한 재료의 성질 또는 도급인의 지시에 기인한 때에는 적용하지 아니한다. 그러나 수급인이 그 재료 또는 지시의 부적당함을 알고 도급인에게 고지하지 아니한 때에는 그러하지 아니하다.

제670조【담보책임의 존속기간】 ① 전3조의 규정에 의한 하자의 보수, 손해배상의 청구 및 계약의 해제는 목적물의 인도를 받은 날로부터 1년 내에 하여야 한다.
② 목적물의 인도를 요하지 아니하는 경우에는 전항의 기간은 일의 종료한 날로부터 기산한다.

제671조【수급인의 담보책임-토지, 건물 등에 대한 특칙】 ① 토지, 건물 기타 공작물의 수급인은 목적물 또는 지반공사의 하자에 대하여 인도 후 5년간 담보의 책임이 있다. 그러나 목적물이 석조, 석회조, 연와조, 금속 기타 이와 유사한 재료로 조성된 것인 때에는 그 기간을 10년으로 한다.

② 전항의 하자로 인하여 목적물이 멸실 또는 훼손된 때에는 도급인은 그 멸실 또는 훼손된 날로부터 1년 내에 제667조의 권리를 행사하여야 한다.

제672조 【담보책임면제의 특약】 수급인은 제667조, 제668조의 담보책임이 없음을 약정한 경우에도 알고 고지하지 아니한 사실에 대하여는 그 책임을 면하지 못한다.

제673조 【완성전의 도급인의 해제권】 수급인이 일을 완성하기 전에는 도급인은 손해를 배상하고 계약을 해제할 수 있다.

> 2014년 제2회 논술형
> 쟁점
> 도급인의 해제와 법률관계

제674조 【도급인의 파산과 해제권】 ① 도급인이 파산선고를 받은 때에는 수급인 또는 파산관재인은 계약을 해제할 수 있다. 이 경우에는 수급인은 일의 완성된 부분에 대한 보수 및 보수에 포함되지 아니한 비용에 대하여 파산재단의 배당에 가입할 수 있다.
② 전항의 경우에는 각 당사자는 상대방에 대하여 계약해제로 인한 손해의 배상을 청구하지 못한다.

제9절의2 여행계약

제674조의2 【여행계약의 의의】 여행계약은 당사자 한쪽이 상대방에게 운송, 숙박, 관광 또는 그 밖의 여행 관련 용역을 결합하여 제공하기로 약정하고 상대방이 그 대금을 지급하기로 약정함으로써 효력이 생긴다.

제674조의3 【여행 개시 전의 계약 해제】 여행자는 여행을 시작하기 전에는 언제든지 계약을 해제할 수 있다. 다만, 여행자는 상대방에게 발생한 손해를 배상하여야 한다.

제674조의4 【부득이한 사유로 인한 계약 해지】 ① 부득이한 사유가 있는 경우에는 각 당사자는 계약을 해지할 수 있다. 다만, 그 사유가 당사자 한쪽의 과실로 인하여 생긴 경우에는 상대방에게 손해를 배상하여야 한다.
② 제1항에 따라 계약이 해지된 경우에도 계약상 귀환운송(歸還運送) 의무가 있는 여행주최자는 여행자를 귀환운송할 의무가 있다.
③ 제1항의 해지로 인하여 발생하는 추가 비용은 그 해지 사유가 어느 당사자의 사정에 속하는 경우에는 그 당사자가 부담하고, 누구의 사정에도 속하지 아니하는 경우에는 각 당사자가 절반씩 부담한다.

제674조의5 【대금의 지급시기】 여행자는 약정한 시기에 대금을 지급하여야 하며, 그 시기의 약정이 없으면 관습에 따르고, 관습이 없으면 여행의 종료 후 지체 없이 지급하여야 한다.

> 2019년 제7회 약술형
> 여행주최자의 의무와 담보책임

제674조의6 【여행주최자의 담보책임】 ① 여행에 하자가 있는 경우에는 여행자는 여행주최자에게 하자의 시정 또는 대금의 감액을 청구할 수 있다. 다만, 그 시정에 지나치게 많은 비용이 들거나 그 밖에 시정을 합리적으로 기대할 수 없는 경우에는 시정을 청구할 수 없다.
② 제1항의 시정 청구는 상당한 기간을 정하여 하여야 한다. 다만, 즉시 시정할 필요가 있는 경우에는 그러하지 아니하다.
③ 여행자는 시정 청구, 감액 청구를 갈음하여 손해배상을 청구하거나 시정 청구, 감액 청구와 함께 손해배상을 청구할 수 있다.

제674조의7 【여행주최자의 담보책임과 여행자의 해지권】 ① 여행자는 여행에 중대한 하자가 있는 경우에 그 시정이 이루어지지 아니하거나 계약의 내용에 따른 이행을 기대할 수 없는 경우에는 계약을 해지할 수 있다.
② 계약이 해지된 경우에는 여행주최자는 대금청구권을 상실한다. 다만, 여행자가 실행된 여행으로 이익을 얻은 경우에는 그 이익을 여행주최자에게 상환하여야 한다.
③ 여행주최자는 계약의 해지로 인하여 필요하게 된 조치를 할 의무를 지며, 계약상 귀환운송 의무가 있으면 여행자를 귀환운송하여야 한다. 이 경우 상당한 이유가 있는 때에는 여행주최자는 여행자에게 그 비용의 일부를 청구할 수 있다.

제674조의8 【담보책임의 존속기간】 제674조의6과 제674조의7에 따른 권리는 여행 기간 중에도 행사할 수 있으며, 계약에서 정한 여행 종료일부터 6개월 내에 행사하여야 한다.

제674조의9 【강행규정】 제674조의3, 제674조의4 또는 제674조의6부터 제674조의8까지의 규정을 위반하는 약정으로서 여행자에게 불리한 것은 효력이 없다.

제10절 현상광고

제675조 【현상광고의 의의】 현상광고는 광고자가 어느 행위를 한 자에게 일정한 보수를 지급할 의사를 표시하고 이에 응한 자가 그 광고에 정한 행위를 완료함으로써 그 효력이 생긴다.

제676조 【보수수령권자】 ① 광고에 정한 행위를 완료한 자가 수인인 경우에는 먼저 그 행위를 완료한 자가 보수를 받을 권리가 있다.
② 수인이 동시에 완료한 경우에는 각각 균등한 비율로 보수를 받을 권리가 있다. 그러나 보수가 그 성질상 분할할 수 없거나 광고에 1인만이 보수를 받을 것으로 정한 때에는 추첨에 의하여 결정한다.

제677조 【광고부지의 행위】 전조의 규정은 광고 있음을 알지 못하고 광고에 정한 행위를 완료한 경우에 준용한다.

제678조 【우수현상광고】 ① 광고에 정한 행위를 완료한 자가 수인인 경우에 그 우수한 자에 한하여 보수를 지급할 것을 정하는 때에는 그 광고에 응모기간을 정한 때에 한하여 그 효력이 생긴다.
② 전항의 경우에 우수의 판정은 광고 중에 정한 자가 한다. 광고 중에 판정자를 정하지 아니한 때에는 광고자가 판정한다.
③ 우수한 자 없다는 판정은 이를 할 수 없다. 그러나 광고 중에 다른 의사표시가 있거나 광고의 성질상 판정의 표준이 정하여져 있는 때에는 그러하지 아니하다.
④ 응모자는 전2항의 판정에 대하여 이의를 하지 못한다.
⑤ 수인의 행위가 동등으로 판정된 때에는 제676조 제2항의 규정을 준용한다.

제679조 【현상광고의 철회】 ① 광고에 그 지정한 행위의 완료기간을 정한 때에는 그 기간만료 전에 광고를 철회하지 못한다.
② 광고에 행위의 완료기간을 정하지 아니한 때에는 그 행위를 완료한 자 있기 전에는 그 광고와 동일한 방법으로 광고를 철회할 수 있다.
③ 전광고와 동일한 방법으로 철회할 수 없는 때에는 그와 유사한 방법으로 철회할 수 있다. 이 철회는 철회한 것을 안 자에 대하여만 그 효력이 있다.

제11절 위임

제680조 【위임의 의의】 위임은 당사자 일방이 상대방에 대하여 사무의 처리를 위탁하고 상대방이 이를 승낙함으로써 그 효력이 생긴다.

제681조 【수임인의 선관의무】 수임인은 위임의 본지에 따라 선량한 관리자의 주의로써 위임사무를 처리하여야 한다.

제682조 【복임권의 제한】 ① 수임인은 위임인의 승낙이나 부득이한 사유 없이 제삼자로 하여금 자기에 갈음하여 위임사무를 처리하게 하지 못한다.
② 수임인이 전항의 규정에 의하여 제삼자에게 위임사무를 처리하게 한 경우에는 제121조, 제123조의 규정을 준용한다.

제683조 【수임인의 보고의무】 수임인은 위임인의 청구가 있는 때에는 위임사무의 처리상황을 보고하고 위임이 종료한 때에는 지체 없이 그 전말을 보고하여야 한다.

제684조 【수임인의 취득물 등의 인도, 이전의무】 ① 수임인은 위임사무의 처리로 인하여 받은 금전 기타의 물건 및 그 수취한 과실을 위임인에게 인도하여야 한다.
② 수임인이 위임인을 위하여 자기의 명의로 취득한 권리는 위임인에게 이전하여야 한다.

> 2013년 제1회 약술형
> 수임인의 의무(제680조부터 제685조까지)

제685조【수임인의 금전소비의 책임】수임인이 위임인에게 인도할 금전 또는 위임인의 이익을 위하여 사용할 금전을 자기를 위하여 소비한 때에는 소비한 날 이후의 이자를 지급하여야 하며 그 외의 손해가 있으면 배상하여야 한다.

제686조【수임인의 보수청구권】① 수임인은 특별한 약정이 없으면 위임인에 대하여 보수를 청구하지 못한다.
② 수임인이 보수를 받을 경우에는 위임사무를 완료한 후가 아니면 이를 청구하지 못한다. 그러나 기간으로 보수를 정한 때에는 그 기간이 경과한 후에 이를 청구할 수 있다.
③ 수임인이 위임사무를 처리하는 중에 수임인의 책임 없는 사유로 인하여 위임이 종료된 때에는 수임인은 이미 처리한 사무의 비율에 따른 보수를 청구할 수 있다.

제687조【수임인의 비용선급청구권】위임사무의 처리에 비용을 요하는 때에는 위임인은 수임인의 청구에 의하여 이를 선급하여야 한다.

제688조【수임인의 비용상환청구권 등】① 수임인이 위임사무의 처리에 관하여 필요비를 지출한 때에는 위임인에 대하여 지출한 날 이후의 이자를 청구할 수 있다.
② 수임인이 위임사무의 처리에 필요한 채무를 부담한 때에는 위임인에게 자기에 갈음하여 이를 변제하게 할 수 있고 그 채무가 변제기에 있지 아니한 때에는 상당한 담보를 제공하게 할 수 있다.
③ 수임인이 위임사무의 처리를 위하여 과실없이 손해를 받은 때에는 위임인에 대하여 그 배상을 청구할 수 있다.

제689조【위임의 상호해지의 자유】① 위임계약은 각 당사자가 언제든지 해지할 수 있다.
② 당사자 일방이 부득이한 사유 없이 상대방의 불리한 시기에 계약을 해지한 때에는 그 손해를 배상하여야 한다.

제690조【사망·파산 등과 위임의 종료】위임은 당사자 한쪽의 사망이나 파산으로 종료된다. 수임인이 성년후견개시의 심판을 받은 경우에도 이와 같다.

제691조【위임종료 시의 긴급처리】위임종료의 경우에 급박한 사정이 있는 때에는 수임인, 그 상속인이나 법정대리인은 위임인, 그 상속인이나 법정대리인이 위임사무를 처리할 수 있을 때까지 그 사무의 처리를 계속하여야 한다. 이 경우에는 위임의 존속과 동일한 효력이 있다.

제692조【위임종료의 대항요건】위임종료의 사유는 이를 상대방에게 통지하거나 상대방이 이를 안 때가 아니면 이로써 상대방에게 대항하지 못한다.

제12절 임치

제693조 【임치의 의의】 임치는 당사자 일방이 상대방에 대하여 금전이나 유가증권 기타 물건의 보관을 위탁하고 상대방이 이를 승낙함으로써 효력이 생긴다.

제694조 【수치인의 임치물사용금지】 수치인은 임치인의 동의 없이 임치물을 사용하지 못한다.

제695조 【무상수치인의 주의의무】 보수 없이 임치를 받은 자는 임치물을 자기재산과 동일한 주의로 보관하여야 한다.

제696조 【수치인의 통지의무】 임치물에 대한 권리를 주장하는 제삼자가 수치인에 대하여 소를 제기하거나 압류한 때에는 수치인은 지체 없이 임치인에게 이를 통지하여야 한다.

제697조 【임치물의 성질, 하자로 인한 임치인의 손해배상의무】 임치인은 임치물의 성질 또는 하자로 인하여 생긴 손해를 수치인에게 배상하여야 한다. 그러나 수치인이 그 성질 또는 하자를 안 때에는 그러하지 아니하다.

제698조 【기간의 약정 있는 임치의 해지】 임치기간의 약정이 있는 때에는 수치인은 부득이한 사유 없이 그 기간만료 전에 계약을 해지하지 못한다. 그러나 임치인은 언제든지 계약을 해지할 수 있다.

제699조 【기간의 약정 없는 임치의 해지】 임치기간의 약정이 없는 때에는 각 당사자는 언제든지 계약을 해지할 수 있다.

제700조 【임치물의 반환장소】 임치물은 그 보관한 장소에서 반환하여야 한다. 그러나 수치인이 정당한 사유로 인하여 그 물건을 전치한 때에는 현존하는 장소에서 반환할 수 있다.

제701조 【준용규정】 제682조, 제684조 내지 제687조 및 제688조 제1항, 제2항의 규정은 임치에 준용한다.

제702조 【소비임치】 수치인이 계약에 의하여 임치물을 소비할 수 있는 경우에는 소비대차에 관한 규정을 준용한다. 그러나 반환시기의 약정이 없는 때에는 임치인은 언제든지 그 반환을 청구할 수 있다.

제13절 조합

제703조 【조합의 의의】 ① 조합은 2인 이상이 상호출자하여 공동사업을 경영할 것을 약정함으로써 그 효력이 생긴다.
② 전항의 출자는 금전 기타 재산 또는 노무로 할 수 있다.

제704조 【조합재산의 합유】 조합원의 출자 기타 조합재산은 조합원의 합유로 한다.

> 2021년 제9회, 2022년 제10회 약술형
> 조합원이 1인인 경우

제705조【금전출자지체의 책임】금전을 출자의 목적으로 한 조합원이 출자시기를 지체한 때에는 연체이자를 지급하는 외에 손해를 배상하여야 한다.

제706조【사무집행의 방법】① 조합계약으로 업무집행자를 정하지 아니한 경우에는 조합원의 3분의 2 이상의 찬성으로써 이를 선임한다.
② 조합의 업무집행은 조합원의 과반수로써 결정한다. 업무집행자 수인인 때에는 그 과반수로써 결정한다.
③ 조합의 통상사무는 전항의 규정에 불구하고 각 조합원 또는 각 업무집행자가 전행할 수 있다. 그러나 그 사무의 완료 전에 다른 조합원 또는 다른 업무집행자의 이의가 있는 때에는 즉시 중지하여야 한다.

제707조【준용규정】조합업무를 집행하는 조합원에는 제681조 내지 제688조의 규정을 준용한다.

제708조【업무집행자의 사임, 해임】업무집행자인 조합원은 정당한 사유 없이 사임하지 못하며 다른 조합원의 일치가 아니면 해임하지 못한다.

제709조【업무집행자의 대리권추정】조합의 업무를 집행하는 조합원은 그 업무집행의 대리권 있는 것으로 추정한다.

제710조【조합원의 업무, 재산상태검사권】각 조합원은 언제든지 조합의 업무 및 재산상태를 검사할 수 있다.

> 2025년 제13회 약술형
> 수익의 이익분배

제711조【손익분배의 비율】① 당사자가 손익분배의 비율을 정하지 아니한 때에는 각 조합원의 출자가액에 비례하여 이를 정한다.
② 이익 또는 손실에 대하여 분배의 비율을 정한 때에는 그 비율은 이익과 손실에 공통된 것으로 추정한다.

> 2024년 제12회 논술형
> 쟁점
> 조합채무에 대한 조합원 책임

제712조【조합원에 대한 채권자의 권리행사】조합채권자는 그 채권발생 당시에 조합원의 손실부담의 비율을 알지 못한 때에는 각 조합원에게 균분하여 그 권리를 행사할 수 있다.

> 2014년 제2회 약술형
> 조합채무에 대한 조합원의 책임 범위

제713조【무자력조합원의 채무와 타조합원의 변제책임】조합원 중에 변제할 자력 없는 자가 있는 때에는 그 변제할 수 없는 부분은 다른 조합원이 균분하여 변제할 책임이 있다.

제714조【지분에 대한 압류의 효력】조합원의 지분에 대한 압류는 그 조합원의 장래의 이익배당 및 지분의 반환을 받을 권리에 대하여 효력이 있다.

제715조【조합채무자의 상계의 금지】조합의 채무자는 그 채무와 조합원에 대한 채권으로 상계하지 못한다.

제716조【임의탈퇴】① 조합계약으로 조합의 존속기간을 정하지 아니하거나 조합원의 종신까지 존속할 것을 정한 때에는 각 조합원은 언제든지 탈퇴할 수 있다. 그러나 부득이한 사유 없이 조합의 불리한 시기에 탈퇴하지 못한다.

② 조합의 존속기간을 정한 때에도 조합원은 부득이한 사유가 있으면 탈퇴할 수 있다.

제717조 【비임의 탈퇴】 제716조의 경우 외에 조합원은 다음 각 호의 어느 하나에 해당하는 사유가 있으면 탈퇴된다.
1. 사망
2. 파산
3. 성년후견의 개시
4. 제명(除名)

제718조 【제명】 ① 조합원의 제명은 정당한 사유 있는 때에 한하여 다른 조합원의 일치로써 이를 결정한다.
② 전항의 제명결정은 제명된 조합원에게 통지하지 아니하면 그 조합원에게 대항하지 못한다.

제719조 【탈퇴조합원의 지분의 계산】 ① 탈퇴한 조합원과 다른 조합원 간의 계산은 탈퇴 당시의 조합재산상태에 의하여 한다.
② 탈퇴한 조합원의 지분은 그 출자의 종류여하에 불구하고 금전으로 반환할 수 있다.
③ 탈퇴당시에 완결되지 아니한 사항에 대하여는 완결 후에 계산할 수 있다.

제720조 【부득이한 사유로 인한 해산청구】 부득이한 사유가 있는 때에는 각 조합원은 조합의 해산을 청구할 수 있다.

제721조 【청산인】 ① 조합이 해산한 때에는 청산은 총조합원 공동으로 또는 그들이 선임한 자가 그 사무를 집행한다.
② 전항의 청산인의 선임은 조합원의 과반수로써 결정한다.

제722조 【청산인의 업무집행방법】 청산인이 수인인 때에는 제706조 제2항 후단의 규정을 준용한다.

제723조 【조합원인 청산인의 사임, 해임】 조합원 중에서 청산인을 정한 때에는 제708조의 규정을 준용한다.

제724조 【청산인의 직무, 권한과 잔여재산의 분배】 ① 청산인의 직무 및 권한에 관하여는 제87조의 규정을 준용한다.
② 잔여재산은 각 조합원의 출자가액에 비례하여 이를 분배한다.

제14절 종신정기금

제725조 【종신정기금계약의 의의】 종신정기금계약은 당사자 일방이 자기, 상대방 또는 제삼자의 종신까지 정기로 금전 기타의 물건을 상대방 또는 제삼자에게 지급할 것을 약정함으로써 그 효력이 생긴다.

제726조 【종신정기금의 계산】 종신정기금은 일수로 계산한다.

제727조【종신정기금계약의 해제】① 정기금채무자가 정기금채무의 원본을 받은 경우에 그 정기금채무의 지급을 해태하거나 기타 의무를 이행하지 아니한 때에는 정기금채권자는 원본의 반환을 청구할 수 있다. 그러나 이미 지급을 받은 채무액에서 그 원본의 이자를 공제한 잔액을 정기금채무자에게 반환하여야 한다.
② 전항의 규정은 손해배상의 청구에 영향을 미치지 아니한다.

제728조【해제와 동시이행】제536조의 규정은 전조의 경우에 준용한다.

제729조【채무자귀책사유로 인한 사망과 채권존속선고】① 사망이 정기금채무자의 책임 있는 사유로 인한 때에는 법원은 정기금채권자 또는 그 상속인의 청구에 의하여 상당한 기간 채권의 존속을 선고할 수 있다.
② 전항의 경우에도 제727조의 권리를 행사할 수 있다.

제730조【유증에 의한 종신정기금】본절의 규정은 유증에 의한 종신정기금채권에 준용한다.

제15절 화해

제731조【화해의 의의】화해는 당사자가 상호양보하여 당사자간의 분쟁을 종지할 것을 약정함으로써 그 효력이 생긴다.

제732조【화해의 창설적효력】화해계약은 당사자 일방이 양보한 권리가 소멸되고 상대방이 화해로 인하여 그 권리를 취득하는 효력이 있다.

제733조【화해의 효과와 착오】화해계약은 착오를 이유로 하여 취소하지 못한다. 그러나 화해당사자의 자격 또는 화해의 목적인 분쟁 이외의 사항에 착오가 있는 때에는 그러하지 아니하다.

> 2016년 제4회 약술형, 2025년 제13회 논술형
> 쟁점
> 화해계약의 취소

ME
MO

행정사 2차
수험용 법전

01 행정절차법
02 공공기관의 정보공개에 관한 법률
03 개인정보 보호법
04 행정조사기본법
05 가족관계의 등록 등에 관한 법률
06 주민등록법
07 질서위반행위규제법
08 행정규제기본법

행정절차법

[시행 2023. 3. 24.] [법률 제18748호, 2022. 1. 11., 일부개정]

제1장 총칙

제1절 목적, 정의 및 적용 범위 등

제1조 【목적】 이 법은 행정절차에 관한 공통적인 사항을 규정하여 국민의 행정 참여를 도모함으로써 행정의 공정성·투명성 및 신뢰성을 확보하고 국민의 권익을 보호함을 목적으로 한다.

제2조 【정의】 이 법에서 사용하는 용어의 뜻은 다음과 같다.
1. "행정청"이란 다음 각 목의 자를 말한다.
   가. 행정에 관한 의사를 결정하여 표시하는 국가 또는 지방자치단체의 기관
   나. 그 밖에 법령 또는 자치법규(이하 "법령등"이라 한다)에 따라 행정권한을 가지고 있거나 위임 또는 위탁받은 공공단체 또는 그 기관이나 사인(私人)
2. "처분"이란 행정청이 행하는 구체적 사실에 관한 법 집행으로서의 공권력의 행사 또는 그 거부와 그 밖에 이에 준하는 행정작용(行政作用)을 말한다.
3. "행정지도"란 행정기관이 그 소관 사무의 범위에서 일정한 행정목적을 실현하기 위하여 특정인에게 일정한 행위를 하거나 하지 아니하도록 지도, 권고, 조언 등을 하는 행정작용을 말한다.
4. "당사자등"이란 다음 각 목의 자를 말한다.
   가. 행정청의 처분에 대하여 직접 그 상대가 되는 당사자
   나. 행정청이 직권으로 또는 신청에 따라 행정절차에 참여하게 한 이해관계인
5. "청문"이란 행정청이 어떠한 처분을 하기 전에 당사자등의 의견을 직접 듣고 증거를 조사하는 절차를 말한다.
6. "공청회"란 행정청이 공개적인 토론을 통하여 어떠한 행정작용에 대하여 당사자등, 전문지식과 경험을 가진 사람, 그 밖의 일반인으로부터 의견을 널리 수렴하는 절차를 말한다.
7. "의견제출"이란 행정청이 어떠한 행정작용을 하기 전에 당사자등이 의견을 제시하는 절차로서 청문이나 공청회에 해당하지 아니하는 절차를 말한다.

> 2024년 제12회 논술형
> 쟁점
> '당사자등' 해당 여부

> 2013년 제1회 논술형
> 쟁점
> 공청회를 설명

제 **2** 편

행정절차론

8. "전자문서"란 컴퓨터 등 정보처리능력을 가진 장치에 의하여 전자적인 형태로 작성되어 송신·수신 또는 저장된 정보를 말한다.
9. "정보통신망"이란 전기통신설비를 활용하거나 전기통신설비와 컴퓨터 및 컴퓨터 이용기술을 활용하여 정보를 수집·가공·저장·검색·송신 또는 수신하는 정보통신체제를 말한다.

제3조【적용 범위】① 처분, 신고, 확약, 위반사실 등의 공표, 행정계획, 행정상 입법예고, 행정예고 및 행정지도의 절차(이하 "행정절차"라 한다)에 관하여 다른 법률에 특별한 규정이 있는 경우를 제외하고는 이 법에서 정하는 바에 따른다.
② 이 법은 다음 각 호의 어느 하나에 해당하는 사항에 대하여는 적용하지 아니한다.
1. 국회 또는 지방의회의 의결을 거치거나 동의 또는 승인을 받아 행하는 사항
2. 법원 또는 군사법원의 재판에 의하거나 그 집행으로 행하는 사항
3. 헌법재판소의 심판을 거쳐 행하는 사항
4. 각급 선거관리위원회의 의결을 거쳐 행하는 사항
5. 감사원이 감사위원회의의 결정을 거쳐 행하는 사항
6. 형사(刑事), 행형(行刑) 및 보안처분 관계 법령에 따라 행하는 사항
7. 국가안전보장·국방·외교 또는 통일에 관한 사항 중 행정절차를 거칠 경우 국가의 중대한 이익을 현저히 해칠 우려가 있는 사항
8. 심사청구, 해양안전심판, 조세심판, 특허심판, 행정심판, 그 밖의 불복절차에 따른 사항
9. 「병역법」에 따른 징집·소집, 외국인의 출입국·난민인정·귀화, 공무원 인사 관계 법령에 따른 징계와 그 밖의 처분, 이해 조정을 목적으로 하는 법령에 따른 알선·조정·중재(仲裁)·재정(裁定) 또는 그 밖의 처분 등 해당 행정작용의 성질상 행정절차를 거치기 곤란하거나 거칠 필요가 없다고 인정되는 사항과 행정절차에 준하는 절차를 거친 사항으로서 대통령령으로 정하는 사항

> 2021년 제9회 논술형
> 쟁점
> 공무원 직위해제 관련

제4조【신의성실 및 신뢰보호】① 행정청은 직무를 수행할 때 신의(信義)에 따라 성실히 하여야 한다.
② 행정청은 법령등의 해석 또는 행정청의 관행이 일반적으로 국민들에게 받아들여졌을 때에는 공익 또는 제3자의 정당한 이익을 현저히 해칠 우려가 있는 경우를 제외하고는 새로운 해석 또는 관행에 따라 소급하여 불리하게 처리하여서는 아니 된다.

제5조 【투명성】 ① 행정청이 행하는 행정작용은 그 내용이 구체적이고 명확하여야 한다.
② 행정작용의 근거가 되는 법령등의 내용이 명확하지 아니한 경우 상대방은 해당 행정청에 그 해석을 요청할 수 있으며, 해당 행정청은 특별한 사유가 없으면 그 요청에 따라야 한다.
③ 행정청은 상대방에게 행정작용과 관련된 정보를 충분히 제공하여야 한다.

제5조의2 【행정업무 혁신】 ① 행정청은 모든 국민이 균등하고 질 높은 행정서비스를 누릴 수 있도록 노력하여야 한다.
② 행정청은 정보통신기술을 활용하여 행정절차를 적극적으로 혁신하도록 노력하여야 한다. 이 경우 행정청은 국민이 경제적·사회적·지역적 여건 등으로 인하여 불이익을 받지 아니하도록 하여야 한다.
③ 행정청은 행정청이 생성하거나 취득하여 관리하고 있는 데이터(정보처리능력을 갖춘 장치를 통하여 생성 또는 처리되어 기계에 의한 판독이 가능한 형태로 존재하는 정형 또는 비정형의 정보를 말한다)를 행정과정에 활용하도록 노력하여야 한다.
④ 행정청은 행정업무 혁신 추진에 필요한 행정적·재정적·기술적 지원방안을 마련하여야 한다.

제2절 행정청의 관할 및 협조

제6조 【관할】 ① 행정청이 그 관할에 속하지 아니하는 사안을 접수하였거나 이송받은 경우에는 지체 없이 이를 관할 행정청에 이송하여야 하고 그 사실을 신청인에게 통지하여야 한다. 행정청이 접수하거나 이송받은 후 관할이 변경된 경우에도 또한 같다.
② 행정청의 관할이 분명하지 아니한 경우에는 해당 행정청을 공통으로 감독하는 상급 행정청이 그 관할을 결정하며, 공통으로 감독하는 상급 행정청이 없는 경우에는 각 상급 행정청이 협의하여 그 관할을 결정한다.

제7조 【행정청 간의 협조 등】 ① 행정청은 행정의 원활한 수행을 위하여 서로 협조하여야 한다.
② 행정청은 업무의 효율성을 높이고 행정서비스에 대한 국민의 만족도를 높이기 위하여 필요한 경우 행정협업(다른 행정청과 공동의 목표를 설정하고 행정청 상호 간의 기능을 연계하거나 시설·장비 및 정보 등을 공동으로 활용하는 것을 말한다. 이하 같다)의 방식으로 적극적으로 협조하여야 한다.
③ 행정청은 행정협업을 활성화하기 위한 시책을 마련하고 그 추진에 필요한 행정적·재정적 지원방안을 마련하여야 한다.
④ 행정협업의 촉진 등에 필요한 사항은 대통령령으로 정한다.

제8조 【행정응원】 ① 행정청은 다음 각 호의 어느 하나에 해당하는 경우에는 다른 행정청에 행정응원(行政應援)을 요청할 수 있다.
1. 법령등의 이유로 독자적인 직무 수행이 어려운 경우
2. 인원·장비의 부족 등 사실상의 이유로 독자적인 직무 수행이 어려운 경우
3. 다른 행정청에 소속되어 있는 전문기관의 협조가 필요한 경우
4. 다른 행정청이 관리하고 있는 문서(전자문서를 포함한다. 이하 같다)·통계 등 행정자료가 직무 수행을 위하여 필요한 경우
5. 다른 행정청의 응원을 받아 처리하는 것이 보다 능률적이고 경제적인 경우

② 제1항에 따라 행정응원을 요청받은 행정청은 다음 각 호의 어느 하나에 해당하는 경우에는 응원을 거부할 수 있다.
1. 다른 행정청이 보다 능률적이거나 경제적으로 응원할 수 있는 명백한 이유가 있는 경우
2. 행정응원으로 인하여 고유의 직무 수행이 현저히 지장받을 것으로 인정되는 명백한 이유가 있는 경우

③ 행정응원은 해당 직무를 직접 응원할 수 있는 행정청에 요청하여야 한다.
④ 행정응원을 요청받은 행정청은 응원을 거부하는 경우 그 사유를 응원을 요청한 행정청에 통지하여야 한다.
⑤ 행정응원을 위하여 파견된 직원은 응원을 요청한 행정청의 지휘·감독을 받는다. 다만, 해당 직원의 복무에 관하여 다른 법령등에 특별한 규정이 있는 경우에는 그에 따른다.
⑥ 행정응원에 드는 비용은 응원을 요청한 행정청이 부담하며, 그 부담금액 및 부담방법은 응원을 요청한 행정청과 응원을 하는 행정청이 협의하여 결정한다.

제3절 당사자등

제9조 【당사자등의 자격】 다음 각 호의 어느 하나에 해당하는 자는 행정절차에서 당사자등이 될 수 있다.
1. 자연인
2. 법인, 법인이 아닌 사단 또는 재단(이하 "법인등"이라 한다)
3. 그 밖에 다른 법령등에 따라 권리·의무의 주체가 될 수 있는 자

제10조 【지위의 승계】 ① 당사자등이 사망하였을 때의 상속인과 다른 법령등에 따라 당사자등의 권리 또는 이익을 승계한 자는 당사자등의 지위를 승계한다.

② 당사자등인 법인등이 합병하였을 때에는 합병 후 존속하는 법인등이나 합병 후 새로 설립된 법인등이 당사자등의 지위를 승계한다.
③ 제1항 및 제2항에 따라 당사자등의 지위를 승계한 자는 행정청에 그 사실을 통지하여야 한다.
④ 처분에 관한 권리 또는 이익을 사실상 양수한 자는 행정청의 승인을 받아 당사자등의 지위를 승계할 수 있다.
⑤ 제3항에 따른 통지가 있을 때까지 사망자 또는 합병 전의 법인등에 대하여 행정청이 한 통지는 제1항 또는 제2항에 따라 당사자등의 지위를 승계한 자에게도 효력이 있다.

제11조【대표자】① 다수의 당사자등이 공동으로 행정절차에 관한 행위를 할 때에는 대표자를 선정할 수 있다.
② 행정청은 제1항에 따라 당사자등이 대표자를 선정하지 아니하거나 대표자가 지나치게 많아 행정절차가 지연될 우려가 있는 경우에는 그 이유를 들어 상당한 기간 내에 3인 이내의 대표자를 선정할 것을 요청할 수 있다. 이 경우 당사자등이 그 요청에 따르지 아니하였을 때에는 행정청이 직접 대표자를 선정할 수 있다.
③ 당사자등은 대표자를 변경하거나 해임할 수 있다.
④ 대표자는 각자 그를 대표자로 선정한 당사자등을 위하여 행정절차에 관한 모든 행위를 할 수 있다. 다만, 행정절차를 끝맺는 행위에 대하여는 당사자등의 동의를 받아야 한다.
⑤ 대표자가 있는 경우에는 당사자등은 그 대표자를 통하여서만 행정절차에 관한 행위를 할 수 있다.
⑥ 다수의 대표자가 있는 경우 그중 1인에 대한 행정청의 행위는 모든 당사자등에게 효력이 있다. 다만, 행정청의 통지는 대표자 모두에게 하여야 그 효력이 있다.

제12조【대리인】① 당사자등은 다음 각 호의 어느 하나에 해당하는 자를 대리인으로 선임할 수 있다.
1. 당사자등의 배우자, 직계 존속·비속 또는 형제자매
2. 당사자등이 법인등인 경우 그 임원 또는 직원
3. 변호사
4. 행정청 또는 청문 주재자(청문의 경우만 해당한다)의 허가를 받은 자
5. 법령등에 따라 해당 사안에 대하여 대리인이 될 수 있는 자
② 대리인에 관하여는 제11조 제3항·제4항 및 제6항을 준용한다.

제13조【대표자·대리인의 통지】① 당사자등이 대표자 또는 대리인을 선정하거나 선임하였을 때에는 지체 없이 그 사실을 행정청에 통지하여야 한다. 대표자 또는 대리인을 변경하거나 해임하였을 때에도 또한 같다.

② 제1항에도 불구하고 제12조 제1항 제4호에 따라 청문 주재자가 대리인의 선임을 허가한 경우에는 청문 주재자가 그 사실을 행정청에 통지하여야 한다.

제4절 송달 및 기간 · 기한의 특례

제14조【송달】① 송달은 우편, 교부 또는 정보통신망 이용 등의 방법으로 하되, 송달받을 자(대표자 또는 대리인을 포함한다. 이하 같다)의 주소·거소(居所)·영업소·사무소 또는 전자우편주소(이하 "주소등"이라 한다)로 한다. 다만, 송달받을 자가 동의하는 경우에는 그를 만나는 장소에서 송달할 수 있다.
② 교부에 의한 송달은 수령확인서를 받고 문서를 교부함으로써 하며, 송달하는 장소에서 송달받을 자를 만나지 못한 경우에는 그 사무원·피용자(被傭者) 또는 동거인으로서 사리를 분별할 지능이 있는 사람(이하 이 조에서 "사무원등"이라 한다)에게 문서를 교부할 수 있다. 다만, 문서를 송달받을 자 또는 그 사무원등이 정당한 사유 없이 송달받기를 거부하는 때에는 그 사실을 수령확인서에 적고, 문서를 송달할 장소에 놓아둘 수 있다.
③ 정보통신망을 이용한 송달은 송달받을 자가 동의하는 경우에만 한다. 이 경우 송달받을 자는 송달받을 전자우편주소 등을 지정하여야 한다.
④ 다음 각 호의 어느 하나에 해당하는 경우에는 송달받을 자가 알기 쉽도록 관보, 공보, 게시판, 일간신문 중 하나 이상에 공고하고 인터넷에도 공고하여야 한다.
1. 송달받을 자의 주소등을 통상적인 방법으로 확인할 수 없는 경우
2. 송달이 불가능한 경우
⑤ 제4항에 따른 공고를 할 때에는 민감정보 및 고유식별정보 등 송달받을 자의 개인정보를 「개인정보 보호법」에 따라 보호하여야 한다.
⑥ 행정청은 송달하는 문서의 명칭, 송달받는 자의 성명 또는 명칭, 발송방법 및 발송 연월일을 확인할 수 있는 기록을 보존하여야 한다.

제15조【송달의 효력 발생】① 송달은 다른 법령등에 특별한 규정이 있는 경우를 제외하고는 해당 문서가 송달받을 자에게 도달됨으로써 그 효력이 발생한다.
② 제14조 제3항에 따라 정보통신망을 이용하여 전자문서로 송달하는 경우에는 송달받을 자가 지정한 컴퓨터 등에 입력된 때에 도달된 것으로 본다.
③ 제14조 제4항의 경우에는 다른 법령등에 특별한 규정이 있는 경우를 제외하고는 공고일부터 14일이 지난 때에 그 효력이 발생한다. 다만, 긴급히 시행하여야 할 특별한 사유가 있어 효력 발생 시기를 달리 정하여 공고한 경우에는 그에 따른다.

제16조【기간 및 기한의 특례】① 천재지변이나 그 밖에 당사자등에게 책임이 없는 사유로 기간 및 기한을 지킬 수 없는 경우에는 그 사유가 끝나는 날까지 기간의 진행이 정지된다.
② 외국에 거주하거나 체류하는 자에 대한 기간 및 기한은 행정청이 그 우편이나 통신에 걸리는 일수(日數)를 고려하여 정하여야 한다.

제2장 처분

제1절 통칙

제17조【처분의 신청】① 행정청에 처분을 구하는 신청은 문서로 하여야 한다. 다만, 다른 법령등에 특별한 규정이 있는 경우와 행정청이 미리 다른 방법을 정하여 공시한 경우에는 그러하지 아니하다.
② 제1항에 따라 처분을 신청할 때 전자문서로 하는 경우에는 행정청의 컴퓨터 등에 입력된 때에 신청한 것으로 본다.
③ 행정청은 신청에 필요한 구비서류, 접수기관, 처리기간, 그 밖에 필요한 사항을 게시(인터넷 등을 통한 게시를 포함한다)하거나 이에 대한 편람을 갖추어 두고 누구나 열람할 수 있도록 하여야 한다.
④ 행정청은 신청을 받았을 때에는 다른 법령등에 특별한 규정이 있는 경우를 제외하고는 그 접수를 보류 또는 거부하거나 부당하게 되돌려 보내서는 아니 되며, 신청을 접수한 경우에는 신청인에게 접수증을 주어야 한다. 다만, 대통령령으로 정하는 경우에는 접수증을 주지 아니할 수 있다.
⑤ 행정청은 신청에 구비서류의 미비 등 흠이 있는 경우에는 보완에 필요한 상당한 기간을 정하여 지체 없이 신청인에게 보완을 요구하여야 한다.
⑥ 행정청은 신청인이 제5항에 따른 기간 내에 보완을 하지 아니하였을 때에는 그 이유를 구체적으로 밝혀 접수된 신청을 되돌려 보낼 수 있다.
⑦ 행정청은 신청인의 편의를 위하여 다른 행정청에 신청을 접수하게 할 수 있다. 이 경우 행정청은 다른 행정청에 접수할 수 있는 신청의 종류를 미리 정하여 공시하여야 한다.
⑧ 신청인은 처분이 있기 전에는 그 신청의 내용을 보완·변경하거나 취하(取下)할 수 있다. 다만, 다른 법령등에 특별한 규정이 있거나 그 신청의 성질상 보완·변경하거나 취하할 수 없는 경우에는 그러하지 아니하다.
제18조【다수의 행정청이 관여하는 처분】행정청은 다수의 행정청이 관여하는 처분을 구하는 신청을 접수한 경우에는 관계 행정청과의 신속한 협조를 통하여 그 처분이 지연되지 아니하도록 하여야 한다.
제19조【처리기간의 설정·공표】① 행정청은 신청인의 편의를 위하여 처분의 처리기간을 종류별로 미리 정하여 공표하여야 한다.

② 행정청은 부득이한 사유로 제1항에 따른 처리기간 내에 처분을 처리하기 곤란한 경우에는 해당 처분의 처리기간의 범위에서 한 번만 그 기간을 연장할 수 있다.
③ 행정청은 제2항에 따라 처리기간을 연장할 때에는 처리기간의 연장 사유와 처리 예정 기한을 지체 없이 신청인에게 통지하여야 한다.
④ 행정청이 정당한 처리기간 내에 처리하지 아니하였을 때에는 신청인은 해당 행정청 또는 그 감독 행정청에 신속한 처리를 요청할 수 있다.
⑤ 제1항에 따른 처리기간에 산입하지 아니하는 기간에 관하여는 대통령령으로 정한다.

제20조【처분기준의 설정·공표】 ① 행정청은 필요한 처분기준을 해당 처분의 성질에 비추어 되도록 구체적으로 정하여 공표하여야 한다. 처분기준을 변경하는 경우에도 또한 같다.
② 「행정기본법」 제24조에 따른 인허가의제의 경우 관련 인허가 행정청은 관련 인허가의 처분기준을 주된 인허가 행정청에 제출하여야 하고, 주된 인허가 행정청은 제출받은 관련 인허가의 처분기준을 통합하여 공표하여야 한다. 처분기준을 변경하는 경우에도 또한 같다.
③ 제1항에 따른 처분기준을 공표하는 것이 해당 처분의 성질상 현저히 곤란하거나 공공의 안전 또는 복리를 현저히 해치는 것으로 인정될 만한 상당한 이유가 있는 경우에는 처분기준을 공표하지 아니할 수 있다.
④ 당사자등은 공표된 처분기준이 명확하지 아니한 경우 해당 행정청에 그 해석 또는 설명을 요청할 수 있다. 이 경우 해당 행정청은 특별한 사정이 없으면 그 요청에 따라야 한다.

제21조【처분의 사전 통지】 ① 행정청은 당사자에게 의무를 부과하거나 권익을 제한하는 처분을 하는 경우에는 미리 다음 각 호의 사항을 당사자등에게 통지하여야 한다.
1. 처분의 제목
2. 당사자의 성명 또는 명칭과 주소
3. 처분하려는 원인이 되는 사실과 처분의 내용 및 법적 근거
4. 제3호에 대하여 의견을 제출할 수 있다는 뜻과 의견을 제출하지 아니하는 경우의 처리방법
5. 의견제출기관의 명칭과 주소
6. 의견제출기한
7. 그 밖에 필요한 사항

② 행정청은 청문을 하려면 청문이 시작되는 날부터 10일 전까지 제1항 각 호의 사항을 당사자등에게 통지하여야 한다. 이 경우 제1항 제4호부터 제6호까지의 사항은 청문 주재자의 소속·직위 및 성명, 청문의 일시 및 장소, 청문에 응하지 아니하는 경우의 처리방법 등 청문에 필요한 사항으로 갈음한다.

> 2014년 제2회, 2025년 제13회 논술형 쟁점
> 철거명령의 절차적 요건
> 2024년 제12회 논술형 쟁점
> 거부처분 시 사전 통지

> 2022년 제10회 논술형 쟁점

③ 제1항 제6호에 따른 기한은 의견제출에 필요한 기간을 10일 이상으로 고려하여 정하여야 한다.
④ 다음 각 호의 어느 하나에 해당하는 경우에는 제1항에 따른 통지를 하지 아니할 수 있다.
1. 공공의 안전 또는 복리를 위하여 긴급히 처분을 할 필요가 있는 경우
2. 법령등에서 요구된 자격이 없거나 없어지게 되면 반드시 일정한 처분을 하여야 하는 경우에 그 자격이 없거나 없어지게 된 사실이 법원의 재판 등에 의하여 객관적으로 증명된 경우
3. 해당 처분의 성질상 의견청취가 현저히 곤란하거나 명백히 불필요하다고 인정될 만한 상당한 이유가 있는 경우

⑤ 처분의 전제가 되는 사실이 법원의 재판 등에 의하여 객관적으로 증명된 경우 등 제4항에 따른 사전 통지를 하지 아니할 수 있는 구체적인 사항은 대통령령으로 정한다.
⑥ 제4항에 따라 사전 통지를 하지 아니하는 경우 행정청은 처분을 할 때 당사자등에게 통지를 하지 아니한 사유를 알려야 한다. 다만, 신속한 처분이 필요한 경우에는 처분 후 그 사유를 알릴 수 있다.
⑦ 제6항에 따라 당사자등에게 알리는 경우에는 제24조를 준용한다.

제22조【의견청취】① 행정청이 처분을 할 때 다음 각 호의 어느 하나에 해당하는 경우에는 청문을 한다.
1. 다른 법령등에서 청문을 하도록 규정하고 있는 경우
2. 행정청이 필요하다고 인정하는 경우
3. 다음 각 목의 처분을 하는 경우
  가. 인허가 등의 취소
  나. 신분·자격의 박탈
  다. 법인이나 조합 등의 설립허가의 취소

② 행정청이 처분을 할 때 다음 각 호의 어느 하나에 해당하는 경우에는 공청회를 개최한다.
1. 다른 법령등에서 공청회를 개최하도록 규정하고 있는 경우
2. 해당 처분의 영향이 광범위하여 널리 의견을 수렴할 필요가 있다고 행정청이 인정하는 경우
3. 국민생활에 큰 영향을 미치는 처분으로서 대통령령으로 정하는 처분에 대하여 대통령령으로 정하는 수 이상의 당사자등이 공청회 개최를 요구하는 경우

③ 행정청이 당사자에게 의무를 부과하거나 권익을 제한하는 처분을 할 때 제1항 또는 제2항의 경우 외에는 당사자등에게 의견제출의 기회를 주어야 한다.

④ 제1항부터 제3항까지의 규정에도 불구하고 제21조 제4항 각 호의 어느 하나에 해당하는 경우와 당사자가 의견진술의 기회를 포기한다는 뜻을 명백히 표시한 경우에는 의견청취를 하지 아니할 수 있다.
⑤ 행정청은 청문·공청회 또는 의견제출을 거쳤을 때에는 신속히 처분하여 해당 처분이 지연되지 아니하도록 하여야 한다.
⑥ 행정청은 처분 후 1년 이내에 당사자등이 요청하는 경우에는 청문·공청회 또는 의견제출을 위하여 제출받은 서류나 그 밖의 물건을 반환하여야 한다.

> 2013년 제1회 논술형 쟁점
> 공청회를 설명

제23조【처분의 이유 제시】① 행정청은 처분을 할 때에는 다음 각 호의 어느 하나에 해당하는 경우를 제외하고는 당사자에게 그 근거와 이유를 제시하여야 한다.
1. 신청 내용을 모두 그대로 인정하는 처분인 경우
2. 단순·반복적인 처분 또는 경미한 처분으로서 당사자가 그 이유를 명백히 알 수 있는 경우
3. 긴급히 처분을 할 필요가 있는 경우
② 행정청은 제1항 제2호 및 제3호의 경우에 처분 후 당사자가 요청하는 경우에는 그 근거와 이유를 제시하여야 한다.

> 2014년 제2회, 2016년 제4회, 2024년 제12회, 2025년 제13회 논술형 쟁점
> 거부처분 시 이유 제시

제24조【처분의 방식】① 행정청이 처분을 할 때에는 다른 법령등에 특별한 규정이 있는 경우를 제외하고는 문서로 하여야 하며, 다음 각 호의 어느 하나에 해당하는 경우에는 전자문서로 할 수 있다.
1. 당사자등의 동의가 있는 경우
2. 당사자가 전자문서로 처분을 신청한 경우
② 제1항에도 불구하고 공공의 안전 또는 복리를 위하여 긴급히 처분을 할 필요가 있거나 사안이 경미한 경우에는 말, 전화, 휴대전화를 이용한 문자 전송, 팩스 또는 전자우편 등 문서가 아닌 방법으로 처분을 할 수 있다. 이 경우 당사자가 요청하면 지체 없이 처분에 관한 문서를 주어야 한다.
③ 처분을 하는 문서에는 그 처분 행정청과 담당자의 소속·성명 및 연락처(전화번호, 팩스번호, 전자우편주소 등을 말한다)를 적어야 한다.

> 2022년 제10회 논술형 쟁점

제25조【처분의 정정】행정청은 처분에 오기(誤記), 오산(誤算) 또는 그 밖에 이에 준하는 명백한 잘못이 있을 때에는 직권으로 또는 신청에 따라 지체 없이 정정하고 그 사실을 당사자에게 통지하여야 한다.

제26조【고지】행정청이 처분을 할 때에는 당사자에게 그 처분에 관하여 행정심판 및 행정소송을 제기할 수 있는지 여부, 그 밖에 불복을 할 수 있는지 여부, 청구절차 및 청구기간, 그 밖에 필요한 사항을 알려야 한다.

제2절 의견제출 및 청문

제27조 【의견제출】 ① 당사자등은 처분 전에 그 처분의 관할 행정청에 서면이나 말로 또는 정보통신망을 이용하여 의견제출을 할 수 있다.
② 당사자등은 제1항에 따라 의견제출을 하는 경우 그 주장을 입증하기 위한 증거자료 등을 첨부할 수 있다.
③ 행정청은 당사자등이 말로 의견제출을 하였을 때에는 서면으로 그 진술의 요지와 진술자를 기록하여야 한다.
④ 당사자등이 정당한 이유 없이 의견제출기한까지 의견제출을 하지 아니한 경우에는 의견이 없는 것으로 본다.

제27조의2 【제출 의견의 반영 등】 ① 행정청은 처분을 할 때에 당사자등이 제출한 의견이 상당한 이유가 있다고 인정하는 경우에는 이를 반영하여야 한다.
② 행정청은 당사자등이 제출한 의견을 반영하지 아니하고 처분을 한 경우 당사자등이 처분이 있음을 안 날부터 90일 이내에 그 이유의 설명을 요청하면 서면으로 그 이유를 알려야 한다. 다만, 당사자등이 동의하면 말, 정보통신망 또는 그 밖의 방법으로 알릴 수 있다.

제28조 【청문 주재자】 ① 행정청은 소속 직원 또는 대통령령으로 정하는 자격을 가진 사람 중에서 청문 주재자를 공정하게 선정하여야 한다.
② 행정청은 다음 각 호의 어느 하나에 해당하는 처분을 하려는 경우에는 청문 주재자를 2명 이상으로 선정할 수 있다. 이 경우 선정된 청문 주재자 중 1명이 청문 주재자를 대표한다.
1. 다수 국민의 이해가 상충되는 처분
2. 다수 국민에게 불편이나 부담을 주는 처분
3. 그 밖에 전문적이고 공정한 청문을 위하여 행정청이 청문 주재자를 2명 이상으로 선정할 필요가 있다고 인정하는 처분
③ 행정청은 청문이 시작되는 날부터 7일 전까지 청문 주재자에게 청문과 관련한 필요한 자료를 미리 통지하여야 한다.
④ 청문 주재자는 독립하여 공정하게 직무를 수행하며, 그 직무 수행을 이유로 본인의 의사에 반하여 신분상 어떠한 불이익도 받지 아니한다.
⑤ 제1항 또는 제2항에 따라 선정된 청문 주재자는 「형법」이나 그 밖의 다른 법률에 따른 벌칙을 적용할 때에는 공무원으로 본다.
⑥ 제1항부터 제5항까지에서 규정한 사항 외에 청문 주재자의 선정 등에 필요한 사항은 대통령령으로 정한다.

제29조 【청문 주재자의 제척·기피·회피】 ① 청문 주재자가 다음 각 호의 어느 하나에 해당하는 경우에는 청문을 주재할 수 없다.

1. 자신이 당사자등이거나 당사자등과 「민법」 제777조 각 호의 어느 하나에 해당하는 친족관계에 있거나 있었던 경우
2. 자신이 해당 처분과 관련하여 증언이나 감정(鑑定)을 한 경우
3. 자신이 해당 처분의 당사자등의 대리인으로 관여하거나 관여하였던 경우
4. 자신이 해당 처분업무를 직접 처리하거나 처리하였던 경우
5. 자신이 해당 처분업무를 처리하는 부서에 근무하는 경우. 이 경우 부서의 구체적인 범위는 대통령령으로 정한다.

② 청문 주재자에게 공정한 청문 진행을 할 수 없는 사정이 있는 경우 당사자등은 행정청에 기피신청을 할 수 있다. 이 경우 행정청은 청문을 정지하고 그 신청이 이유가 있다고 인정할 때에는 해당 청문 주재자를 지체 없이 교체하여야 한다.

③ 청문 주재자는 제1항 또는 제2항의 사유에 해당하는 경우에는 행정청의 승인을 받아 스스로 청문의 주재를 회피할 수 있다.

제30조【청문의 공개】 청문은 당사자가 공개를 신청하거나 청문 주재자가 필요하다고 인정하는 경우 공개할 수 있다. 다만, 공익 또는 제3자의 정당한 이익을 현저히 해칠 우려가 있는 경우에는 공개하여서는 아니 된다.

제31조【청문의 진행】 ① 청문 주재자가 청문을 시작할 때에는 먼저 예정된 처분의 내용, 그 원인이 되는 사실 및 법적 근거 등을 설명하여야 한다.

② 당사자등은 의견을 진술하고 증거를 제출할 수 있으며, 참고인이나 감정인 등에게 질문할 수 있다.

③ 당사자등이 의견서를 제출한 경우에는 그 내용을 출석하여 진술한 것으로 본다.

④ 청문 주재자는 청문의 신속한 진행과 질서유지를 위하여 필요한 조치를 할 수 있다.

⑤ 청문을 계속할 경우에는 행정청은 당사자등에게 다음 청문의 일시 및 장소를 서면으로 통지하여야 하며, 당사자등이 동의하는 경우에는 전자문서로 통지할 수 있다. 다만, 청문에 출석한 당사자등에게는 그 청문일에 청문 주재자가 말로 통지할 수 있다.

제32조【청문의 병합·분리】 행정청은 직권으로 또는 당사자의 신청에 따라 여러 개의 사안을 병합하거나 분리하여 청문을 할 수 있다.

제33조【증거조사】 ① 청문 주재자는 직권으로 또는 당사자의 신청에 따라 필요한 조사를 할 수 있으며, 당사자등이 주장하지 아니한 사실에 대하여도 조사할 수 있다.

② 증거조사는 다음 각 호의 어느 하나에 해당하는 방법으로 한다.

1. 문서·장부·물건 등 증거자료의 수집
2. 참고인·감정인 등에 대한 질문
3. 검증 또는 감정·평가
4. 그 밖에 필요한 조사

③ 청문 주재자는 필요하다고 인정할 때에는 관계 행정청에 필요한 문서의 제출 또는 의견의 진술을 요구할 수 있다. 이 경우 관계 행정청은 직무수행에 특별한 지장이 없으면 그 요구에 따라야 한다.

제34조【청문조서】① 청문 주재자는 다음 각 호의 사항이 적힌 청문조서(聽聞調書)를 작성하여야 한다.
1. 제목
2. 청문 주재자의 소속, 성명 등 인적사항
3. 당사자등의 주소, 성명 또는 명칭 및 출석 여부
4. 청문의 일시 및 장소
5. 당사자등의 진술의 요지 및 제출된 증거
6. 청문의 공개 여부 및 공개하거나 제30조 단서에 따라 공개하지 아니한 이유
7. 증거조사를 한 경우에는 그 요지 및 첨부된 증거
8. 그 밖에 필요한 사항

② 당사자등은 청문조서의 내용을 열람·확인할 수 있으며, 이의가 있을 때에는 그 정정을 요구할 수 있다.

제34조의2【청문 주재자의 의견서】청문 주재자는 다음 각 호의 사항이 적힌 청문 주재자의 의견서를 작성하여야 한다.
1. 청문의 제목
2. 처분의 내용, 주요 사실 또는 증거
3. 종합의견
4. 그 밖에 필요한 사항

제35조【청문의 종결】① 청문 주재자는 해당 사안에 대하여 당사자등의 의견진술, 증거조사가 충분히 이루어졌다고 인정하는 경우에는 청문을 마칠 수 있다.

② 청문 주재자는 당사자등의 전부 또는 일부가 정당한 사유 없이 청문기일에 출석하지 아니하거나 제31조 제3항에 따른 의견서를 제출하지 아니한 경우에는 이들에게 다시 의견진술 및 증거제출의 기회를 주지 아니하고 청문을 마칠 수 있다.

③ 청문 주재자는 당사자등의 전부 또는 일부가 정당한 사유로 청문기일에 출석하지 못하거나 제31조 제3항에 따른 의견서를 제출하지 못한 경우에는 10일 이상의 기간을 정하여 이들에게 의견진술 및 증거제출을 요구하여야 하며, 해당 기간이 지났을 때에 청문을 마칠 수 있다.

④ 청문 주재자는 청문을 마쳤을 때에는 청문조서, 청문 주재자의 의견서, 그 밖의 관계 서류 등을 행정청에 지체 없이 제출하여야 한다.

제35조의2 【청문결과의 반영】 행정청은 처분을 할 때에 제35조 제4항에 따라 받은 청문조서, 청문 주재자의 의견서, 그 밖의 관계 서류 등을 충분히 검토하고 상당한 이유가 있다고 인정하는 경우에는 청문결과를 반영하여야 한다.

제36조 【청문의 재개】 행정청은 청문을 마친 후 처분을 할 때까지 새로운 사정이 발견되어 청문을 재개(再開)할 필요가 있다고 인정할 때에는 제35조 제4항에 따라 받은 청문조서 등을 되돌려 보내고 청문의 재개를 명할 수 있다. 이 경우 제31조 제5항을 준용한다.

제37조 【문서의 열람 및 비밀유지】 ① 당사자등은 의견제출의 경우에는 처분의 사전 통지가 있는 날부터 의견제출기한까지, 청문의 경우에는 청문의 통지가 있는 날부터 청문이 끝날 때까지 행정청에 해당 사안의 조사결과에 관한 문서와 그 밖에 해당 처분과 관련되는 문서의 열람 또는 복사를 요청할 수 있다. 이 경우 행정청은 다른 법령에 따라 공개가 제한되는 경우를 제외하고는 그 요청을 거부할 수 없다.
② 행정청은 제1항의 열람 또는 복사의 요청에 따르는 경우 그 일시 및 장소를 지정할 수 있다.
③ 행정청은 제1항 후단에 따라 열람 또는 복사의 요청을 거부하는 경우에는 그 이유를 소명(疎明)하여야 한다.
④ 제1항에 따라 열람 또는 복사를 요청할 수 있는 문서의 범위는 대통령령으로 정한다.
⑤ 행정청은 제1항에 따른 복사에 드는 비용을 복사를 요청한 자에게 부담시킬 수 있다.
⑥ 누구든지 의견제출 또는 청문을 통하여 알게 된 사생활이나 경영상 또는 거래상의 비밀을 정당한 이유 없이 누설하거나 다른 목적으로 사용하여서는 아니 된다.

제3절 공청회

제38조 【공청회 개최의 알림】 행정청은 공청회를 개최하려는 경우에는 공청회 개최 14일 전까지 다음 각 호의 사항을 당사자등에게 통지하고 관보, 공보, 인터넷 홈페이지 또는 일간신문 등에 공고하는 등의 방법으로 널리 알려야 한다. 다만, 공청회 개최를 알린 후 예정대로 개최하지 못하여 새로 일시 및 장소 등을 정한 경우에는 공청회 개최 7일 전까지 알려야 한다.

> 2013년 제1회 논술형
> 쟁점
> 공청회를 설명

1. 제목
2. 일시 및 장소
3. 주요 내용
4. 발표자에 관한 사항
5. 발표신청 방법 및 신청기한
6. 정보통신망을 통한 의견제출
7. 그 밖에 공청회 개최에 필요한 사항

> 2017년 제5회 논술형
> 쟁점
> 의의, 실시요건, 방법, 절차

제38조의2 【온라인공청회】 ① 행정청은 제38조에 따른 공청회와 병행하여서만 정보통신망을 이용한 공청회(이하 "온라인공청회"라 한다)를 실시할 수 있다.

② 제1항에도 불구하고 다음 각 호의 어느 하나에 해당하는 경우에는 온라인공청회를 단독으로 개최할 수 있다.

1. 국민의 생명·신체·재산의 보호 등 국민의 안전 또는 권익보호 등의 이유로 제38조에 따른 공청회를 개최하기 어려운 경우
2. 제38조에 따른 공청회가 행정청이 책임질 수 없는 사유로 개최되지 못하거나 개최는 되었으나 정상적으로 진행되지 못하고 무산된 횟수가 3회 이상인 경우
3. 행정청이 널리 의견을 수렴하기 위하여 온라인공청회를 단독으로 개최할 필요가 있다고 인정하는 경우. 다만, 제22조 제2항 제1호 또는 제3호에 따라 공청회를 실시하는 경우는 제외한다.

③ 행정청은 온라인공청회를 실시하는 경우 의견제출 및 토론 참여가 가능하도록 적절한 전자적 처리능력을 갖춘 정보통신망을 구축·운영하여야 한다.

④ 온라인공청회를 실시하는 경우에는 누구든지 정보통신망을 이용하여 의견을 제출하거나 제출된 의견 등에 대한 토론에 참여할 수 있다.

⑤ 제1항부터 제4항까지에서 규정한 사항 외에 온라인공청회의 실시 방법 및 절차에 관하여 필요한 사항은 대통령령으로 정한다.

제38조의3 【공청회의 주재자 및 발표자의 선정】 ① 행정청은 해당 공청회의 사안과 관련된 분야에 전문적 지식이 있거나 그 분야에 종사한 경험이 있는 사람으로서 대통령령으로 정하는 자격을 가진 사람 중에서 공청회의 주재자를 선정한다.

② 공청회의 발표자는 발표를 신청한 사람 중에서 행정청이 선정한다. 다만, 발표를 신청한 사람이 없거나 공청회의 공정성을 확보하기 위하여 필요하다고 인정하는 경우에는 다음 각 호의 사람 중에서 지명하거나 위촉할 수 있다.

1. 해당 공청회의 사안과 관련된 당사자등
2. 해당 공청회의 사안과 관련된 분야에 전문적 지식이 있는 사람
3. 해당 공청회의 사안과 관련된 분야에 종사한 경험이 있는 사람
③ 행정청은 공청회의 주재자 및 발표자를 지명 또는 위촉하거나 선정할 때 공정성이 확보될 수 있도록 하여야 한다.
④ 공청회의 주재자, 발표자, 그 밖에 자료를 제출한 전문가 등에게는 예산의 범위에서 수당 및 여비와 그 밖에 필요한 경비를 지급할 수 있다.

제39조【공청회의 진행】① 공청회의 주재자는 공청회를 공정하게 진행하여야 하며, 공청회의 원활한 진행을 위하여 발표 내용을 제한할 수 있고, 질서유지를 위하여 발언 중지 및 퇴장 명령 등 행정안전부장관이 정하는 필요한 조치를 할 수 있다.
② 발표자는 공청회의 내용과 직접 관련된 사항에 대하여만 발표하여야 한다.
③ 공청회의 주재자는 발표자의 발표가 끝난 후에는 발표자 상호 간에 질의 및 답변을 할 수 있도록 하여야 하며, 방청인에게도 의견을 제시할 기회를 주어야 한다.

> 2013년 제1회 논술형
> 쟁점
> 공청회를 설명

제39조의2【공청회 및 온라인공청회 결과의 반영】행정청은 처분을 할 때에 공청회, 온라인공청회 및 정보통신망 등을 통하여 제시된 사실 및 의견이 상당한 이유가 있다고 인정하는 경우에는 이를 반영하여야 한다.

> 2013년 제1회 논술형
> 쟁점
> 공청회를 설명

제39조의3【공청회의 재개최】행정청은 공청회를 마친 후 처분을 할 때까지 새로운 사정이 발견되어 공청회를 다시 개최할 필요가 있다고 인정할 때에는 공청회를 다시 개최할 수 있다.

제3장 신고, 확약 및 위반사실 등의 공표 등

제40조【신고】① 법령등에서 행정청에 일정한 사항을 통지함으로써 의무가 끝나는 신고를 규정하고 있는 경우 신고를 관장하는 행정청은 신고에 필요한 구비서류, 접수기관, 그 밖에 법령등에 따른 신고에 필요한 사항을 게시(인터넷 등을 통한 게시를 포함한다)하거나 이에 대한 편람을 갖추어 두고 누구나 열람할 수 있도록 하여야 한다.
② 제1항에 따른 신고가 다음 각 호의 요건을 갖춘 경우에는 신고서가 접수기관에 도달된 때에 신고 의무가 이행된 것으로 본다.
1. 신고서의 기재사항에 흠이 없을 것
2. 필요한 구비서류가 첨부되어 있을 것
3. 그 밖에 법령등에 규정된 형식상의 요건에 적합할 것
③ 행정청은 제2항 각 호의 요건을 갖추지 못한 신고서가 제출된 경우에는 지체 없이 상당한 기간을 정하여 신고인에게 보완을 요구하여야 한다.

> 2014년 제2회 약술형
> 신고의 절차와 효과

④ 행정청은 신고인이 제3항에 따른 기간 내에 보완을 하지 아니하였을 때에는 그 이유를 구체적으로 밝혀 해당 신고서를 되돌려 보내야 한다.

제40조의2【확약】 ① 법령등에서 당사자가 신청할 수 있는 처분을 규정하고 있는 경우 행정청은 당사자의 신청에 따라 장래에 어떤 처분을 하거나 하지 아니할 것을 내용으로 하는 의사표시(이하 "확약"이라 한다)를 할 수 있다.
② 확약은 문서로 하여야 한다.
③ 행정청은 다른 행정청과의 협의 등의 절차를 거쳐야 하는 처분에 대하여 확약을 하려는 경우에는 확약을 하기 전에 그 절차를 거쳐야 한다.
④ 행정청은 다음 각 호의 어느 하나에 해당하는 경우에는 확약에 기속되지 아니한다.
1. 확약을 한 후에 확약의 내용을 이행할 수 없을 정도로 법령등이나 사정이 변경된 경우
2. 확약이 위법한 경우

⑤ 행정청은 확약이 제4항 각 호의 어느 하나에 해당하여 확약을 이행할 수 없는 경우에는 지체 없이 당사자에게 그 사실을 통지하여야 한다.

제40조의3【위반사실 등의 공표】 ① 행정청은 법령에 따른 의무를 위반한 자의 성명·법인명, 위반사실, 의무 위반을 이유로 한 처분사실 등(이하 "위반사실등"이라 한다)을 법률로 정하는 바에 따라 일반에게 공표할 수 있다.
② 행정청은 위반사실등의 공표를 하기 전에 사실과 다른 공표로 인하여 당사자의 명예·신용 등이 훼손되지 아니하도록 객관적이고 타당한 증거와 근거가 있는지를 확인하여야 한다.
③ 행정청은 위반사실등의 공표를 할 때에는 미리 당사자에게 그 사실을 통지하고 의견제출의 기회를 주어야 한다. 다만, 다음 각 호의 어느 하나에 해당하는 경우에는 그러하지 아니하다.
1. 공공의 안전 또는 복리를 위하여 긴급히 공표를 할 필요가 있는 경우
2. 해당 공표의 성질상 의견청취가 현저히 곤란하거나 명백히 불필요하다고 인정될 만한 타당한 이유가 있는 경우
3. 당사자가 의견진술의 기회를 포기한다는 뜻을 명백히 밝힌 경우

④ 제3항에 따라 의견제출의 기회를 받은 당사자는 공표 전에 관할 행정청에 서면이나 말 또는 정보통신망을 이용하여 의견을 제출할 수 있다.
⑤ 제4항에 따른 의견제출의 방법과 제출 의견의 반영 등에 관하여는 제27조 및 제27조의2를 준용한다. 이 경우 "처분"은 "위반사실등의 공표"로 본다.
⑥ 위반사실등의 공표는 관보, 공보 또는 인터넷 홈페이지 등을 통하여 한다.
⑦ 행정청은 위반사실등의 공표를 하기 전에 당사자가 공표와 관련된 의무의 이행, 원상회복, 손해배상 등의 조치를 마친 경우에는 위반사실등의 공표를 하지 아니할 수 있다.

⑧ 행정청은 공표된 내용이 사실과 다른 것으로 밝혀지거나 공표에 포함된 처분이 취소된 경우에는 그 내용을 정정하여, 정정한 내용을 지체 없이 해당 공표와 같은 방법으로 공표된 기간 이상 공표하여야 한다. 다만, 당사자가 원하지 아니하면 공표하지 아니할 수 있다.

제40조의4 【행정계획】 행정청은 행정청이 수립하는 계획 중 국민의 권리·의무에 직접 영향을 미치는 계획을 수립하거나 변경·폐지할 때에는 관련된 여러 이익을 정당하게 형량하여야 한다.

제4장 행정상 입법예고

제41조 【행정상 입법예고】 ① 법령등을 제정·개정 또는 폐지(이하 "입법"이라 한다)하려는 경우에는 해당 입법안을 마련한 행정청은 이를 예고하여야 한다. 다만, 다음 각 호의 어느 하나에 해당하는 경우에는 예고를 하지 아니할 수 있다.

> 2013년 제1회 논술형
> 쟁점
> 행정예고와의 관련성과 차이점

1. 신속한 국민의 권리 보호 또는 예측 곤란한 특별한 사정의 발생 등으로 입법이 긴급을 요하는 경우
2. 상위 법령등의 단순한 집행을 위한 경우
3. 입법내용이 국민의 권리·의무 또는 일상생활과 관련이 없는 경우
4. 단순한 표현·자구를 변경하는 경우 등 입법내용의 성질상 예고의 필요가 없거나 곤란하다고 판단되는 경우
5. 예고함이 공공의 안전 또는 복리를 현저히 해칠 우려가 있는 경우

② 삭제

③ 법제처장은 입법예고를 하지 아니한 법령안의 심사 요청을 받은 경우에 입법예고를 하는 것이 적당하다고 판단할 때에는 해당 행정청에 입법예고를 권고하거나 직접 예고할 수 있다.

④ 입법안을 마련한 행정청은 입법예고 후 예고내용에 국민생활과 직접 관련된 내용이 추가되는 등 대통령령으로 정하는 중요한 변경이 발생하는 경우에는 해당 부분에 대한 입법예고를 다시 하여야 한다. 다만, 제1항 각 호의 어느 하나에 해당하는 경우에는 예고를 하지 아니할 수 있다.

⑤ 입법예고의 기준·절차 등에 관하여 필요한 사항은 대통령령으로 정한다.

제42조 【예고방법】 ① 행정청은 입법안의 취지, 주요 내용 또는 전문(全文)을 다음 각 호의 구분에 따른 방법으로 공고하여야 하며, 추가로 인터넷, 신문 또는 방송 등을 통하여 공고할 수 있다.

1. 법령의 입법안을 입법예고하는 경우: 관보 및 법제처장이 구축·제공하는 정보시스템을 통한 공고
2. 자치법규의 입법안을 입법예고하는 경우: 공보를 통한 공고

② 행정청은 대통령령을 입법예고하는 경우 국회 소관 상임위원회에 이를 제출하여야 한다.
③ 행정청은 입법예고를 할 때에 입법안과 관련이 있다고 인정되는 중앙행정기관, 지방자치단체, 그 밖의 단체 등이 예고사항을 알 수 있도록 예고사항을 통지하거나 그 밖의 방법으로 알려야 한다.
④ 행정청은 제1항에 따라 예고된 입법안에 대하여 온라인공청회 등을 통하여 널리 의견을 수렴할 수 있다. 이 경우 제38조의2 제3항부터 제5항까지의 규정을 준용한다.
⑤ 행정청은 예고된 입법안의 전문에 대한 열람 또는 복사를 요청받았을 때에는 특별한 사유가 없으면 그 요청에 따라야 한다.
⑥ 행정청은 제5항에 따른 복사에 드는 비용을 복사를 요청한 자에게 부담시킬 수 있다.

제43조【예고기간】 입법예고기간은 예고할 때 정하되, 특별한 사정이 없으면 40일(자치법규는 20일) 이상으로 한다.

제44조【의견제출 및 처리】 ① 누구든지 예고된 입법안에 대하여 의견을 제출할 수 있다.
② 행정청은 의견접수기관, 의견제출기간, 그 밖에 필요한 사항을 해당 입법안을 예고할 때 함께 공고하여야 한다.
③ 행정청은 해당 입법안에 대한 의견이 제출된 경우 특별한 사유가 없으면 이를 존중하여 처리하여야 한다.
④ 행정청은 의견을 제출한 자에게 그 제출된 의견의 처리결과를 통지하여야 한다.
⑤ 제출된 의견의 처리방법 및 처리결과의 통지에 관하여는 대통령령으로 정한다.

제45조【공청회】 ① 행정청은 입법안에 관하여 공청회를 개최할 수 있다.
② 공청회에 관하여는 제38조, 제38조의2, 제38조의3, 제39조 및 제39조의2를 준용한다.

제5장 행정예고

> 2013년 제1회 약술형
> 행정예고의 개념과 대상

제46조【행정예고】 ① 행정청은 정책, 제도 및 계획(이하 "정책등"이라 한다)을 수립·시행하거나 변경하려는 경우에는 이를 예고하여야 한다. 다만, 다음 각 호의 어느 하나에 해당하는 경우에는 예고를 하지 아니할 수 있다.
1. 신속하게 국민의 권리를 보호하여야 하거나 예측이 어려운 특별한 사정이 발생하는 등 긴급한 사유로 예고가 현저히 곤란한 경우
2. 법령등의 단순한 집행을 위한 경우

3. 정책등의 내용이 국민의 권리·의무 또는 일상생활과 관련이 없는 경우
4. 정책등의 예고가 공공의 안전 또는 복리를 현저히 해칠 우려가 상당한 경우
② 제1항에도 불구하고 법령등의 입법을 포함하는 행정예고는 입법예고로 갈음할 수 있다.
③ 행정예고기간은 예고 내용의 성격 등을 고려하여 정하되, 20일 이상으로 한다.
④ 제3항에도 불구하고 행정목적을 달성하기 위하여 긴급한 필요가 있는 경우에는 행정예고기간을 단축할 수 있다. 이 경우 단축된 행정예고기간은 10일 이상으로 한다.

제46조의2 【행정예고 통계 작성 및 공고】 행정청은 매년 자신이 행한 행정예고의 실시 현황과 그 결과에 관한 통계를 작성하고, 이를 관보·공보 또는 인터넷 등의 방법으로 널리 공고하여야 한다.

제47조 【예고방법 등】 ① 행정청은 정책등안(案)의 취지, 주요 내용 등을 관보·공보나 인터넷·신문·방송 등을 통하여 공고하여야 한다.
② 행정예고의 방법, 의견제출 및 처리, 공청회 및 온라인공청회에 관하여는 제38조, 제38조의2, 제38조의3, 제39조, 제39조의2, 제39조의3, 제42조(제1항·제2항 및 제4항은 제외한다), 제44조 제1항부터 제3항까지 및 제45조 제1항을 준용한다. 이 경우 "입법안"은 "정책등안"으로, "입법예고"는 "행정예고"로, "처분을 할 때"는 "정책등을 수립·시행하거나 변경할 때"로 본다.

제6장 행정지도

제48조 【행정지도의 원칙】 ① 행정지도는 그 목적 달성에 필요한 최소한도에 그쳐야 하며, 행정지도의 상대방의 의사에 반하여 부당하게 강요하여서는 아니 된다.
② 행정기관은 행정지도의 상대방이 행정지도에 따르지 아니하였다는 것을 이유로 불이익한 조치를 하여서는 아니 된다.

제49조 【행정지도의 방식】 ① 행정지도를 하는 자는 그 상대방에게 그 행정지도의 취지 및 내용과 신분을 밝혀야 한다.
② 행정지도가 말로 이루어지는 경우에 상대방이 제1항의 사항을 적은 서면의 교부를 요구하면 그 행정지도를 하는 자는 직무 수행에 특별한 지장이 없으면 이를 교부하여야 한다.

제50조 【의견제출】 행정지도의 상대방은 해당 행정지도의 방식·내용 등에 관하여 행정기관에 의견제출을 할 수 있다.

제51조【다수인을 대상으로 하는 행정지도】행정기관이 같은 행정목적을 실현하기 위하여 많은 상대방에게 행정지도를 하려는 경우에는 특별한 사정이 없으면 행정지도에 공통적인 내용이 되는 사항을 공표하여야 한다.

제7장 국민참여의 확대

제52조【국민참여 활성화】① 행정청은 행정과정에서 국민의 의견을 적극적으로 청취하고 이를 반영하도록 노력하여야 한다.
② 행정청은 국민에게 다양한 참여방법과 협력의 기회를 제공하도록 노력하여야 하며, 구체적인 참여방법을 공표하여야 한다.
③ 행정청은 국민참여 수준을 향상시키기 위하여 노력하여야 하며 필요한 경우 국민참여 수준에 대한 자체진단을 실시하고, 그 결과를 행정안전부장관에게 제출하여야 한다.
④ 행정청은 제3항에 따라 자체진단을 실시한 경우 그 결과를 공개할 수 있다.
⑤ 행정청은 국민참여를 활성화하기 위하여 교육·홍보, 예산·인력 확보 등 필요한 조치를 할 수 있다.
⑥ 행정안전부장관은 국민참여 확대를 위하여 행정청에 교육·홍보, 포상, 예산·인력 확보 등을 지원할 수 있다.

제52조의2【국민제안의 처리】① 행정청(국회사무총장·법원행정처장·헌법재판소사무처장 및 중앙선거관리위원회사무총장은 제외한다)은 정부시책이나 행정제도 및 그 운영의 개선에 관한 국민의 창의적인 의견이나 고안(이하 "국민제안"이라 한다)을 접수·처리하여야 한다.
② 제1항에 따른 국민제안의 운영 및 절차 등에 필요한 사항은 대통령령으로 정한다.

제52조의3【국민참여 창구】행정청은 주요 정책 등에 관한 국민과 전문가의 의견을 듣거나 국민이 참여할 수 있는 온라인 또는 오프라인 창구를 설치·운영할 수 있다.

제53조【온라인 정책토론】① 행정청은 국민에게 영향을 미치는 주요 정책 등에 대하여 국민의 다양하고 창의적인 의견을 널리 수렴하기 위하여 정보통신망을 이용한 정책토론(이하 이 조에서 "온라인 정책토론"이라 한다)을 실시할 수 있다.
② 행정청은 효율적인 온라인 정책토론을 위하여 과제별로 한시적인 토론 패널을 구성하여 해당 토론에 참여시킬 수 있다. 이 경우 패널의 구성에 있어서는 공정성 및 객관성이 확보될 수 있도록 노력하여야 한다.
③ 행정청은 온라인 정책토론이 공정하고 중립적으로 운영되도록 하기 위하여 필요한 조치를 할 수 있다.

④ 토론 패널의 구성, 운영방법, 그 밖에 온라인 정책토론의 운영을 위하여 필요한 사항은 대통령령으로 정한다.

제8장 보칙

제54조 【비용의 부담】 행정절차에 드는 비용은 행정청이 부담한다. 다만, 당사자등이 자기를 위하여 스스로 지출한 비용은 그러하지 아니하다.

제55조 【참고인 등에 대한 비용 지급】 ① 행정청은 행정절차의 진행에 필요한 참고인이나 감정인 등에게 예산의 범위에서 여비와 일당을 지급할 수 있다.
② 제1항에 따른 비용의 지급기준 등에 관하여는 대통령령으로 정한다.

제56조 【협조 요청 등】 행정안전부장관(제4장의 경우에는 법제처장을 말한다)은 이 법의 효율적인 운영을 위하여 노력하여야 하며, 필요한 경우에는 그 운영 상황과 실태를 확인할 수 있고, 관계 행정청에 관련 자료의 제출 등 협조를 요청할 수 있다.

공공기관의 정보공개에 관한 법률
(약칭: 정보공개법)

[시행 2023. 11. 17.] [법률 제19408호, 2023. 5. 16., 타법개정]

제1장 총칙

제1조 【목적】 이 법은 공공기관이 보유·관리하는 정보에 대한 국민의 공개 청구 및 공공기관의 공개 의무에 관하여 필요한 사항을 정함으로써 국민의 알권리를 보장하고 국정(國政)에 대한 국민의 참여와 국정 운영의 투명성을 확보함을 목적으로 한다.

제2조 【정의】 이 법에서 사용하는 용어의 뜻은 다음과 같다.
1. "정보"란 공공기관이 직무상 작성 또는 취득하여 관리하고 있는 문서(전자문서를 포함한다. 이하 같다) 및 전자매체를 비롯한 모든 형태의 매체 등에 기록된 사항을 말한다.
2. "공개"란 공공기관이 이 법에 따라 정보를 열람하게 하거나 그 사본·복제물을 제공하는 것 또는 「전자정부법」 제2조 제10호에 따른 정보통신망(이하 "정보통신망"이라 한다)을 통하여 정보를 제공하는 것 등을 말한다.
3. "공공기관"이란 다음 각 목의 기관을 말한다.
    가. 국가기관
        1) 국회, 법원, 헌법재판소, 중앙선거관리위원회
        2) 중앙행정기관(대통령 소속 기관과 국무총리 소속 기관을 포함한다) 및 그 소속 기관
        3) 「행정기관 소속 위원회의 설치·운영에 관한 법률」에 따른 위원회
    나. 지방자치단체
    다. 「공공기관의 운영에 관한 법률」 제2조에 따른 공공기관
    라. 「지방공기업법」에 따른 지방공사 및 지방공단
    마. 그 밖에 대통령령으로 정하는 기관

제3조 【정보공개의 원칙】 공공기관이 보유·관리하는 정보는 국민의 알권리 보장 등을 위하여 이 법에서 정하는 바에 따라 적극적으로 공개하여야 한다.

제4조 【적용 범위】 ① 정보의 공개에 관하여는 다른 법률에 특별한 규정이 있는 경우를 제외하고는 이 법에서 정하는 바에 따른다.
② 지방자치단체는 그 소관 사무에 관하여 법령의 범위에서 정보공개에 관한 조례를 정할 수 있다.

③ 국가안전보장에 관련되는 정보 및 보안 업무를 관장하는 기관에서 국가안전보장과 관련된 정보의 분석을 목적으로 수집하거나 작성한 정보에 대해서는 이 법을 적용하지 아니한다. 다만, 제8조 제1항에 따른 정보목록의 작성·비치 및 공개에 대해서는 그러하지 아니한다.

제2장 정보공개 청구권자와 공공기관의 의무

제5조【정보공개 청구권자】 ① 모든 국민은 정보의 공개를 청구할 권리를 가진다.
② 외국인의 정보공개 청구에 관하여는 대통령령으로 정한다.

> 2017년 제5회 약술형
> 정보공개 청구권자

제6조【공공기관의 의무】 ① 공공기관은 정보의 공개를 청구하는 국민의 권리가 존중될 수 있도록 이 법을 운영하고 소관 관계 법령을 정비하며, 정보를 투명하고 적극적으로 공개하는 조직문화 형성에 노력하여야 한다.
② 공공기관은 정보의 적절한 보존 및 신속한 검색과 국민에게 유용한 정보의 분석 및 공개 등이 이루어지도록 정보관리체계를 정비하고, 정보공개 업무를 주관하는 부서 및 담당하는 인력을 적정하게 두어야 하며, 정보통신망을 활용한 정보공개시스템 등을 구축하도록 노력하여야 한다.
③ 행정안전부장관은 공공기관의 정보공개에 관한 업무를 종합적·체계적·효율적으로 지원하기 위하여 통합정보공개시스템을 구축·운영하여야 한다.
④ 공공기관(국회·법원·헌법재판소·중앙선거관리위원회는 제외한다)이 제2항에 따른 정보공개시스템을 구축하지 아니한 경우에는 제3항에 따라 행정안전부장관이 구축·운영하는 통합정보공개시스템을 통하여 정보공개 청구 등을 처리하여야 한다.
⑤ 공공기관은 소속 공무원 또는 임직원 전체를 대상으로 국회규칙·대법원규칙·헌법재판소규칙·중앙선거관리위원회규칙 및 대통령령으로 정하는 바에 따라 이 법 및 정보공개 제도 운영에 관한 교육을 실시하여야 한다.

제6조의2【정보공개 담당자의 의무】 공공기관의 정보공개 담당자(정보공개 청구 대상 정보와 관련된 업무 담당자를 포함한다)는 정보공개 업무를 성실하게 수행하여야 하며, 공개 여부의 자의적인 결정, 고의적인 처리 지연 또는 위법한 공개 거부 및 회피 등 부당한 행위를 하여서는 아니 된다.

제7조【정보의 사전적 공개 등】 ① 공공기관은 다음 각 호의 어느 하나에 해당하는 정보에 대해서는 공개의 구체적 범위, 주기, 시기 및 방법 등을 미리 정하여 정보통신망 등을 통하여 알리고, 이에 따라 정기적으로 공개하여야 한다. 다만, 제9조 제1항 각 호의 어느 하나에 해당하는 정보에 대해서는 그러하지 아니하다.

1. 국민생활에 매우 큰 영향을 미치는 정책에 관한 정보
2. 국가의 시책으로 시행하는 공사(工事) 등 대규모 예산이 투입되는 사업에 관한 정보
3. 예산집행의 내용과 사업평가 결과 등 행정감시를 위하여 필요한 정보
4. 그 밖에 공공기관의 장이 정하는 정보
② 공공기관은 제1항에 규정된 사항 외에도 국민이 알아야 할 필요가 있는 정보를 국민에게 공개하도록 적극적으로 노력하여야 한다.

제8조【정보목록의 작성ㆍ비치 등】 ① 공공기관은 그 기관이 보유ㆍ관리하는 정보에 대하여 국민이 쉽게 알 수 있도록 정보목록을 작성하여 갖추어 두고, 그 목록을 정보통신망을 활용한 정보공개시스템 등을 통하여 공개하여야 한다. 다만, 정보목록 중 제9조 제1항에 따라 공개하지 아니할 수 있는 정보가 포함되어 있는 경우에는 해당 부분을 갖추어 두지 아니하거나 공개하지 아니할 수 있다.
② 공공기관은 정보의 공개에 관한 사무를 신속하고 원활하게 수행하기 위하여 정보공개 장소를 확보하고 공개에 필요한 시설을 갖추어야 한다.

제8조의2【공개대상 정보의 원문공개】 공공기관 중 중앙행정기관 및 대통령령으로 정하는 기관은 전자적 형태로 보유ㆍ관리하는 정보 중 공개대상으로 분류된 정보를 국민의 정보공개 청구가 없더라도 정보통신망을 활용한 정보공개시스템 등을 통하여 공개하여야 한다.

제3장 정보공개의 절차

> 2014년 제2회 약술형
> 비공개 대상 정보

제9조【비공개 대상 정보】 ① 공공기관이 보유ㆍ관리하는 정보는 공개 대상이 된다. 다만, 다음 각 호의 어느 하나에 해당하는 정보는 공개하지 아니할 수 있다.
1. 다른 법률 또는 법률에서 위임한 명령(국회규칙ㆍ대법원규칙ㆍ헌법재판소규칙ㆍ중앙선거관리위원회규칙ㆍ대통령령 및 조례로 한정한다)에 따라 비밀이나 비공개 사항으로 규정된 정보
2. 국가안전보장ㆍ국방ㆍ통일ㆍ외교관계 등에 관한 사항으로서 공개될 경우 국가의 중대한 이익을 현저히 해칠 우려가 있다고 인정되는 정보
3. 공개될 경우 국민의 생명ㆍ신체 및 재산의 보호에 현저한 지장을 초래할 우려가 있다고 인정되는 정보
4. 진행 중인 재판에 관련된 정보와 범죄의 예방, 수사, 공소의 제기 및 유지, 형의 집행, 교정(矯正), 보안처분에 관한 사항으로서 공개될 경우 그 직무수행을 현저히 곤란하게 하거나 형사피고인의 공정한 재판을 받을 권리를 침해한다고 인정할 만한 상당한 이유가 있는 정보

5. 감사·감독·검사·시험·규제·입찰계약·기술개발·인사관리에 관한 사항이나 의사결정 과정 또는 내부검토 과정에 있는 사항 등으로서 공개될 경우 업무의 공정한 수행이나 연구·개발에 현저한 지장을 초래한다고 인정할 만한 상당한 이유가 있는 정보. 다만, 의사결정 과정 또는 내부검토 과정을 이유로 비공개할 경우에는 제13조 제5항에 따라 통지를 할 때 의사결정 과정 또는 내부검토 과정의 단계 및 종료 예정일을 함께 안내하여야 하며, 의사결정 과정 및 내부검토 과정이 종료되면 제10조에 따른 청구인에게 이를 통지하여야 한다.

> 2021년 제9회 약술형 비공개 대상 정보

6. 해당 정보에 포함되어 있는 성명·주민등록번호 등 「개인정보 보호법」 제2조 제1호에 따른 개인정보로서 공개될 경우 사생활의 비밀 또는 자유를 침해할 우려가 있다고 인정되는 정보. 다만, 다음 각 목에 열거한 사항은 제외한다.
   가. 법령에서 정하는 바에 따라 열람할 수 있는 정보
   나. 공공기관이 공표를 목적으로 작성하거나 취득한 정보로서 사생활의 비밀 또는 자유를 부당하게 침해하지 아니하는 정보
   다. 공공기관이 작성하거나 취득한 정보로서 공개하는 것이 공익이나 개인의 권리 구제를 위하여 필요하다고 인정되는 정보
   라. 직무를 수행한 공무원의 성명·직위
   마. 공개하는 것이 공익을 위하여 필요한 경우로서 법령에 따라 국가 또는 지방자치단체가 업무의 일부를 위탁 또는 위촉한 개인의 성명·직업

> 2022년 제10회 약술형 비공개 대상 정보

7. 법인·단체 또는 개인(이하 "법인등"이라 한다)의 경영상·영업상 비밀에 관한 사항으로서 공개될 경우 법인등의 정당한 이익을 현저히 해칠 우려가 있다고 인정되는 정보. 다만, 다음 각 목에 열거한 정보는 제외한다.
   가. 사업활동에 의하여 발생하는 위해(危害)로부터 사람의 생명·신체 또는 건강을 보호하기 위하여 공개할 필요가 있는 정보
   나. 위법·부당한 사업활동으로부터 국민의 재산 또는 생활을 보호하기 위하여 공개할 필요가 있는 정보
8. 공개될 경우 부동산 투기, 매점매석 등으로 특정인에게 이익 또는 불이익을 줄 우려가 있다고 인정되는 정보

② 공공기관은 제1항 각 호의 어느 하나에 해당하는 정보가 기간의 경과 등으로 인하여 비공개의 필요성이 없어진 경우에는 그 정보를 공개 대상으로 하여야 한다.

③ 공공기관은 제1항 각 호의 범위에서 해당 공공기관의 업무 성격을 고려하여 비공개 대상 정보의 범위에 관한 세부 기준(이하 "비공개 세부 기준"이라 한다)을 수립하고 이를 정보통신망을 활용한 정보공개시스템 등을 통하여 공개하여야 한다.

④ 공공기관(국회·법원·헌법재판소 및 중앙선거관리위원회는 제외한다)은 제3항에 따라 수립된 비공개 세부 기준이 제1항 각 호의 비공개 요건에 부합하는지 3년마다 점검하고 필요한 경우 비공개 세부 기준을 개선하여 그 점검 및 개선 결과를 행정안전부장관에게 제출하여야 한다.

제10조【정보공개의 청구방법】① 정보의 공개를 청구하는 자(이하 "청구인"이라 한다)는 해당 정보를 보유하거나 관리하고 있는 공공기관에 다음 각 호의 사항을 적은 정보공개 청구서를 제출하거나 말로써 정보의 공개를 청구할 수 있다.
1. 청구인의 성명·생년월일·주소 및 연락처(전화번호·전자우편주소 등을 말한다. 이하 이 조에서 같다). 다만, 청구인이 법인 또는 단체인 경우에는 그 명칭, 대표자의 성명, 사업자등록번호 또는 이에 준하는 번호, 주된 사무소의 소재지 및 연락처를 말한다.
2. 청구인의 주민등록번호(본인임을 확인하고 공개 여부를 결정할 필요가 있는 정보를 청구하는 경우로 한정한다)
3. 공개를 청구하는 정보의 내용 및 공개방법
② 제1항에 따라 청구인이 말로써 정보의 공개를 청구할 때에는 담당 공무원 또는 담당 임직원(이하 "담당공무원등"이라 한다)의 앞에서 진술하여야 하고, 담당공무원등은 정보공개 청구조서를 작성하여 이에 청구인과 함께 기명날인하거나 서명하여야 한다.
③ 제1항과 제2항에서 규정한 사항 외에 정보공개의 청구방법 등에 관하여 필요한 사항은 국회규칙·대법원규칙·헌법재판소규칙·중앙선거관리위원회규칙 및 대통령령으로 정한다.

> 2016년 제4회 약술형
> 정보공개 여부 결정절차

제11조【정보공개 여부의 결정】① 공공기관은 제10조에 따라 정보공개의 청구를 받으면 그 청구를 받은 날부터 10일 이내에 공개 여부를 결정하여야 한다.
② 공공기관은 부득이한 사유로 제1항에 따른 기간 이내에 공개 여부를 결정할 수 없을 때에는 그 기간이 끝나는 날의 다음 날부터 기산(起算)하여 10일의 범위에서 공개 여부 결정기간을 연장할 수 있다. 이 경우 공공기관은 연장된 사실과 연장 사유를 청구인에게 지체 없이 문서로 통지하여야 한다.
③ 공공기관은 공개 청구된 공개 대상 정보의 전부 또는 일부가 제3자와 관련이 있다고 인정할 때에는 그 사실을 제3자에게 지체 없이 통지하여야 하며, 필요한 경우에는 그의 의견을 들을 수 있다.
④ 공공기관은 다른 공공기관이 보유·관리하는 정보의 공개 청구를 받았을 때에는 지체 없이 이를 소관 기관으로 이송하여야 하며, 이송한 후에는 지체 없이 소관 기관 및 이송 사유 등을 분명히 밝혀 청구인에게 문서로 통지하여야 한다.

⑤ 공공기관은 정보공개 청구가 다음 각 호의 어느 하나에 해당하는 경우로서 「민원 처리에 관한 법률」에 따른 민원으로 처리할 수 있는 경우에는 민원으로 처리할 수 있다.
1. 공개 청구된 정보가 공공기관이 보유·관리하지 아니하는 정보인 경우
2. 공개 청구의 내용이 진정·질의 등으로 이 법에 따른 정보공개 청구로 보기 어려운 경우

제11조의2 【반복 청구 등의 처리】 ① 공공기관은 제11조에도 불구하고 제10조 제1항 및 제2항에 따른 정보공개 청구가 다음 각 호의 어느 하나에 해당하는 경우에는 정보공개 청구 대상 정보의 성격, 종전 청구와의 내용적 유사성·관련성, 종전 청구와 동일한 답변을 할 수밖에 없는 사정 등을 종합적으로 고려하여 해당 청구를 종결 처리할 수 있다. 이 경우 종결 처리 사실을 청구인에게 알려야 한다.
1. 정보공개를 청구하여 정보공개 여부에 대한 결정의 통지를 받은 자가 정당한 사유 없이 해당 정보의 공개를 다시 청구하는 경우
2. 정보공개 청구가 제11조 제5항에 따라 민원으로 처리되었으나 다시 같은 청구를 하는 경우
② 공공기관은 제11조에도 불구하고 제10조 제1항 및 제2항에 따른 정보공개 청구가 다음 각 호의 어느 하나에 해당하는 경우에는 다음 각 호의 구분에 따라 안내하고, 해당 청구를 종결 처리할 수 있다.
1. 제7조 제1항에 따른 정보 등 공개를 목적으로 작성되어 이미 정보통신망 등을 통하여 공개된 정보를 청구하는 경우: 해당 정보의 소재(所在)를 안내
2. 다른 법령이나 사회통념상 청구인의 여건 등에 비추어 수령할 수 없는 방법으로 정보공개 청구를 하는 경우: 수령이 가능한 방법으로 청구하도록 안내

제12조 【정보공개심의회】 ① 국가기관, 지방자치단체, 「공공기관의 운영에 관한 법률」 제5조에 따른 공기업 및 준정부기관, 「지방공기업법」에 따른 지방공사 및 지방공단(이하 "국가기관등"이라 한다)은 제11조에 따른 정보공개 여부 등을 심의하기 위하여 정보공개심의회(이하 "심의회"라 한다)를 설치·운영한다. 이 경우 국가기관등의 규모와 업무성격, 지리적 여건, 청구인의 편의 등을 고려하여 소속 상급기관(지방공사·지방공단의 경우에는 해당 지방공사·지방공단을 설립한 지방자치단체를 말한다)에서 협의를 거쳐 심의회를 통합하여 설치·운영할 수 있다.
② 심의회는 위원장 1명을 포함하여 5명 이상 7명 이하의 위원으로 구성한다.

③ 심의회의 위원은 소속 공무원, 임직원 또는 외부 전문가로 지명하거나 위촉하되, 그 중 3분의 2는 해당 국가기관등의 업무 또는 정보공개의 업무에 관한 지식을 가진 외부 전문가로 위촉하여야 한다. 다만, 제9조 제1항 제2호 및 제4호에 해당하는 업무를 주로 하는 국가기관은 그 국가기관의 장이 외부 전문가의 위촉 비율을 따로 정하되, 최소한 3분의 1 이상은 외부 전문가로 위촉하여야 한다.
④ 심의회의 위원장은 위원 중에서 국가기관등의 장이 지명하거나 위촉한다.
⑤ 심의회의 위원에 대해서는 제23조 제4항 및 제5항을 준용한다.
⑥ 심의회의 운영과 기능 등에 관하여 필요한 사항은 국회규칙·대법원규칙·헌법재판소규칙·중앙선거관리위원회규칙 및 대통령령으로 정한다.

제12조의2 【위원의 제척·기피·회피】 ① 심의회의 위원이 다음 각 호의 어느 하나에 해당하는 경우에는 심의회의 심의에서 제척(除斥)된다.
1. 위원 또는 그 배우자나 배우자이었던 사람이 해당 심의사항의 당사자(당사자가 법인·단체 등인 경우에는 그 임원 또는 직원을 포함한다. 이하 이 호 및 제2호에서 같다)이거나 그 심의사항의 당사자와 공동권리자 또는 공동의무자인 경우
2. 위원이 해당 심의사항의 당사자와 친족이거나 친족이었던 경우
3. 위원이 해당 심의사항에 대하여 증언, 진술, 자문, 연구, 용역 또는 감정을 한 경우
4. 위원이나 위원이 속한 법인 등이 해당 심의사항의 당사자의 대리인이거나 대리인이었던 경우
② 심의회의 심의사항의 당사자는 위원에게 공정한 심의를 기대하기 어려운 사정이 있는 경우에는 심의회에 기피(忌避) 신청을 할 수 있고, 심의회는 의결로 기피 여부를 결정하여야 한다. 이 경우 기피 신청의 대상인 위원은 그 의결에 참여할 수 없다.
③ 위원은 제1항 각 호에 따른 제척 사유에 해당하는 경우에는 심의회에 그 사실을 알리고 스스로 해당 안건의 심의에서 회피(回避)하여야 한다.
④ 위원이 제1항 각 호의 어느 하나에 해당함에도 불구하고 회피신청을 하지 아니하여 심의회 심의의 공정성을 해친 경우 국가기관등의 장은 해당 위원을 해촉하거나 해임할 수 있다.

제13조 【정보공개 여부 결정의 통지】 ① 공공기관은 제11조에 따라 정보의 공개를 결정한 경우에는 공개의 일시 및 장소 등을 분명히 밝혀 청구인에게 통지하여야 한다.
② 공공기관은 청구인이 사본 또는 복제물의 교부를 원하는 경우에는 이를 교부하여야 한다.

③ 공공기관은 공개 대상 정보의 양이 너무 많아 정상적인 업무수행에 현저한 지장을 초래할 우려가 있는 경우에는 해당 정보를 일정 기간별로 나누어 제공하거나 사본·복제물의 교부 또는 열람과 병행하여 제공할 수 있다.
④ 공공기관은 제1항에 따라 정보를 공개하는 경우에 그 정보의 원본이 더럽혀지거나 파손될 우려가 있거나 그 밖에 상당한 이유가 있다고 인정할 때에는 그 정보의 사본·복제물을 공개할 수 있다.
⑤ 공공기관은 제11조에 따라 정보의 비공개 결정을 한 경우에는 그 사실을 청구인에게 지체 없이 문서로 통지하여야 한다. 이 경우 제9조 제1항 각 호 중 어느 규정에 해당하는 비공개 대상 정보인지를 포함한 비공개 이유와 불복(不服)의 방법 및 절차를 구체적으로 밝혀야 한다.

제14조 【부분 공개】 공개 청구한 정보가 제9조 제1항 각 호의 어느 하나에 해당하는 부분과 공개 가능한 부분이 혼합되어 있는 경우로서 공개 청구의 취지에 어긋나지 아니하는 범위에서 두 부분을 분리할 수 있는 경우에는 제9조 제1항 각 호의 어느 하나에 해당하는 부분을 제외하고 공개하여야 한다.

> 2023년 제11회 약술형
> 부분 공개

제15조 【정보의 전자적 공개】 ① 공공기관은 전자적 형태로 보유·관리하는 정보에 대하여 청구인이 전자적 형태로 공개하여 줄 것을 요청하는 경우에는 그 정보의 성질상 현저히 곤란한 경우를 제외하고는 청구인의 요청에 따라야 한다.
② 공공기관은 전자적 형태로 보유·관리하지 아니하는 정보에 대하여 청구인이 전자적 형태로 공개하여 줄 것을 요청한 경우에는 정상적인 업무수행에 현저한 지장을 초래하거나 그 정보의 성질이 훼손될 우려가 없으면 그 정보를 전자적 형태로 변환하여 공개할 수 있다.
③ 정보의 전자적 형태의 공개 등에 필요한 사항은 국회규칙·대법원규칙·헌법재판소규칙·중앙선거관리위원회규칙 및 대통령령으로 정한다.

제16조 【즉시 처리가 가능한 정보의 공개】 다음 각 호의 어느 하나에 해당하는 정보로서 즉시 또는 말로 처리가 가능한 정보에 대해서는 제11조에 따른 절차를 거치지 아니하고 공개하여야 한다.
1. 법령 등에 따라 공개를 목적으로 작성된 정보
2. 일반국민에게 알리기 위하여 작성된 각종 홍보자료
3. 공개하기로 결정된 정보로서 공개에 오랜 시간이 걸리지 아니하는 정보
4. 그 밖에 공공기관의 장이 정하는 정보

제17조 【비용 부담】 ① 정보의 공개 및 우송 등에 드는 비용은 실비(實費)의 범위에서 청구인이 부담한다.
② 공개를 청구하는 정보의 사용 목적이 공공복리의 유지·증진을 위하여 필요하다고 인정되는 경우에는 제1항에 따른 비용을 감면할 수 있다.

③ 제1항에 따른 비용 및 그 징수 등에 필요한 사항은 국회규칙·대법원규칙·헌법재판소규칙·중앙선거관리위원회규칙 및 대통령령으로 정한다.

제4장 불복 구제 절차

제18조【이의신청】 ① 청구인이 정보공개와 관련한 공공기관의 비공개 결정 또는 부분 공개 결정에 대하여 불복이 있거나 정보공개 청구 후 20일이 경과하도록 정보공개 결정이 없는 때에는 공공기관으로부터 정보공개 여부의 결정 통지를 받은 날 또는 정보공개 청구 후 20일이 경과한 날부터 30일 이내에 해당 공공기관에 문서로 이의신청을 할 수 있다.
② 국가기관등은 제1항에 따른 이의신청이 있는 경우에는 심의회를 개최하여야 한다. 다만, 다음 각 호의 어느 하나에 해당하는 경우에는 심의회를 개최하지 아니할 수 있으며 개최하지 아니하는 사유를 청구인에게 문서로 통지하여야 한다.
1. 심의회의 심의를 이미 거친 사항
2. 단순·반복적인 청구
3. 법령에 따라 비밀로 규정된 정보에 대한 청구
③ 공공기관은 이의신청을 받은 날부터 7일 이내에 그 이의신청에 대하여 결정하고 그 결과를 청구인에게 지체 없이 문서로 통지하여야 한다. 다만, 부득이한 사유로 정하여진 기간 이내에 결정할 수 없을 때에는 그 기간이 끝나는 날의 다음 날부터 기산하여 7일의 범위에서 연장할 수 있으며, 연장 사유를 청구인에게 통지하여야 한다.
④ 공공기관은 이의신청을 각하(却下) 또는 기각(棄却)하는 결정을 한 경우에는 청구인에게 행정심판 또는 행정소송을 제기할 수 있다는 사실을 제3항에 따른 결과 통지와 함께 알려야 한다.

제19조【행정심판】 ① 청구인이 정보공개와 관련한 공공기관의 결정에 대하여 불복이 있거나 정보공개 청구 후 20일이 경과하도록 정보공개 결정이 없는 때에는 「행정심판법」에서 정하는 바에 따라 행정심판을 청구할 수 있다. 이 경우 국가기관 및 지방자치단체 외의 공공기관의 결정에 대한 감독행정기관은 관계 중앙행정기관의 장 또는 지방자치단체의 장으로 한다.
② 청구인은 제18조에 따른 이의신청 절차를 거치지 아니하고 행정심판을 청구할 수 있다.
③ 행정심판위원회의 위원 중 정보공개 여부의 결정에 관한 행정심판에 관여하는 위원은 재직 중은 물론 퇴직 후에도 그 직무상 알게 된 비밀을 누설하여서는 아니 된다.
④ 제3항의 위원은 「형법」이나 그 밖의 법률에 따른 벌칙을 적용할 때에는 공무원으로 본다.

> 2018년 제6회 약술형
> 청구인의 불복 구제 절차

제20조 【행정소송】 ① 청구인이 정보공개와 관련한 공공기관의 결정에 대하여 불복이 있거나 정보공개 청구 후 20일이 경과하도록 정보공개 결정이 없는 때에는 「행정소송법」에서 정하는 바에 따라 행정소송을 제기할 수 있다.
② 재판장은 필요하다고 인정하면 당사자를 참여시키지 아니하고 제출된 공개 청구 정보를 비공개로 열람·심사할 수 있다.
③ 재판장은 행정소송의 대상이 제9조 제1항 제2호에 따른 정보 중 국가안전보장·국방 또는 외교관계에 관한 정보의 비공개 또는 부분 공개 결정처분인 경우에 공공기관이 그 정보에 대한 비밀 지정의 절차, 비밀의 등급·종류 및 성질과 이를 비밀로 취급하게 된 실질적인 이유 및 공개를 하지 아니하는 사유 등을 입증하면 해당 정보를 제출하지 아니하게 할 수 있다.

제21조 【제3자의 비공개 요청 등】 ① 제11조 제3항에 따라 공개 청구된 사실을 통지받은 제3자는 그 통지를 받은 날부터 3일 이내에 해당 공공기관에 대하여 자신과 관련된 정보를 공개하지 아니할 것을 요청할 수 있다.
② 제1항에 따른 비공개 요청에도 불구하고 공공기관이 공개 결정을 할 때에는 공개 결정 이유와 공개 실시일을 분명히 밝혀 지체 없이 문서로 통지하여야 하며, 제3자는 해당 공공기관에 문서로 이의신청을 하거나 행정심판 또는 행정소송을 제기할 수 있다. 이 경우 이의신청은 통지를 받은 날부터 7일 이내에 하여야 한다.
③ 공공기관은 제2항에 따른 공개 결정일과 공개 실시일 사이에 최소한 30일의 간격을 두어야 한다.

> 2020년 제8회 약술형
> 제3자의 권리보호

제5장 정보공개위원회 등

제22조 【정보공개위원회의 설치】 다음 각 호의 사항을 심의·조정하기 위하여 행정안전부장관 소속으로 정보공개위원회(이하 "위원회"라 한다)를 둔다.
1. 정보공개에 관한 정책 수립 및 제도 개선에 관한 사항
2. 정보공개에 관한 기준 수립에 관한 사항
3. 제12조에 따른 심의회 심의결과의 조사·분석 및 심의기준 개선 관련 의견제시에 관한 사항
4. 제24조 제2항 및 제3항에 따른 공공기관의 정보공개 운영실태 평가 및 그 결과 처리에 관한 사항
5. 정보공개와 관련된 불합리한 제도·법령 및 그 운영에 대한 조사 및 개선권고에 관한 사항
6. 그 밖에 정보공개에 관하여 대통령령으로 정하는 사항

제23조【위원회의 구성 등】① 위원회는 성별을 고려하여 위원장과 부위원장 각 1명을 포함한 11명의 위원으로 구성한다.
② 위원회의 위원은 다음 각 호의 사람이 된다. 이 경우 위원장을 포함한 7명은 공무원이 아닌 사람으로 위촉하여야 한다.
1. 대통령령으로 정하는 관계 중앙행정기관의 차관급 공무원이나 고위공무원단에 속하는 일반직공무원
2. 정보공개에 관하여 학식과 경험이 풍부한 사람으로서 행정안전부장관이 위촉하는 사람
3. 시민단체(「비영리민간단체 지원법」 제2조에 따른 비영리민간단체를 말한다)에서 추천한 사람으로서 행정안전부장관이 위촉하는 사람
③ 위원장·부위원장 및 위원(제2항 제1호의 위원은 제외한다)의 임기는 2년으로 하며, 연임할 수 있다.
④ 위원장·부위원장 및 위원은 정보공개 업무와 관련하여 알게 된 정보를 누설하거나 그 정보를 이용하여 본인 또는 타인에게 이익 또는 불이익을 주는 행위를 하여서는 아니 된다.
⑤ 위원장·부위원장 및 위원 중 공무원이 아닌 사람은 「형법」이나 그 밖의 법률에 따른 벌칙을 적용할 때에는 공무원으로 본다.
⑥ 위원회의 구성과 의결 절차 등 위원회 운영에 필요한 사항은 대통령령으로 정한다.

제24조【제도 총괄 등】① 행정안전부장관은 이 법에 따른 정보공개제도의 정책 수립 및 제도 개선 사항 등에 관한 기획·총괄 업무를 관장한다.
② 행정안전부장관은 위원회가 정보공개제도의 효율적 운영을 위하여 필요하다고 요청하면 공공기관(국회·법원·헌법재판소 및 중앙선거관리위원회는 제외한다)의 정보공개제도 운영실태를 평가할 수 있다.
③ 행정안전부장관은 제2항에 따른 평가를 실시한 경우에는 그 결과를 위원회를 거쳐 국무회의에 보고한 후 공개하여야 하며, 위원회가 개선이 필요하다고 권고한 사항에 대해서는 해당 공공기관에 시정 요구 등의 조치를 하여야 한다.
④ 행정안전부장관은 정보공개에 관하여 필요할 경우에 공공기관(국회·법원·헌법재판소 및 중앙선거관리위원회는 제외한다)의 장에게 정보공개 처리 실태의 개선을 권고할 수 있다. 이 경우 권고를 받은 공공기관은 이를 이행하기 위하여 성실하게 노력하여야 하며, 그 조치 결과를 행정안전부장관에게 알려야 한다.
⑤ 국회·법원·헌법재판소·중앙선거관리위원회·중앙행정기관 및 지방자치단체는 그 소속 기관 및 소관 공공기관에 대하여 정보공개에 관한 의견을 제시하거나 지도·점검을 할 수 있다.

제25조 【자료의 제출 요구】 국회사무총장·법원행정처장·헌법재판소사무처장·중앙선거관리위원회사무총장 및 행정안전부장관은 필요하다고 인정하면 관계 공공기관에 정보공개에 관한 자료 제출 등의 협조를 요청할 수 있다.

제26조 【국회에의 보고】 ① 행정안전부장관은 전년도의 정보공개 운영에 관한 보고서를 매년 정기국회 개회 전까지 국회에 제출하여야 한다.
② 제1항에 따른 보고서 작성에 필요한 사항은 대통령령으로 정한다.

제27조 【위임규정】 이 법 시행에 필요한 사항은 국회규칙·대법원규칙·헌법재판소규칙·중앙선거관리위원회규칙 및 대통령령으로 정한다.

제28조 【신분보장】 누구든지 이 법에 따른 정당한 정보공개를 이유로 징계조치 등 어떠한 신분상 불이익이나 근무조건상의 차별을 받지 아니한다.

제29조 【기간의 계산】 ① 이 법에 따른 기간의 계산은 「민법」에 따른다.
② 제1항에도 불구하고 다음 각 호의 기간은 "일" 단위로 계산하고 첫날을 산입하되, 공휴일과 토요일은 산입하지 아니한다.
1. 제11조 제1항 및 제2항에 따른 정보공개 여부 결정기간
2. 제18조 제1항, 제19조 제1항 및 제20조 제1항에 따른 정보공개 청구 후 경과한 기간
3. 제18조 제3항에 따른 이의신청 결정기간

03 개인정보 보호법

[시행 2025. 10. 2.] [법률 제20897호, 2025. 4. 1., 일부개정]

제1장 총칙

제1조 【목적】 이 법은 개인정보의 처리 및 보호에 관한 사항을 정함으로써 개인의 자유와 권리를 보호하고, 나아가 개인의 존엄과 가치를 구현함을 목적으로 한다.

제2조 【정의】 이 법에서 사용하는 용어의 뜻은 다음과 같다.

1. "개인정보"란 살아 있는 개인에 관한 정보로서 다음 각 목의 어느 하나에 해당하는 정보를 말한다.

   가. 성명, 주민등록번호 및 영상 등을 통하여 개인을 알아볼 수 있는 정보

   나. 해당 정보만으로는 특정 개인을 알아볼 수 없더라도 다른 정보와 쉽게 결합하여 알아볼 수 있는 정보. 이 경우 쉽게 결합할 수 있는지 여부는 다른 정보의 입수 가능성 등 개인을 알아보는 데 소요되는 시간, 비용, 기술 등을 합리적으로 고려하여야 한다.

   다. 가목 또는 나목을 제1호의2에 따라 가명처리함으로써 원래의 상태로 복원하기 위한 추가 정보의 사용·결합 없이는 특정 개인을 알아볼 수 없는 정보(이하 "가명정보"라 한다)

1의2. "가명처리"란 개인정보의 일부를 삭제하거나 일부 또는 전부를 대체하는 등의 방법으로 추가 정보가 없이는 특정 개인을 알아볼 수 없도록 처리하는 것을 말한다.

2. "처리"란 개인정보의 수집, 생성, 연계, 연동, 기록, 저장, 보유, 가공, 편집, 검색, 출력, 정정(訂正), 복구, 이용, 제공, 공개, 파기(破棄), 그 밖에 이와 유사한 행위를 말한다.

3. "정보주체"란 처리되는 정보에 의하여 알아볼 수 있는 사람으로서 그 정보의 주체가 되는 사람을 말한다.

4. "개인정보파일"이란 개인정보를 쉽게 검색할 수 있도록 일정한 규칙에 따라 체계적으로 배열하거나 구성한 개인정보의 집합물(集合物)을 말한다.

5. "개인정보처리자"란 업무를 목적으로 개인정보파일을 운용하기 위하여 스스로 또는 다른 사람을 통하여 개인정보를 처리하는 공공기관, 법인, 단체 및 개인 등을 말한다.

> 2019년 제7회 약술형
> 개인정보의 개념

6. "공공기관"이란 다음 각 목의 기관을 말한다.
   가. 국회, 법원, 헌법재판소, 중앙선거관리위원회의 행정사무를 처리하는 기관, 중앙행정기관(대통령 소속 기관과 국무총리 소속 기관을 포함한다) 및 그 소속 기관, 지방자치단체
   나. 그 밖의 국가기관 및 공공단체 중 대통령령으로 정하는 기관
7. "고정형 영상정보처리기기"란 일정한 공간에 설치되어 지속적 또는 주기적으로 사람 또는 사물의 영상 등을 촬영하거나 이를 유·무선망을 통하여 전송하는 장치로서 대통령령으로 정하는 장치를 말한다.
7의2. "이동형 영상정보처리기기"란 사람이 신체에 착용 또는 휴대하거나 이동 가능한 물체에 부착 또는 거치(据置)하여 사람 또는 사물의 영상 등을 촬영하거나 이를 유·무선망을 통하여 전송하는 장치로서 대통령령으로 정하는 장치를 말한다.
8. "과학적 연구"란 기술의 개발과 실증, 기초연구, 응용연구 및 민간 투자 연구 등 과학적 방법을 적용하는 연구를 말한다.

제3조【개인정보 보호 원칙】 ① 개인정보처리자는 개인정보의 처리 목적을 명확하게 하여야 하고 그 목적에 필요한 범위에서 최소한의 개인정보만을 적법하고 정당하게 수집하여야 한다.

> 2021년 제9회 약술형
> 개인정보 보호 원칙

② 개인정보처리자는 개인정보의 처리 목적에 필요한 범위에서 적합하게 개인정보를 처리하여야 하며, 그 목적 외의 용도로 활용하여서는 아니 된다.
③ 개인정보처리자는 개인정보의 처리 목적에 필요한 범위에서 개인정보의 정확성, 완전성 및 최신성이 보장되도록 하여야 한다.
④ 개인정보처리자는 개인정보의 처리 방법 및 종류 등에 따라 정보주체의 권리가 침해받을 가능성과 그 위험 정도를 고려하여 개인정보를 안전하게 관리하여야 한다.
⑤ 개인정보처리자는 제30조에 따른 개인정보 처리방침 등 개인정보의 처리에 관한 사항을 공개하여야 하며, 열람청구권 등 정보주체의 권리를 보장하여야 한다.
⑥ 개인정보처리자는 정보주체의 사생활 침해를 최소화하는 방법으로 개인정보를 처리하여야 한다.
⑦ 개인정보처리자는 개인정보를 익명 또는 가명으로 처리하여도 개인정보 수집목적을 달성할 수 있는 경우 익명처리가 가능한 경우에는 익명에 의하여, 익명처리로 목적을 달성할 수 없는 경우에는 가명에 의하여 처리될 수 있도록 하여야 한다.
⑧ 개인정보처리자는 이 법 및 관계 법령에서 규정하고 있는 책임과 의무를 준수하고 실천함으로써 정보주체의 신뢰를 얻기 위하여 노력하여야 한다.

> 2014년 제2회 약술형
> 정보주체의 권리

제4조【정보주체의 권리】 정보주체는 자신의 개인정보 처리와 관련하여 다음 각 호의 권리를 가진다.
1. 개인정보의 처리에 관한 정보를 제공받을 권리
2. 개인정보의 처리에 관한 동의 여부, 동의 범위 등을 선택하고 결정할 권리
3. 개인정보의 처리 여부를 확인하고 개인정보에 대한 열람(사본의 발급을 포함한다. 이하 같다) 및 전송을 요구할 권리
4. 개인정보의 처리 정지, 정정·삭제 및 파기를 요구할 권리
5. 개인정보의 처리로 인하여 발생한 피해를 신속하고 공정한 절차에 따라 구제받을 권리
6. 완전히 자동화된 개인정보 처리에 따른 결정을 거부하거나 그에 대한 설명 등을 요구할 권리

제5조【국가 등의 책무】① 국가와 지방자치단체는 개인정보의 목적 외 수집, 오용·남용 및 무분별한 감시·추적 등에 따른 폐해를 방지하여 인간의 존엄과 개인의 사생활 보호를 도모하기 위한 시책을 강구하여야 한다.
② 국가와 지방자치단체는 제4조에 따른 정보주체의 권리를 보호하기 위하여 법령의 개선 등 필요한 시책을 마련하여야 한다.
③ 국가와 지방자치단체는 만 14세 미만 아동이 개인정보 처리가 미치는 영향과 정보주체의 권리 등을 명확하게 알 수 있도록 만 14세 미만 아동의 개인정보 보호에 필요한 시책을 마련하여야 한다.
④ 국가와 지방자치단체는 개인정보의 처리에 관한 불합리한 사회적 관행을 개선하기 위하여 개인정보처리자의 자율적인 개인정보 보호활동을 존중하고 촉진·지원하여야 한다.
⑤ 국가와 지방자치단체는 개인정보의 처리에 관한 법령 또는 조례를 적용할 때에는 정보주체의 권리가 보장될 수 있도록 개인정보 보호 원칙에 맞게 적용하여야 한다.

제6조【다른 법률과의 관계】① 개인정보의 처리 및 보호에 관하여 다른 법률에 특별한 규정이 있는 경우를 제외하고는 이 법에서 정하는 바에 따른다.
② 개인정보의 처리 및 보호에 관한 다른 법률을 제정하거나 개정하는 경우에는 이 법의 목적과 원칙에 맞도록 하여야 한다.

제2장 개인정보 보호정책의 수립 등

제7조【개인정보 보호위원회】① 개인정보 보호에 관한 사무를 독립적으로 수행하기 위하여 국무총리 소속으로 개인정보 보호위원회(이하 "보호위원회"라 한다)를 둔다.

② 보호위원회는 「정부조직법」 제2조에 따른 중앙행정기관으로 본다. 다만, 다음 각 호의 사항에 대하여는 「정부조직법」 제18조를 적용하지 아니한다.
1. 제7조의8 제3호 및 제4호의 사무
2. 제7조의9 제1항의 심의·의결 사항 중 제1호에 해당하는 사항
③ 삭제
④ 삭제
⑤ 삭제
⑥ 삭제
⑦ 삭제
⑧ 삭제
⑨ 삭제

제7조의2 【보호위원회의 구성 등】 ① 보호위원회는 상임위원 2명(위원장 1명, 부위원장 1명)을 포함한 9명의 위원으로 구성한다.
② 보호위원회의 위원은 개인정보 보호에 관한 경력과 전문지식이 풍부한 다음 각 호의 사람 중에서 위원장과 부위원장은 국무총리의 제청으로, 그 외 위원 중 2명은 위원장의 제청으로, 2명은 대통령이 소속되거나 소속되었던 정당의 교섭단체 추천으로, 3명은 그 외의 교섭단체 추천으로 대통령이 임명 또는 위촉한다.
1. 개인정보 보호 업무를 담당하는 3급 이상 공무원(고위공무원단에 속하는 공무원을 포함한다)의 직에 있거나 있었던 사람
2. 판사·검사·변호사의 직에 10년 이상 있거나 있었던 사람
3. 공공기관 또는 단체(개인정보처리자로 구성된 단체를 포함한다)에 3년 이상 임원으로 재직하였거나 이들 기관 또는 단체로부터 추천받은 사람으로서 개인정보 보호 업무를 3년 이상 담당하였던 사람
4. 개인정보 관련 분야에 전문지식이 있고 「고등교육법」 제2조 제1호에 따른 학교에서 부교수 이상으로 5년 이상 재직하고 있거나 재직하였던 사람
③ 위원장과 부위원장은 정무직 공무원으로 임명한다.
④ 위원장, 부위원장, 제7조의13에 따른 사무처의 장은 「정부조직법」 제10조에도 불구하고 정부위원이 된다.

제7조의3 【위원장】 ① 위원장은 보호위원회를 대표하고, 보호위원회의 회의를 주재하며, 소관 사무를 총괄한다.
② 위원장이 부득이한 사유로 직무를 수행할 수 없을 때에는 부위원장이 그 직무를 대행하고, 위원장·부위원장이 모두 부득이한 사유로 직무를 수행할 수 없을 때에는 위원회가 미리 정하는 위원이 위원장의 직무를 대행한다.

③ 위원장은 국회에 출석하여 보호위원회의 소관 사무에 관하여 의견을 진술할 수 있으며, 국회에서 요구하면 출석하여 보고하거나 답변하여야 한다.
④ 위원장은 국무회의에 출석하여 발언할 수 있으며, 그 소관 사무에 관하여 국무총리에게 의안 제출을 건의할 수 있다.

제7조의4【위원의 임기】① 위원의 임기는 3년으로 하되, 한 차례만 연임할 수 있다.
② 위원이 궐위된 때에는 지체 없이 새로운 위원을 임명 또는 위촉하여야 한다. 이 경우 후임으로 임명 또는 위촉된 위원의 임기는 새로이 개시된다.

제7조의5【위원의 신분보장】① 위원은 다음 각 호의 어느 하나에 해당하는 경우를 제외하고는 그 의사에 반하여 면직 또는 해촉되지 아니한다.
1. 장기간 심신장애로 인하여 직무를 수행할 수 없게 된 경우
2. 제7조의7의 결격사유에 해당하는 경우
3. 이 법 또는 그 밖의 다른 법률에 따른 직무상의 의무를 위반한 경우
② 위원은 법률과 양심에 따라 독립적으로 직무를 수행한다.

제7조의6【겸직금지 등】① 위원은 재직 중 다음 각 호의 직(職)을 겸하거나 직무와 관련된 영리업무에 종사하여서는 아니 된다.
1. 국회의원 또는 지방의회의원
2. 국가공무원 또는 지방공무원
3. 그 밖에 대통령령으로 정하는 직
② 제1항에 따른 영리업무에 관한 사항은 대통령령으로 정한다.
③ 위원은 정치활동에 관여할 수 없다.

제7조의7【결격사유】① 다음 각 호의 어느 하나에 해당하는 사람은 위원이 될 수 없다.
1. 대한민국 국민이 아닌 사람
2. 「국가공무원법」 제33조 각 호의 어느 하나에 해당하는 사람
3. 「정당법」 제22조에 따른 당원
② 위원이 제1항 각 호의 어느 하나에 해당하게 된 때에는 그 직에서 당연퇴직한다. 다만, 「국가공무원법」 제33조 제2호는 파산선고를 받은 사람으로서 「채무자 회생 및 파산에 관한 법률」에 따라 신청기한 내에 면책신청을 하지 아니하였거나 면책불허가 결정 또는 면책 취소가 확정된 경우만 해당하고, 같은 법 제33조 제5호는 「형법」 제129조부터 제132조까지, 「성폭력범죄의 처벌 등에 관한 특례법」 제2조, 「아동·청소년의 성보호에 관한 법률」 제2조 제2호 및 직무와 관련하여 「형법」 제355조 또는 제356조에 규정된 죄를 범한 사람으로서 금고 이상의 형의 선고유예를 받은 경우만 해당한다.

제7조의8 【보호위원회의 소관 사무】 보호위원회는 다음 각 호의 소관 사무를 수행한다.
1. 개인정보의 보호와 관련된 법령의 개선에 관한 사항
2. 개인정보 보호와 관련된 정책·제도·계획 수립·집행에 관한 사항
3. 정보주체의 권리침해에 대한 조사 및 이에 따른 처분에 관한 사항
4. 개인정보의 처리와 관련한 고충처리·권리구제 및 개인정보에 관한 분쟁의 조정
5. 개인정보 보호를 위한 국제기구 및 외국의 개인정보 보호기구와의 교류·협력
6. 개인정보 보호에 관한 법령·정책·제도·실태 등의 조사·연구, 교육 및 홍보에 관한 사항
7. 개인정보 보호에 관한 기술개발의 지원·보급, 기술의 표준화 및 전문인력의 양성에 관한 사항
8. 이 법 및 다른 법령에 따라 보호위원회의 사무로 규정된 사항

제7조의9 【보호위원회의 심의·의결 사항 등】 ① 보호위원회는 다음 각 호의 사항을 심의·의결한다.
1. 제8조의2에 따른 개인정보 침해요인 평가에 관한 사항
2. 제9조에 따른 기본계획 및 제10조에 따른 시행계획에 관한 사항
3. 개인정보 보호와 관련된 정책, 제도 및 법령의 개선에 관한 사항
4. 개인정보의 처리에 관한 공공기관 간의 의견조정에 관한 사항
5. 개인정보 보호에 관한 법령의 해석·운용에 관한 사항
6. 제18조 제2항 제5호에 따른 개인정보의 이용·제공에 관한 사항
6의2. 제28조의9에 따른 개인정보의 국외 이전 중지 명령에 관한 사항
7. 제33조 제4항에 따른 영향평가 결과에 관한 사항
8. 제64조의2에 따른 과징금 부과에 관한 사항
9. 제61조에 따른 의견제시 및 개선권고에 관한 사항
9의2. 제63조의2 제2항에 따른 시정권고에 관한 사항
10. 제64조에 따른 시정조치 등에 관한 사항
11. 제65조에 따른 고발 및 징계권고에 관한 사항
12. 제66조에 따른 처리 결과의 공표 및 공표명령에 관한 사항
13. 제75조에 따른 과태료 부과에 관한 사항
14. 소관 법령 및 보호위원회 규칙의 제정·개정 및 폐지에 관한 사항
15. 개인정보 보호와 관련하여 보호위원회의 위원장 또는 위원 2명 이상이 회의에 부치는 사항
16. 그 밖에 이 법 또는 다른 법령에 따라 보호위원회가 심의·의결하는 사항

② 보호위원회는 제1항 각 호의 사항을 심의·의결하기 위하여 필요한 경우 다음 각 호의 조치를 할 수 있다.
1. 관계 공무원, 개인정보 보호에 관한 전문 지식이 있는 사람이나 시민사회단체 및 관련 사업자로부터의 의견 청취
2. 관계 기관 등에 대한 자료제출이나 사실조회 요구
③ 제2항 제2호에 따른 요구를 받은 관계 기관 등은 특별한 사정이 없으면 이에 따라야 한다.
④ 보호위원회는 제1항 제3호의 사항을 심의·의결한 경우에는 관계 기관에 그 개선을 권고할 수 있다.
⑤ 보호위원회는 제4항에 따른 권고 내용의 이행 여부를 점검할 수 있다.

제7조의10 【회의】 ① 보호위원회의 회의는 위원장이 필요하다고 인정하거나 재적위원 4분의 1 이상의 요구가 있는 경우에 위원장이 소집한다.
② 위원장 또는 2명 이상의 위원은 보호위원회에 의안을 제의할 수 있다.
③ 보호위원회의 회의는 재적위원 과반수의 출석으로 개의하고, 출석위원 과반수의 찬성으로 의결한다.

제7조의11 【위원의 제척·기피·회피】 ① 위원은 다음 각 호의 어느 하나에 해당하는 경우에는 심의·의결에서 제척된다.
1. 위원 또는 그 배우자나 배우자였던 자가 해당 사안의 당사자가 되거나 그 사건에 관하여 공동의 권리자 또는 의무자의 관계에 있는 경우
2. 위원이 해당 사안의 당사자와 친족이거나 친족이었던 경우
3. 위원이 해당 사안에 관하여 증언, 감정, 법률자문을 한 경우
4. 위원이 해당 사안에 관하여 당사자의 대리인으로서 관여하거나 관여하였던 경우
5. 위원이나 위원이 속한 공공기관·법인 또는 단체 등이 조언 등 지원을 하고 있는 자와 이해관계가 있는 경우
② 위원에게 심의·의결의 공정을 기대하기 어려운 사정이 있는 경우 당사자는 기피 신청을 할 수 있고, 보호위원회는 의결로 이를 결정한다.
③ 위원이 제1항 또는 제2항의 사유가 있는 경우에는 해당 사안에 대하여 회피할 수 있다.

제7조의12 【소위원회】 ① 보호위원회는 효율적인 업무 수행을 위하여 개인정보 침해 정도가 경미하거나 유사·반복되는 사항 등을 심의·의결할 소위원회를 둘 수 있다.
② 소위원회는 3명의 위원으로 구성한다.
③ 소위원회가 제1항에 따라 심의·의결한 것은 보호위원회가 심의·의결한 것으로 본다.
④ 소위원회의 회의는 구성위원 전원의 출석과 출석위원 전원의 찬성으로 의결한다.

제7조의13 【사무처】 보호위원회의 사무를 처리하기 위하여 보호위원회에 사무처를 두며, 이 법에 규정된 것 외에 보호위원회의 조직에 관한 사항은 대통령령으로 정한다.

제7조의14 【운영 등】 이 법과 다른 법령에 규정된 것 외에 보호위원회의 운영 등에 필요한 사항은 보호위원회의 규칙으로 정한다.

제8조 삭제

제8조의2 【개인정보 침해요인 평가】 ① 중앙행정기관의 장은 소관 법령의 제정 또는 개정을 통하여 개인정보 처리를 수반하는 정책이나 제도를 도입·변경하는 경우에는 보호위원회에 개인정보 침해요인 평가를 요청하여야 한다.
② 보호위원회가 제1항에 따른 요청을 받은 때에는 해당 법령의 개인정보 침해요인을 분석·검토하여 그 법령의 소관기관의 장에게 그 개선을 위하여 필요한 사항을 권고할 수 있다.
③ 제1항에 따른 개인정보 침해요인 평가의 절차와 방법에 관하여 필요한 사항은 대통령령으로 정한다.

제9조 【기본계획】 ① 보호위원회는 개인정보의 보호와 정보주체의 권익 보장을 위하여 3년마다 개인정보 보호 기본계획(이하 "기본계획"이라 한다)을 관계 중앙행정기관의 장과 협의하여 수립한다.
② 기본계획에는 다음 각 호의 사항이 포함되어야 한다.
1. 개인정보 보호의 기본목표와 추진방향
2. 개인정보 보호와 관련된 제도 및 법령의 개선
3. 개인정보 침해 방지를 위한 대책
4. 개인정보 보호 자율규제의 활성화
5. 개인정보 보호 교육·홍보의 활성화
6. 개인정보 보호를 위한 전문인력의 양성
7. 그 밖에 개인정보 보호를 위하여 필요한 사항
③ 국회, 법원, 헌법재판소, 중앙선거관리위원회는 해당 기관(그 소속 기관을 포함한다)의 개인정보 보호를 위한 기본계획을 수립·시행할 수 있다.

제10조 【시행계획】 ① 중앙행정기관의 장은 기본계획에 따라 매년 개인정보 보호를 위한 시행계획을 작성하여 보호위원회에 제출하고, 보호위원회의 심의·의결을 거쳐 시행하여야 한다.
② 시행계획의 수립·시행에 필요한 사항은 대통령령으로 정한다.

제11조 【자료제출 요구 등】 ① 보호위원회는 기본계획을 효율적으로 수립하기 위하여 개인정보처리자, 관계 중앙행정기관의 장, 지방자치단체의 장 및 관계 기관·단체 등에 개인정보처리자의 법규 준수 현황과 개인정보 관리 실태 등에 관한 자료의 제출이나 의견의 진술 등을 요구할 수 있다.

② 보호위원회는 개인정보 보호 정책 추진, 성과평가 등을 위하여 필요한 경우 개인정보처리자, 관계 중앙행정기관의 장, 지방자치단체의 장 및 관계 기관·단체 등을 대상으로 개인정보관리 수준 및 실태파악 등을 위한 조사를 실시할 수 있다.
③ 중앙행정기관의 장은 시행계획을 효율적으로 수립·추진하기 위하여 소관 분야의 개인정보처리자에게 제1항에 따른 자료제출 등을 요구할 수 있다.
④ 제1항부터 제3항까지에 따른 자료제출 등을 요구받은 자는 특별한 사정이 없으면 이에 따라야 한다.
⑤ 제1항부터 제3항까지에 따른 자료제출 등의 범위와 방법 등 필요한 사항은 대통령령으로 정한다.

제11조의2【개인정보 보호수준 평가】 ① 보호위원회는 공공기관 중 중앙행정기관 및 그 소속기관, 지방자치단체, 그 밖에 대통령령으로 정하는 기관을 대상으로 매년 개인정보 보호 정책·업무의 수행 및 이 법에 따른 의무의 준수 여부 등을 평가(이하 "개인정보 보호수준 평가"라 한다)하여야 한다.
② 보호위원회는 개인정보 보호수준 평가에 필요한 경우 해당 공공기관의 장에게 관련 자료를 제출하게 할 수 있다.
③ 보호위원회는 개인정보 보호수준 평가의 결과를 인터넷 홈페이지 등을 통하여 공개할 수 있다.
④ 보호위원회는 개인정보 보호수준 평가의 결과에 따라 우수기관 및 그 소속 직원에 대하여 포상할 수 있고, 개인정보 보호를 위하여 필요하다고 인정하면 해당 공공기관의 장에게 개선을 권고할 수 있다. 이 경우 권고를 받은 공공기관의 장은 이를 이행하기 위하여 성실하게 노력하여야 하며, 그 조치 결과를 보호위원회에 알려야 한다.
⑤ 그 밖에 개인정보 보호수준 평가의 기준·방법·절차 및 제2항에 따른 자료 제출의 범위 등에 필요한 사항은 대통령령으로 정한다.

제12조【개인정보 보호지침】 ① 보호위원회는 개인정보의 처리에 관한 기준, 개인정보 침해의 유형 및 예방조치 등에 관한 표준 개인정보 보호지침(이하 "표준지침"이라 한다)을 정하여 개인정보처리자에게 그 준수를 권장할 수 있다.
② 중앙행정기관의 장은 표준지침에 따라 소관 분야의 개인정보 처리와 관련한 개인정보 보호지침을 정하여 개인정보처리자에게 그 준수를 권장할 수 있다.
③ 국회, 법원, 헌법재판소 및 중앙선거관리위원회는 해당 기관(그 소속 기관을 포함한다)의 개인정보 보호지침을 정하여 시행할 수 있다.

제13조 【자율규제의 촉진 및 지원】 보호위원회는 개인정보처리자의 자율적인 개인정보 보호활동을 촉진하고 지원하기 위하여 다음 각 호의 필요한 시책을 마련하여야 한다.
1. 개인정보 보호에 관한 교육·홍보
2. 개인정보 보호와 관련된 기관·단체의 육성 및 지원
3. 개인정보 보호 인증마크의 도입·시행 지원
4. 개인정보처리자의 자율적인 규약의 제정·시행 지원
5. 그 밖에 개인정보처리자의 자율적 개인정보 보호활동을 지원하기 위하여 필요한 사항

제13조의2 【개인정보 보호의 날】 ① 개인정보의 보호 및 처리의 중요성을 국민에게 알리기 위하여 매년 9월 30일을 개인정보 보호의 날로 지정한다.
② 국가와 지방자치단체는 개인정보 보호의 날이 포함된 주간에 개인정보 보호 문화 확산을 위한 각종 행사를 실시할 수 있다.

제14조 【국제협력】 ① 정부는 국제적 환경에서의 개인정보 보호 수준을 향상시키기 위하여 필요한 시책을 마련하여야 한다.
② 정부는 개인정보 국외 이전으로 인하여 정보주체의 권리가 침해되지 아니하도록 관련 시책을 마련하여야 한다.

제3장 개인정보의 처리

제1절 개인정보의 수집, 이용, 제공 등

제15조 【개인정보의 수집·이용】 ① 개인정보처리자는 다음 각 호의 어느 하나에 해당하는 경우에는 개인정보를 수집할 수 있으며 그 수집 목적의 범위에서 이용할 수 있다.
1. 정보주체의 동의를 받은 경우
2. 법률에 특별한 규정이 있거나 법령상 의무를 준수하기 위하여 불가피한 경우
3. 공공기관이 법령 등에서 정하는 소관 업무의 수행을 위하여 불가피한 경우
4. 정보주체와 체결한 계약을 이행하거나 계약을 체결하는 과정에서 정보주체의 요청에 따른 조치를 이행하기 위하여 필요한 경우
5. 명백히 정보주체 또는 제3자의 급박한 생명, 신체, 재산의 이익을 위하여 필요하다고 인정되는 경우
6. 개인정보처리자의 정당한 이익을 달성하기 위하여 필요한 경우로서 명백하게 정보주체의 권리보다 우선하는 경우. 이 경우 개인정보처리자의 정당한 이익과 상당한 관련이 있고 합리적인 범위를 초과하지 아니하는 경우에 한한다.

7. 공중위생 등 공공의 안전과 안녕을 위하여 긴급히 필요한 경우
② 개인정보처리자는 제1항 제1호에 따른 동의를 받을 때에는 다음 각 호의 사항을 정보주체에게 알려야 한다. 다음 각 호의 어느 하나의 사항을 변경하는 경우에도 이를 알리고 동의를 받아야 한다.
1. 개인정보의 수집·이용 목적
2. 수집하려는 개인정보의 항목
3. 개인정보의 보유 및 이용 기간
4. 동의를 거부할 권리가 있다는 사실 및 동의 거부에 따른 불이익이 있는 경우에는 그 불이익의 내용
③ 개인정보처리자는 당초 수집 목적과 합리적으로 관련된 범위에서 정보주체에게 불이익이 발생하는지 여부, 암호화 등 안전성 확보에 필요한 조치를 하였는지 여부 등을 고려하여 대통령령으로 정하는 바에 따라 정보주체의 동의 없이 개인정보를 이용할 수 있다.

제16조【개인정보의 수집 제한】① 개인정보처리자는 제15조 제1항 각 호의 어느 하나에 해당하여 개인정보를 수집하는 경우에는 그 목적에 필요한 최소한의 개인정보를 수집하여야 한다. 이 경우 최소한의 개인정보 수집이라는 입증책임은 개인정보처리자가 부담한다.
② 개인정보처리자는 정보주체의 동의를 받아 개인정보를 수집하는 경우 필요한 최소한의 정보 외의 개인정보 수집에는 동의하지 아니할 수 있다는 사실을 구체적으로 알리고 개인정보를 수집하여야 한다.
③ 개인정보처리자는 정보주체가 필요한 최소한의 정보 외의 개인정보 수집에 동의하지 아니한다는 이유로 정보주체에게 재화 또는 서비스의 제공을 거부하여서는 아니 된다.

제17조【개인정보의 제공】① 개인정보처리자는 다음 각 호의 어느 하나에 해당되는 경우에는 정보주체의 개인정보를 제3자에게 제공(공유를 포함한다. 이하 같다)할 수 있다.
1. 정보주체의 동의를 받은 경우
2. 제15조 제1항 제2호, 제3호 및 제5호부터 제7호까지에 따라 개인정보를 수집한 목적 범위에서 개인정보를 제공하는 경우
② 개인정보처리자는 제1항 제1호에 따른 동의를 받을 때에는 다음 각 호의 사항을 정보주체에게 알려야 한다. 다음 각 호의 어느 하나의 사항을 변경하는 경우에도 이를 알리고 동의를 받아야 한다.
1. 개인정보를 제공받는 자
2. 개인정보를 제공받는 자의 개인정보 이용 목적
3. 제공하는 개인정보의 항목
4. 개인정보를 제공받는 자의 개인정보 보유 및 이용 기간

5. 동의를 거부할 권리가 있다는 사실 및 동의 거부에 따른 불이익이 있는 경우에는 그 불이익의 내용
③ 삭제
④ 개인정보처리자는 당초 수집 목적과 합리적으로 관련된 범위에서 정보주체에게 불이익이 발생하는지 여부, 암호화 등 안전성 확보에 필요한 조치를 하였는지 여부 등을 고려하여 대통령령으로 정하는 바에 따라 정보주체의 동의 없이 개인정보를 제공할 수 있다.

제18조【개인정보의 목적 외 이용·제공 제한】 ① 개인정보처리자는 개인정보를 제15조 제1항에 따른 범위를 초과하여 이용하거나 제17조 제1항 및 제28조의8 제1항에 따른 범위를 초과하여 제3자에게 제공하여서는 아니 된다.

② 제1항에도 불구하고 개인정보처리자는 다음 각 호의 어느 하나에 해당하는 경우에는 정보주체 또는 제3자의 이익을 부당하게 침해할 우려가 있을 때를 제외하고는 개인정보를 목적 외의 용도로 이용하거나 이를 제3자에게 제공할 수 있다. 다만, 제5호부터 제9호까지에 따른 경우는 공공기관의 경우로 한정한다.
1. 정보주체로부터 별도의 동의를 받은 경우
2. 다른 법률에 특별한 규정이 있는 경우
3. 명백히 정보주체 또는 제3자의 급박한 생명, 신체, 재산의 이익을 위하여 필요하다고 인정되는 경우
4. 삭제
5. 개인정보를 목적 외의 용도로 이용하거나 이를 제3자에게 제공하지 아니하면 다른 법률에서 정하는 소관 업무를 수행할 수 없는 경우로서 보호위원회의 심의·의결을 거친 경우
6. 조약, 그 밖의 국제협정의 이행을 위하여 외국정부 또는 국제기구에 제공하기 위하여 필요한 경우
7. 범죄의 수사와 공소의 제기 및 유지를 위하여 필요한 경우
8. 법원의 재판업무 수행을 위하여 필요한 경우
9. 형(刑) 및 감호, 보호처분의 집행을 위하여 필요한 경우
10. 공중위생 등 공공의 안전과 안녕을 위하여 긴급히 필요한 경우

③ 개인정보처리자는 제2항 제1호에 따른 동의를 받을 때에는 다음 각 호의 사항을 정보주체에게 알려야 한다. 다음 각 호의 어느 하나의 사항을 변경하는 경우에도 이를 알리고 동의를 받아야 한다.
1. 개인정보를 제공받는 자
2. 개인정보의 이용 목적(제공 시에는 제공받는 자의 이용 목적을 말한다)
3. 이용 또는 제공하는 개인정보의 항목

> 2025년 제13회 약술형
> 개인정보의 목적 외 이용·제공 제한

4. 개인정보의 보유 및 이용 기간(제공 시에는 제공받는 자의 보유 및 이용 기간을 말한다)
5. 동의를 거부할 권리가 있다는 사실 및 동의 거부에 따른 불이익이 있는 경우에는 그 불이익의 내용

④ 공공기관은 제2항 제2호부터 제6호까지, 제8호부터 제10호까지에 따라 개인정보를 목적 외의 용도로 이용하거나 이를 제3자에게 제공하는 경우에는 그 이용 또는 제공의 법적 근거, 목적 및 범위 등에 관하여 필요한 사항을 보호위원회가 고시로 정하는 바에 따라 관보 또는 인터넷 홈페이지 등에 게재하여야 한다.

⑤ 개인정보처리자는 제2항 각 호의 어느 하나의 경우에 해당하여 개인정보를 목적 외의 용도로 제3자에게 제공하는 경우에는 개인정보를 제공받는 자에게 이용 목적, 이용 방법, 그 밖에 필요한 사항에 대하여 제한을 하거나, 개인정보의 안전성 확보를 위하여 필요한 조치를 마련하도록 요청하여야 한다. 이 경우 요청을 받은 자는 개인정보의 안전성 확보를 위하여 필요한 조치를 하여야 한다.

제19조【개인정보를 제공받은 자의 이용·제공 제한】 개인정보처리자로부터 개인정보를 제공받은 자는 다음 각 호의 어느 하나에 해당하는 경우를 제외하고는 개인정보를 제공받은 목적 외의 용도로 이용하거나 이를 제3자에게 제공하여서는 아니 된다.
1. 정보주체로부터 별도의 동의를 받은 경우
2. 다른 법률에 특별한 규정이 있는 경우

제20조【정보주체 이외로부터 수집한 개인정보의 수집 출처 등 통지】 ① 개인정보처리자가 정보주체 이외로부터 수집한 개인정보를 처리하는 때에는 정보주체의 요구가 있으면 즉시 다음 각 호의 모든 사항을 정보주체에게 알려야 한다.
1. 개인정보의 수집 출처
2. 개인정보의 처리 목적
3. 제37조에 따른 개인정보 처리의 정지를 요구하거나 동의를 철회할 권리가 있다는 사실

② 제1항에도 불구하고 처리하는 개인정보의 종류·규모, 종업원 수 및 매출액 규모 등을 고려하여 대통령령으로 정하는 기준에 해당하는 개인정보처리자가 제17조 제1항 제1호에 따라 정보주체 이외로부터 개인정보를 수집하여 처리하는 때에는 제1항 각 호의 모든 사항을 정보주체에게 알려야 한다. 다만, 개인정보처리자가 수집한 정보에 연락처 등 정보주체에게 알릴 수 있는 개인정보가 포함되지 아니한 경우에는 그러하지 아니하다.

③ 제2항 본문에 따라 알리는 경우 정보주체에게 알리는 시기·방법 및 절차 등 필요한 사항은 대통령령으로 정한다.

④ 제1항과 제2항 본문은 다음 각 호의 어느 하나에 해당하는 경우에는 적용하지 아니한다. 다만, 이 법에 따른 정보주체의 권리보다 명백히 우선하는 경우에 한한다.
1. 통지를 요구하는 대상이 되는 개인정보가 제32조 제2항 각 호의 어느 하나에 해당하는 개인정보파일에 포함되어 있는 경우
2. 통지로 인하여 다른 사람의 생명·신체를 해할 우려가 있거나 다른 사람의 재산과 그 밖의 이익을 부당하게 침해할 우려가 있는 경우

제20조의2【개인정보 이용·제공 내역의 통지】 ① 대통령령으로 정하는 기준에 해당하는 개인정보처리자는 이 법에 따라 수집한 개인정보의 이용·제공 내역이나 이용·제공 내역을 확인할 수 있는 정보시스템에 접속하는 방법을 주기적으로 정보주체에게 통지하여야 한다. 다만, 연락처 등 정보주체에게 통지할 수 있는 개인정보를 수집·보유하지 아니한 경우에는 통지하지 아니할 수 있다.
② 제1항에 따른 통지의 대상이 되는 정보주체의 범위, 통지 대상 정보, 통지 주기 및 방법 등에 필요한 사항은 대통령령으로 정한다.

제21조【개인정보의 파기】 ① 개인정보처리자는 보유기간의 경과, 개인정보의 처리 목적 달성, 가명정보의 처리 기간 경과 등 그 개인정보가 불필요하게 되었을 때에는 지체 없이 그 개인정보를 파기하여야 한다. 다만, 다른 법령에 따라 보존하여야 하는 경우에는 그러하지 아니하다.
② 개인정보처리자가 제1항에 따라 개인정보를 파기할 때에는 복구 또는 재생되지 아니하도록 조치하여야 한다.
③ 개인정보처리자가 제1항 단서에 따라 개인정보를 파기하지 아니하고 보존하여야 하는 경우에는 해당 개인정보 또는 개인정보파일을 다른 개인정보와 분리하여서 저장·관리하여야 한다.
④ 개인정보의 파기방법 및 절차 등에 필요한 사항은 대통령령으로 정한다.

제22조【동의를 받는 방법】 ① 개인정보처리자는 이 법에 따른 개인정보의 처리에 대하여 정보주체(제22조의2 제1항에 따른 법정대리인을 포함한다. 이하 이 조에서 같다)의 동의를 받을 때에는 각각의 동의 사항을 구분하여 정보주체가 이를 명확하게 인지할 수 있도록 알리고 동의를 받아야 한다. 이 경우 다음 각 호의 경우에는 동의 사항을 구분하여 각각 동의를 받아야 한다.
1. 제15조 제1항 제1호에 따라 동의를 받는 경우
2. 제17조 제1항 제1호에 따라 동의를 받는 경우
3. 제18조 제2항 제1호에 따라 동의를 받는 경우
4. 제19조 제1호에 따라 동의를 받는 경우
5. 제23조 제1항 제1호에 따라 동의를 받는 경우
6. 제24조 제1항 제1호에 따라 동의를 받는 경우

7. 재화나 서비스를 홍보하거나 판매를 권유하기 위하여 개인정보의 처리에 대한 동의를 받으려는 경우
8. 그 밖에 정보주체를 보호하기 위하여 동의 사항을 구분하여 동의를 받아야 할 필요가 있는 경우로서 대통령령으로 정하는 경우

② 개인정보처리자는 제1항의 동의를 서면(「전자문서 및 전자거래 기본법」 제2조 제1호에 따른 전자문서를 포함한다)으로 받을 때에는 개인정보의 수집·이용 목적, 수집·이용하려는 개인정보의 항목 등 대통령령으로 정하는 중요한 내용을 보호위원회가 고시로 정하는 방법에 따라 명확히 표시하여 알아보기 쉽게 하여야 한다.

③ 개인정보처리자는 정보주체의 동의 없이 처리할 수 있는 개인정보에 대해서는 그 항목과 처리의 법적 근거를 정보주체의 동의를 받아 처리하는 개인정보와 구분하여 제30조 제2항에 따라 공개하거나 전자우편 등 대통령령으로 정하는 방법에 따라 정보주체에게 알려야 한다. 이 경우 동의 없이 처리할 수 있는 개인정보라는 입증책임은 개인정보처리자가 부담한다.

④ 삭제

⑤ 개인정보처리자는 정보주체가 선택적으로 동의할 수 있는 사항을 동의하지 아니하거나 제1항 제3호 및 제7호에 따른 동의를 하지 아니한다는 이유로 정보주체에게 재화 또는 서비스의 제공을 거부하여서는 아니 된다.

⑥ 삭제

⑦ 제1항부터 제5항까지에서 규정한 사항 외에 정보주체의 동의를 받는 세부적인 방법에 관하여 필요한 사항은 개인정보의 수집매체 등을 고려하여 대통령령으로 정한다.

제22조의2【아동의 개인정보 보호】 ① 개인정보처리자는 만 14세 미만 아동의 개인정보를 처리하기 위하여 이 법에 따른 동의를 받아야 할 때에는 그 법정대리인의 동의를 받아야 하며, 법정대리인이 동의하였는지를 확인하여야 한다.

② 제1항에도 불구하고 법정대리인의 동의를 받기 위하여 필요한 최소한의 정보로서 대통령령으로 정하는 정보는 법정대리인의 동의 없이 해당 아동으로부터 직접 수집할 수 있다.

③ 개인정보처리자는 만 14세 미만의 아동에게 개인정보 처리와 관련한 사항의 고지 등을 할 때에는 이해하기 쉬운 양식과 명확하고 알기 쉬운 언어를 사용하여야 한다.

④ 제1항부터 제3항까지에서 규정한 사항 외에 동의 및 동의 확인 방법 등에 필요한 사항은 대통령령으로 정한다.

제2절 개인정보의 처리 제한

제23조 【민감정보의 처리 제한】 ① 개인정보처리자는 사상·신념, 노동조합·정당의 가입·탈퇴, 정치적 견해, 건강, 성생활 등에 관한 정보, 그 밖에 정보주체의 사생활을 현저히 침해할 우려가 있는 개인정보로서 대통령령으로 정하는 정보(이하 "민감정보"라 한다)를 처리하여서는 아니 된다. 다만, 다음 각 호의 어느 하나에 해당하는 경우에는 그러하지 아니하다.
1. 정보주체에게 제15조 제2항 각 호 또는 제17조 제2항 각 호의 사항을 알리고 다른 개인정보의 처리에 대한 동의와 별도로 동의를 받은 경우
2. 법령에서 민감정보의 처리를 요구하거나 허용하는 경우

② 개인정보처리자가 제1항 각 호에 따라 민감정보를 처리하는 경우에는 그 민감정보가 분실·도난·유출·위조·변조 또는 훼손되지 아니하도록 제29조에 따른 안전성 확보에 필요한 조치를 하여야 한다.

③ 개인정보처리자는 재화 또는 서비스를 제공하는 과정에서 공개되는 정보에 정보주체의 민감정보가 포함됨으로써 사생활 침해의 위험성이 있다고 판단하는 때에는 재화 또는 서비스의 제공 전에 민감정보의 공개 가능성 및 비공개를 선택하는 방법을 정보주체가 알아보기 쉽게 알려야 한다.

제24조 【고유식별정보의 처리 제한】 ① 개인정보처리자는 다음 각 호의 경우를 제외하고는 법령에 따라 개인을 고유하게 구별하기 위하여 부여된 식별정보로서 대통령령으로 정하는 정보(이하 "고유식별정보"라 한다)를 처리할 수 없다.
1. 정보주체에게 제15조 제2항 각 호 또는 제17조 제2항 각 호의 사항을 알리고 다른 개인정보의 처리에 대한 동의와 별도로 동의를 받은 경우
2. 법령에서 구체적으로 고유식별정보의 처리를 요구하거나 허용하는 경우

② 삭제

③ 개인정보처리자가 제1항 각 호에 따라 고유식별정보를 처리하는 경우에는 그 고유식별정보가 분실·도난·유출·위조·변조 또는 훼손되지 아니하도록 대통령령으로 정하는 바에 따라 암호화 등 안전성 확보에 필요한 조치를 하여야 한다.

④ 보호위원회는 처리하는 개인정보의 종류·규모, 종업원 수 및 매출액 규모 등을 고려하여 대통령령으로 정하는 기준에 해당하는 개인정보처리자가 제3항에 따라 안전성 확보에 필요한 조치를 하였는지에 관하여 대통령령으로 정하는 바에 따라 정기적으로 조사하여야 한다.

⑤ 보호위원회는 대통령령으로 정하는 전문기관으로 하여금 제4항에 따른 조사를 수행하게 할 수 있다.

제24조의2 【주민등록번호 처리의 제한】 ① 제24조 제1항에도 불구하고 개인정보처리자는 다음 각 호의 어느 하나에 해당하는 경우를 제외하고는 주민등록번호를 처리할 수 없다.
1. 법률·대통령령·국회규칙·대법원규칙·헌법재판소규칙·중앙선거관리위원회규칙 및 감사원규칙에서 구체적으로 주민등록번호의 처리를 요구하거나 허용한 경우
2. 정보주체 또는 제3자의 급박한 생명, 신체, 재산의 이익을 위하여 명백히 필요하다고 인정되는 경우
3. 제1호 및 제2호에 준하여 주민등록번호 처리가 불가피한 경우로서 보호위원회가 고시로 정하는 경우

② 개인정보처리자는 제24조 제3항에도 불구하고 주민등록번호가 분실·도난·유출·위조·변조 또는 훼손되지 아니하도록 암호화 조치를 통하여 안전하게 보관하여야 한다. 이 경우 암호화 적용 대상 및 대상별 적용 시기 등에 관하여 필요한 사항은 개인정보의 처리 규모와 유출 시 영향 등을 고려하여 대통령령으로 정한다.

③ 개인정보처리자는 제1항 각 호에 따라 주민등록번호를 처리하는 경우에도 정보주체가 인터넷 홈페이지를 통하여 회원으로 가입하는 단계에서는 주민등록번호를 사용하지 아니하고도 회원으로 가입할 수 있는 방법을 제공하여야 한다.

④ 보호위원회는 개인정보처리자가 제3항에 따른 방법을 제공할 수 있도록 관계 법령의 정비, 계획의 수립, 필요한 시설 및 시스템의 구축 등 제반 조치를 마련·지원할 수 있다.

> 2015년 제3회 논술형
> 쟁점
> 고정형 영상정보처리기기
> 설치·운영

제25조 【고정형 영상정보처리기기의 설치·운영 제한】 ① 누구든지 다음 각 호의 경우를 제외하고는 공개된 장소에 고정형 영상정보처리기기를 설치·운영하여서는 아니 된다.
1. 법령에서 구체적으로 허용하고 있는 경우
2. 범죄의 예방 및 수사를 위하여 필요한 경우
3. 시설의 안전 및 관리, 화재 예방을 위하여 정당한 권한을 가진 자가 설치·운영하는 경우
4. 교통단속을 위하여 정당한 권한을 가진 자가 설치·운영하는 경우
5. 교통정보의 수집·분석 및 제공을 위하여 정당한 권한을 가진 자가 설치·운영하는 경우
6. 촬영된 영상정보를 저장하지 아니하는 경우로서 대통령령으로 정하는 경우

② 누구든지 불특정 다수가 이용하는 목욕실, 화장실, 발한실(發汗室), 탈의실 등 개인의 사생활을 현저히 침해할 우려가 있는 장소의 내부를 볼 수 있도록 고정형 영상정보처리기기를 설치·운영하여서는 아니 된다. 다만,

교도소, 정신보건 시설 등 법령에 근거하여 사람을 구금하거나 보호하는 시설로서 대통령령으로 정하는 시설에 대하여는 그러하지 아니하다.
③ 제1항 각 호에 따라 고정형 영상정보처리기기를 설치·운영하려는 공공기관의 장과 제2항 단서에 따라 고정형 영상정보처리기기를 설치·운영하려는 자는 공청회·설명회의 개최 등 대통령령으로 정하는 절차를 거쳐 관계 전문가 및 이해관계인의 의견을 수렴하여야 한다.
④ 제1항 각 호에 따라 고정형 영상정보처리기기를 설치·운영하는 자(이하 "고정형영상정보처리기기운영자"라 한다)는 정보주체가 쉽게 인식할 수 있도록 다음 각 호의 사항이 포함된 안내판을 설치하는 등 필요한 조치를 하여야 한다. 다만, 「군사기지 및 군사시설 보호법」 제2조 제2호에 따른 군사시설, 「통합방위법」 제2조 제13호에 따른 국가중요시설, 그 밖에 대통령령으로 정하는 시설의 경우에는 그러하지 아니하다.
1. 설치 목적 및 장소
2. 촬영 범위 및 시간
3. 관리책임자의 연락처
4. 그 밖에 대통령령으로 정하는 사항
⑤ 고정형영상정보처리기기운영자는 고정형 영상정보처리기기의 설치 목적과 다른 목적으로 고정형 영상정보처리기기를 임의로 조작하거나 다른 곳을 비춰서는 아니 되며, 녹음기능은 사용할 수 없다.
⑥ 고정형영상정보처리기기운영자는 개인정보가 분실·도난·유출·위조·변조 또는 훼손되지 아니하도록 제29조에 따라 안전성 확보에 필요한 조치를 하여야 한다.
⑦ 고정형영상정보처리기기운영자는 대통령령으로 정하는 바에 따라 고정형 영상정보처리기기 운영·관리 방침을 마련하여야 한다. 다만, 제30조에 따른 개인정보 처리방침을 정할 때 고정형 영상정보처리기기 운영·관리에 관한 사항을 포함시킨 경우에는 고정형 영상정보처리기기 운영·관리 방침을 마련하지 아니할 수 있다.
⑧ 고정형영상정보처리기기운영자는 고정형 영상정보처리기기의 설치·운영에 관한 사무를 위탁할 수 있다. 다만, 공공기관이 고정형 영상정보처리기기 설치·운영에 관한 사무를 위탁하는 경우에는 대통령령으로 정하는 절차 및 요건에 따라야 한다.

제25조의2 【이동형 영상정보처리기기의 운영 제한】 ① 업무를 목적으로 이동형 영상정보처리기기를 운영하려는 자는 다음 각 호의 경우를 제외하고는 공개된 장소에서 이동형 영상정보처리기기로 사람 또는 그 사람과 관련된 사물의 영상(개인정보에 해당하는 경우로 한정한다. 이하 같다)을 촬영하여서는 아니 된다.

1. 제15조 제1항 각 호의 어느 하나에 해당하는 경우
2. 촬영 사실을 명확히 표시하여 정보주체가 촬영 사실을 알 수 있도록 하였음에도 불구하고 촬영 거부 의사를 밝히지 아니한 경우. 이 경우 정보주체의 권리를 부당하게 침해할 우려가 없고 합리적인 범위를 초과하지 아니하는 경우로 한정한다.
3. 그 밖에 제1호 및 제2호에 준하는 경우로서 대통령령으로 정하는 경우

② 누구든지 불특정 다수가 이용하는 목욕실, 화장실, 발한실, 탈의실 등 개인의 사생활을 현저히 침해할 우려가 있는 장소의 내부를 볼 수 있는 곳에서 이동형 영상정보처리기기로 사람 또는 그 사람과 관련된 사물의 영상을 촬영하여서는 아니 된다. 다만, 인명의 구조ㆍ구급 등을 위하여 필요한 경우로서 대통령령으로 정하는 경우에는 그러하지 아니하다.

③ 제1항 각 호에 해당하여 이동형 영상정보처리기기로 사람 또는 그 사람과 관련된 사물의 영상을 촬영하는 경우에는 불빛, 소리, 안내판 등 대통령령으로 정하는 바에 따라 촬영 사실을 표시하고 알려야 한다.

④ 제1항부터 제3항까지에서 규정한 사항 외에 이동형 영상정보처리기기의 운영에 관하여는 제25조 제6항부터 제8항까지의 규정을 준용한다.

제26조 【업무위탁에 따른 개인정보의 처리 제한】 ① 개인정보처리자가 제3자에게 개인정보의 처리 업무를 위탁하는 경우에는 다음 각 호의 내용이 포함된 문서로 하여야 한다.
1. 위탁업무 수행 목적 외 개인정보의 처리 금지에 관한 사항
2. 개인정보의 기술적ㆍ관리적 보호조치에 관한 사항
3. 그 밖에 개인정보의 안전한 관리를 위하여 대통령령으로 정한 사항

② 제1항에 따라 개인정보의 처리 업무를 위탁하는 개인정보처리자(이하 "위탁자"라 한다)는 위탁하는 업무의 내용과 개인정보 처리 업무를 위탁받아 처리하는 자(개인정보 처리 업무를 위탁받아 처리하는 자로부터 위탁받은 업무를 다시 위탁받은 제3자를 포함하며, 이하 "수탁자"라 한다)를 정보주체가 언제든지 쉽게 확인할 수 있도록 대통령령으로 정하는 방법에 따라 공개하여야 한다.

③ 위탁자가 재화 또는 서비스를 홍보하거나 판매를 권유하는 업무를 위탁하는 경우에는 대통령령으로 정하는 방법에 따라 위탁하는 업무의 내용과 수탁자를 정보주체에게 알려야 한다. 위탁하는 업무의 내용이나 수탁자가 변경된 경우에도 또한 같다.

④ 위탁자는 업무 위탁으로 인하여 정보주체의 개인정보가 분실ㆍ도난ㆍ유출ㆍ위조ㆍ변조 또는 훼손되지 아니하도록 수탁자를 교육하고, 처리 현황 점검 등 대통령령으로 정하는 바에 따라 수탁자가 개인정보를 안전하게 처리하는지를 감독하여야 한다.

⑤ 수탁자는 개인정보처리자로부터 위탁받은 해당 업무 범위를 초과하여 개인정보를 이용하거나 제3자에게 제공하여서는 아니 된다.
⑥ 수탁자는 위탁받은 개인정보의 처리 업무를 제3자에게 다시 위탁하려는 경우에는 위탁자의 동의를 받아야 한다.
⑦ 수탁자가 위탁받은 업무와 관련하여 개인정보를 처리하는 과정에서 이 법을 위반하여 발생한 손해배상책임에 대하여는 수탁자를 개인정보처리자의 소속 직원으로 본다.
⑧ 수탁자에 관하여는 제15조부터 제18조까지, 제21조, 제22조, 제22조의2, 제23조, 제24조, 제24조의2, 제25조, 제25조의2, 제27조, 제28조, 제28조의2부터 제28조의5까지, 제28조의7부터 제28조의11까지, 제29조, 제30조, 제30조의2, 제31조, 제33조, 제34조, 제34조의2, 제35조, 제35조의2, 제36조, 제37조, 제37조의2, 제38조, 제59조, 제63조, 제63조의2 및 제64조의2를 준용한다. 이 경우 "개인정보처리자"는 "수탁자"로 본다.

제27조 【영업양도 등에 따른 개인정보의 이전 제한】 ① 개인정보처리자는 영업의 전부 또는 일부의 양도·합병 등으로 개인정보를 다른 사람에게 이전하는 경우에는 미리 다음 각 호의 사항을 대통령령으로 정하는 방법에 따라 해당 정보주체에게 알려야 한다.
1. 개인정보를 이전하려는 사실
2. 개인정보를 이전받는 자(이하 "영업양수자등"이라 한다)의 성명(법인의 경우에는 법인의 명칭을 말한다), 주소, 전화번호 및 그 밖의 연락처
3. 정보주체가 개인정보의 이전을 원하지 아니하는 경우 조치할 수 있는 방법 및 절차

② 영업양수자등은 개인정보를 이전받았을 때에는 지체 없이 그 사실을 대통령령으로 정하는 방법에 따라 정보주체에게 알려야 한다. 다만, 개인정보처리자가 제1항에 따라 그 이전 사실을 이미 알린 경우에는 그러하지 아니하다.
③ 영업양수자등은 영업의 양도·합병 등으로 개인정보를 이전받은 경우에는 이전 당시의 본래 목적으로만 개인정보를 이용하거나 제3자에게 제공할 수 있다. 이 경우 영업양수자등은 개인정보처리자로 본다.

제28조 【개인정보취급자에 대한 감독】 ① 개인정보처리자는 개인정보를 처리함에 있어서 개인정보가 안전하게 관리될 수 있도록 임직원, 파견근로자, 시간제근로자 등 개인정보처리자의 지휘·감독을 받아 개인정보를 처리하는 자(이하 "개인정보취급자"라 한다)의 범위를 최소한으로 제한하고, 개인정보취급자에 대하여 적절한 관리·감독을 하여야 한다.
② 개인정보처리자는 개인정보의 적정한 취급을 보장하기 위하여 개인정보취급자에게 정기적으로 필요한 교육을 실시하여야 한다.

제3절 가명정보의 처리에 관한 특례

제28조의2【가명정보의 처리 등】① 개인정보처리자는 통계작성, 과학적 연구, 공익적 기록보존 등을 위하여 정보주체의 동의 없이 가명정보를 처리할 수 있다.
② 개인정보처리자는 제1항에 따라 가명정보를 제3자에게 제공하는 경우에는 특정 개인을 알아보기 위하여 사용될 수 있는 정보를 포함해서는 아니 된다.

제28조의3【가명정보의 결합 제한】① 제28조의2에도 불구하고 통계작성, 과학적 연구, 공익적 기록보존 등을 위한 서로 다른 개인정보처리자 간의 가명정보의 결합은 보호위원회 또는 관계 중앙행정기관의 장이 지정하는 전문기관이 수행한다.
② 결합을 수행한 기관 외부로 결합된 정보를 반출하려는 개인정보처리자는 가명정보 또는 제58조의2에 해당하는 정보로 처리한 뒤 전문기관의 장의 승인을 받아야 한다.
③ 제1항에 따른 결합 절차와 방법, 전문기관의 지정과 지정 취소 기준·절차, 관리·감독, 제2항에 따른 반출 및 승인 기준·절차 등 필요한 사항은 대통령령으로 정한다.

제28조의4【가명정보에 대한 안전조치의무 등】① 개인정보처리자는 제28조의2 또는 제28조의3에 따라 가명정보를 처리하는 경우에는 원래의 상태로 복원하기 위한 추가 정보를 별도로 분리하여 보관·관리하는 등 해당 정보가 분실·도난·유출·위조·변조 또는 훼손되지 않도록 대통령령으로 정하는 바에 따라 안전성 확보에 필요한 기술적·관리적 및 물리적 조치를 하여야 한다.
② 개인정보처리자는 제28조의2 또는 제28조의3에 따라 가명정보를 처리하는 경우 처리목적 등을 고려하여 가명정보의 처리 기간을 별도로 정할 수 있다.
③ 개인정보처리자는 제28조의2 또는 제28조의3에 따라 가명정보를 처리하고자 하는 경우에는 가명정보의 처리 목적, 제3자 제공 시 제공받는 자, 가명정보의 처리 기간(제2항에 따라 처리 기간을 별도로 정한 경우에 한한다) 등 가명정보의 처리 내용을 관리하기 위하여 대통령령으로 정하는 사항에 대한 관련 기록을 작성하여 보관하여야 하며, 가명정보를 파기한 경우에는 파기한 날부터 3년 이상 보관하여야 한다.

제28조의5【가명정보 처리 시 금지의무 등】① 제28조의2 또는 제28조의3에 따라 가명정보를 처리하는 자는 특정 개인을 알아보기 위한 목적으로 가명정보를 처리해서는 아니 된다.

② 개인정보처리자는 제28조의2 또는 제28조의3에 따라 가명정보를 처리하는 과정에서 특정 개인을 알아볼 수 있는 정보가 생성된 경우에는 즉시 해당 정보의 처리를 중지하고, 지체 없이 회수·파기하여야 한다.

제28조의6 삭제

제28조의7 【적용범위】 제28조의2 또는 제28조의3에 따라 처리된 가명정보는 제20조, 제20조의2, 제27조, 제34조 제1항, 제35조, 제35조의2, 제36조 및 제37조를 적용하지 아니한다.

제4절 개인정보의 국외 이전

제28조의8 【개인정보의 국외 이전】 ① 개인정보처리자는 개인정보를 국외로 제공(조회되는 경우를 포함한다)·처리위탁·보관(이하 이 절에서 "이전"이라 한다)하여서는 아니 된다. 다만, 다음 각 호의 어느 하나에 해당하는 경우에는 개인정보를 국외로 이전할 수 있다.
1. 정보주체로부터 국외 이전에 관한 별도의 동의를 받은 경우
2. 법률, 대한민국을 당사자로 하는 조약 또는 그 밖의 국제협정에 개인정보의 국외 이전에 관한 특별한 규정이 있는 경우
3. 정보주체와의 계약의 체결 및 이행을 위하여 개인정보의 처리위탁·보관이 필요한 경우로서 다음 각 목의 어느 하나에 해당하는 경우
   가. 제2항 각 호의 사항을 제30조에 따른 개인정보 처리방침에 공개한 경우
   나. 전자우편 등 대통령령으로 정하는 방법에 따라 제2항 각 호의 사항을 정보주체에게 알린 경우
4. 개인정보를 이전받는 자가 제32조의2에 따른 개인정보 보호 인증 등 보호위원회가 정하여 고시하는 인증을 받은 경우로서 다음 각 목의 조치를 모두 한 경우
   가. 개인정보 보호에 필요한 안전조치 및 정보주체 권리보장에 필요한 조치
   나. 인증받은 사항을 개인정보가 이전되는 국가에서 이행하기 위하여 필요한 조치
5. 개인정보가 이전되는 국가 또는 국제기구의 개인정보 보호체계, 정보주체 권리보장 범위, 피해구제 절차 등이 이 법에 따른 개인정보 보호 수준과 실질적으로 동등한 수준을 갖추었다고 보호위원회가 인정하는 경우

② 개인정보처리자는 제1항 제1호에 따른 동의를 받을 때에는 미리 다음 각 호의 사항을 정보주체에게 알려야 한다.
1. 이전되는 개인정보 항목

2. 개인정보가 이전되는 국가, 시기 및 방법
3. 개인정보를 이전받는 자의 성명(법인인 경우에는 그 명칭과 연락처를 말한다)
4. 개인정보를 이전받는 자의 개인정보 이용목적 및 보유·이용 기간
5. 개인정보의 이전을 거부하는 방법, 절차 및 거부의 효과
③ 개인정보처리자는 제2항 각 호의 어느 하나에 해당하는 사항을 변경하는 경우에는 정보주체에게 알리고 동의를 받아야 한다.
④ 개인정보처리자는 제1항 각 호 외의 부분 단서에 따라 개인정보를 국외로 이전하는 경우 국외 이전과 관련한 이 법의 다른 규정, 제17조부터 제19조까지의 규정 및 제5장의 규정을 준수하여야 하고, 대통령령으로 정하는 보호조치를 하여야 한다.
⑤ 개인정보처리자는 이 법을 위반하는 사항을 내용으로 하는 개인정보의 국외 이전에 관한 계약을 체결하여서는 아니 된다.
⑥ 제1항부터 제5항까지에서 규정한 사항 외에 개인정보 국외 이전의 기준 및 절차 등에 필요한 사항은 대통령령으로 정한다.

제28조의9 【개인정보의 국외 이전 중지 명령】 ① 보호위원회는 개인정보의 국외 이전이 계속되고 있거나 추가적인 국외 이전이 예상되는 경우로서 다음 각 호의 어느 하나에 해당하는 경우에는 개인정보처리자에게 개인정보의 국외 이전을 중지할 것을 명할 수 있다.
1. 제28조의8 제1항, 제4항 또는 제5항을 위반한 경우
2. 개인정보를 이전받는 자나 개인정보가 이전되는 국가 또는 국제기구가 이 법에 따른 개인정보 보호 수준에 비하여 개인정보를 적정하게 보호하지 아니하여 정보주체에게 피해가 발생하거나 발생할 우려가 현저한 경우
② 개인정보처리자는 제1항에 따른 국외 이전 중지 명령을 받은 경우에는 명령을 받은 날부터 7일 이내에 보호위원회에 이의를 제기할 수 있다.
③ 제1항에 따른 개인정보 국외 이전 중지 명령의 기준, 제2항에 따른 불복 절차 등에 필요한 사항은 대통령령으로 정한다.

제28조의10 【상호주의】 제28조의8에도 불구하고 개인정보의 국외 이전을 제한하는 국가의 개인정보처리자에 대해서는 해당 국가의 수준에 상응하는 제한을 할 수 있다. 다만, 조약 또는 그 밖의 국제협정의 이행에 필요한 경우에는 그러하지 아니하다.

제28조의11 【준용규정】 제28조의8 제1항 각 호 외의 부분 단서에 따라 개인정보를 이전받은 자가 해당 개인정보를 제3국으로 이전하는 경우에 관하여는 제28조의8 및 제28조의9를 준용한다. 이 경우 "개인정보처리자"는 "개인정보를 이전받은 자"로, "개인정보를 이전받는 자"는 "제3국에서 개인정보를 이전받는 자"로 본다.

제4장 개인정보의 안전한 관리

제29조【안전조치의무】개인정보처리자는 개인정보가 분실·도난·유출·위조·변조 또는 훼손되지 아니하도록 내부 관리계획 수립, 접속기록 보관 등 대통령령으로 정하는 바에 따라 안전성 확보에 필요한 기술적·관리적 및 물리적 조치를 하여야 한다.

제30조【개인정보 처리방침의 수립 및 공개】① 개인정보처리자는 다음 각 호의 사항이 포함된 개인정보의 처리 방침(이하 "개인정보 처리방침"이라 한다)을 정하여야 한다. 이 경우 공공기관은 제32조에 따라 등록대상이 되는 개인정보파일에 대하여 개인정보 처리방침을 정한다.
1. 개인정보의 처리 목적
2. 개인정보의 처리 및 보유 기간
3. 개인정보의 제3자 제공에 관한 사항(해당되는 경우에만 정한다)
3의2. 개인정보의 파기절차 및 파기방법(제21조 제1항 단서에 따라 개인정보를 보존하여야 하는 경우에는 그 보존근거와 보존하는 개인정보 항목을 포함한다)
3의3. 제23조 제3항에 따른 민감정보의 공개 가능성 및 비공개를 선택하는 방법(해당되는 경우에만 정한다)
4. 개인정보처리의 위탁에 관한 사항(해당되는 경우에만 정한다)
4의2. 제28조의2 및 제28조의3에 따른 가명정보의 처리 등에 관한 사항(해당되는 경우에만 정한다)
5. 정보주체와 법정대리인의 권리·의무 및 그 행사방법에 관한 사항
6. 제31조에 따른 개인정보 보호책임자의 성명 또는 개인정보 보호업무 및 관련 고충사항을 처리하는 부서의 명칭과 전화번호 등 연락처
7. 인터넷 접속정보파일 등 개인정보를 자동으로 수집하는 장치의 설치·운영 및 그 거부에 관한 사항(해당하는 경우에만 정한다)
8. 그 밖에 개인정보의 처리에 관하여 대통령령으로 정한 사항
② 개인정보처리자가 개인정보 처리방침을 수립하거나 변경하는 경우에는 정보주체가 쉽게 확인할 수 있도록 대통령령으로 정하는 방법에 따라 공개하여야 한다.
③ 개인정보 처리방침의 내용과 개인정보처리자와 정보주체 간에 체결한 계약의 내용이 다른 경우에는 정보주체에게 유리한 것을 적용한다.
④ 보호위원회는 개인정보 처리방침의 작성지침을 정하여 개인정보처리자에게 그 준수를 권장할 수 있다.

제30조의2【개인정보 처리방침의 평가 및 개선권고】① 보호위원회는 개인정보 처리방침에 관하여 다음 각 호의 사항을 평가하고, 평가 결과 개선이 필요하다고 인정하는 경우에는 개인정보처리자에게 제61조 제2항에 따라 개선을 권고할 수 있다.

1. 이 법에 따라 개인정보 처리방침에 포함하여야 할 사항을 적정하게 정하고 있는지 여부
2. 개인정보 처리방침을 알기 쉽게 작성하였는지 여부
3. 개인정보 처리방침을 정보주체가 쉽게 확인할 수 있는 방법으로 공개하고 있는지 여부

② 개인정보 처리방침의 평가 대상, 기준 및 절차 등에 필요한 사항은 대통령령으로 정한다.

제31조 【개인정보 보호책임자의 지정 등】 ① 개인정보처리자는 개인정보의 처리에 관한 업무를 총괄해서 책임질 개인정보 보호책임자를 지정하여야 한다. 다만, 종업원 수, 매출액 등이 대통령령으로 정하는 기준에 해당하는 개인정보처리자의 경우에는 지정하지 아니할 수 있다.
② 제1항 단서에 따라 개인정보 보호책임자를 지정하지 아니하는 경우에는 개인정보처리자의 사업주 또는 대표자가 개인정보 보호책임자가 된다.
③ 개인정보 보호책임자는 다음 각 호의 업무를 수행한다.
1. 개인정보 보호 계획의 수립 및 시행
2. 개인정보 처리 실태 및 관행의 정기적인 조사 및 개선
3. 개인정보 처리와 관련한 불만의 처리 및 피해 구제
4. 개인정보 유출 및 오용·남용 방지를 위한 내부통제시스템의 구축
5. 개인정보 보호 교육 계획의 수립 및 시행
6. 개인정보파일의 보호 및 관리·감독
7. 그 밖에 개인정보의 적절한 처리를 위하여 대통령령으로 정한 업무

④ 개인정보 보호책임자는 제3항 각 호의 업무를 수행함에 있어서 필요한 경우 개인정보의 처리 현황, 처리 체계 등에 대하여 수시로 조사하거나 관계 당사자로부터 보고를 받을 수 있다.
⑤ 개인정보 보호책임자는 개인정보 보호와 관련하여 이 법 및 다른 관계 법령의 위반 사실을 알게 된 경우에는 즉시 개선조치를 하여야 하며, 필요하면 소속 기관 또는 단체의 장에게 개선조치를 보고하여야 한다.
⑥ 개인정보처리자는 개인정보 보호책임자가 제3항 각 호의 업무를 수행함에 있어서 정당한 이유 없이 불이익을 주거나 받게 하여서는 아니 되며, 개인정보 보호책임자가 업무를 독립적으로 수행할 수 있도록 보장하여야 한다.
⑦ 개인정보처리자는 개인정보의 안전한 처리 및 보호, 정보의 교류, 그 밖에 대통령령으로 정하는 공동의 사업을 수행하기 위하여 제1항에 따른 개인정보 보호책임자를 구성원으로 하는 개인정보 보호책임자 협의회를 구성·운영할 수 있다.
⑧ 보호위원회는 제7항에 따른 개인정보 보호책임자 협의회의 활동에 필요한 지원을 할 수 있다.

⑨ 제1항에 따른 개인정보 보호책임자의 자격요건, 제3항에 따른 업무 및 제6항에 따른 독립성 보장 등에 필요한 사항은 매출액, 개인정보의 보유 규모 등을 고려하여 대통령령으로 정한다.

제31조의2 【국내대리인의 지정】 ① 국내에 주소 또는 영업소가 없는 개인정보처리자로서 매출액, 개인정보의 보유 규모 등을 고려하여 대통령령으로 정하는 자는 다음 각 호의 사항을 대리하는 자(이하 "국내대리인"이라 한다)를 지정하여야 한다. 이 경우 국내대리인의 지정은 문서로 하여야 한다.
1. 제31조 제3항 제3호에 따른 개인정보 처리와 관련한 불만의 처리 및 피해 구제 업무
2. 제34조 제1항 및 제3항에 따른 개인정보 유출 등의 통지 및 신고
3. 제63조 제1항에 따른 물품·서류 등 자료의 제출
② 국내대리인은 국내에 주소 또는 영업소가 있어야 한다. 이 경우 다음 각 호의 어느 하나에 해당하는 법인이 있는 개인정보처리자는 그 법인 중에서 국내대리인을 지정하여야 한다.
1. 해당 개인정보처리자가 설립한 국내 법인
2. 해당 개인정보처리자가 임원 구성, 사업 운영 등에 지배적인 영향력을 행사하는 국내 법인으로서 대통령령으로 정하는 법인
③ 제1항에 따라 국내대리인을 지정한 개인정보처리자는 국내대리인이 업무를 충실히 수행하도록 대통령령으로 정하는 바에 따라 교육하고 업무 현황을 점검하는 등의 관리·감독을 하여야 한다.
④ 개인정보처리자는 제1항에 따라 국내대리인을 지정하는 경우에는 다음 각 호의 사항을 개인정보 처리방침에 포함하여야 한다.
1. 국내대리인의 성명(법인의 경우에는 그 명칭 및 대표자의 성명을 말한다)
2. 국내대리인의 주소(법인의 경우에는 영업소의 소재지를 말한다), 전화번호 및 전자우편 주소
⑤ 국내대리인이 제1항 각 호와 관련하여 이 법을 위반한 경우에는 개인정보처리자가 그 행위를 한 것으로 본다.

제32조 【개인정보파일의 등록 및 공개】 ① 공공기관의 장이 개인정보파일을 운용하는 경우에는 다음 각 호의 사항을 보호위원회에 등록하여야 한다. 등록한 사항이 변경된 경우에도 또한 같다.
1. 개인정보파일의 명칭
2. 개인정보파일의 운영 근거 및 목적
3. 개인정보파일에 기록되는 개인정보의 항목
4. 개인정보의 처리방법
5. 개인정보의 보유기간
6. 개인정보를 통상적 또는 반복적으로 제공하는 경우에는 그 제공받는 자
7. 그 밖에 대통령령으로 정하는 사항

② 다음 각 호의 어느 하나에 해당하는 개인정보파일에 대하여는 제1항을 적용하지 아니한다.
1. 국가 안전, 외교상 비밀, 그 밖에 국가의 중대한 이익에 관한 사항을 기록한 개인정보파일
2. 범죄의 수사, 공소의 제기 및 유지, 형 및 감호의 집행, 교정처분, 보호처분, 보안관찰처분과 출입국관리에 관한 사항을 기록한 개인정보파일
3. 「조세범처벌법」에 따른 범칙행위 조사 및 「관세법」에 따른 범칙행위 조사에 관한 사항을 기록한 개인정보파일
4. 일회적으로 운영되는 파일 등 지속적으로 관리할 필요성이 낮다고 인정되어 대통령령으로 정하는 개인정보파일
5. 다른 법령에 따라 비밀로 분류된 개인정보파일
③ 보호위원회는 필요하면 제1항에 따른 개인정보파일의 등록여부와 그 내용을 검토하여 해당 공공기관의 장에게 개선을 권고할 수 있다.
④ 보호위원회는 정보주체의 권리 보장 등을 위하여 필요한 경우 제1항에 따른 개인정보파일의 등록 현황을 누구든지 쉽게 열람할 수 있도록 공개할 수 있다.
⑤ 제1항에 따른 등록과 제4항에 따른 공개의 방법, 범위 및 절차에 관하여 필요한 사항은 대통령령으로 정한다.
⑥ 국회, 법원, 헌법재판소, 중앙선거관리위원회(그 소속 기관을 포함한다)의 개인정보파일 등록 및 공개에 관하여는 국회규칙, 대법원규칙, 헌법재판소규칙 및 중앙선거관리위원회규칙으로 정한다.

제32조의2【개인정보 보호 인증】 ① 보호위원회는 개인정보처리자의 개인정보 처리 및 보호와 관련한 일련의 조치가 이 법에 부합하는지 등에 관하여 인증할 수 있다.
② 제1항에 따른 인증의 유효기간은 3년으로 한다.
③ 보호위원회는 다음 각 호의 어느 하나에 해당하는 경우에는 대통령령으로 정하는 바에 따라 제1항에 따른 인증을 취소할 수 있다. 다만, 제1호에 해당하는 경우에는 취소하여야 한다.
1. 거짓이나 그 밖의 부정한 방법으로 개인정보 보호 인증을 받은 경우
2. 제4항에 따른 사후관리를 거부 또는 방해한 경우
3. 제8항에 따른 인증기준에 미달하게 된 경우
4. 개인정보 보호 관련 법령을 위반하고 그 위반사유가 중대한 경우
④ 보호위원회는 개인정보 보호 인증의 실효성 유지를 위하여 연 1회 이상 사후관리를 실시하여야 한다.
⑤ 보호위원회는 대통령령으로 정하는 전문기관으로 하여금 제1항에 따른 인증, 제3항에 따른 인증 취소, 제4항에 따른 사후관리 및 제7항에 따른 인증 심사원 관리 업무를 수행하게 할 수 있다.

⑥ 제1항에 따른 인증을 받은 자는 대통령령으로 정하는 바에 따라 인증의 내용을 표시하거나 홍보할 수 있다.
⑦ 제1항에 따른 인증을 위하여 필요한 심사를 수행할 심사원의 자격 및 자격 취소 요건 등에 관하여는 전문성과 경력 및 그 밖에 필요한 사항을 고려하여 대통령령으로 정한다.
⑧ 그 밖에 개인정보 관리체계, 정보주체 권리보장, 안전성 확보조치가 이 법에 부합하는지 여부 등 제1항에 따른 인증의 기준·방법·절차 등 필요한 사항은 대통령령으로 정한다.

제33조 【개인정보 영향평가】 ① 공공기관의 장은 대통령령으로 정하는 기준에 해당하는 개인정보파일의 운용으로 인하여 정보주체의 개인정보 침해가 우려되는 경우에는 그 위험요인의 분석과 개선 사항 도출을 위한 평가(이하 "영향평가"라 한다)를 하고 그 결과를 보호위원회에 제출하여야 한다.
② 보호위원회는 대통령령으로 정하는 인력·설비 및 그 밖에 필요한 요건을 갖춘 자를 영향평가를 수행하는 기관(이하 "평가기관"이라 한다)으로 지정할 수 있으며, 공공기관의 장은 영향평가를 평가기관에 의뢰하여야 한다.
③ 영향평가를 하는 경우에는 다음 각 호의 사항을 고려하여야 한다.
1. 처리하는 개인정보의 수
2. 개인정보의 제3자 제공 여부
3. 정보주체의 권리를 해할 가능성 및 그 위험 정도
4. 그 밖에 대통령령으로 정한 사항
④ 보호위원회는 제1항에 따라 제출받은 영향평가 결과에 대하여 의견을 제시할 수 있다.
⑤ 공공기관의 장은 제1항에 따라 영향평가를 한 개인정보파일을 제32조 제1항에 따라 등록할 때에는 영향평가 결과를 함께 첨부하여야 한다.
⑥ 보호위원회는 영향평가의 활성화를 위하여 관계 전문가의 육성, 영향평가 기준의 개발·보급 등 필요한 조치를 마련하여야 한다.
⑦ 보호위원회는 제2항에 따라 지정된 평가기관이 다음 각 호의 어느 하나에 해당하는 경우에는 평가기관의 지정을 취소할 수 있다. 다만, 제1호 또는 제2호에 해당하는 경우에는 평가기관의 지정을 취소하여야 한다.
1. 거짓이나 그 밖의 부정한 방법으로 지정을 받은 경우
2. 지정된 평가기관 스스로 지정취소를 원하거나 폐업한 경우
3. 제2항에 따른 지정요건을 충족하지 못하게 된 경우
4. 고의 또는 중대한 과실로 영향평가업무를 부실하게 수행하여 그 업무를 적정하게 수행할 수 없다고 인정되는 경우
5. 그 밖에 대통령령으로 정하는 사유에 해당하는 경우
⑧ 보호위원회는 제7항에 따라 지정을 취소하는 경우에는 「행정절차법」에 따른 청문을 실시하여야 한다.

⑨ 제1항에 따른 영향평가의 기준·방법·절차 등에 관하여 필요한 사항은 대통령령으로 정한다.
⑩ 국회, 법원, 헌법재판소, 중앙선거관리위원회(그 소속 기관을 포함한다)의 영향평가에 관한 사항은 국회규칙, 대법원규칙, 헌법재판소규칙 및 중앙선거관리위원회규칙으로 정하는 바에 따른다.
⑪ 공공기관 외의 개인정보처리자는 개인정보파일 운용으로 인하여 정보주체의 개인정보 침해가 우려되는 경우에는 영향평가를 하기 위하여 적극 노력하여야 한다.

> 2016년 제4회 약술형
> 개인정보처리자의 조치

제34조【개인정보 유출 등의 통지·신고】 ① 개인정보처리자는 개인정보가 분실·도난·유출(이하 이 조에서 "유출등"이라 한다)되었음을 알게 되었을 때에는 지체 없이 해당 정보주체에게 다음 각 호의 사항을 알려야 한다. 다만, 정보주체의 연락처를 알 수 없는 경우 등 정당한 사유가 있는 경우에는 대통령령으로 정하는 바에 따라 통지를 갈음하는 조치를 취할 수 있다.
1. 유출등이 된 개인정보의 항목
2. 유출등이 된 시점과 그 경위
3. 유출등으로 인하여 발생할 수 있는 피해를 최소화하기 위하여 정보주체가 할 수 있는 방법 등에 관한 정보
4. 개인정보처리자의 대응조치 및 피해 구제절차
5. 정보주체에게 피해가 발생한 경우 신고 등을 접수할 수 있는 담당부서 및 연락처
② 개인정보처리자는 개인정보가 유출등이 된 경우 그 피해를 최소화하기 위한 대책을 마련하고 필요한 조치를 하여야 한다.
③ 개인정보처리자는 개인정보의 유출등이 있음을 알게 되었을 때에는 개인정보의 유형, 유출등의 경로 및 규모 등을 고려하여 대통령령으로 정하는 바에 따라 제1항 각 호의 사항을 지체 없이 보호위원회 또는 대통령령으로 정하는 전문기관에 신고하여야 한다. 이 경우 보호위원회 또는 대통령령으로 정하는 전문기관은 피해 확산방지, 피해 복구 등을 위한 기술을 지원할 수 있다.
④ 제1항에 따른 유출등의 통지 및 제3항에 따른 유출등의 신고의 시기, 방법, 절차 등에 필요한 사항은 대통령령으로 정한다.

제34조의2【노출된 개인정보의 삭제·차단】 ① 개인정보처리자는 고유식별정보, 계좌정보, 신용카드정보 등 개인정보가 정보통신망을 통하여 공중(公衆)에 노출되지 아니하도록 하여야 한다.
② 개인정보처리자는 공중에 노출된 개인정보에 대하여 보호위원회 또는 대통령령으로 지정한 전문기관의 요청이 있는 경우에는 해당 정보를 삭제하거나 차단하는 등 필요한 조치를 하여야 한다.

제5장 정보주체의 권리 보장

> 2014년 제2회 약술형
> 정보주체의 권리

제35조【개인정보의 열람】① 정보주체는 개인정보처리자가 처리하는 자신의 개인정보에 대한 열람을 해당 개인정보처리자에게 요구할 수 있다.
② 제1항에도 불구하고 정보주체가 자신의 개인정보에 대한 열람을 공공기관에 요구하고자 할 때에는 공공기관에 직접 열람을 요구하거나 대통령령으로 정하는 바에 따라 보호위원회를 통하여 열람을 요구할 수 있다.
③ 개인정보처리자는 제1항 및 제2항에 따른 열람을 요구받았을 때에는 대통령령으로 정하는 기간 내에 정보주체가 해당 개인정보를 열람할 수 있도록 하여야 한다. 이 경우 해당 기간 내에 열람할 수 없는 정당한 사유가 있을 때에는 정보주체에게 그 사유를 알리고 열람을 연기할 수 있으며, 그 사유가 소멸하면 지체 없이 열람하게 하여야 한다.
④ 개인정보처리자는 다음 각 호의 어느 하나에 해당하는 경우에는 정보주체에게 그 사유를 알리고 열람을 제한하거나 거절할 수 있다.
1. 법률에 따라 열람이 금지되거나 제한되는 경우
2. 다른 사람의 생명·신체를 해할 우려가 있거나 다른 사람의 재산과 그 밖의 이익을 부당하게 침해할 우려가 있는 경우
3. 공공기관이 다음 각 목의 어느 하나에 해당하는 업무를 수행할 때 중대한 지장을 초래하는 경우
   가. 조세의 부과·징수 또는 환급에 관한 업무
   나. 「초·중등교육법」 및 「고등교육법」에 따른 각급 학교, 「평생교육법」에 따른 평생교육시설, 그 밖의 다른 법률에 따라 설치된 고등교육기관에서의 성적 평가 또는 입학자 선발에 관한 업무
   다. 학력·기능 및 채용에 관한 시험, 자격 심사에 관한 업무
   라. 보상금·급부금 산정 등에 대하여 진행 중인 평가 또는 판단에 관한 업무
   마. 다른 법률에 따라 진행 중인 감사 및 조사에 관한 업무
⑤ 제1항부터 제4항까지의 규정에 따른 열람 요구, 열람 제한, 통지 등의 방법 및 절차에 관하여 필요한 사항은 대통령령으로 정한다.

제35조의2【개인정보의 전송 요구】① 정보주체는 개인정보 처리 능력 등을 고려하여 대통령령으로 정하는 기준에 해당하는 개인정보처리자에 대하여 다음 각 호의 요건을 모두 충족하는 개인정보를 자신에게로 전송할 것을 요구할 수 있다.
1. 정보주체가 전송을 요구하는 개인정보가 정보주체 본인에 관한 개인정보로서 다음 각 목의 어느 하나에 해당하는 정보일 것
   가. 제15조 제1항 제1호, 제23조 제1항 제1호 또는 제24조 제1항 제1호에 따른 동의를 받아 처리되는 개인정보

나. 제15조 제1항 제4호에 따라 체결한 계약을 이행하거나 계약을 체결하는 과정에서 정보주체의 요청에 따른 조치를 이행하기 위하여 처리되는 개인정보
다. 제15조 제1항 제2호·제3호, 제23조 제1항 제2호 또는 제24조 제1항 제2호에 따라 처리되는 개인정보 중 정보주체의 이익이나 공익적 목적을 위하여 관계 중앙행정기관의 장의 요청에 따라 보호위원회가 심의·의결하여 전송 요구의 대상으로 지정한 개인정보
2. 전송을 요구하는 개인정보가 개인정보처리자가 수집한 개인정보를 기초로 분석·가공하여 별도로 생성한 정보가 아닐 것
3. 전송을 요구하는 개인정보가 컴퓨터 등 정보처리장치로 처리되는 개인정보일 것

② 정보주체는 매출액, 개인정보의 보유 규모, 개인정보 처리 능력, 산업별 특성 등을 고려하여 대통령령으로 정하는 기준에 해당하는 개인정보처리자에 대하여 제1항에 따른 전송 요구 대상인 개인정보를 기술적으로 허용되는 합리적인 범위에서 다음 각 호의 자에게 전송할 것을 요구할 수 있다.
1. 제35조의3 제1항에 따른 개인정보관리 전문기관
2. 제29조에 따른 안전조치의무를 이행하고 대통령령으로 정하는 시설 및 기술 기준을 충족하는 자

③ 개인정보처리자는 제1항 및 제2항에 따른 전송 요구를 받은 경우에는 시간, 비용, 기술적으로 허용되는 합리적인 범위에서 해당 정보를 컴퓨터 등 정보처리장치로 처리 가능한 형태로 전송하여야 한다.

④ 제1항 및 제2항에 따른 전송 요구를 받은 개인정보처리자는 다음 각 호의 어느 하나에 해당하는 법률의 관련 규정에도 불구하고 정보주체에 관한 개인정보를 전송하여야 한다.
1. 「국세기본법」 제81조의13
2. 「지방세기본법」 제86조
3. 그 밖에 제1호 및 제2호와 유사한 규정으로서 대통령령으로 정하는 법률의 규정

⑤ 정보주체는 제1항 및 제2항에 따른 전송 요구를 철회할 수 있다.
⑥ 개인정보처리자는 정보주체의 본인 여부가 확인되지 아니하는 경우 등 대통령령으로 정하는 경우에는 제1항 및 제2항에 따른 전송 요구를 거절하거나 전송을 중단할 수 있다.
⑦ 정보주체는 제1항 및 제2항에 따른 전송 요구로 인하여 타인의 권리나 정당한 이익을 침해하여서는 아니 된다.
⑧ 제1항부터 제7항까지에서 규정한 사항 외에 전송 요구의 대상이 되는 정보의 범위, 전송 요구의 방법, 전송의 기한 및 방법, 전송 요구 철회의 방법, 전송 요구의 거절 및 전송 중단의 방법 등 필요한 사항은 대통령령으로 정한다.

제35조의3【개인정보관리 전문기관】① 다음 각 호의 업무를 수행하려는 자는 보호위원회 또는 관계 중앙행정기관의 장으로부터 개인정보관리 전문기관의 지정을 받아야 한다.
1. 제35조의2에 따른 개인정보의 전송 요구권 행사 지원
2. 정보주체의 권리행사를 지원하기 위한 개인정보 전송시스템의 구축 및 표준화
3. 정보주체의 권리행사를 지원하기 위한 개인정보의 관리·분석
4. 그 밖에 정보주체의 권리행사를 효과적으로 지원하기 위하여 대통령령으로 정하는 업무
② 제1항에 따른 개인정보관리 전문기관의 지정요건은 다음 각 호와 같다.
1. 개인정보를 전송·관리·분석할 수 있는 기술수준 및 전문성을 갖추었을 것
2. 개인정보를 안전하게 관리할 수 있는 안전성 확보조치 수준을 갖추었을 것
3. 개인정보관리 전문기관의 안정적인 운영에 필요한 재정능력을 갖추었을 것
③ 개인정보관리 전문기관은 다음 각 호의 어느 하나에 해당하는 행위를 하여서는 아니 된다.
1. 정보주체에게 개인정보의 전송 요구를 강요하거나 부당하게 유도하는 행위
2. 그 밖에 개인정보를 침해하거나 정보주체의 권리를 제한할 우려가 있는 행위로서 대통령령으로 정하는 행위
④ 보호위원회 및 관계 중앙행정기관의 장은 개인정보관리 전문기관이 다음 각 호의 어느 하나에 해당하는 경우에는 개인정보관리 전문기관의 지정을 취소할 수 있다. 다만, 제1호에 해당하는 경우에는 지정을 취소하여야 한다.
1. 거짓이나 부정한 방법으로 지정을 받은 경우
2. 제2항에 따른 지정요건을 갖추지 못하게 된 경우
⑤ 보호위원회 및 관계 중앙행정기관의 장은 제4항에 따라 지정을 취소하는 경우에는 「행정절차법」에 따른 청문을 실시하여야 한다.
⑥ 보호위원회 및 관계 중앙행정기관의 장은 개인정보관리 전문기관에 대하여 업무 수행에 필요한 지원을 할 수 있다.
⑦ 개인정보관리 전문기관은 정보주체의 요구에 따라 제1항 각 호의 업무를 수행하는 경우 정보주체로부터 그 업무 수행에 필요한 비용을 받을 수 있다.
⑧ 제1항에 따른 개인정보관리 전문기관의 지정 절차, 제2항에 따른 지정요건의 세부기준, 제4항에 따른 지정취소의 절차 등에 필요한 사항은 대통령령으로 정한다.

제35조의4 【개인정보 전송 관리 및 지원】 ① 보호위원회는 제35조의2 제1항 및 제2항에 따른 개인정보처리자 및 제35조의3 제1항에 따른 개인정보관리 전문기관 현황, 활용내역 및 관리실태 등을 체계적으로 관리·감독하여야 한다.
② 보호위원회는 개인정보가 안전하고 효율적으로 전송될 수 있도록 다음 각 호의 사항을 포함한 개인정보 전송 지원 플랫폼을 구축·운영할 수 있다.
1. 개인정보관리 전문기관 현황 및 전송 가능한 개인정보 항목 목록
2. 정보주체의 개인정보 전송 요구·철회 내역
3. 개인정보의 전송 이력 관리 등 지원 기능
4. 그 밖에 개인정보 전송을 위하여 필요한 사항
③ 보호위원회는 제2항에 따른 개인정보 전송지원 플랫폼의 효율적 운영을 위하여 개인정보관리 전문기관에서 구축·운영하고 있는 전송 시스템을 상호 연계하거나 통합할 수 있다. 이 경우 관계 중앙행정기관의 장 및 해당 개인정보관리 전문기관과 사전에 협의하여야 한다.
④ 제1항부터 제3항까지의 규정에 따른 관리·감독과 개인정보 전송지원 플랫폼의 구축 및 운영에 필요한 사항은 대통령령으로 정한다.

제36조 【개인정보의 정정·삭제】 ① 제35조에 따라 자신의 개인정보를 열람한 정보주체는 개인정보처리자에게 그 개인정보의 정정 또는 삭제를 요구할 수 있다. 다만, 다른 법령에서 그 개인정보가 수집 대상으로 명시되어 있는 경우에는 그 삭제를 요구할 수 없다.
② 개인정보처리자는 제1항에 따른 정보주체의 요구를 받았을 때에는 개인정보의 정정 또는 삭제에 관하여 다른 법령에 특별한 절차가 규정되어 있는 경우를 제외하고는 지체 없이 그 개인정보를 조사하여 정보주체의 요구에 따라 정정·삭제 등 필요한 조치를 한 후 그 결과를 정보주체에게 알려야 한다.
③ 개인정보처리자가 제2항에 따라 개인정보를 삭제할 때에는 복구 또는 재생되지 아니하도록 조치하여야 한다.
④ 개인정보처리자는 정보주체의 요구가 제1항 단서에 해당될 때에는 지체 없이 그 내용을 정보주체에게 알려야 한다.
⑤ 개인정보처리자는 제2항에 따른 조사를 할 때 필요하면 해당 정보주체에게 정정·삭제 요구사항의 확인에 필요한 증거자료를 제출하게 할 수 있다.
⑥ 제1항·제2항 및 제4항에 따른 정정 또는 삭제 요구, 통지 방법 및 절차 등에 필요한 사항은 대통령령으로 정한다.

제37조 【개인정보의 처리정지 등】 ① 정보주체는 개인정보처리자에 대하여 자신의 개인정보 처리의 정지를 요구하거나 개인정보 처리에 대한 동의를 철회할 수 있다. 이 경우 공공기관에 대해서는 제32조에 따라 등록대상이 되는 개인정보파일 중 자신의 개인정보에 대한 처리의 정지를 요구하거나 개인정보 처리에 대한 동의를 철회할 수 있다.
② 개인정보처리자는 제1항에 따른 처리정지 요구를 받았을 때에는 지체 없이 정보주체의 요구에 따라 개인정보 처리의 전부를 정지하거나 일부를 정지하여야 한다. 다만, 다음 각 호의 어느 하나에 해당하는 경우에는 정보주체의 처리정지 요구를 거절할 수 있다.
1. 법률에 특별한 규정이 있거나 법령상 의무를 준수하기 위하여 불가피한 경우
2. 다른 사람의 생명·신체를 해할 우려가 있거나 다른 사람의 재산과 그 밖의 이익을 부당하게 침해할 우려가 있는 경우
3. 공공기관이 개인정보를 처리하지 아니하면 다른 법률에서 정하는 소관 업무를 수행할 수 없는 경우
4. 개인정보를 처리하지 아니하면 정보주체와 약정한 서비스를 제공하지 못하는 등 계약의 이행이 곤란한 경우로서 정보주체가 그 계약의 해지 의사를 명확하게 밝히지 아니한 경우
③ 개인정보처리자는 정보주체가 제1항에 따라 동의를 철회한 때에는 지체 없이 수집된 개인정보를 복구·재생할 수 없도록 파기하는 등 필요한 조치를 하여야 한다. 다만, 제2항 각 호의 어느 하나에 해당하는 경우에는 동의 철회에 따른 조치를 하지 아니할 수 있다.
④ 개인정보처리자는 제2항 단서에 따라 처리정지 요구를 거절하거나 제3항 단서에 따라 동의 철회에 따른 조치를 하지 아니하였을 때에는 정보주체에게 지체 없이 그 사유를 알려야 한다.
⑤ 개인정보처리자는 정보주체의 요구에 따라 처리가 정지된 개인정보에 대하여 지체 없이 해당 개인정보의 파기 등 필요한 조치를 하여야 한다.
⑥ 제1항부터 제5항까지의 규정에 따른 처리정지의 요구, 동의 철회, 처리정지의 거절, 통지 등의 방법 및 절차에 필요한 사항은 대통령령으로 정한다.

제37조의2 【자동화된 결정에 대한 정보주체의 권리 등】 ① 정보주체는 완전히 자동화된 시스템(인공지능 기술을 적용한 시스템을 포함한다)으로 개인정보를 처리하여 이루어지는 결정(「행정기본법」 제20조에 따른 행정청의 자동적 처분은 제외하며, 이하 이 조에서 "자동화된 결정"이라 한다)이 자신의 권리 또는 의무에 중대한 영향을 미치는 경우에는 해당 개인정보처리자에 대하여 해당 결정을 거부할 수 있는 권리를 가진다. 다만, 자동화된 결정이 제15조 제1항 제1호·제2호 및 제4호에 따라 이루어지는 경우에는 그러하지 아니하다.

② 정보주체는 개인정보처리자가 자동화된 결정을 한 경우에는 그 결정에 대하여 설명 등을 요구할 수 있다.
③ 개인정보처리자는 제1항 또는 제2항에 따라 정보주체가 자동화된 결정을 거부하거나 이에 대한 설명 등을 요구한 경우에는 정당한 사유가 없는 한 자동화된 결정을 적용하지 아니하거나 인적 개입에 의한 재처리·설명 등 필요한 조치를 하여야 한다.
④ 개인정보처리자는 자동화된 결정의 기준과 절차, 개인정보가 처리되는 방식 등을 정보주체가 쉽게 확인할 수 있도록 공개하여야 한다.
⑤ 제1항부터 제4항까지에서 규정한 사항 외에 자동화된 결정의 거부·설명 등을 요구하는 절차 및 방법, 거부·설명 등의 요구에 따른 필요한 조치, 자동화된 결정의 기준·절차 및 개인정보가 처리되는 방식의 공개 등에 필요한 사항은 대통령령으로 정한다.

제38조【권리행사의 방법 및 절차】① 정보주체는 제35조에 따른 열람, 제35조의2에 따른 전송, 제36조에 따른 정정·삭제, 제37조에 따른 처리정지 및 동의 철회, 제37조의2에 따른 거부·설명 등의 요구(이하 "열람등요구"라 한다)를 문서 등 대통령령으로 정하는 방법·절차에 따라 대리인에게 하게 할 수 있다.
② 만 14세 미만 아동의 법정대리인은 개인정보처리자에게 그 아동의 개인정보 열람등요구를 할 수 있다.
③ 개인정보처리자는 열람등요구를 하는 자에게 대통령령으로 정하는 바에 따라 수수료와 우송료(사본의 우송을 청구하는 경우에 한한다)를 청구할 수 있다. 다만, 제35조의2 제2항에 따른 전송 요구의 경우에는 전송을 위해 추가로 필요한 설비 등을 함께 고려하여 수수료를 산정할 수 있다.
④ 개인정보처리자는 정보주체가 열람등요구를 할 수 있는 구체적인 방법과 절차를 마련하고, 이를 정보주체가 알 수 있도록 공개하여야 한다. 이 경우 열람등요구의 방법과 절차는 해당 개인정보의 수집 방법과 절차보다 어렵지 아니하도록 하여야 한다.
⑤ 개인정보처리자는 정보주체가 열람등요구에 대한 거절 등 조치에 대하여 불복이 있는 경우 이의를 제기할 수 있도록 필요한 절차를 마련하고 안내하여야 한다.

제39조【손해배상책임】① 정보주체는 개인정보처리자가 이 법을 위반한 행위로 손해를 입으면 개인정보처리자에게 손해배상을 청구할 수 있다. 이 경우 그 개인정보처리자는 고의 또는 과실이 없음을 입증하지 아니하면 책임을 면할 수 없다.
② 삭제

③ 개인정보처리자의 고의 또는 중대한 과실로 인하여 개인정보가 분실ㆍ도난ㆍ유출ㆍ위조ㆍ변조 또는 훼손된 경우로서 정보주체에게 손해가 발생한 때에는 법원은 그 손해액의 5배를 넘지 아니하는 범위에서 손해배상액을 정할 수 있다. 다만, 개인정보처리자가 고의 또는 중대한 과실이 없음을 증명한 경우에는 그러하지 아니하다.
④ 법원은 제3항의 배상액을 정할 때에는 다음 각 호의 사항을 고려하여야 한다.
1. 고의 또는 손해 발생의 우려를 인식한 정도
2. 위반행위로 인하여 입은 피해 규모
3. 위법행위로 인하여 개인정보처리자가 취득한 경제적 이익
4. 위반행위에 따른 벌금 및 과징금
5. 위반행위의 기간ㆍ횟수 등
6. 개인정보처리자의 재산상태
7. 개인정보처리자가 정보주체의 개인정보 분실ㆍ도난ㆍ유출 후 해당 개인정보를 회수하기 위하여 노력한 정도
8. 개인정보처리자가 정보주체의 피해구제를 위하여 노력한 정도

제39조의2【법정손해배상의 청구】① 제39조 제1항에도 불구하고 정보주체는 개인정보처리자의 고의 또는 과실로 인하여 개인정보가 분실ㆍ도난ㆍ유출ㆍ위조ㆍ변조 또는 훼손된 경우에는 300만 원 이하의 범위에서 상당한 금액을 손해액으로 하여 배상을 청구할 수 있다. 이 경우 해당 개인정보처리자는 고의 또는 과실이 없음을 입증하지 아니하면 책임을 면할 수 없다.
② 법원은 제1항에 따른 청구가 있는 경우에 변론 전체의 취지와 증거조사의 결과를 고려하여 제1항의 범위에서 상당한 손해액을 인정할 수 있다.
③ 제39조에 따라 손해배상을 청구한 정보주체는 사실심(事實審)의 변론이 종결되기 전까지 그 청구를 제1항에 따른 청구로 변경할 수 있다.

제6장 삭제

제39조의3【자료의 제출】① 법원은 이 법을 위반한 행위로 인한 손해배상청구소송에서 당사자의 신청에 따라 상대방 당사자에게 해당 손해의 증명 또는 손해액의 산정에 필요한 자료의 제출을 명할 수 있다. 다만, 제출명령을 받은 자가 그 자료의 제출을 거부할 정당한 이유가 있으면 그러하지 아니하다.
② 법원은 제1항에 따른 제출명령을 받은 자가 그 자료의 제출을 거부할 정당한 이유가 있다고 주장하는 경우에는 그 주장의 당부(當否)를 판단하기 위하여 자료의 제시를 명할 수 있다. 이 경우 법원은 그 자료를 다른 사람이 보게 하여서는 아니 된다.

③ 제1항에 따라 제출되어야 할 자료가 「부정경쟁방지 및 영업비밀보호에 관한 법률」 제2조 제2호에 따른 영업비밀(이하 "영업비밀"이라 한다)에 해당하나 손해의 증명 또는 손해액의 산정에 반드시 필요한 경우에는 제1항 단서에 따른 정당한 이유로 보지 아니한다. 이 경우 법원은 제출명령의 목적 내에서 열람할 수 있는 범위 또는 열람할 수 있는 사람을 지정하여야 한다.
④ 법원은 제1항에 따른 제출명령을 받은 자가 정당한 이유 없이 그 명령에 따르지 아니한 경우에는 자료의 기재에 대한 신청인의 주장을 진실한 것으로 인정할 수 있다.
⑤ 법원은 제4항에 해당하는 경우 신청인이 자료의 기재에 관하여 구체적으로 주장하기에 현저히 곤란한 사정이 있고 자료로 증명할 사실을 다른 증거로 증명하는 것을 기대하기도 어려운 경우에는 신청인이 자료의 기재로 증명하려는 사실에 관한 주장을 진실한 것으로 인정할 수 있다.

제39조의4【비밀유지명령】 ① 법원은 이 법을 위반한 행위로 인한 손해배상청구소송에서 당사자의 신청에 따른 결정으로 다음 각 호의 자에게 그 당사자가 보유한 영업비밀을 해당 소송의 계속적인 수행 외의 목적으로 사용하거나 그 영업비밀에 관계된 이 항에 따른 명령을 받은 자 외의 자에게 공개하지 아니할 것을 명할 수 있다. 다만, 그 신청 시점까지 다음 각 호의 자가 준비서면의 열람이나 증거조사 외의 방법으로 그 영업비밀을 이미 취득하고 있는 경우에는 그러하지 아니하다.
1. 다른 당사자(법인인 경우에는 그 대표자를 말한다)
2. 당사자를 위하여 해당 소송을 대리하는 자
3. 그 밖에 해당 소송으로 영업비밀을 알게 된 자

② 제1항에 따른 명령(이하 "비밀유지명령"이라 한다)을 신청하는 자는 다음 각 호의 사유를 모두 소명하여야 한다.
1. 이미 제출하였거나 제출하여야 할 준비서면, 이미 조사하였거나 조사하여야 할 증거 또는 제39조의3 제1항에 따라 제출하였거나 제출하여야 할 자료에 영업비밀이 포함되어 있다는 것
2. 제1호의 영업비밀이 해당 소송 수행 외의 목적으로 사용되거나 공개되면 당사자의 영업에 지장을 줄 우려가 있어 이를 방지하기 위하여 영업비밀의 사용 또는 공개를 제한할 필요가 있다는 것

③ 비밀유지명령의 신청은 다음 각 호의 사항을 적은 서면으로 하여야 한다.
1. 비밀유지명령을 받을 자
2. 비밀유지명령의 대상이 될 영업비밀을 특정하기에 충분한 사실
3. 제2항 각 호의 사유에 해당하는 사실

④ 법원은 비밀유지명령이 결정된 경우에는 그 결정서를 비밀유지명령을 받을 자에게 송달하여야 한다.

⑤ 비밀유지명령은 제4항의 결정서가 비밀유지명령을 받을 자에게 송달된 때부터 효력이 발생한다.
⑥ 비밀유지명령의 신청을 기각하거나 각하한 재판에 대해서는 즉시항고를 할 수 있다.

제39조의5 【비밀유지명령의 취소】 ① 비밀유지명령을 신청한 자 또는 비밀유지명령을 받은 자는 제39조의4 제2항 각 호의 사유에 부합하지 아니하는 사실이나 사정이 있는 경우 소송기록을 보관하고 있는 법원(소송기록을 보관하고 있는 법원이 없는 경우에는 비밀유지명령을 내린 법원을 말한다)에 비밀유지명령의 취소를 신청할 수 있다.
② 법원은 비밀유지명령의 취소신청에 대한 재판이 있는 경우에는 그 결정서를 그 신청을 한 자 및 상대방에게 송달하여야 한다.
③ 비밀유지명령의 취소신청에 대한 재판에 대해서는 즉시항고를 할 수 있다.
④ 비밀유지명령을 취소하는 재판은 확정되어야 효력이 발생한다.
⑤ 비밀유지명령을 취소하는 재판을 한 법원은 비밀유지명령의 취소신청을 한 자 또는 상대방 외에 해당 영업비밀에 관한 비밀유지명령을 받은 자가 있는 경우에는 그 자에게 즉시 비밀유지명령의 취소 재판을 한 사실을 알려야 한다.

제39조의6 【소송기록 열람 등의 청구 통지 등】 ① 비밀유지명령이 내려진 소송(모든 비밀유지명령이 취소된 소송은 제외한다)에 관한 소송기록에 대하여 「민사소송법」 제163조 제1항에 따라 열람 등의 신청인을 당사자로 제한하는 결정이 있었던 경우로서 당사자가 같은 항에서 규정하는 비밀 기재부분의 열람 등의 청구를 하였으나 그 청구 절차를 해당 소송에서 비밀유지명령을 받지 아니한 자가 밟은 경우에는 법원서기관, 법원사무관, 법원주사 또는 법원주사보(이하 이 조에서 "법원사무관등"이라 한다)는 같은 항의 신청을 한 당사자(그 열람 등의 청구를 한 자는 제외한다. 이하 제3항에서 같다)에게 그 청구 직후에 그 열람 등의 청구가 있었다는 사실을 알려야 한다.
② 법원사무관등은 제1항의 청구가 있었던 날부터 2주일이 지날 때까지(그 청구 절차를 밟은 자에 대한 비밀유지명령 신청이 그 기간 내에 이루어진 경우에는 그 신청에 대한 재판이 확정되는 시점까지를 말한다) 그 청구 절차를 밟은 자에게 제1항의 비밀 기재부분의 열람 등을 하게 하여서는 아니 된다.
③ 제2항은 제1항의 열람 등의 청구를 한 자에게 제1항의 비밀 기재부분의 열람 등을 하게 하는 것에 대하여 「민사소송법」 제163조 제1항의 신청을 한 당사자 모두가 동의하는 경우에는 적용되지 아니한다.

제39조의7 【손해배상의 보장】 ① 개인정보처리자로서 매출액, 개인정보의 보유 규모 등을 고려하여 대통령령으로 정하는 기준에 해당하는 자는 제39조 및 제39조의2에 따른 손해배상책임의 이행을 위하여 보험 또는 공제에 가입하거나 준비금을 적립하는 등 필요한 조치를 하여야 한다.
② 제1항에도 불구하고 다음 각 호의 어느 하나에 해당하는 자는 제1항에 따른 조치를 하지 아니할 수 있다.
1. 대통령령으로 정하는 공공기관, 비영리법인 및 단체
2. 「소상공인기본법」 제2조 제1항에 따른 소상공인으로서 대통령령으로 정하는 자에게 개인정보 처리를 위탁한 자
3. 다른 법률에 따라 제39조 및 제39조의2에 따른 손해배상책임의 이행을 보장하는 보험 또는 공제에 가입하거나 준비금을 적립한 개인정보처리자
③ 제1항 및 제2항에 따른 개인정보처리자의 손해배상책임 이행 기준 등에 필요한 사항은 대통령령으로 정한다.

제7장 개인정보 분쟁조정위원회

제40조 【설치 및 구성】 ① 개인정보에 관한 분쟁의 조정(調停)을 위하여 개인정보 분쟁조정위원회(이하 "분쟁조정위원회"라 한다)를 둔다.
② 분쟁조정위원회는 위원장 1명을 포함한 30명 이내의 위원으로 구성하며, 위원은 당연직위원과 위촉위원으로 구성한다.
③ 위촉위원은 다음 각 호의 어느 하나에 해당하는 사람 중에서 보호위원회 위원장이 위촉하고, 대통령령으로 정하는 국가기관 소속 공무원은 당연직위원이 된다.
1. 개인정보 보호업무를 관장하는 중앙행정기관의 고위공무원단에 속하는 공무원으로 재직하였던 사람 또는 이에 상당하는 공공부문 및 관련 단체의 직에 재직하고 있거나 재직하였던 사람으로서 개인정보 보호업무의 경험이 있는 사람
2. 대학이나 공인된 연구기관에서 부교수 이상 또는 이에 상당하는 직에 재직하고 있거나 재직하였던 사람
3. 판사·검사 또는 변호사로 재직하고 있거나 재직하였던 사람
4. 개인정보 보호와 관련된 시민사회단체 또는 소비자단체로부터 추천을 받은 사람
5. 개인정보처리자로 구성된 사업자단체의 임원으로 재직하고 있거나 재직하였던 사람
④ 위원장은 위원 중에서 공무원이 아닌 사람으로 보호위원회 위원장이 위촉한다.
⑤ 위원장과 위촉위원의 임기는 2년으로 하되, 1차에 한하여 연임할 수 있다.

⑥ 분쟁조정위원회는 분쟁조정 업무를 효율적으로 수행하기 위하여 필요하면 대통령령으로 정하는 바에 따라 조정사건의 분야별로 5명 이내의 위원으로 구성되는 조정부를 둘 수 있다. 이 경우 조정부가 분쟁조정위원회에서 위임받아 의결한 사항은 분쟁조정위원회에서 의결한 것으로 본다.
⑦ 분쟁조정위원회 또는 조정부는 재적위원 과반수의 출석으로 개의하며 출석위원 과반수의 찬성으로 의결한다.
⑧ 보호위원회는 분쟁조정 접수, 사실 확인 등 분쟁조정에 필요한 사무를 처리할 수 있다.
⑨ 이 법에서 정한 사항 외에 분쟁조정위원회 운영에 필요한 사항은 대통령령으로 정한다.

제41조【위원의 신분보장】위원은 자격정지 이상의 형을 선고받거나 심신상의 장애로 직무를 수행할 수 없는 경우를 제외하고는 그의 의사에 반하여 면직되거나 해촉되지 아니한다.

제42조【위원의 제척·기피·회피】① 분쟁조정위원회의 위원은 다음 각 호의 어느 하나에 해당하는 경우에는 제43조 제1항에 따라 분쟁조정위원회에 신청된 분쟁조정사건(이하 이 조에서 "사건"이라 한다)의 심의·의결에서 제척(除斥)된다.
1. 위원 또는 그 배우자나 배우자였던 자가 그 사건의 당사자가 되거나 그 사건에 관하여 공동의 권리자 또는 의무자의 관계에 있는 경우
2. 위원이 그 사건의 당사자와 친족이거나 친족이었던 경우
3. 위원이 그 사건에 관하여 증언, 감정, 법률자문을 한 경우
4. 위원이 그 사건에 관하여 당사자의 대리인으로서 관여하거나 관여하였던 경우
② 당사자는 위원에게 공정한 심의·의결을 기대하기 어려운 사정이 있으면 위원장에게 기피신청을 할 수 있다. 이 경우 위원장은 기피신청에 대하여 분쟁조정위원회의 의결을 거치지 아니하고 결정한다.
③ 위원이 제1항 또는 제2항의 사유에 해당하는 경우에는 스스로 그 사건의 심의·의결에서 회피할 수 있다.

제43조【조정의 신청 등】① 개인정보와 관련한 분쟁의 조정을 원하는 자는 분쟁조정위원회에 분쟁조정을 신청할 수 있다.
② 분쟁조정위원회는 당사자 일방으로부터 분쟁조정 신청을 받았을 때에는 그 신청내용을 상대방에게 알려야 한다.
③ 개인정보처리자가 제2항에 따른 분쟁조정의 통지를 받은 경우에는 특별한 사유가 없으면 분쟁조정에 응하여야 한다.

제44조【처리기간】① 분쟁조정위원회는 제43조 제1항에 따른 분쟁조정 신청을 받은 날부터 60일 이내에 이를 심사하여 조정안을 작성하여야 한다. 다만, 부득이한 사정이 있는 경우에는 분쟁조정위원회의 의결로 처리기간을 연장할 수 있다.
② 분쟁조정위원회는 제1항 단서에 따라 처리기간을 연장한 경우에는 기간연장의 사유와 그 밖의 기간연장에 관한 사항을 신청인에게 알려야 한다.

제45조【자료의 요청 및 사실조사 등】① 분쟁조정위원회는 제43조 제1항에 따라 분쟁조정 신청을 받았을 때에는 해당 분쟁의 조정을 위하여 필요한 자료를 분쟁당사자에게 요청할 수 있다. 이 경우 분쟁당사자는 정당한 사유가 없으면 요청에 따라야 한다.
② 분쟁조정위원회는 분쟁의 조정을 위하여 사실 확인이 필요한 경우에는 분쟁조정위원회의 위원 또는 대통령령으로 정하는 사무기구의 소속 공무원으로 하여금 사건과 관련된 장소에 출입하여 관련 자료를 조사하거나 열람하게 할 수 있다. 이 경우 분쟁당사자는 해당 조사·열람을 거부할 정당한 사유가 있을 때에는 그 사유를 소명하고 조사·열람에 따르지 아니할 수 있다.
③ 제2항에 따른 조사·열람을 하는 위원 또는 공무원은 그 권한을 표시하는 증표를 지니고 이를 관계인에게 내보여야 한다.
④ 분쟁조정위원회는 분쟁의 조정을 위하여 필요하다고 인정하면 관계 기관 등에 자료 또는 의견의 제출 등 필요한 협조를 요청할 수 있다.
⑤ 분쟁조정위원회는 필요하다고 인정하면 분쟁당사자나 참고인을 위원회에 출석하도록 하여 그 의견을 들을 수 있다.

제45조의2【진술의 원용 제한】 조정절차에서의 의견과 진술은 소송(해당 조정에 대한 준재심은 제외한다)에서 원용(援用)하지 못한다.

제46조【조정 전 합의 권고】 분쟁조정위원회는 제43조 제1항에 따라 분쟁조정 신청을 받았을 때에는 당사자에게 그 내용을 제시하고 조정 전 합의를 권고할 수 있다.

제47조【분쟁의 조정】① 분쟁조정위원회는 다음 각 호의 어느 하나의 사항을 포함하여 조정안을 작성할 수 있다.
1. 조사 대상 침해행위의 중지
2. 원상회복, 손해배상, 그 밖에 필요한 구제조치
3. 같거나 비슷한 침해의 재발을 방지하기 위하여 필요한 조치
② 분쟁조정위원회는 제1항에 따라 조정안을 작성하면 지체 없이 각 당사자에게 제시하여야 한다.
③ 제2항에 따라 조정안을 제시받은 당사자가 제시받은 날부터 15일 이내에 수락 여부를 알리지 아니하면 조정을 수락한 것으로 본다.

④ 당사자가 조정내용을 수락한 경우(제3항에 따라 수락한 것으로 보는 경우를 포함한다) 분쟁조정위원회는 조정서를 작성하고, 분쟁조정위원회의 위원장과 각 당사자가 기명날인 또는 서명을 한 후 조정서 정본을 지체 없이 각 당사자 또는 그 대리인에게 송달하여야 한다. 다만, 제3항에 따라 수락한 것으로 보는 경우에는 각 당사자의 기명날인 및 서명을 생략할 수 있다.
⑤ 제4항에 따른 조정의 내용은 재판상 화해와 동일한 효력을 갖는다.

제48조【조정의 거부 및 중지】 ① 분쟁조정위원회는 분쟁의 성질상 분쟁조정위원회에서 조정하는 것이 적합하지 아니하다고 인정하거나 부정한 목적으로 조정이 신청되었다고 인정하는 경우에는 그 조정을 거부할 수 있다. 이 경우 조정거부의 사유 등을 신청인에게 알려야 한다.
② 분쟁조정위원회는 신청된 조정사건에 대한 처리절차를 진행하던 중에 한 쪽 당사자가 소를 제기하면 그 조정의 처리를 중지하고 이를 당사자에게 알려야 한다.

제49조【집단분쟁조정】 ① 국가 및 지방자치단체, 개인정보 보호단체 및 기관, 정보주체, 개인정보처리자는 정보주체의 피해 또는 권리침해가 다수의 정보주체에게 같거나 비슷한 유형으로 발생하는 경우로서 대통령령으로 정하는 사건에 대하여는 분쟁조정위원회에 일괄적인 분쟁조정(이하 "집단분쟁조정"이라 한다)을 의뢰 또는 신청할 수 있다.
② 제1항에 따라 집단분쟁조정을 의뢰받거나 신청받은 분쟁조정위원회는 그 의결로써 제3항부터 제7항까지의 규정에 따른 집단분쟁조정의 절차를 개시할 수 있다. 이 경우 분쟁조정위원회는 대통령령으로 정하는 기간 동안 그 절차의 개시를 공고하여야 한다.
③ 분쟁조정위원회는 집단분쟁조정의 당사자가 아닌 정보주체 또는 개인정보처리자로부터 그 분쟁조정의 당사자에 추가로 포함될 수 있도록 하는 신청을 받을 수 있다.
④ 분쟁조정위원회는 그 의결로써 제1항 및 제3항에 따른 집단분쟁조정의 당사자 중에서 공동의 이익을 대표하기에 가장 적합한 1인 또는 수인을 대표당사자로 선임할 수 있다.
⑤ 분쟁조정위원회는 개인정보처리자가 분쟁조정위원회의 집단분쟁조정의 내용을 수락한 경우에는 집단분쟁조정의 당사자가 아닌 자로서 피해를 입은 정보주체에 대한 보상계획서를 작성하여 분쟁조정위원회에 제출하도록 권고할 수 있다.
⑥ 제48조 제2항에도 불구하고 분쟁조정위원회는 집단분쟁조정의 당사자인 다수의 정보주체 중 일부의 정보주체가 법원에 소를 제기한 경우에는 그 절차를 중지하지 아니하고, 소를 제기한 일부의 정보주체를 그 절차에서 제외한다.

> 2024년 제12회 약술형 집단분쟁조정 실시요건, 위원회 처리절차

⑦ 집단분쟁조정의 기간은 제2항에 따른 공고가 종료된 날의 다음 날부터 60일 이내로 한다. 다만, 부득이한 사정이 있는 경우에는 분쟁조정위원회의 의결로 처리기간을 연장할 수 있다.
⑧ 집단분쟁조정의 절차 등에 관하여 필요한 사항은 대통령령으로 정한다.

제50조【조정절차 등】 ① 제43조부터 제49조까지의 규정에서 정한 것 외에 분쟁의 조정방법, 조정절차 및 조정업무의 처리 등에 필요한 사항은 대통령령으로 정한다.
② 분쟁조정위원회의 운영 및 분쟁조정 절차에 관하여 이 법에서 규정하지 아니한 사항에 대하여는 「민사조정법」을 준용한다.

제50조의2【개선의견의 통보】 분쟁조정위원회는 소관 업무 수행과 관련하여 개인정보 보호 및 정보주체의 권리 보호를 위한 개선의견을 보호위원회 및 관계 중앙행정기관의 장에게 통보할 수 있다.

제8장 개인정보 단체소송

제51조【단체소송의 대상 등】 다음 각 호의 어느 하나에 해당하는 단체는 개인정보처리자가 제49조에 따른 집단분쟁조정을 거부하거나 집단분쟁조정의 결과를 수락하지 아니한 경우에는 법원에 권리침해 행위의 금지·중지를 구하는 소송(이하 "단체소송"이라 한다)을 제기할 수 있다.
1. 「소비자기본법」 제29조에 따라 공정거래위원회에 등록한 소비자단체로서 다음 각 목의 요건을 모두 갖춘 단체
   가. 정관에 따라 상시적으로 정보주체의 권익증진을 주된 목적으로 하는 단체일 것
   나. 단체의 정회원수가 1천 명 이상일 것
   다. 「소비자기본법」 제29조에 따른 등록 후 3년이 경과하였을 것
2. 「비영리민간단체 지원법」 제2조에 따른 비영리민간단체로서 다음 각 목의 요건을 모두 갖춘 단체
   가. 법률상 또는 사실상 동일한 침해를 입은 100명 이상의 정보주체로부터 단체소송의 제기를 요청받을 것
   나. 정관에 개인정보 보호를 단체의 목적으로 명시한 후 최근 3년 이상 이를 위한 활동실적이 있을 것
   다. 단체의 상시 구성원수가 5천 명 이상일 것
   라. 중앙행정기관에 등록되어 있을 것

제52조【전속관할】 ① 단체소송의 소는 피고의 주된 사무소 또는 영업소가 있는 곳, 주된 사무소나 영업소가 없는 경우에는 주된 업무담당자의 주소가 있는 곳의 지방법원 본원 합의부의 관할에 전속한다.

② 제1항을 외국사업자에 적용하는 경우 대한민국에 있는 이들의 주된 사무소·영업소 또는 업무담당자의 주소에 따라 정한다.

제53조【소송대리인의 선임】 단체소송의 원고는 변호사를 소송대리인으로 선임하여야 한다.

제54조【소송허가신청】 ① 단체소송을 제기하는 단체는 소장과 함께 다음 각 호의 사항을 기재한 소송허가신청서를 법원에 제출하여야 한다.
1. 원고 및 그 소송대리인
2. 피고
3. 정보주체의 침해된 권리의 내용

② 제1항에 따른 소송허가신청서에는 다음 각 호의 자료를 첨부하여야 한다.
1. 소제기단체가 제51조 각 호의 어느 하나에 해당하는 요건을 갖추고 있음을 소명하는 자료
2. 개인정보처리자가 조정을 거부하였거나 조정결과를 수락하지 아니하였음을 증명하는 서류

제55조【소송허가요건 등】 ① 법원은 다음 각 호의 요건을 모두 갖춘 경우에 한하여 결정으로 단체소송을 허가한다.
1. 개인정보처리자가 분쟁조정위원회의 조정을 거부하거나 조정결과를 수락하지 아니하였을 것
2. 제54조에 따른 소송허가신청서의 기재사항에 흠결이 없을 것

② 단체소송을 허가하거나 불허가하는 결정에 대하여는 즉시항고할 수 있다.

제56조【확정판결의 효력】 원고의 청구를 기각하는 판결이 확정된 경우 이와 동일한 사안에 관하여는 제51조에 따른 다른 단체는 단체소송을 제기할 수 없다. 다만, 다음 각 호의 어느 하나에 해당하는 경우에는 그러하지 아니하다.
1. 판결이 확정된 후 그 사안과 관련하여 국가·지방자치단체 또는 국가·지방자치단체가 설립한 기관에 의하여 새로운 증거가 나타난 경우
2. 기각판결이 원고의 고의로 인한 것임이 밝혀진 경우

제57조【「민사소송법」의 적용 등】 ① 단체소송에 관하여 이 법에 특별한 규정이 없는 경우에는 「민사소송법」을 적용한다.
② 제55조에 따른 단체소송의 허가결정이 있는 경우에는 「민사집행법」 제4편에 따른 보전처분을 할 수 있다.
③ 단체소송의 절차에 관하여 필요한 사항은 대법원규칙으로 정한다.

제9장 보칙

제58조【적용의 일부 제외】 ① 다음 각 호의 어느 하나에 해당하는 개인정보에 관하여는 제3장부터 제8장까지를 적용하지 아니한다.
1. 삭제
2. 국가안전보장과 관련된 정보 분석을 목적으로 수집 또는 제공 요청되는 개인정보
3. 삭제
4. 언론, 종교단체, 정당이 각각 취재·보도, 선교, 선거 입후보자 추천 등 고유 목적을 달성하기 위하여 수집·이용하는 개인정보

② 제25조 제1항 각 호에 따라 공개된 장소에 고정형 영상정보처리기기를 설치·운영하여 처리되는 개인정보에 대해서는 제15조, 제22조, 제22조의2, 제27조 제1항·제2항, 제34조 및 제37조를 적용하지 아니한다.

③ 개인정보처리자가 동창회, 동호회 등 친목 도모를 위한 단체를 운영하기 위하여 개인정보를 처리하는 경우에는 제15조, 제30조 및 제31조를 적용하지 아니한다.

④ 개인정보처리자는 제1항 각 호에 따라 개인정보를 처리하는 경우에도 그 목적을 위하여 필요한 범위에서 최소한의 기간에 최소한의 개인정보만을 처리하여야 하며, 개인정보의 안전한 관리를 위하여 필요한 기술적·관리적 및 물리적 보호조치, 개인정보의 처리에 관한 고충처리, 그 밖에 개인정보의 적절한 처리를 위하여 필요한 조치를 마련하여야 한다.

제58조의2【적용제외】 이 법은 시간·비용·기술 등을 합리적으로 고려할 때 다른 정보를 사용하여도 더 이상 개인을 알아볼 수 없는 정보에는 적용하지 아니한다.

제59조【금지행위】 개인정보를 처리하거나 처리하였던 자는 다음 각 호의 어느 하나에 해당하는 행위를 하여서는 아니 된다.
1. 거짓이나 그 밖의 부정한 수단이나 방법으로 개인정보를 취득하거나 처리에 관한 동의를 받는 행위
2. 업무상 알게 된 개인정보를 누설하거나 권한 없이 다른 사람이 이용하도록 제공하는 행위
3. 정당한 권한 없이 또는 허용된 권한을 초과하여 다른 사람의 개인정보를 이용, 훼손, 멸실, 변경, 위조 또는 유출하는 행위

제60조【비밀유지 등】 다음 각 호의 업무에 종사하거나 종사하였던 자는 직무상 알게 된 비밀을 다른 사람에게 누설하거나 직무상 목적 외의 용도로 이용하여서는 아니 된다. 다만, 다른 법률에 특별한 규정이 있는 경우에는 그러하지 아니하다.

1. 제7조의8 및 제7조의9에 따른 보호위원회의 업무
2. 제28조의3에 따른 전문기관의 지정 업무 및 전문기관의 업무
3. 제32조의2에 따른 개인정보 보호 인증 업무
4. 제33조에 따른 영향평가 업무
5. 제35조의3에 따른 개인정보관리 전문기관의 지정 업무 및 개인정보관리 전문기관의 업무
6. 제40조에 따른 분쟁조정위원회의 분쟁조정 업무

제61조【의견제시 및 개선권고】① 보호위원회는 개인정보 보호에 영향을 미치는 내용이 포함된 법령이나 조례에 대하여 필요하다고 인정하면 심의·의결을 거쳐 관계 기관에 의견을 제시할 수 있다.
② 보호위원회는 개인정보 보호를 위하여 필요하다고 인정하면 개인정보처리자에게 개인정보 처리 실태의 개선을 권고할 수 있다. 이 경우 권고를 받은 개인정보처리자는 이를 이행하기 위하여 성실하게 노력하여야 하며, 그 조치 결과를 보호위원회에 알려야 한다.
③ 관계 중앙행정기관의 장은 개인정보 보호를 위하여 필요하다고 인정하면 소관 법률에 따라 개인정보처리자에게 개인정보 처리 실태의 개선을 권고할 수 있다. 이 경우 권고를 받은 개인정보처리자는 이를 이행하기 위하여 성실하게 노력하여야 하며, 그 조치 결과를 관계 중앙행정기관의 장에게 알려야 한다.
④ 중앙행정기관, 지방자치단체, 국회, 법원, 헌법재판소, 중앙선거관리위원회는 그 소속 기관 및 소관 공공기관에 대하여 개인정보 보호에 관한 의견을 제시하거나 지도·점검을 할 수 있다.

제62조【침해 사실의 신고 등】① 개인정보처리자가 개인정보를 처리할 때 개인정보에 관한 권리 또는 이익을 침해받은 사람은 보호위원회에 그 침해 사실을 신고할 수 있다.
② 보호위원회는 제1항에 따른 신고의 접수·처리 등에 관한 업무를 효율적으로 수행하기 위하여 대통령령으로 정하는 바에 따라 전문기관을 지정할 수 있다. 이 경우 전문기관은 개인정보침해 신고센터(이하 "신고센터"라 한다)를 설치·운영하여야 한다.
③ 신고센터는 다음 각 호의 업무를 수행한다.
1. 개인정보 처리와 관련한 신고의 접수·상담
2. 사실의 조사·확인 및 관계자의 의견 청취
3. 제1호 및 제2호에 따른 업무에 딸린 업무
④ 보호위원회는 제3항 제2호의 사실 조사·확인 등의 업무를 효율적으로 하기 위하여 필요하면 「국가공무원법」 제32조의4에 따라 소속 공무원을 제2항에 따른 전문기관에 파견할 수 있다.

제63조【자료제출 요구 및 검사】 ① 보호위원회는 다음 각 호의 어느 하나에 해당하는 경우에는 개인정보처리자에게 관계 물품·서류 등 자료를 제출하게 할 수 있다.
1. 이 법을 위반하는 사항을 발견하거나 혐의가 있음을 알게 된 경우
2. 이 법 위반에 대한 신고를 받거나 민원이 접수된 경우
3. 그 밖에 정보주체의 개인정보 보호를 위하여 필요한 경우로서 대통령령으로 정하는 경우

② 보호위원회는 개인정보처리자가 제1항에 따른 자료를 제출하지 아니하거나 이 법을 위반한 사실이 있다고 인정되면 소속 공무원으로 하여금 개인정보처리자 및 해당 법 위반사실과 관련한 관계인의 사무소나 사업장에 출입하여 업무 상황, 장부 또는 서류 등을 검사하게 할 수 있다. 이 경우 검사를 하는 공무원은 그 권한을 나타내는 증표를 지니고 이를 관계인에게 내보여야 한다.

③ 보호위원회는 이 법 등 개인정보 보호와 관련된 법규의 위반행위로 인하여 중대한 개인정보 침해사고가 발생한 경우 신속하고 효과적인 대응을 위하여 다음 각 호의 어느 하나에 해당하는 관계 기관의 장에게 협조를 요청할 수 있다.
1. 중앙행정기관
2. 지방자치단체
3. 그 밖에 법령 또는 자치법규에 따라 행정권한을 가지고 있거나 위임 또는 위탁받은 공공기관

④ 제3항에 따라 협조를 요청받은 관계 기관의 장은 특별한 사정이 없으면 이에 따라야 한다.

⑤ 제1항 및 제2항에 따른 자료제출 요구, 검사 절차 및 방법 등에 관하여 필요한 사항은 보호위원회가 정하여 고시할 수 있다.

⑥ 보호위원회는 제1항 및 제2항에 따라 제출받거나 수집한 서류·자료 등을 이 법에 따른 경우를 제외하고는 제3자에게 제공하거나 일반에 공개해서는 아니 된다.

⑦ 보호위원회는 정보통신망을 통하여 자료의 제출 등을 받은 경우나 수집한 자료 등을 전자화한 경우에는 개인정보·영업비밀 등이 유출되지 아니하도록 제도적·기술적 보완조치를 하여야 한다.

제63조의2【사전 실태점검】 ① 보호위원회는 제63조 제1항 각 호에 해당하지 아니하는 경우로서 개인정보 침해사고 발생의 위험성이 높고 개인정보 보호의 취약점을 사전에 점검할 필요성이 인정되는 개인정보처리자에 대하여 개인정보 보호실태를 점검할 수 있다.

② 보호위원회는 제1항에 따른 실태점검을 실시하여 이 법을 위반하는 사항을 발견한 경우 해당 개인정보처리자에 대하여 시정방안을 정하여 이에 따를 것을 권고할 수 있다.
③ 제2항에 따른 시정권고를 받은 개인정보처리자는 이를 통보받은 날부터 10일 이내에 해당 권고를 수락하는지 여부에 관하여 보호위원회에 통지하여야 하며, 그 이행 결과를 보호위원회가 고시로 정하는 바에 따라 보호위원회에 알려야 한다.
④ 제2항에 따른 시정권고를 받은 자가 해당 권고를 수락한 때에는 제64조 제1항에 따른 시정조치 명령(중앙행정기관, 지방자치단체, 국회, 법원, 헌법재판소, 중앙선거관리위원회의 경우에는 제64조 제3항에 따른 권고를 말한다)을 받은 것으로 본다.
⑤ 보호위원회는 제2항에 따른 시정권고를 받은 자가 해당 권고를 수락하지 아니하거나 이행하지 아니한 경우 제63조 제2항에 따른 검사를 할 수 있다.
⑥ 보호위원회는 관계 중앙행정기관의 장과 합동으로 제1항에 따른 개인정보 보호실태를 점검할 수 있다.

제64조 【시정조치 등】 ① 보호위원회는 이 법을 위반한 자(중앙행정기관, 지방자치단체, 국회, 법원, 헌법재판소, 중앙선거관리위원회는 제외한다)에 대하여 다음 각 호에 해당하는 조치를 명할 수 있다.
1. 개인정보 침해행위의 중지
2. 개인정보 처리의 일시적인 정지
3. 그 밖에 개인정보의 보호 및 침해 방지를 위하여 필요한 조치
② 지방자치단체, 국회, 법원, 헌법재판소, 중앙선거관리위원회는 그 소속 기관 및 소관 공공기관이 이 법을 위반하였을 때에는 제1항 각 호에 해당하는 조치를 명할 수 있다.
③ 보호위원회는 중앙행정기관, 지방자치단체, 국회, 법원, 헌법재판소, 중앙선거관리위원회가 이 법을 위반하였을 때에는 해당 기관의 장에게 제1항 각 호에 해당하는 조치를 하도록 권고할 수 있다. 이 경우 권고를 받은 기관은 특별한 사유가 없으면 이를 존중하여야 한다.

제64조의2 【과징금의 부과】 ① 보호위원회는 다음 각 호의 어느 하나에 해당하는 경우에는 해당 개인정보처리자에게 전체 매출액의 100분의 3을 초과하지 아니하는 범위에서 과징금을 부과할 수 있다. 다만, 매출액이 없거나 매출액의 산정이 곤란한 경우로서 대통령령으로 정하는 경우에는 20억 원을 초과하지 아니하는 범위에서 과징금을 부과할 수 있다.
1. 제15조 제1항, 제17조 제1항, 제18조 제1항·제2항(제26조 제8항에 따라 준용되는 경우를 포함한다) 또는 제19조를 위반하여 개인정보를 처리한 경우

2. 제22조의2 제1항(제26조 제8항에 따라 준용되는 경우를 포함한다)을 위반하여 법정대리인의 동의를 받지 아니하고 만 14세 미만인 아동의 개인정보를 처리한 경우
3. 제23조 제1항 제1호(제26조 제8항에 따라 준용되는 경우를 포함한다)를 위반하여 정보주체의 동의를 받지 아니하고 민감정보를 처리한 경우
4. 제24조 제1항·제24조의2 제1항(제26조 제8항에 따라 준용되는 경우를 포함한다)을 위반하여 고유식별정보 또는 주민등록번호를 처리한 경우
5. 제26조 제4항에 따른 관리·감독 또는 교육을 소홀히 하여 수탁자가 이 법의 규정을 위반한 경우
6. 제28조의5 제1항(제26조 제8항에 따라 준용되는 경우를 포함한다)을 위반하여 특정 개인을 알아보기 위한 목적으로 정보를 처리한 경우
7. 제28조의8 제1항(제26조 제8항 및 제28조의11에 따라 준용되는 경우를 포함한다)을 위반하여 개인정보를 국외로 이전한 경우
8. 제28조의9 제1항(제26조 제8항 및 제28조의11에 따라 준용되는 경우를 포함한다)을 위반하여 국외 이전 중지 명령을 따르지 아니한 경우
9. 개인정보처리자가 처리하는 개인정보가 분실·도난·유출·위조·변조·훼손된 경우. 다만, 개인정보가 분실·도난·유출·위조·변조·훼손되지 아니하도록 개인정보처리자가 제29조(제26조 제8항에 따라 준용되는 경우를 포함한다)에 따른 안전성 확보에 필요한 조치를 다한 경우에는 그러하지 아니하다.

② 보호위원회는 제1항에 따른 과징금을 부과하려는 경우 전체 매출액에서 위반행위와 관련이 없는 매출액을 제외한 매출액을 기준으로 과징금을 산정한다.

③ 보호위원회는 제1항에 따른 과징금을 부과하려는 경우 개인정보처리자가 정당한 사유 없이 매출액 산정자료의 제출을 거부하거나 거짓의 자료를 제출한 경우에는 해당 개인정보처리자의 전체 매출액을 기준으로 산정하되 해당 개인정보처리자 및 비슷한 규모의 개인정보처리자의 개인정보 보유 규모, 재무제표 등 회계자료, 상품·용역의 가격 등 영업현황 자료에 근거하여 매출액을 추정할 수 있다.

④ 보호위원회는 제1항에 따른 과징금을 부과하는 경우에는 위반행위에 상응하는 비례성과 침해 예방에 대한 효과성이 확보될 수 있도록 다음 각호의 사항을 고려하여야 한다.
1. 위반행위의 내용 및 정도
2. 위반행위의 기간 및 횟수
3. 위반행위로 인하여 취득한 이익의 규모
4. 암호화 등 안전성 확보 조치 이행 노력

5. 개인정보가 분실·도난·유출·위조·변조·훼손된 경우 위반행위와의 관련성 및 분실·도난·유출·위조·변조·훼손의 규모
6. 위반행위로 인한 피해의 회복 및 피해 확산 방지 조치의 이행 여부
7. 개인정보처리자의 업무 형태 및 규모
8. 개인정보처리자가 처리하는 개인정보의 유형과 정보주체에게 미치는 영향
9. 위반행위로 인한 정보주체의 피해 규모
10. 개인정보 보호 인증, 자율적인 보호 활동 등 개인정보 보호를 위한 노력
11. 보호위원회와의 협조 등 위반행위를 시정하기 위한 조치 여부

⑤ 보호위원회는 다음 각 호의 어느 하나에 해당하는 사유가 있는 경우에는 과징금을 부과하지 아니할 수 있다.
1. 지급불능·지급정지 또는 자본잠식 등의 사유로 객관적으로 과징금을 낼 능력이 없다고 인정되는 경우
2. 본인의 행위가 위법하지 아니한 것으로 잘못 인식할 만한 정당한 사유가 있는 경우
3. 위반행위의 내용·정도가 경미하거나 산정된 과징금이 소액인 경우
4. 그 밖에 정보주체에게 피해가 발생하지 아니하였거나 경미한 경우로서 대통령령으로 정하는 사유가 있는 경우

⑥ 제1항에 따른 과징금은 제2항부터 제5항까지를 고려하여 산정하되, 구체적인 산정기준과 산정절차는 대통령령으로 정한다.

⑦ 보호위원회는 제1항에 따른 과징금을 내야 할 자가 납부기한까지 이를 내지 아니하면 납부기한의 다음 날부터 내지 아니한 과징금의 연 100분의 6에 해당하는 가산금을 징수한다. 이 경우 가산금을 징수하는 기간은 60개월을 초과하지 못한다.

⑧ 보호위원회는 제1항에 따른 과징금을 내야 할 자가 납부기한까지 내지 아니한 경우에는 기간을 정하여 독촉하고, 독촉으로 지정한 기간 내에 과징금과 제7항에 따른 가산금을 내지 아니하면 국세강제징수의 예에 따라 징수한다.

⑨ 보호위원회는 법원의 판결 등의 사유로 제1항에 따라 부과된 과징금을 환급하는 경우에는 과징금을 낸 날부터 환급하는 날까지의 기간에 대하여 금융회사 등의 예금이자율 등을 고려하여 대통령령으로 정하는 이자율을 적용하여 계산한 환급가산금을 지급하여야 한다.

⑩ 보호위원회는 제9항에도 불구하고 법원의 판결에 따라 과징금 부과처분이 취소되어 그 판결이유에 따라 새로운 과징금을 부과하는 경우에는 당초 납부한 과징금에서 새로 부과하기로 결정한 과징금을 공제한 나머지 금액에 대해서만 환급가산금을 계산하여 지급한다.

제65조【고발 및 징계권고】① 보호위원회는 개인정보처리자에게 이 법 등 개인정보 보호와 관련된 법규의 위반에 따른 범죄혐의가 있다고 인정될 만한 상당한 이유가 있을 때에는 관할 수사기관에 그 내용을 고발할 수 있다.
② 보호위원회는 이 법 등 개인정보 보호와 관련된 법규의 위반행위가 있다고 인정될 만한 상당한 이유가 있을 때에는 책임이 있는 자(대표자 및 책임있는 임원을 포함한다)를 징계할 것을 해당 개인정보처리자에게 권고할 수 있다. 이 경우 권고를 받은 사람은 이를 존중하여야 하며 그 결과를 보호위원회에 통보하여야 한다.
③ 관계 중앙행정기관의 장은 소관 법률에 따라 개인정보처리자에 대하여 제1항에 따른 고발을 하거나 소속 기관·단체 등의 장에게 제2항에 따른 징계권고를 할 수 있다. 이 경우 제2항에 따른 권고를 받은 사람은 이를 존중하여야 하며 그 결과를 관계 중앙행정기관의 장에게 통보하여야 한다.

제66조【결과의 공표】① 보호위원회는 제61조에 따른 개선권고, 제64조에 따른 시정조치 명령, 제64조의2에 따른 과징금의 부과, 제65조에 따른 고발 또는 징계권고 및 제75조에 따른 과태료 부과의 내용 및 결과에 대하여 공표할 수 있다.
② 보호위원회는 제61조에 따른 개선권고, 제64조에 따른 시정조치 명령, 제64조의2에 따른 과징금의 부과, 제65조에 따른 고발 또는 징계권고 및 제75조에 따른 과태료 부과처분 등을 한 경우에는 처분 등을 받은 자에게 해당 처분 등을 받았다는 사실을 공표할 것을 명할 수 있다.
③ 제1항 및 제2항에 따른 개선권고 사실 등의 공표 및 공표명령의 방법, 기준 및 절차 등은 대통령령으로 정한다.

제67조【연차보고】① 보호위원회는 관계 기관 등으로부터 필요한 자료를 제출받아 매년 개인정보 보호시책의 수립 및 시행에 관한 보고서를 작성하여 정기국회 개회 전까지 국회에 제출(정보통신망에 의한 제출을 포함한다)하여야 한다.
② 제1항에 따른 보고서에는 다음 각 호의 내용이 포함되어야 한다.
1. 정보주체의 권리침해 및 그 구제현황
2. 개인정보 처리에 관한 실태조사 및 개인정보 보호수준 평가 등의 결과
3. 개인정보 보호시책의 추진현황 및 실적
4. 개인정보 관련 해외의 입법 및 정책 동향
5. 주민등록번호 처리와 관련된 법률·대통령령·국회규칙·대법원규칙·헌법재판소규칙·중앙선거관리위원회규칙 및 감사원규칙의 제정·개정 현황
6. 그 밖에 개인정보 보호시책에 관하여 공개 또는 보고하여야 할 사항

제68조 【권한의 위임·위탁】 ① 이 법에 따른 보호위원회 또는 관계 중앙 행정기관의 장의 권한은 그 일부를 대통령령으로 정하는 바에 따라 특별시장, 광역시장, 도지사, 특별자치도지사 또는 대통령령으로 정하는 전문기관에 위임하거나 위탁할 수 있다.
② 제1항에 따라 보호위원회 또는 관계 중앙행정기관의 장의 권한을 위임 또는 위탁받은 기관은 위임 또는 위탁받은 업무의 처리 결과를 보호위원회 또는 관계 중앙행정기관의 장에게 통보하여야 한다.
③ 보호위원회는 제1항에 따른 전문기관에 권한의 일부를 위임하거나 위탁하는 경우 해당 전문기관의 업무 수행을 위하여 필요한 경비를 출연할 수 있다.

제69조 【벌칙 적용 시의 공무원 의제】 ① 보호위원회의 위원 중 공무원이 아닌 위원 및 공무원이 아닌 직원은 「형법」이나 그 밖의 법률에 따른 벌칙을 적용할 때에는 공무원으로 본다.
② 보호위원회 또는 관계 중앙행정기관의 장의 권한을 위탁한 업무에 종사하는 관계 기관의 임직원은 「형법」 제129조부터 제132조까지의 규정을 적용할 때에는 공무원으로 본다.

제10장 벌칙

제70조 【벌칙】 다음 각 호의 어느 하나에 해당하는 자는 10년 이하의 징역 또는 1억 원 이하의 벌금에 처한다.
1. 공공기관의 개인정보 처리업무를 방해할 목적으로 공공기관에서 처리하고 있는 개인정보를 변경하거나 말소하여 공공기관의 업무 수행의 중단·마비 등 심각한 지장을 초래한 자
2. 거짓이나 그 밖의 부정한 수단이나 방법으로 다른 사람이 처리하고 있는 개인정보를 취득한 후 이를 영리 또는 부정한 목적으로 제3자에게 제공한 자와 이를 교사·알선한 자

제71조 【벌칙】 다음 각 호의 어느 하나에 해당하는 자는 5년 이하의 징역 또는 5천만 원 이하의 벌금에 처한다.
1. 제17조 제1항 제2호에 해당하지 아니함에도 같은 항 제1호(제26조 제8항에 따라 준용되는 경우를 포함한다)를 위반하여 정보주체의 동의를 받지 아니하고 개인정보를 제3자에게 제공한 자 및 그 사정을 알면서도 개인정보를 제공받은 자
2. 제18조 제1항·제2항, 제27조 제3항 또는 제28조의2(제26조 제8항에 따라 준용되는 경우를 포함한다), 제19조 또는 제26조 제5항을 위반하여 개인정보를 이용하거나 제3자에게 제공한 자 및 그 사정을 알면서도 영리 또는 부정한 목적으로 개인정보를 제공받은 자

3. 제22조의2 제1항(제26조 제8항에 따라 준용되는 경우를 포함한다)을 위반하여 법정대리인의 동의를 받지 아니하고 만 14세 미만인 아동의 개인정보를 처리한 자
4. 제23조 제1항(제26조 제8항에 따라 준용되는 경우를 포함한다)을 위반하여 민감정보를 처리한 자
5. 제24조 제1항(제26조 제8항에 따라 준용되는 경우를 포함한다)을 위반하여 고유식별정보를 처리한 자
6. 제28조의3 제1항(제26조 제8항에 따라 준용되는 경우를 포함한다)을 위반하여 보호위원회 또는 관계 중앙행정기관의 장으로부터 전문기관으로 지정받지 아니하고 가명정보를 결합한 자
7. 제28조의3 제2항(제26조 제8항에 따라 준용되는 경우를 포함한다)을 위반하여 전문기관의 장의 승인을 받지 아니하고 결합을 수행한 기관 외부로 결합된 정보를 반출하거나 이를 제3자에게 제공한 자 및 그 사정을 알면서도 영리 또는 부정한 목적으로 결합된 정보를 제공받은 자
8. 제28조의5 제1항(제26조 제8항에 따라 준용되는 경우를 포함한다)을 위반하여 특정 개인을 알아보기 위한 목적으로 가명정보를 처리한 자
9. 제59조 제2호를 위반하여 업무상 알게 된 개인정보를 누설하거나 권한 없이 다른 사람이 이용하도록 제공한 자 및 그 사정을 알면서도 영리 또는 부정한 목적으로 개인정보를 제공받은 자
10. 제59조 제3호를 위반하여 다른 사람의 개인정보를 이용, 훼손, 멸실, 변경, 위조 또는 유출한 자

제72조【벌칙】다음 각 호의 어느 하나에 해당하는 자는 3년 이하의 징역 또는 3천만 원 이하의 벌금에 처한다.
1. 제25조 제5항(제26조 제8항에 따라 준용되는 경우를 포함한다)을 위반하여 고정형 영상정보처리기기의 설치 목적과 다른 목적으로 고정형 영상정보처리기기를 임의로 조작하거나 다른 곳을 비추는 자 또는 녹음기능을 사용한 자
2. 제59조 제1호를 위반하여 거짓이나 그 밖의 부정한 수단이나 방법으로 개인정보를 취득하거나 개인정보 처리에 관한 동의를 받는 행위를 한 자 및 그 사정을 알면서도 영리 또는 부정한 목적으로 개인정보를 제공받은 자
3. 제60조를 위반하여 직무상 알게 된 비밀을 누설하거나 직무상 목적 외에 이용한 자

제73조【벌칙】① 다음 각 호의 어느 하나에 해당하는 자는 2년 이하의 징역 또는 2천만 원 이하의 벌금에 처한다.
1. 제36조 제2항(제26조 제8항에 따라 준용되는 경우를 포함한다)을 위반하여 정정·삭제 등 필요한 조치를 하지 아니하고 개인정보를 계속 이용하거나 이를 제3자에게 제공한 자

2. 제37조 제2항(제26조 제8항에 따라 준용되는 경우를 포함한다)을 위반하여 개인정보의 처리를 정지하지 아니하고 개인정보를 계속 이용하거나 제3자에게 제공한 자
3. 국내외에서 정당한 이유 없이 제39조의4에 따른 비밀유지명령을 위반한 자
4. 제63조 제1항(제26조 제8항에 따라 준용되는 경우를 포함한다)에 따른 자료제출 요구에 대하여 법 위반사항을 은폐 또는 축소할 목적으로 자료제출을 거부하거나 거짓의 자료를 제출한 자
5. 제63조 제2항(제26조 제8항에 따라 준용되는 경우를 포함한다)에 따른 출입·검사 시 자료의 은닉·폐기, 접근 거부 또는 위조·변조 등을 통하여 조사를 거부·방해 또는 기피한 자

② 제1항 제3호의 죄는 비밀유지명령을 신청한 자의 고소가 없으면 공소를 제기할 수 없다.

제74조【양벌규정】 ① 법인의 대표자나 법인 또는 개인의 대리인, 사용인, 그 밖의 종업원이 그 법인 또는 개인의 업무에 관하여 제70조에 해당하는 위반행위를 하면 그 행위자를 벌하는 외에 그 법인 또는 개인을 7천만 원 이하의 벌금에 처한다. 다만, 법인 또는 개인이 그 위반행위를 방지하기 위하여 해당 업무에 관하여 상당한 주의와 감독을 게을리하지 아니한 경우에는 그러하지 아니하다.

② 법인의 대표자나 법인 또는 개인의 대리인, 사용인, 그 밖의 종업원이 그 법인 또는 개인의 업무에 관하여 제71조부터 제73조까지의 어느 하나에 해당하는 위반행위를 하면 그 행위자를 벌하는 외에 그 법인 또는 개인에게도 해당 조문의 벌금형을 과(科)한다. 다만, 법인 또는 개인이 그 위반행위를 방지하기 위하여 해당 업무에 관하여 상당한 주의와 감독을 게을리하지 아니한 경우에는 그러하지 아니하다.

제74조의2【몰수·추징 등】 제70조부터 제73조까지의 어느 하나에 해당하는 죄를 지은 자가 해당 위반행위와 관련하여 취득한 금품이나 그 밖의 이익은 몰수할 수 있으며, 이를 몰수할 수 없을 때에는 그 가액을 추징할 수 있다. 이 경우 몰수 또는 추징은 다른 벌칙에 부가하여 과할 수 있다.

제75조【과태료】 ① 다음 각 호의 어느 하나에 해당하는 자에게는 5천만 원 이하의 과태료를 부과한다.
1. 제25조 제2항(제26조 제8항에 따라 준용되는 경우를 포함한다)을 위반하여 고정형 영상정보처리기기를 설치·운영한 자
2. 제25조의2 제2항(제26조 제8항에 따라 준용되는 경우를 포함한다)을 위반하여 이동형 영상정보처리기기로 사람 또는 그 사람과 관련된 사물의 영상을 촬영한 자

② 다음 각 호의 어느 하나에 해당하는 자에게는 3천만 원 이하의 과태료를 부과한다.
1. 제16조 제3항·제22조 제5항(제26조 제8항에 따라 준용되는 경우를 포함한다)을 위반하여 재화 또는 서비스의 제공을 거부한 자
2. 제20조 제1항·제2항을 위반하여 정보주체에게 같은 조 제1항 각 호의 사실을 알리지 아니한 자
3. 제20조의2 제1항을 위반하여 개인정보의 이용·제공 내역이나 이용·제공 내역을 확인할 수 있는 정보시스템에 접속하는 방법을 통지하지 아니한 자
4. 제21조 제1항(제26조 제8항에 따라 준용되는 경우를 포함한다)을 위반하여 개인정보의 파기 등 필요한 조치를 하지 아니한 자
5. 제23조 제2항·제24조 제3항·제25조 제6항(제25조의2 제4항에 따라 준용되는 경우를 포함한다)·제28조의4 제1항·제29조(제26조 제8항에 따라 준용되는 경우를 포함한다)를 위반하여 안전성 확보에 필요한 조치를 하지 아니한 자
6. 제23조 제3항(제26조 제8항에 따라 준용되는 경우를 포함한다)을 위반하여 민감정보의 공개 가능성 및 비공개를 선택하는 방법을 알리지 아니한 자
7. 제24조의2 제1항(제26조 제8항에 따라 준용되는 경우를 포함한다)을 위반하여 주민등록번호를 처리한 자
8. 제24조의2 제2항(제26조 제8항에 따라 준용되는 경우를 포함한다)을 위반하여 암호화 조치를 하지 아니한 자
9. 제24조의2 제3항(제26조 제8항에 따라 준용되는 경우를 포함한다)을 위반하여 정보주체가 주민등록번호를 사용하지 아니할 수 있는 방법을 제공하지 아니한 자
10. 제25조 제1항(제26조 제8항에 따라 준용되는 경우를 포함한다)을 위반하여 고정형 영상정보처리기기를 설치·운영한 자
11. 제25조의2 제1항(제26조 제8항에 따라 준용되는 경우를 포함한다)을 위반하여 사람 또는 그 사람과 관련된 사물의 영상을 촬영한 자
12. 제26조 제3항을 위반하여 정보주체에게 알려야 할 사항을 알리지 아니한 자
13. 제28조의5 제2항(제26조 제8항에 따라 준용되는 경우를 포함한다)을 위반하여 개인을 알아볼 수 있는 정보가 생성되었음에도 이용을 중지하지 아니하거나 이를 회수·파기하지 아니한 자
14. 제28조의8 제4항(제26조 제8항 및 제28조의11에 따라 준용되는 경우를 포함한다)을 위반하여 보호조치를 하지 아니한 자
15. 제32조의2 제6항을 위반하여 인증을 받지 아니하였음에도 거짓으로 인증의 내용을 표시하거나 홍보한 자

16. 제33조 제1항을 위반하여 영향평가를 하지 아니하거나 그 결과를 보호위원회에 제출하지 아니한 자
17. 제34조 제1항(제26조 제8항에 따라 준용되는 경우를 포함한다)을 위반하여 정보주체에게 같은 항 각 호의 사실을 알리지 아니한 자
18. 제34조 제3항(제26조 제8항에 따라 준용되는 경우를 포함한다)을 위반하여 보호위원회 또는 대통령령으로 정하는 전문기관에 신고하지 아니한 자
19. 제35조 제3항(제26조 제8항에 따라 준용되는 경우를 포함한다)을 위반하여 열람을 제한하거나 거절한 자
20. 제35조의3 제1항에 따른 지정을 받지 아니하고 같은 항 제2호의 업무를 수행한 자
21. 제35조의3 제3항을 위반한 자
22. 제36조 제2항(제26조 제8항에 따라 준용되는 경우를 포함한다)을 위반하여 정정·삭제 등 필요한 조치를 하지 아니한 자
23. 제37조 제3항 또는 제5항(제26조 제8항에 따라 준용되는 경우를 포함한다)을 위반하여 파기 등 필요한 조치를 하지 아니한 자
24. 제37조의2 제3항(제26조 제8항에 따라 준용되는 경우를 포함한다)을 위반하여 정당한 사유 없이 정보주체의 요구에 따르지 아니한 자
25. 제63조 제1항(제26조 제8항에 따라 준용되는 경우를 포함한다)에 따른 관계 물품·서류 등 자료를 제출하지 아니하거나 거짓으로 제출한 자
26. 제63조 제2항(제26조 제8항에 따라 준용되는 경우를 포함한다)에 따른 출입·검사를 거부·방해 또는 기피한 자
27. 제64조 제1항에 따른 시정조치 명령에 따르지 아니한 자

③ 다음 각 호의 어느 하나에 해당하는 자에게는 2천만 원 이하의 과태료를 부과한다.
1. 제26조 제6항을 위반하여 위탁자의 동의를 받지 아니하고 제3자에게 다시 위탁한 자
2. 제31조의2 제1항을 위반하여 국내대리인을 지정하지 아니한 자
3. 제31조의2제2항을 위반하여 국내대리인을 지정한 자
4. 제31조의2제3항을 위반하여 국내대리인을 관리·감독하지 아니한 자

④ 다음 각 호의 어느 하나에 해당하는 자에게는 1천만 원 이하의 과태료를 부과한다.
1. 제11조의2 제2항을 위반하여 정당한 사유 없이 자료를 제출하지 아니하거나 거짓으로 제출한 자
2. 제21조 제3항(제26조 제8항에 따라 준용되는 경우를 포함한다)을 위반하여 개인정보를 분리하여 저장·관리하지 아니한 자
3. 제22조 제1항부터 제3항까지(제26조 제8항에 따라 준용되는 경우를 포함한다)를 위반하여 동의를 받은 자

4. 제26조 제1항을 위반하여 업무 위탁 시 같은 항 각 호의 내용이 포함된 문서로 하지 아니한 자
5. 제26조 제2항을 위반하여 위탁하는 업무의 내용과 수탁자를 공개하지 아니한 자
6. 제27조 제1항·제2항(제26조 제8항에 따라 준용되는 경우를 포함한다)을 위반하여 정보주체에게 개인정보의 이전 사실을 알리지 아니한 자
7. 제28조의4 제3항(제26조 제8항에 따라 준용되는 경우를 포함한다)을 위반하여 관련 기록을 작성하여 보관하지 아니한 자
8. 제30조 제1항 또는 제2항(제26조 제8항에 따라 준용되는 경우를 포함한다)을 위반하여 개인정보 처리방침을 정하지 아니하거나 이를 공개하지 아니한 자
9. 제31조 제1항(제26조 제8항에 따라 준용되는 경우를 포함한다)을 위반하여 개인정보 보호책임자를 지정하지 아니한 자
9의2. 제31조의2제4항을 위반하여 국내대리인의 성명·주소·전화번호 및 전자우편 주소를 개인정보 처리방침에 포함하지 아니한 자
10. 제35조 제3항·제4항, 제36조 제2항·제4항 또는 제37조 제4항(제26조 제8항에 따라 준용되는 경우를 포함한다)을 위반하여 정보주체에게 알려야 할 사항을 알리지 아니한 자
11. 제45조 제1항에 따른 자료를 정당한 사유 없이 제출하지 아니하거나 거짓으로 제출한 자
12. 제45조 제2항에 따른 출입·조사·열람을 정당한 사유 없이 거부·방해 또는 기피한 자

⑤ 제1항부터 제4항까지에 따른 과태료는 대통령령으로 정하는 바에 따라 보호위원회가 부과·징수한다. 이 경우 보호위원회는 위반행위의 정도·동기·결과, 개인정보처리자의 규모 등을 고려하여 과태료를 감경하거나 면제할 수 있다.

제76조【과태료에 관한 규정 적용의 특례】 제75조의 과태료에 관한 규정을 적용할 때 제64조의2에 따라 과징금을 부과한 행위에 대하여는 과태료를 부과할 수 없다.

04 행정조사기본법

[시행 2024. 1. 18.] [법률 제19213호, 2023. 1. 17., 타법개정]

제1장 총칙

제1조 【목적】 이 법은 행정조사에 관한 기본원칙·행정조사의 방법 및 절차 등에 관한 공통적인 사항을 규정함으로써 행정의 공정성·투명성 및 효율성을 높이고, 국민의 권익을 보호함을 목적으로 한다.

제2조 【정의】 이 법에서 사용하는 용어의 정의는 다음과 같다.
1. "행정조사"란 행정기관이 정책을 결정하거나 직무를 수행하는 데 필요한 정보나 자료를 수집하기 위하여 현장조사·문서열람·시료채취 등을 하거나 조사대상자에게 보고요구·자료제출요구 및 출석·진술요구를 행하는 활동을 말한다.
2. "행정기관"이란 법령 및 조례·규칙(이하 "법령등"이라 한다)에 따라 행정권한이 있는 기관과 그 권한을 위임 또는 위탁받은 법인·단체 또는 그 기관이나 개인을 말한다.
3. "조사원"이란 행정조사업무를 수행하는 행정기관의 공무원·직원 또는 개인을 말한다.
4. "조사대상자"란 행정조사의 대상이 되는 법인·단체 또는 그 기관이나 개인을 말한다.

제3조 【적용범위】 ① 행정조사에 관하여 다른 법률에 특별한 규정이 있는 경우를 제외하고는 이 법으로 정하는 바에 따른다.
② 다음 각 호의 어느 하나에 해당하는 사항에 대하여는 이 법을 적용하지 아니한다.
1. 행정조사를 한다는 사실이나 조사내용이 공개될 경우 국가의 존립을 위태롭게 하거나 국가의 중대한 이익을 현저히 해칠 우려가 있는 국가안전보장·통일 및 외교에 관한 사항
2. 국방 및 안전에 관한 사항 중 다음 각 목의 어느 하나에 해당하는 사항
   가. 군사시설·군사기밀보호 또는 방위사업에 관한 사항
   나. 「병역법」·「예비군법」·「민방위기본법」·「비상대비에 관한 법률」·「재난관리자원의 관리 등에 관한 법률」에 따른 징집·소집·동원 및 훈련에 관한 사항
3. 「공공기관의 정보공개에 관한 법률」 제4조 제3항의 정보에 관한 사항
4. 「근로기준법」 제101조에 따른 근로감독관의 직무에 관한 사항

5. 조세·형사·행형 및 보안처분에 관한 사항
6. 금융감독기관의 감독·검사·조사 및 감리에 관한 사항
7. 「독점규제 및 공정거래에 관한 법률」, 「표시·광고의 공정화에 관한 법률」, 「하도급거래 공정화에 관한 법률」, 「가맹사업거래의 공정화에 관한 법률」, 「방문판매 등에 관한 법률」, 「전자상거래 등에서의 소비자보호에 관한 법률」, 「약관의 규제에 관한 법률」 및 「할부거래에 관한 법률」에 따른 공정거래위원회의 법률위반행위 조사에 관한 사항
③ 제2항에도 불구하고 제4조(행정조사의 기본원칙), 제5조(행정조사의 근거) 및 제28조(정보통신수단을 통한 행정조사)는 제2항 각 호의 사항에 대하여 적용한다.

> 2013년 제1회, 2019년 제7회 약술형
> 행정조사의 기본원칙

제4조【행정조사의 기본원칙】 ① 행정조사는 조사목적을 달성하는 데 필요한 최소한의 범위 안에서 실시하여야 하며, 다른 목적 등을 위하여 조사권을 남용하여서는 아니 된다.
② 행정기관은 조사목적에 적합하도록 조사대상자를 선정하여 행정조사를 실시하여야 한다.
③ 행정기관은 유사하거나 동일한 사안에 대하여는 공동조사 등을 실시함으로써 행정조사가 중복되지 아니하도록 하여야 한다.
④ 행정조사는 법령등의 위반에 대한 처벌보다는 법령등을 준수하도록 유도하는 데 중점을 두어야 한다.
⑤ 다른 법률에 따르지 아니하고는 행정조사의 대상자 또는 행정조사의 내용을 공표하거나 직무상 알게 된 비밀을 누설하여서는 아니된다.
⑥ 행정기관은 행정조사를 통하여 알게 된 정보를 다른 법률에 따라 내부에서 이용하거나 다른 기관에 제공하는 경우를 제외하고는 원래의 조사목적 이외의 용도로 이용하거나 타인에게 제공하여서는 아니 된다.

제5조【행정조사의 근거】 행정기관은 법령등에서 행정조사를 규정하고 있는 경우에 한하여 행정조사를 실시할 수 있다. 다만, 조사대상자의 자발적인 협조를 얻어 실시하는 행정조사의 경우에는 그러하지 아니하다.

제2장 조사계획의 수립 및 조사대상의 선정

제6조【연도별 행정조사운영계획의 수립 및 제출】 ① 행정기관의 장은 매년 12월 말까지 다음 연도의 행정조사운영계획을 수립하여 국무조정실장에게 제출하여야 한다. 다만, 행정조사운영계획을 제출해야 하는 행정기관의 구체적인 범위는 대통령령으로 정한다.
② 행정기관의 장이 행정조사운영계획을 수립하는 때에는 제4조에 따른 행정조사의 기본원칙에 따라야 한다.

③ 제1항에 따른 행정조사운영계획에는 조사의 종류·조사방법·공동조사 실시계획·중복조사 방지계획, 그 밖에 대통령령으로 정하는 사항이 포함되어야 한다.
④ 국무조정실장은 행정기관의 장이 제출한 행정조사운영계획을 검토한 후 그에 대한 보완을 요청할 수 있다. 이 경우 행정기관의 장은 특별한 사정이 없는 한 이에 응하여야 한다.

제7조【조사의 주기】행정조사는 법령등 또는 행정조사운영계획으로 정하는 바에 따라 정기적으로 실시함을 원칙으로 한다. 다만, 다음 각 호 중 어느 하나에 해당하는 경우에는 수시조사를 할 수 있다.
1. 법률에서 수시조사를 규정하고 있는 경우
2. 법령등의 위반에 대하여 혐의가 있는 경우
3. 다른 행정기관으로부터 법령등의 위반에 관한 혐의를 통보 또는 이첩 받은 경우
4. 법령등의 위반에 대한 신고를 받거나 민원이 접수된 경우
5. 그 밖에 행정조사의 필요성이 인정되는 사항으로서 대통령령으로 정하는 경우

> 2022년 제10회 약술형
> 수시조사 사유

제8조【조사대상의 선정】① 행정기관의 장은 행정조사의 목적, 법령준수의 실적, 자율적인 준수를 위한 노력, 규모와 업종 등을 고려하여 명백하고 객관적인 기준에 따라 행정조사의 대상을 선정하여야 한다.
② 조사대상자는 조사대상 선정기준에 대한 열람을 행정기관의 장에게 신청할 수 있다.
③ 행정기관의 장이 제2항에 따라 열람신청을 받은 때에는 다음 각 호의 어느 하나에 해당하는 경우를 제외하고 신청인이 조사대상 선정기준을 열람할 수 있도록 하여야 한다.
1. 행정기관이 당해 행정조사업무를 수행할 수 없을 정도로 조사활동에 지장을 초래하는 경우
2. 내부고발자 등 제3자에 대한 보호가 필요한 경우
④ 제2항 및 제3항에 따른 행정조사 대상 선정기준의 열람방법이나 그 밖에 행정조사 대상 선정기준의 열람에 관하여 필요한 사항은 대통령령으로 정한다.

제3장 조사방법

제9조【출석·진술 요구】① 행정기관의 장이 조사대상자의 출석·진술을 요구하는 때에는 다음 각 호의 사항이 기재된 출석요구서를 발송하여야 한다.

> 2020년 제8회 약술형
> 행정조사방법

1. 일시와 장소
2. 출석요구의 취지
3. 출석하여 진술하여야 하는 내용
4. 제출자료
5. 출석거부에 대한 제재(근거 법령 및 조항 포함)
6. 그 밖에 당해 행정조사와 관련하여 필요한 사항

② 조사대상자는 지정된 출석일시에 출석하는 경우 업무 또는 생활에 지장이 있는 때에는 행정기관의 장에게 출석일시를 변경하여 줄 것을 신청할 수 있으며, 변경신청을 받은 행정기관의 장은 행정조사의 목적을 달성할 수 있는 범위 안에서 출석일시를 변경할 수 있다.

③ 출석한 조사대상자가 제1항에 따른 출석요구서에 기재된 내용을 이행하지 아니하여 행정조사의 목적을 달성할 수 없는 경우를 제외하고는 조사원은 조사대상자의 1회 출석으로 당해 조사를 종결하여야 한다.

제10조【보고요구와 자료제출의 요구】 ① 행정기관의 장은 조사대상자에게 조사사항에 대하여 보고를 요구하는 때에는 다음 각 호의 사항이 포함된 보고요구서를 발송하여야 한다.

1. 일시와 장소
2. 조사의 목적과 범위
3. 보고하여야 하는 내용
4. 보고거부에 대한 제재(근거 법령 및 조항 포함)
5. 그 밖에 당해 행정조사와 관련하여 필요한 사항

② 행정기관의 장은 조사대상자에게 장부·서류나 그 밖의 자료를 제출하도록 요구하는 때에는 다음 각 호의 사항이 기재된 자료제출요구서를 발송하여야 한다.

1. 제출기간
2. 제출요청사유
3. 제출서류
4. 제출서류의 반환 여부
5. 제출거부에 대한 제재(근거 법령 및 조항 포함)
6. 그 밖에 당해 행정조사와 관련하여 필요한 사항

제11조【현장조사】 ① 조사원이 가택·사무실 또는 사업장 등에 출입하여 현장조사를 실시하는 경우에는 행정기관의 장은 다음 각 호의 사항이 기재된 현장출입조사서 또는 법령등에서 현장조사 시 제시하도록 규정하고 있는 문서를 조사대상자에게 발송하여야 한다.

1. 조사목적
2. 조사기간과 장소

3. 조사원의 성명과 직위
4. 조사범위와 내용
5. 제출자료
6. 조사거부에 대한 제재(근거 법령 및 조항 포함)
7. 그 밖에 당해 행정조사와 관련하여 필요한 사항

② 제1항에 따른 현장조사는 해가 뜨기 전이나 해가 진 뒤에는 할 수 없다. 다만, 다음 각 호의 어느 하나에 해당하는 경우에는 그러하지 아니하다.
1. 조사대상자(대리인 및 관리책임이 있는 자를 포함한다)가 동의한 경우
2. 사무실 또는 사업장 등의 업무시간에 행정조사를 실시하는 경우
3. 해가 뜬 후부터 해가 지기 전까지 행정조사를 실시하는 경우에는 조사목적의 달성이 불가능하거나 증거인멸로 인하여 조사대상자의 법령등의 위반 여부를 확인할 수 없는 경우

③ 제1항 및 제2항에 따라 현장조사를 하는 조사원은 그 권한을 나타내는 증표를 지니고 이를 조사대상자에게 내보여야 한다.

제12조【시료채취】① 조사원이 조사목적의 달성을 위하여 시료채취를 하는 경우에는 그 시료의 소유자 및 관리자의 정상적인 경제활동을 방해하지 아니하는 범위 안에서 최소한도로 하여야 한다.

② 행정기관의 장은 제1항에 따른 시료채취로 조사대상자에게 손실을 입힌 때에는 대통령령으로 정하는 절차와 방법에 따라 그 손실을 보상하여야 한다.

제13조【자료등의 영치】① 조사원이 현장조사 중에 자료·서류·물건 등(이하 이 조에서 "자료등"이라 한다)을 영치하는 때에는 조사대상자 또는 그 대리인을 입회시켜야 한다.

② 조사원이 제1항에 따라 자료등을 영치하는 경우에 조사대상자의 생활이나 영업이 사실상 불가능하게 될 우려가 있는 때에는 조사원은 자료등을 사진으로 촬영하거나 사본을 작성하는 등의 방법으로 영치에 갈음할 수 있다. 다만, 증거인멸의 우려가 있는 자료등을 영치하는 경우에는 그러하지 아니하다.

③ 조사원이 영치를 완료한 때에는 영치조서 2부를 작성하여 입회인과 함께 서명날인하고 그중 1부를 입회인에게 교부하여야 한다.

④ 행정기관의 장은 영치한 자료등이 다음 각 호의 어느 하나에 해당하는 경우에는 이를 즉시 반환하여야 한다.
1. 영치한 자료등을 검토한 결과 당해 행정조사와 관련이 없다고 인정되는 경우
2. 당해 행정조사의 목적의 달성 등으로 자료등에 대한 영치의 필요성이 없게 된 경우

제14조 【공동조사】 ① 행정기관의 장은 다음 각 호의 어느 하나에 해당하는 행정조사를 하는 경우에는 공동조사를 하여야 한다.
1. 당해 행정기관 내의 2 이상의 부서가 동일하거나 유사한 업무분야에 대하여 동일한 조사대상자에게 행정조사를 실시하는 경우
2. 서로 다른 행정기관이 대통령령으로 정하는 분야에 대하여 동일한 조사대상자에게 행정조사를 실시하는 경우

② 제1항 각 호에 따른 사항에 대하여 행정조사의 사전통지를 받은 조사대상자는 관계 행정기관의 장에게 공동조사를 실시하여 줄 것을 신청할 수 있다. 이 경우 조사대상자는 신청인의 성명·조사일시·신청이유 등이 기재된 공동조사신청서를 관계 행정기관의 장에게 제출하여야 한다.
③ 제2항에 따라 공동조사를 요청받은 행정기관의 장은 이에 응하여야 한다.
④ 국무조정실장은 행정기관의 장이 제6조에 따라 제출한 행정조사운영계획의 내용을 검토한 후 관계 부처의 장에게 공동조사의 실시를 요청할 수 있다.
⑤ 그 밖에 공동조사에 관하여 필요한 사항은 대통령령으로 정한다.

> 2022년 제10회 약술형
> 중복조사금지와 예외

제15조 【중복조사의 제한】 ① 제7조에 따라 정기조사 또는 수시조사를 실시한 행정기관의 장은 동일한 사안에 대하여 동일한 조사대상자를 재조사하여서는 아니 된다. 다만, 당해 행정기관이 이미 조사를 받은 조사대상자에 대하여 위법행위가 의심되는 새로운 증거를 확보한 경우에는 그러하지 아니하다.
② 행정조사를 실시할 행정기관의 장은 행정조사를 실시하기 전에 다른 행정기관에서 동일한 조사대상자에게 동일하거나 유사한 사안에 대하여 행정조사를 실시하였는지 여부를 확인할 수 있다.
③ 행정조사를 실시할 행정기관의 장이 제2항에 따른 사실을 확인하기 위하여 행정조사의 결과에 대한 자료를 요청하는 경우 요청받은 행정기관의 장은 특별한 사유가 없는 한 관련 자료를 제공하여야 한다.

제4장 조사실시

제16조 【개별조사계획의 수립】 ① 행정조사를 실시하고자 하는 행정기관의 장은 제17조에 따른 사전통지를 하기 전에 개별조사계획을 수립하여야 한다. 다만, 행정조사의 시급성으로 행정조사계획을 수립할 수 없는 경우에는 행정조사에 대한 결과보고서로 개별조사계획을 갈음할 수 있다.
② 제1항에 따른 개별조사계획에는 조사의 목적·종류·대상·방법 및 기간, 그 밖에 대통령령으로 정하는 사항이 포함되어야 한다.

제17조 【조사의 사전통지】 ① 행정조사를 실시하고자 하는 행정기관의 장은 제9조에 따른 출석요구서, 제10조에 따른 보고요구서·자료제출요구서 및 제11조에 따른 현장출입조사서(이하 "출석요구서등"이라 한다)를 조사개시 7일 전까지 조사대상자에게 서면으로 통지하여야 한다. 다만, 다음 각 호의 어느 하나에 해당하는 경우에는 행정조사의 개시와 동시에 출석요구서등을 조사대상자에게 제시하거나 행정조사의 목적 등을 조사대상자에게 구두로 통지할 수 있다.
1. 행정조사를 실시하기 전에 관련 사항을 미리 통지하는 때에는 증거인멸 등으로 행정조사의 목적을 달성할 수 없다고 판단되는 경우
2. 「통계법」 제3조 제2호에 따른 지정통계의 작성을 위하여 조사하는 경우
3. 제5조 단서에 따라 조사대상자의 자발적인 협조를 얻어 실시하는 행정조사의 경우
② 행정기관의 장이 출석요구서등을 조사대상자에게 발송하는 경우 출석요구서등의 내용이 외부에 공개되지 아니하도록 필요한 조치를 하여야 한다.

제18조 【조사의 연기신청】 ① 출석요구서등을 통지받은 자가 천재지변이나 그 밖에 대통령령으로 정하는 사유로 인하여 행정조사를 받을 수 없는 때에는 당해 행정조사를 연기하여 줄 것을 행정기관의 장에게 요청할 수 있다.
② 제1항에 따라 연기요청을 하고자 하는 자는 연기하고자 하는 기간과 사유가 포함된 연기신청서를 행정기관의 장에게 제출하여야 한다.
③ 행정기관의 장은 제2항에 따라 행정조사의 연기요청을 받은 때에는 연기요청을 받은 날부터 7일 이내에 조사의 연기 여부를 결정하여 조사대상자에게 통지하여야 한다.

제19조 【제3자에 대한 보충조사】 ① 행정기관의 장은 조사대상자에 대한 조사만으로는 당해 행정조사의 목적을 달성할 수 없거나 조사대상이 되는 행위에 대한 사실 여부 등을 입증하는 데 과도한 비용 등이 소요되는 경우로서 다음 각 호의 어느 하나에 해당하는 경우에는 제3자에 대하여 보충조사를 할 수 있다.
1. 다른 법률에서 제3자에 대한 조사를 허용하고 있는 경우
2. 제3자의 동의가 있는 경우
② 행정기관의 장은 제1항에 따라 제3자에 대한 보충조사를 실시하는 경우에는 조사개시 7일 전까지 보충조사의 일시·장소 및 보충조사의 취지 등을 제3자에게 서면으로 통지하여야 한다.

③ 행정기관의 장은 제3자에 대한 보충조사를 하기 전에 그 사실을 원래의 조사대상자에게 통지하여야 한다. 다만, 제3자에 대한 보충조사를 사전에 통지하여서는 조사목적을 달성할 수 없거나 조사목적의 달성이 현저히 곤란한 경우에는 제3자에 대한 조사결과를 확정하기 전에 그 사실을 통지하여야 한다.
④ 원래의 조사대상자는 제3항에 따른 통지에 대하여 의견을 제출할 수 있다.

제20조【자발적인 협조에 따라 실시하는 행정조사】 ① 행정기관의 장이 제5조 단서에 따라 조사대상자의 자발적인 협조를 얻어 행정조사를 실시하고자 하는 경우 조사대상자는 문서·전화·구두 등의 방법으로 당해 행정조사를 거부할 수 있다.
② 제1항에 따른 행정조사에 대하여 조사대상자가 조사에 응할 것인지에 대한 응답을 하지 아니하는 경우에는 법령등에 특별한 규정이 없는 한 그 조사를 거부한 것으로 본다.
③ 행정기관의 장은 제1항 및 제2항에 따른 조사거부자의 인적 사항 등에 관한 기초자료는 특정 개인을 식별할 수 없는 형태로 통계를 작성하는 경우에 한하여 이를 이용할 수 있다.

제21조【의견제출】 ① 조사대상자는 제17조에 따른 사전통지의 내용에 대하여 행정기관의 장에게 의견을 제출할 수 있다.
② 행정기관의 장은 제1항에 따라 조사대상자가 제출한 의견이 상당한 이유가 있다고 인정하는 경우에는 이를 행정조사에 반영하여야 한다.

제22조【조사원 교체신청】 ① 조사대상자는 조사원에게 공정한 행정조사를 기대하기 어려운 사정이 있다고 판단되는 경우에는 행정기관의 장에게 당해 조사원의 교체를 신청할 수 있다.
② 제1항에 따른 교체신청은 그 이유를 명시한 서면으로 행정기관의 장에게 하여야 한다.
③ 제1항에 따른 교체신청을 받은 행정기관의 장은 즉시 이를 심사하여야 한다.
④ 행정기관의 장은 제1항에 따른 교체신청이 타당하다고 인정되는 경우에는 다른 조사원으로 하여금 행정조사를 하게 하여야 한다.
⑤ 행정기관의 장은 제1항에 따른 교체신청이 조사를 지연할 목적으로 한 것이거나 그 밖에 교체신청에 타당한 이유가 없다고 인정되는 때에는 그 신청을 기각하고 그 취지를 신청인에게 통지하여야 한다.

제23조【조사권 행사의 제한】① 조사원은 제9조부터 제11조까지에 따라 사전에 발송된 사항에 한하여 조사대상자를 조사하되, 사전통지한 사항과 관련된 추가적인 행정조사가 필요할 경우에는 조사대상자에게 추가조사의 필요성과 조사내용 등에 관한 사항을 서면이나 구두로 통보한 후 추가조사를 실시할 수 있다.
② 조사대상자는 법률·회계 등에 대하여 전문지식이 있는 관계 전문가로 하여금 행정조사를 받는 과정에 입회하게 하거나 의견을 진술하게 할 수 있다.
③ 조사대상자와 조사원은 조사과정을 방해하지 아니하는 범위 안에서 행정조사의 과정을 녹음하거나 녹화할 수 있다. 이 경우 녹음·녹화의 범위 등은 상호 협의하여 정하여야 한다.
④ 조사대상자와 조사원이 제3항에 따라 녹음이나 녹화를 하는 경우에는 사전에 이를 당해 행정기관의 장에게 통지하여야 한다.

제24조【조사결과의 통지】행정기관의 장은 법령등에 특별한 규정이 있는 경우를 제외하고는 행정조사의 결과를 확정한 날부터 7일 이내에 그 결과를 조사대상자에게 통지하여야 한다.

제5장 자율관리체제의 구축 등

제25조【자율신고제도】① 행정기관의 장은 법령등에서 규정하고 있는 조사사항을 조사대상자로 하여금 스스로 신고하도록 하는 제도를 운영할 수 있다.

> 2024년 제12회 약술형
> 자율관리체계의 구축신고

② 행정기관의 장은 조사대상자가 제1항에 따라 신고한 내용이 거짓의 신고라고 인정할 만한 근거가 있거나 신고내용을 신뢰할 수 없는 경우를 제외하고는 그 신고내용을 행정조사에 갈음할 수 있다.

제26조【자율관리체제의 구축】① 행정기관의 장은 조사대상자가 자율적으로 행정조사사항을 신고·관리하고, 스스로 법령준수사항을 통제하도록 하는 체제(이하 "자율관리체제"라 한다)의 기준을 마련하여 고시할 수 있다.
② 다음 각 호의 어느 하나에 해당하는 자는 제1항에 따른 기준에 따라 자율관리체제를 구축하여 대통령령으로 정하는 절차와 방법에 따라 행정기관의 장에게 신고할 수 있다.
1. 조사대상자
2. 조사대상자가 법령등에 따라 설립하거나 자율적으로 설립한 단체 또는 협회
③ 국가와 지방자치단체는 행정사무의 효율적인 집행과 법령등의 준수를 위하여 조사대상자의 자율관리체제 구축을 지원하여야 한다.

제27조【자율관리에 대한 혜택의 부여】 행정기관의 장은 제25조에 따라 자율신고를 하는 자와 제26조에 따라 자율관리체제를 구축하고 자율관리체제의 기준을 준수한 자에 대하여는 법령등으로 규정한 바에 따라 행정조사의 감면 또는 행정·세제상의 지원을 하는 등 필요한 혜택을 부여할 수 있다.

제6장 보칙

제28조【정보통신수단을 통한 행정조사】 ① 행정기관의 장은 인터넷 등 정보통신망을 통하여 조사대상자로 하여금 자료의 제출 등을 하게 할 수 있다.
② 행정기관의 장은 정보통신망을 통하여 자료의 제출 등을 받은 경우에는 조사대상자의 신상이나 사업비밀 등이 유출되지 아니하도록 제도적·기술적 보안조치를 강구하여야 한다.

제29조【행정조사의 점검과 평가】 ① 국무조정실장은 행정조사의 효율성·투명성 및 예측가능성을 제고하기 위하여 각급 행정기관의 행정조사 실태, 공동조사 실시현황 및 중복조사 실시 여부 등을 확인·점검하여야 한다.
② 국무조정실장은 제1항에 따른 확인·점검결과를 평가하여 대통령령으로 정하는 절차와 방법에 따라 국무회의와 대통령에게 보고하여야 한다.
③ 국무조정실장은 제1항에 따른 확인·점검을 위하여 각급 행정기관의 장에게 행정조사의 결과 및 공동조사의 현황 등에 관한 자료의 제출을 요구할 수 있다.
④ 행정조사의 확인·점검 대상 행정기관과 행정조사의 확인·점검 및 평가절차에 관한 사항은 대통령령으로 정한다.

가족관계의 등록 등에 관한 법률
(약칭 : 가족관계등록법)

[시행 2024. 12. 27.] [법률 제19841호, 2023. 12. 26., 타법개정]

제1장 총칙

제1조【목적】이 법은 국민의 출생·혼인·사망 등 가족관계의 발생 및 변동사항에 관한 등록과 그 증명에 관한 사항을 규정함을 목적으로 한다.

제2조【관장】가족관계의 발생 및 변동사항에 관한 등록과 그 증명에 관한 사무(이하 "등록사무"라 한다)는 대법원이 관장한다.

제3조【권한의 위임】① 대법원장은 등록사무의 처리에 관한 권한을 시·읍·면의 장(도농복합형태의 시에 있어서 동지역에 대하여는 시장, 읍·면지역에 대하여는 읍·면장으로 한다. 이하 같다)에게 위임한다.
② 특별시 및 광역시와 구를 둔 시에 있어서는 이 법 중 시, 시장 또는 시의 사무소라 함은 각각 구, 구청장 또는 구의 사무소를 말한다. 다만, 광역시에 있어서 군지역에 대하여는 읍·면, 읍·면의 장 또는 읍·면의 사무소를 말한다.
③ 대법원장은 등록사무의 감독에 관한 권한을 시·읍·면의 사무소 소재지를 관할하는 가정법원장에게 위임한다. 다만, 가정법원지원장은 가정법원장의 명을 받아 그 관할 구역 내의 등록사무를 감독한다.

제4조【등록사무처리】제3조에 따른 등록사무는 가족관계의 발생 및 변동사항의 등록(이하 "등록"이라 한다)에 관한 신고 등을 접수하거나 수리한 신고지의 시·읍·면의 장이 처리한다.

제4조의2【재외국민 등록사무처리에 관한 특례】① 제3조 및 제4조에도 불구하고, 대법원장은 외국에 거주하거나 체류하는 대한민국 국민(이하 "재외국민"이라 한다)에 관한 등록사무를 법원서기관, 법원사무관, 법원주사 또는 법원주사보(이하 "가족관계등록관"이라 한다)로 하여금 처리하게 할 수 있다.
② 재외국민에 관한 등록사무의 처리 및 지원을 위하여 법원행정처에 재외국민 가족관계등록사무소를 두고, 그 구성, 운영 등 필요한 사항은 대법원규칙으로 정한다.
③ 재외국민 가족관계등록사무소 가족관계등록관의 등록사무처리에 관하여는 시·읍·면의 장의 등록사무처리에 관한 규정 중 제3조 제3항, 제5조, 제11조, 제14조, 제18조, 제22조, 제23조의3, 제29조, 제31조, 제38조부터 제43조까지, 제109조부터 제111조까지, 제114조부터 제116조까지를 준용한다.

제5조【직무의 제한】① 시·읍·면의 장은 등록에 관한 증명서 발급사무를 제외하고 자기 또는 자기와 4촌 이내의 친족에 관한 등록사건에 관하여는 그 직무를 행할 수 없다.
② 등록사건 처리에 관하여 시·읍·면의 장을 대리하는 사람도 제1항과 같다.

제6조【수수료 등의 귀속】① 이 법의 규정에 따라 납부하는 수수료 및 과태료는 등록사무를 처리하는 해당 지방자치단체의 수입으로 한다. 다만, 다음 각 호의 어느 하나에 해당하는 경우에는 그러하지 아니하다.
1. 제12조 제2항에 따라 전산정보중앙관리소 소속 공무원이 증명서를 발급하는 경우
1의2. 제4조의2에 따른 재외국민 가족관계등록사무소에 수수료를 납부하는 경우
2. 제120조 및 제123조에 따라 가정법원이 과태료를 부과하는 경우
3. 제124조 제3항에 따라 가정법원이 「비송사건절차법」에 따른 과태료 재판을 하는 경우
② 제1항의 수수료의 금액은 대법원규칙으로 정한다.

제7조【비용의 부담】제3조에 따라 시·읍·면의 장에게 위임한 등록사무에 드는 비용은 국가가 부담한다.

제8조【대법원규칙】이 법 시행에 관하여 필요한 사항은 대법원규칙으로 정한다.

제2장 가족관계등록부의 작성과 등록사무의 처리

제9조【가족관계등록부의 작성 및 기록사항】① 가족관계등록부(이하 "등록부"라 한다)는 전산정보처리조직에 의하여 입력·처리된 가족관계 등록사항(이하 "등록사항"이라 한다)에 관한 전산정보자료를 제10조의 등록기준지에 따라 개인별로 구분하여 작성한다.
② 등록부에는 다음 사항을 기록하여야 한다.
1. 등록기준지
2. 성명·본·성별·출생연월일 및 주민등록번호
3. 출생·혼인·사망 등 가족관계의 발생 및 변동에 관한 사항
4. 가족으로 기록할 자가 대한민국 국민이 아닌 사람(이하 "외국인"이라 한다)인 경우에는 성명·성별·출생연월일·국적 및 외국인등록번호(외국인등록을 하지 아니한 외국인의 경우에는 대법원규칙으로 정하는 바에 따른 국내거소신고번호 등을 말한다. 이하 같다)
5. 그 밖에 가족관계에 관한 사항으로서 대법원규칙으로 정하는 사항

제10조 【등록기준지의 결정】 ① 출생 또는 그 밖의 사유로 처음으로 등록을 하는 경우에는 등록기준지를 정하여 신고하여야 한다.
② 등록기준지는 대법원규칙으로 정하는 절차에 따라 변경할 수 있다.

제11조 【전산정보처리조직에 의한 등록사무의 처리 등】 ① 시·읍·면의 장은 등록사무를 전산정보처리조직에 의하여 처리하여야 한다.
② 본인이 사망하거나 실종선고·부재선고를 받은 때, 국적을 이탈하거나 상실한 때 또는 그 밖에 대법원규칙으로 정한 사유가 발생한 때에는 등록부를 폐쇄한다.
③ 등록부와 제2항에 따라 폐쇄한 등록부(이하 "폐쇄등록부"라 한다)는 법원행정처장이 보관·관리한다.
④ 법원행정처장은 등록부 또는 폐쇄등록부(이하 "등록부등"이라 한다)에 기록되어 있는 등록사항과 동일한 전산정보자료를 따로 작성하여 관리하여야 한다.
⑤ 등록부등의 전부 또는 일부가 손상되거나 손상될 염려가 있는 때에는 법원행정처장은 대법원규칙으로 정하는 바에 따라 등록부등의 복구 등 필요한 처분을 명할 수 있다.
⑥ 등록부등을 관리하는 사람 또는 등록사무를 처리하는 사람은 이 법이나 그 밖의 법에서 규정하는 사유가 아닌 다른 사유로 등록부등에 기록된 등록사항에 관한 전산정보자료(이하 "등록전산정보자료"라 한다)를 이용하거나 다른 사람(법인을 포함한다)에게 자료를 제공하여서는 아니 된다.

제12조 【전산정보중앙관리소의 설치 등】 ① 등록부등의 보관과 관리, 전산정보처리조직에 의한 등록사무처리의 지원 및 등록전산정보자료의 효율적인 활용을 위하여 법원행정처에 전산정보중앙관리소(이하 "중앙관리소"라 한다)를 둔다. 이 경우 국적 관련 통보에 따른 등록사무처리에 관하여는 대법원규칙으로 정하는 바에 따라 법무부와 전산정보처리조직을 연계하여 운영한다.
② 법원행정처장은 필요한 경우 중앙관리소 소속 공무원으로 하여금 제15조에 규정된 증명서의 발급사무를 하게 할 수 있다.

제13조 【등록전산정보자료의 이용 등】 ① 등록전산정보자료를 이용 또는 활용하고자 하는 사람은 관계 중앙행정기관의 장의 심사를 거쳐 법원행정처장의 승인을 받아야 한다. 다만, 중앙행정기관의 장이 등록전산정보자료를 이용하거나 활용하고자 하는 경우에는 법원행정처장과 협의하여야 한다.
② 제1항에 따라 등록전산정보자료를 이용 또는 활용하고자 하는 사람은 본래의 목적 외의 용도로 이용하거나 활용하여서는 아니 된다.
③ 제1항에 따른 등록전산정보자료의 이용 또는 활용과 그 사용료 등에 관하여 필요한 사항은 대법원규칙으로 정한다.

제14조 【증명서의 교부 등】 ① 본인 또는 배우자, 직계혈족(이하 "본인등"이라 한다)은 제15조에 규정된 등록부등의 기록사항에 관하여 발급할 수 있는 증명서(이하 "등록사항별 증명서"라 한다)의 교부를 청구할 수 있고, 본인등의 대리인이 청구하는 경우에는 본인등의 위임을 받아야 한다. 다만, 다음 각 호의 어느 하나에 해당하는 경우에는 본인등이 아닌 경우에도 교부를 신청할 수 있다.
1. 국가 또는 지방자치단체가 직무상 필요에 따라 문서로 신청하는 경우
2. 소송·비송·민사집행의 각 절차에서 필요한 경우
3. 다른 법령에서 본인등에 관한 증명서를 제출하도록 요구하는 경우
4. 그 밖에 대법원규칙으로 정하는 정당한 이해관계가 있는 사람이 신청하는 경우
② 제15조 제1항 제5호의 친양자입양관계증명서는 다음 각 호의 어느 하나에 해당하는 경우에 한하여 교부를 청구할 수 있다.
1. 친양자가 성년이 되어 신청하는 경우
2. 혼인당사자가 「민법」 제809조의 친족관계를 파악하고자 하는 경우
3. 법원의 사실조회촉탁이 있거나 수사기관이 수사상 필요에 따라 문서로 신청하는 경우
4. 그 밖에 대법원규칙으로 정하는 경우
③ 제1항 및 제2항에 따라 증명서의 교부를 청구하는 사람은 수수료를 납부하여야 하며, 증명서의 송부를 신청하는 경우에는 우송료를 따로 납부하여야 한다.
④ 시·읍·면의 장은 제1항 및 제2항의 청구가 등록부에 기록된 사람에 대한 사생활의 비밀을 침해하는 등 부당한 목적에 의한 것이 분명하다고 인정되는 때에는 증명서의 교부를 거부할 수 있다.
⑤ 등록사항별 증명서를 제출할 것을 요구하는 자는 사용목적에 필요한 최소한의 등록사항이 기록된 일반증명서 또는 특정증명서를 요구하여야 하며, 상세증명서를 요구하는 경우에는 그 이유를 설명하여야 한다. 제출받은 증명서를 사용목적 외의 용도로 사용하여서는 아니 된다.
⑥ 제1항부터 제5항까지의 규정은 폐쇄등록부에 관한 증명서 교부의 경우에도 준용한다.
⑦ 본인 또는 배우자, 부모, 자녀는 대법원규칙으로 정하는 바에 따라 등록부등의 기록사항의 전부 또는 일부에 대하여 전자적 방법에 의한 열람을 청구할 수 있다. 다만, 친양자입양관계증명서의 기록사항에 대하여는 친양자가 성년이 된 이후에만 청구할 수 있다.
⑧ 「가정폭력범죄의 처벌 등에 관한 특례법」 제2조 제5호에 따른 피해자(이하 "가정폭력피해자"라 한다) 또는 그 대리인은 가정폭력피해자의 배우자 또는 직계혈족을 지정(이하 "교부제한대상자"라 한다)하여 시·읍·

면의 장에게 제1항 및 제2항에 따른 가정폭력피해자 본인의 등록사항별 증명서의 교부를 제한하거나 그 제한을 해지하도록 신청할 수 있다.
⑨ 시·읍·면의 장은 제8항에 따른 신청을 받은 때에는 제1항 및 제2항에도 불구하고 교부제한대상자 또는 그 대리인에게 가정폭력피해자 본인의 등록사항별 증명서를 교부하지 아니할 수 있다.
⑩ 제9항에 따른 교부제한대상자에게는 제7항에도 불구하고 가정폭력피해자 본인의 등록부등의 기록사항을 열람하게 하지 아니한다.
⑪ 제8항 및 제9항에 따른 신청·해지 절차, 제출 서류 등에 필요한 구체적인 사항은 대법원규칙으로 정한다.

제14조의2 【인터넷에 의한 증명서 발급】 ① 등록사항별 증명서의 발급사무는 인터넷을 이용하여 처리할 수 있다.
② 제1항에 따른 발급은 본인 또는 배우자, 부모, 자녀가 신청할 수 있다.
③ 제1항 및 제2항에도 불구하고 제14조 제9항에 따른 교부제한대상자에게는 가정폭력피해자 본인의 등록사항별 증명서를 발급하지 아니한다.
④ 제1항에 따른 발급의 범위, 절차 및 방법 등 필요한 사항은 대법원규칙으로 정한다.

제14조의3 【무인증명서발급기에 의한 증명서 발급】 ① 시·읍·면의 장은 신청인 스스로 입력하여 등록사항별 증명서를 발급받을 수 있는 장치를 이용하여 증명서의 발급사무를 처리할 수 있다.
② 제1항에 따른 발급은 본인에게만 할 수 있다.
③ 제1항에 따른 발급의 범위, 절차 및 방법 등 필요한 사항은 대법원규칙으로 정한다.

제15조 【증명서의 종류 및 기록사항】 ① 등록부등의 기록사항은 다음 각 호의 증명서별로 제2항에 따른 일반증명서와 제3항에 따른 상세증명서로 발급한다. 다만, 외국인의 기록사항에 관하여는 성명·성별·출생연월일·국적 및 외국인등록번호를 기재하여 증명서를 발급하여야 한다.
1. 가족관계증명서
   가. 삭제
   나. 삭제
   다. 삭제
2. 기본증명서
   가. 삭제
   나. 삭제
3. 혼인관계증명서
   가. 삭제
   나. 삭제
   다. 삭제

4. 입양관계증명서
    가. 삭제
    나. 삭제
    다. 삭제
5. 친양자입양관계증명서
    가. 삭제
    나. 삭제
    다. 삭제

② 제1항 각 호의 증명서에 대한 일반증명서의 기재사항은 다음 각 호와 같다.
1. 가족관계증명서
    가. 본인의 등록기준지·성명·성별·본·출생연월일 및 주민등록번호
    나. 부모의 성명·성별·본·출생연월일 및 주민등록번호(입양의 경우 양부모를 부모로 기록한다. 다만, 단독입양한 양부가 친생모와 혼인관계에 있는 때에는 양부와 친생모를, 단독입양한 양모가 친생부와 혼인관계에 있는 때에는 양모와 친생부를 각각 부모로 기록한다)
    다. 배우자, 생존한 현재의 혼인 중의 자녀의 성명·성별·본·출생연월일 및 주민등록번호
2. 기본증명서
    가. 본인의 등록기준지·성명·성별·본·출생연월일 및 주민등록번호
    나. 본인의 출생, 사망, 국적상실에 관한 사항
3. 혼인관계증명서
    가. 본인의 등록기준지·성명·성별·본·출생연월일 및 주민등록번호
    나. 배우자의 성명·성별·본·출생연월일 및 주민등록번호
    다. 현재의 혼인에 관한 사항
4. 입양관계증명서
    가. 본인의 등록기준지·성명·성별·본·출생연월일 및 주민등록번호
    나. 친생부모·양부모 또는 양자의 성명·성별·본·출생연월일 및 주민등록번호
    다. 현재의 입양에 관한 사항
5. 친양자입양관계증명서
    가. 본인의 등록기준지·성명·성별·본·출생연월일 및 주민등록번호
    나. 친생부모·양부모 또는 친양자의 성명·성별·본·출생연월일 및 주민등록번호
    다. 현재의 친양자 입양에 관한 사항

③ 제1항 각 호의 증명서에 대한 상세증명서의 기재사항은 제2항에 따른 일반증명서의 기재사항에 다음 각 호의 사항을 추가한 것으로 한다.
1. 가족관계증명서 : 모든 자녀의 성명 · 성별 · 본 · 출생연월일 및 주민등록번호
2. 기본증명서 : 국적취득 및 회복 등에 관한 사항
3. 혼인관계증명서 : 혼인 및 이혼에 관한 사항
4. 입양관계증명서 : 입양 및 파양에 관한 사항
5. 친양자입양관계증명서 : 친양자 입양 및 파양에 관한 사항

④ 제1항에도 불구하고 같은 항 각 호의 증명서 중 대법원규칙으로 정하는 증명서에 대해서는 해당 증명서의 상세증명서 기재사항 중 신청인이 대법원규칙으로 정하는 바에 따라 선택한 사항을 기재한 특정증명서를 발급한다.

⑤ 제2항부터 제4항까지의 규정에 따른 일반증명서 · 상세증명서 · 특정증명서, 가족관계에 관한 그 밖의 증명서 및 가족관계 기록사항에 관하여 필요한 사항은 대법원규칙으로 정한다.

제15조의2【가정폭력피해자에 관한 기록사항의 공시 제한】 ① 가정폭력피해자 또는 그 대리인은 가정폭력피해자의 배우자 또는 직계혈족(배우자 또는 직계혈족이었던 사람을 포함한다)을 지정(이하 "공시제한대상자"라 한다)하여 시 · 읍 · 면의 장에게 등록부등 중 가정폭력피해자에 관한 기록사항을 가리도록 제한하거나 그 제한을 해지하도록 신청할 수 있다.

② 시 · 읍 · 면의 장은 제1항에 따른 신청을 받은 때에는 다음 각 호의 구분에 따른 사람에게 제14조 제1항 및 제2항에 따른 등록사항별 증명서를 교부하거나 제14조의3에 따른 등록사항별 증명서를 발급할 때 가정폭력피해자에 관한 기록사항을 가리고 교부하거나 발급할 수 있다. 다만, 제14조 제1항 각 호에 해당하여 등록사항별 증명서를 교부할 때에는 해당 사항을 가리지 아니하고 교부할 수 있다.
1. 공시제한대상자의 등록사항별 증명서 : 공시제한대상자 본인등 또는 그 대리인
2. 공시제한대상자의 배우자 또는 직계혈족으로서 가정폭력피해자가 아닌 사람의 등록사항별 증명서 : 공시제한대상자 또는 그 대리인

③ 제2항 각 호의 구분에 따른 사람에게 제14조 제7항에 따라 등록부등의 기록사항을 열람하게 하거나 제14조의2에 따라 등록사항별 증명서를 발급하는 경우에는 가정폭력피해자에 관한 기록사항을 가리고 열람하게 하거나 해당 사항을 가리고 발급한다.

④ 제1항부터 제3항까지의 규정에 따른 공시의 제한 · 해지 신청, 공시 제한 범위 · 방법 등에 필요한 구체적인 사항은 대법원규칙으로 정한다.

제3장 등록부의 기록

제16조【등록부의 기록절차】 등록부는 신고, 통보, 신청, 증서의 등본, 항해일지의 등본 또는 재판서에 의하여 기록한다.

제17조【등록부가 없는 사람】 가족관계등록이 되어 있지 아니한 사람에 대하여 등록사항을 기록하여야 할 때에는 새로 등록부를 작성한다.

제18조【등록부의 정정】 ① 등록부의 기록이 법률상 무효인 것이거나 그 기록에 착오 또는 누락이 있음을 안 때에는 시·읍·면의 장은 지체 없이 신고인 또는 신고사건의 본인에게 그 사실을 통지하여야 한다. 다만, 그 착오 또는 누락이 시·읍·면의 장의 잘못으로 인한 것인 때에는 그러하지 아니하다.
② 제1항 본문의 통지를 할 수 없을 때 또는 통지를 하였으나 정정신청을 하는 사람이 없는 때 또는 그 기록의 착오 또는 누락이 시·읍·면의 장의 잘못으로 인한 것인 때에는 시·읍·면의 장은 감독법원의 허가를 받아 직권으로 정정할 수 있다. 다만, 대법원규칙으로 정하는 경미한 사항인 경우에는 시·읍·면의 장이 직권으로 정정하고, 감독법원에 보고하여야 한다.
③ 국가 또는 지방자치단체의 공무원이 그 직무상 등록부의 기록에 착오 또는 누락이 있음을 안 때에는 지체 없이 신고사건의 본인의 등록기준지의 시·읍·면의 장에게 통지하여야 한다. 이 경우 통지를 받은 시·읍·면의 장은 제1항 및 제2항에 따라 처리한다.

제19조【등록부의 행정구역, 명칭 등의 변경】 ① 행정구역 또는 토지의 명칭이 변경된 때에는 등록부의 기록은 정정된 것으로 본다. 이 경우 시·읍·면의 장은 그 기록사항을 경정하여야 한다.
② 시·읍·면의 장은 지번의 변경이 있을 때에는 등록부의 기록을 경정하여야 한다.

제4장 신고

제1절 통칙

제20조【신고의 장소】 ① 이 법에 따른 신고는 신고사건 본인의 등록기준지 또는 신고인의 주소지나 현재지에서 할 수 있다. 다만, 재외국민에 관한 신고는 재외국민 가족관계등록사무소에서도 할 수 있다.
② 외국인에 관한 신고는 그 거주지 또는 신고인의 주소지나 현재지에서 할 수 있다.

제21조 【출생·사망의 동 경유 신고 등】 ① 시에 있어서 출생·사망의 신고는 그 신고의 장소가 신고사건 본인의 주민등록지 또는 주민등록을 할 지역과 같은 경우에는 신고사건 본인의 주민등록지 또는 주민등록을 할 지역을 관할하는 동을 거쳐 할 수 있다.
② 제1항의 경우 동장은 소속 시장을 대행하여 신고서를 수리하고, 동이 속하는 시의 장에게 신고서를 송부하며, 그 밖에 대법원규칙으로 정하는 등록사무를 처리한다.

제22조 【신고 후 등록되어 있음이 판명된 때 등】 등록되어 있는지가 분명하지 아니한 사람 또는 등록되어 있지 아니하거나 등록할 수 없는 사람에 관한 신고가 수리된 후 그 사람에 관하여 등록되어 있음이 판명된 때 또는 등록할 수 있게 된 때에는 신고인 또는 신고사건의 본인은 그 사실을 안 날부터 1개월 이내에 수리된 신고사건을 표시하여 처음 그 신고를 수리한 시·읍·면의 장에게 그 사실을 신고하여야 한다.

제23조 【신고방법】 ① 신고는 서면이나 말로 할 수 있다.
② 신고로 인하여 효력이 발생하는 등록사건에 관하여 신고사건 본인이 시·읍·면에 출석하지 아니하는 경우에는 신고사건 본인의 주민등록증(모바일 주민등록증을 포함한다)·운전면허증·여권, 그 밖에 대법원규칙으로 정하는 신분증명서(이하 이 항에서 "신분증명서"라 한다)를 제시하거나 신고서에 신고사건 본인의 인감증명서를 첨부하여야 한다. 이 경우 본인의 신분증명서를 제시하지 아니하거나 본인의 인감증명서를 첨부하지 아니한 때에는 신고서를 수리하여서는 아니 된다.

제23조의2 【전자문서를 이용한 신고】 ① 제23조에도 불구하고 대법원규칙으로 정하는 등록에 관한 신고는 전산정보처리조직을 이용하여 전자문서로 할 수 있다.
② 제1항에 따른 신고는 신고사건 본인의 등록기준지 시·읍·면의 장이 처리한다. 다만, 신고사건 본인의 등록기준지가 없는 경우에는 신고인의 주소지 시·읍·면의 장이 처리하고, 재외국민에 관한 신고인 경우에는 재외국민 가족관계등록사무소의 가족관계등록관이 처리하며, 외국인에 관한 신고인 경우에는 그 거주지 시·읍·면의 장이 처리한다.
③ 제2항에도 불구하고 제1항에 따른 신고는 신고 처리의 편의를 위하여 대법원규칙으로 정하는 바에 따라 다른 시·읍·면의 장이 처리할 수 있다.
④ 시에 있어서 제2항 및 제3항에 따른 신고 처리는 대법원규칙으로 정하는 바에 따라 동장이 소속 시장을 대행하여 할 수 있다.
⑤ 제1항에 따른 신고는 이 법 및 대법원규칙으로 정하는 정보가 전산정보처리조직에 저장된 때에 접수된 것으로 본다.
⑥ 제1항에 따른 신고의 불수리 통지는 제43조에도 불구하고 전산정보처리조직을 이용하여 전자문서로 할 수 있다.

제23조의3 【첨부서류의 전자적 확인】 ① 시·읍·면의 장이 등록사무를 처리하는 전산정보처리조직을 통하여 첨부서류에 대한 정보를 확인할 수 있는 경우에는 그 확인으로 해당 서류의 첨부를 갈음한다.
② 제1항에 따라 확인이 가능한 첨부서류의 종류는 대법원규칙으로 정한다.

제24조 【신고서 양식】 신고서 양식은 대법원예규로 정한다. 이 경우 가족관계에 관한 등록신고가 다른 법령으로 규정한 신고를 갈음하는 경우에 당해 신고서 양식을 정함에 있어서는 미리 관계부처의 장과 협의하여야 한다.

제25조 【신고서 기재사항】 ① 신고서에는 다음 사항을 기재하고 신고인이 서명하거나 기명날인하여야 한다.
1. 신고사건
2. 신고연월일
3. 신고인의 출생연월일·주민등록번호·등록기준지 및 주소
4. 신고인과 신고사건의 본인이 다른 때에는 신고사건의 본인의 등록기준지·주소·성명·출생연월일 및 주민등록번호와 신고인의 자격
② 이 법에 따라 신고서류를 작성한 경우 그 신고서류에 주민등록번호를 기재한 때에는 출생연월일의 기재를 생략할 수 있다.

제26조 【신고하여야 할 사람이 미성년자 또는 피성년후견인인 경우】 ① 신고하여야 할 사람이 미성년자 또는 피성년후견인인 경우에는 친권자, 미성년후견인 또는 성년후견인을 신고의무자로 한다. 다만, 미성년자 또는 피성년후견인 본인이 신고를 하여도 된다.
② 제1항 본문에 따라 친권자, 미성년후견인 또는 성년후견인이 신고하는 경우에는 신고서에 다음 각 호의 사항을 적어야 한다.
1. 신고하여야 할 미성년자 또는 피성년후견인의 성명·출생연월일·주민등록번호 및 등록기준지
2. 신고하여야 할 사람이 미성년자 또는 피성년후견인이라는 사실
3. 신고인이 친권자, 미성년후견인 또는 성년후견인이라는 사실

제27조 【동의가 불필요한 미성년자 또는 피성년후견인의 신고】 ① 미성년자 또는 피성년후견인이 그 법정대리인의 동의 없이 할 수 있는 행위에 관하여는 미성년자 또는 피성년후견인이 신고하여야 한다.
② 피성년후견인이 신고하는 경우에는 신고서에 신고사건의 성질 및 효과를 이해할 능력이 있음을 증명할 수 있는 진단서를 첨부하여야 한다.

제28조 【증인을 필요로 하는 신고】 증인을 필요로 하는 사건의 신고에 있어서는 증인은 신고서에 주민등록번호 및 주소를 기재하고 서명하거나 기명날인하여야 한다.

제29조【부존재 또는 부지의 사항】신고서에 기재하여야 할 사항으로서 존재하지 아니하거나 알지 못하는 것이 있을 때에는 그 취지를 기재하여야 한다. 다만, 시·읍·면의 장은 법률상 기재하여야 할 사항으로서 특히 중요하다고 인정되는 사항을 기재하지 아니한 신고서는 수리하여서는 아니 된다.

제30조【법령 규정사항 이외의 기재사항】신고서에는 이 법 또는 다른 법령으로 정하는 사항 외에 등록부에 기록하여야 할 사항을 더욱 분명하게 하기 위하여 필요한 사항이 있으면 이러한 사항도 기재하여야 한다.

제31조【말로 하는 신고 등】① 말로 신고하려 할 때에는 신고인은 시·읍·면의 사무소에 출석하여 신고서에 기재하여야 할 사항을 진술하여야 한다.
② 시·읍·면의 장은 신고인의 진술 및 신고연월일을 기록하여 신고인에게 읽어 들려주고 신고인으로 하여금 그 서면에 서명하거나 기명날인하게 하여야 한다.
③ 제1항 및 제2항의 경우에 신고인이 질병 또는 그 밖의 사고로 출석할 수 없는 때에는 대리인으로 하여금 신고하게 할 수 있다. 다만, 제55조, 제56조, 제61조, 제63조, 제71조 및 제74조의 신고는 그러하지 아니하다.

제32조【동의, 승낙 또는 허가를 요하는 사건의 신고】① 신고사건에서 부모 또는 다른 사람의 동의나 승낙이 필요한 경우에는 신고서에 그 동의나 승낙을 증명하는 서면을 첨부하여야 한다. 이 경우 동의나 승낙을 한 사람으로 하여금 신고서에 그 사유를 적고 서명 또는 기명날인하게 함으로써 그 서면의 첨부를 갈음할 수 있다.
② 신고사건, 신고인 또는 신고사항 등에 있어서 재판 또는 관공서의 허가를 요하는 사항이 있는 경우에는 신고서에 그 재판서 또는 허가서의 등본을 첨부하여야 한다.

제33조【신고서에 관한 준용규정】신고서에 관한 규정은 제31조 제2항 및 제32조 제1항의 서면에 준용한다.

제34조【외국에서 하는 신고】재외국민은 이 법에서 정하는 바에 따라 그 지역을 관할하는 대한민국재외공관(이하 "재외공관"이라 한다)의 장에게 신고하거나 신청을 할 수 있다.

제35조【외국의 방식에 따른 증서의 등본】① 재외국민이 그 나라의 방식에 따라 신고사건에 관한 증서를 작성한 경우에는 3개월 이내에 그 지역을 관할하는 재외공관의 장에게 그 증서의 등본을 제출하여야 한다.
② 대한민국의 국민이 있는 지역이 재외공관의 관할에 속하지 아니하는 경우에는 3개월 이내에 등록기준지의 시·읍·면의 장 또는 재외국민 가족관계등록사무소의 가족관계등록관에게 증서의 등본을 발송하여야 한다.

제36조【외국에서 수리한 서류의 송부】① 재외공관의 장은 제34조 및 제35조에 따라 서류를 수리한 때에는 1개월 이내에 외교부장관을 경유하여 재외국민 가족관계등록사무소의 가족관계등록관에게 송부하여야 한다.
② 제1항에 따른 서류의 송부는 대법원규칙으로 정하는 바에 따라 전산정보처리조직을 이용하여 할 수 있다. 이 경우 해당 서류 원본의 보존, 그 밖에 필요한 사항은 대법원규칙으로 정한다.

제37조【신고기간의 기산점】① 신고기간은 신고사건 발생일부터 기산한다.
② 재판의 확정일부터 기간을 기산하여야 할 경우에 재판이 송달 또는 교부 전에 확정된 때에는 그 송달 또는 교부된 날부터 기산한다.

제38조【신고의 최고】① 시·읍·면의 장은 신고를 게을리 한 사람을 안 때에는 상당한 기간을 정하여 신고의무자에 대하여 그 기간 내에 신고할 것을 최고(催告)하여야 한다.
② 신고의무자가 제1항의 기간 내에 신고를 하지 아니한 때에는 시·읍·면의 장은 다시 상당한 기간을 정하여 최고할 수 있다.
③ 제18조 제2항은 제2항의 최고를 할 수 없는 때 및 최고를 하여도 신고를 하지 아니한 때에, 같은 조 제3항은 국가 또는 지방자치단체의 공무원이 신고를 게을리 한 사람이 있음을 안 때에 준용한다.

제39조【신고의 추후 보완】시·읍·면의 장은 신고를 수리한 경우에 흠이 있어 등록부에 기록을 할 수 없을 때에는 신고인 또는 신고의무자로 하여금 보완하게 하여야 한다. 이 경우 제38조를 준용한다.

제40조【기간경과 후의 신고】시·읍·면의 장은 신고기간이 경과한 후의 신고라도 수리하여야 한다.

제41조【사망 후에 도달한 신고】① 신고인의 생존 중에 우송한 신고서는 그 사망 후라도 시·읍·면의 장은 수리하여야 한다.
② 제1항에 따라 신고서가 수리된 때에는 신고인의 사망시에 신고한 것으로 본다.

제42조【수리, 불수리증명서와 서류의 열람】① 신고인은 신고의 수리 또는 불수리의 증명서를 청구할 수 있다.
② 이해관계인은 시·읍·면의 장에게 신고서나 그 밖에 수리한 서류의 열람 또는 그 서류에 기재한 사항에 관하여 증명서를 청구할 수 있다.
③ 증명서를 청구할 때에는 수수료를 납부하여야 한다.
④ 이해관계인은 법원에 보관되어 있는 신고서류에 대한 열람을 청구할 수 있다.
⑤ 제2항 및 제4항의 이해관계인의 자격과 범위 등에 관하여는 제14조 제1항부터 제4항까지의 규정을 준용한다.

제43조 【신고불수리의 통지】 시·읍·면의 장이 신고를 수리하지 아니한 때에는 그 사유를 지체 없이 신고인에게 서면으로 통지하여야 한다.

제2절 출생

제44조 【출생신고의 기재사항】 ① 출생의 신고는 출생 후 1개월 이내에 하여야 한다.
② 신고서에는 다음 사항을 기재하여야 한다.
1. 자녀의 성명·본·성별 및 등록기준지
2. 자녀의 혼인 중 또는 혼인 외의 출생자의 구별
3. 출생의 연월일시 및 장소
4. 부모의 성명·본·등록기준지 및 주민등록번호(부 또는 모가 외국인인 때에는 그 성명·출생연월일·국적 및 외국인등록번호)
5. 「민법」 제781조 제1항 단서에 따른 협의가 있는 경우 그 사실
6. 자녀가 복수국적자(複數國籍者)인 경우 그 사실 및 취득한 외국 국적
③ 자녀의 이름에는 한글 또는 통상 사용되는 한자를 사용하여야 한다. 통상 사용되는 한자의 범위는 대법원규칙으로 정한다.
④ 출생신고서에는 의사나 조산사가 작성한 출생증명서를 첨부하여야 한다. 다만, 다음 각 호의 어느 하나에 해당하는 서면을 첨부하는 경우에는 그러하지 아니하다.
1. 분만에 직접 관여한 자가 모의 출산사실을 증명할 수 있는 자료 등을 첨부하여 작성한 출생사실을 증명하는 서면
2. 국내 또는 외국의 권한 있는 기관에서 발행한 출생사실을 증명하는 서면
3. 모의 출산사실을 증명할 수 있는 「119구조·구급에 관한 법률」 제22조에 따른 구조·구급활동상황일지
⑤ 제4항 단서에 따라 첨부하는 서면에 관한 구체적인 사항은 대법원규칙으로 정한다.

제44조의2 【출생증명서가 없는 경우의 출생신고】 ① 제44조 제4항에 따른 출생증명서 또는 서면을 첨부할 수 없는 경우에는 가정법원의 출생확인을 받고 그 확인서를 받은 날부터 1개월 이내에 출생의 신고를 하여야 한다.
② 가정법원은 제1항의 출생확인을 위하여 필요한 경우에는 직권으로 사실을 조사할 수 있으며, 지방자치단체의 장, 국가경찰관서의 장 등 행정기관이나 그 밖에 상당하다고 인정되는 단체 또는 개인에게 필요한 사항을 보고하게 하거나 자료의 제출을 요청할 수 있다.
③ 가정법원의 출생확인 절차와 신고에 필요한 사항은 대법원규칙으로 정한다.

제44조의3 【출생사실의 통보】 ① 「의료법」 제3조에 따른 의료기관(이하 "의료기관"이라 한다)에 종사하는 의료인은 해당 의료기관에서 출생이 있는 경우 출생사실을 확인하기 위하여 다음 각 호의 사항(이하 "출생정보"라 한다)을 해당 의료기관에서 관리하는 출생자 모의 진료기록부 또는 조산기록부(전자적 형태로 바꾼 문서를 포함한다. 이하 같다)에 기재하여야 한다.
1. 출생자의 모에 관한 다음 각 목의 사항
   가. 성명
   나. 주민등록번호 또는 외국인등록번호(모가 외국인인 경우로 한정한다). 다만, 주민등록번호 또는 외국인등록번호를 확인할 수 없는 경우에는 「사회보장기본법」 제37조 제2항에 따른 사회보장정보시스템에서의 의료급여 자격관리를 위한 번호를 기재하여야 한다.
2. 출생자의 성별, 수(數) 및 출생 연월일시
3. 그 밖에 의료기관의 주소 등 출생사실을 확인하기 위하여 대법원규칙으로 정하는 사항
② 의료기관의 장은 출생일부터 14일 이내에 출생정보를 「국민건강보험법」 제62조에 따른 건강보험심사평가원(이하 "심사평가원"이라 한다)에 제출하여야 한다. 이 경우 보건복지부장관이 출생사실의 통보 및 관리를 목적으로 구축하여 심사평가원에 위탁 운영하는 전산정보시스템을 이용하여 제출하여야 한다.
③ 심사평가원은 제2항에 따라 출생정보를 제출받은 경우 출생자 모의 주소지를 관할하는 시·읍·면의 장(모의 주소지를 확인할 수 없는 경우에는 출생지를 관할하는 시·읍·면의 장을 말한다)에게 해당 출생정보를 포함한 출생사실을 지체 없이 통보하여야 한다. 이 경우 심사평가원은 「전자정부법」 제37조에 따른 행정정보 공동이용센터를 통하여 전자적인 방법으로 출생사실을 통보할 수 있다.
④ 그 밖에 출생정보를 포함한 출생사실의 통보, 제2항에 따른 전산정보시스템의 이용 방법 및 절차 등에 관하여 필요한 사항은 대법원규칙으로 정한다.

제44조의4 【출생신고의 확인·최고 및 직권 출생 기록】 ① 제44조의3 제3항에 따른 통보를 받은 시·읍·면의 장은 제44조 제1항에 따른 신고기간 내에 출생자에 대한 출생신고가 되었는지를 확인하여야 한다.
② 시·읍·면의 장은 제44조 제1항에 따른 신고기간이 지나도록 제44조의3 제3항에 따라 통보받은 출생자에 대한 출생신고가 되지 아니한 경우에는 즉시 제46조 제1항 및 제2항에 따른 신고의무자에게 7일 이내에 출생신고를 할 것을 최고하여야 한다.

③ 시·읍·면의 장은 다음 각 호의 어느 하나에 해당하는 경우 제44조의3 제3항에 따라 통보받은 자료를 첨부하여 감독법원의 허가를 받아 해당 출생자에 대하여 직권으로 등록부에 출생을 기록하여야 한다.
1. 제46조 제1항 및 제2항에 따른 신고의무자가 제2항의 최고기간 내에 출생신고를 하지 아니한 경우
2. 제46조 제1항 및 제2항에 따른 신고의무자를 특정할 수 없는 등의 이유로 제2항에 따라 신고의무자에게 최고할 수 없는 경우
④ 제1항부터 제3항까지에서 규정한 사항 외에 출생신고 확인, 출생신고 최고, 출생자의 성명·본 및 등록기준지의 결정 방법 등에 관하여 필요한 사항은 대법원규칙으로 정한다.

제44조의5【자료제공의 요청】 시·읍·면의 장은 제44조의4에 따른 등록사무처리를 위하여 필요한 경우 대법원규칙으로 정하는 자료를 관계 기관의 장에게 요청할 수 있고, 해당 기관의 장은 특별한 사유가 없으면 요청에 따라야 한다. 다만, 「전자정부법」 제36조 제1항에 따른 행정정보 공동이용을 통하여 확인할 수 있는 사항은 예외로 한다.

제45조【출생신고의 장소】 ① 출생의 신고는 출생지에서 할 수 있다.
② 기차나 그 밖의 교통기관 안에서 출생한 때에는 모가 교통기관에서 내린 곳, 항해일지가 비치되지 아니한 선박 안에서 출생한 때에는 그 선박이 최초로 입항한 곳에서 신고할 수 있다.

제46조【신고의무자】 ① 혼인 중 출생자의 출생의 신고는 부 또는 모가 하여야 한다.
② 혼인 외 출생자의 신고는 모가 하여야 한다.
③ 제1항 및 제2항에 따라 신고를 하여야 할 사람이 신고를 할 수 없는 경우에는 다음 각 호의 어느 하나에 해당하는 사람이 각 호의 순위에 따라 신고를 하여야 한다.
1. 동거하는 친족
2. 분만에 관여한 의사·조산사 또는 그 밖의 사람
④ 신고의무자가 제44조 제1항에 따른 기간 내에 신고를 하지 아니하여 자녀의 복리가 위태롭게 될 우려가 있는 경우에는 검사 또는 지방자치단체의 장이 출생의 신고를 할 수 있다.
[헌법불합치, 2021헌마975, 2023. 3. 23, 가족관계의 등록 등에 관한 법률(2007. 5. 17. 법률 제8435호로 제정된 것) 제46조 제2항, 가족관계의 등록 등에 관한 법률(2021. 3. 16. 법률 제17928호로 개정된 것) 제57조 제1항, 제2항은 모두 헌법에 합치되지 아니한다. 위 법률조항들은 2025. 5. 31.을 시한으로 입법자가 개정할 때까지 계속 적용된다.]

제47조【친생부인의 소를 제기한 때】 친생부인의 소를 제기한 때에도 출생신고를 하여야 한다.

제48조【법원이 부를 정하는 때】 ① 「민법」 제845조에 따라 법원이 부(父)를 정하여야 할 때에는 출생의 신고는 모가 하여야 한다.
② 제46조 제3항은 제1항의 경우에 준용한다.

제49조【항해 중의 출생】 ① 항해 중에 출생이 있는 때에는 선장은 24시간 이내에 제44조 제2항에서 정한 사항을 항해일지에 기재하고 서명 또는 기명날인하여야 한다.
② 제1항의 절차를 밟은 후 선박이 대한민국의 항구에 도착하였을 때에는 선장은 지체 없이 출생에 관한 항해일지의 등본을 그 곳의 시·읍·면의 장 또는 재외국민 가족관계등록사무소의 가족관계등록관에게 발송하여야 한다.
③ 선박이 외국의 항구에 도착하였을 때에는 선장은 지체 없이 제2항의 등본을 그 지역을 관할하는 재외공관의 장에게 발송하고 재외공관의 장은 지체 없이 외교부장관을 경유하여 재외국민 가족관계등록사무소의 가족관계등록관에게 발송하여야 한다.
④ 제3항에 따른 서류의 송부는 대법원규칙으로 정하는 바에 따라 전산정보처리조직을 이용하여 할 수 있다. 이 경우 해당 서류 원본의 보존, 그 밖에 필요한 사항은 대법원규칙으로 정한다.

제50조【공공시설에서의 출생】 병원, 교도소, 그 밖의 시설에서 출생이 있었을 경우에 부모가 신고할 수 없는 때에는 당해 시설의 장 또는 관리인이 신고를 하여야 한다.

제51조【출생신고 전에 사망한 때】 출생의 신고 전에 자녀가 사망한 때에는 출생의 신고와 동시에 사망의 신고를 하여야 한다.

제52조【기아】 ① 기아(棄兒)를 발견한 사람 또는 기아발견의 통지를 받은 경찰공무원은 24시간 이내에 그 사실을 시·읍·면의 장에게 통보하여야 한다.
② 제1항의 통보를 받은 시·읍·면의 장은 소지품, 발견장소, 발견연월일시, 그 밖의 상황, 성별, 출생의 추정연월일을 조서에 기재하여야 한다. 이 경우 그 조서를 신고서로 본다.
③ 시·읍·면의 장은 「민법」 제781조 제4항에 따라 기아의 성과 본을 창설한 후 이름과 등록기준지를 정하여 등록부에 기록하여야 한다.

제53조【부모가 기아를 찾은 때】 ① 부 또는 모가 기아를 찾은 때에는 1개월 이내에 출생의 신고를 하고 등록부의 정정을 신청하여야 한다.
② 제1항의 경우에는 시·읍·면의 장이 확인하여야 한다.

제54조【기아가 사망한 때】 제52조 제1항 또는 제53조의 절차를 밟기 전에 기아가 사망하였을 때에는 사망의 신고와 동시에 그 절차를 밟아야 한다.

제3절 인지

제55조 【인지신고의 기재사항】 ① 인지의 신고서에는 다음 사항을 기재하여야 한다.
1. 자녀의 성명·성별·출생연월일·주민등록번호 및 등록기준지(자가 외국인인 때에는 그 성명·성별·출생연월일·국적 및 외국인등록번호)
2. 사망한 자녀를 인지할 때에는 사망연월일, 그 직계비속의 성명·출생연월일·주민등록번호 및 등록기준지
3. 부가 인지할 때에는 모의 성명·등록기준지 및 주민등록번호
4. 인지 전의 자녀의 성과 본을 유지할 경우 그 취지와 내용
5. 「민법」제909조 제4항 또는 제5항에 따라 친권자가 정하여진 때에는 그 취지와 내용

② 제1항 제4호 및 제5호의 경우에는 신고서에 그 내용을 증명하는 서면을 첨부하여야 한다. 다만, 가정법원의 성·본 계속사용허가심판 또는 친권자를 정하는 재판이 확정된 때에는 제58조를 준용한다.

제56조 【태아의 인지】 태내에 있는 자녀를 인지할 때에는 신고서에 그 취지, 모의 성명 및 등록기준지를 기재하여야 한다.

제57조 【친생자출생의 신고에 의한 인지】 ① 부가 혼인 외의 자녀에 대하여 친생자출생의 신고를 한 때에는 그 신고는 인지의 효력이 있다. 다만, 모가 특정됨에도 불구하고 부가 본문에 따른 신고를 함에 있어 모의 소재불명 또는 모가 정당한 사유 없이 출생신고에 필요한 서류 제출에 협조하지 아니하는 등의 장애가 있는 경우에는 부의 등록기준지 또는 주소지를 관할하는 가정법원의 확인을 받아 신고를 할 수 있다.
② 모의 성명·등록기준지 및 주민등록번호의 전부 또는 일부를 알 수 없어 모를 특정할 수 없는 경우 또는 모가 공적 서류·증명서·장부 등에 의하여 특정될 수 없는 경우에는 부의 등록기준지 또는 주소지를 관할하는 가정법원의 확인을 받아 제1항에 따른 신고를 할 수 있다.
③ 가정법원은 제1항 단서 및 제2항에 따른 확인을 위하여 필요한 사항을 직권으로 조사할 수 있고, 지방자치단체, 국가경찰관서 및 행정기관이나 그 밖의 단체 또는 개인에게 필요한 사항을 보고하게 하거나 자료의 제출을 요구할 수 있다.
④ 다음 각 호의 어느 하나에 해당하는 경우에는 신고의무자가 1개월 이내에 출생의 신고를 하고 등록부의 정정을 신청하여야 한다. 이 경우 시·읍·면의 장이 확인하여야 한다.
1. 출생자가 제3자로부터 「민법」제844조의 친생자 추정을 받고 있음이 밝혀진 경우
2. 그 밖에 대법원규칙으로 정하는 사유에 해당하는 경우

⑤ 확인절차 및 신고에 필요한 사항은 대법원규칙으로 정한다.
[헌법불합치, 2021헌마975, 2023. 3. 23, 가족관계의 등록 등에 관한 법률(2007. 5. 17. 법률 제8435호로 제정된 것) 제46조 제2항, 가족관계의 등록 등에 관한 법률(2021. 3. 16. 법률 제17928호로 개정된 것) 제57조 제1항, 제2항은 모두 헌법에 합치되지 아니한다. 위 법률조항들은 2025. 5. 31.을 시한으로 입법자가 개정할 때까지 계속 적용된다.]

제58조【재판에 의한 인지】① 인지의 재판이 확정된 경우에 소를 제기한 사람은 재판의 확정일부터 1개월 이내에 재판서의 등본 및 확정증명서를 첨부하여 그 취지를 신고하여야 한다.
② 제1항의 신고서에는 재판확정일을 기재하여야 한다.
③ 제1항의 경우에는 그 소의 상대방도 재판서의 등본 및 확정증명서를 첨부하여 인지의 재판이 확정된 취지를 신고할 수 있다. 이 경우 제2항을 준용한다.

제59조【유언에 의한 인지】유언에 의한 인지의 경우에는 유언집행자는 그 취임일부터 1개월 이내에 인지에 관한 유언서등본 또는 유언녹음을 기재한 서면을 첨부하여 제55조 또는 제56조에 따라 신고를 하여야 한다.

제60조【인지된 태아의 사산】인지된 태아가 사체로 분만된 경우에 출생의 신고의무자는 그 사실을 안 날부터 1개월 이내에 그 사실을 신고하여야 한다. 다만, 유언집행자가 제59조의 신고를 하였을 경우에는 유언집행자가 그 신고를 하여야 한다.

제4절 입양

제61조【입양신고의 기재사항】입양의 신고서에는 다음 사항을 기재하여야 한다.
1. 당사자의 성명·본·출생연월일·주민등록번호·등록기준지(당사자가 외국인인 때에는 그 성명·출생연월일·국적 및 외국인등록번호) 및 양자의 성별
2. 양자의 친생부모의 성명·주민등록번호 및 등록기준지

제62조【입양의 신고】① 양자가 13세 미만인 경우에는 「민법」 제869조 제2항에 따라 입양을 승낙한 법정대리인이 신고하여야 한다.
② 「민법」 제867조에 따라 미성년자를 입양하는 경우 또는 같은 법 제873조에 따라 피성년후견인이 입양을 하거나 양자가 되는 경우에는 가정법원의 허가서를 첨부하여야 한다.
③ 「민법」 제871조 제2항에 따라 부모의 동의를 갈음하는 심판이 있는 경우에는 가정법원의 심판서를 첨부하여야 한다.

제5절 파양

제63조 【파양신고의 기재사항】 파양의 신고서에는 다음 사항을 기재하여야 한다.
1. 당사자의 성명·본·출생연월일·주민등록번호 및 등록기준지(당사자가 외국인인 때에는 그 성명·출생연월일·국적 및 외국인등록번호)
2. 양자의 친생부모의 성명·등록기준지 및 주민등록번호

제64조 삭제

제65조 【준용규정】 ① 제63조는 입양취소의 신고에 준용한다.
② 제58조는 입양취소의 재판이 확정된 경우에 준용한다.

제66조 【준용규정】 제58조는 파양의 재판이 확정된 경우에 준용한다.

제6절 친양자의 입양 및 파양

제67조 【친양자의 입양신고】 ① 「민법」 제908조의2에 따라 친양자를 입양하고자 하는 사람은 친양자 입양재판의 확정일부터 1개월 이내에 재판서의 등본 및 확정증명서를 첨부하여 제61조의 신고를 하여야 한다.
② 제1항의 신고서에는 재판확정일을 기재하여야 한다.

제68조 【준용규정】 제58조는 친양자의 입양신고에 준용한다.

제69조 【친양자의 파양신고】 ① 「민법」 제908조의5에 따라 친양자 파양의 재판이 확정된 경우 소를 제기한 사람은 재판의 확정일부터 1개월 이내에 재판서의 등본 및 확정증명서를 첨부하여 제63조의 신고를 하여야 한다.
② 제1항의 신고서에는 재판확정일을 기재하여야 한다.
③ 제1항의 경우에는 그 소의 상대방도 재판서의 등본 및 확정증명서를 첨부하여 친양자 파양의 재판이 확정된 취지를 신고할 수 있다. 이 경우 제2항을 준용한다.

제70조 【준용규정】 제69조는 친양자의 입양취소의 재판이 확정된 경우에 준용한다.

제7절 혼인

제71조 【혼인신고의 기재사항 등】 혼인의 신고서에는 다음 사항을 기재하여야 한다. 다만, 제3호의 경우에는 혼인당사자의 협의서를 첨부하여야 한다.
1. 당사자의 성명·본·출생연월일·주민등록번호 및 등록기준지(당사자가 외국인인 때에는 그 성명·출생연월일·국적 및 외국인등록번호)
2. 당사자의 부모와 양부모의 성명·등록기준지 및 주민등록번호

3. 「민법」 제781조 제1항 단서에 따른 협의가 있는 경우 그 사실
4. 「민법」 제809조 제1항에 따른 근친혼에 해당되지 아니한다는 사실

제72조【재판에 의한 혼인】 사실상 혼인관계 존재확인의 재판이 확정된 경우에는 소를 제기한 사람은 재판의 확정일부터 1개월 이내에 재판서의 등본 및 확정증명서를 첨부하여 제71조의 신고를 하여야 한다.

제73조【준용규정】 제58조는 혼인취소의 재판이 확정된 경우에 준용한다.

제8절 이혼

제74조【이혼신고의 기재사항】 이혼의 신고서에는 다음 사항을 기재하여야 한다.
1. 당사자의 성명·본·출생연월일·주민등록번호 및 등록기준지(당사자가 외국인인 때에는 그 성명·국적 및 외국인등록번호)
2. 당사자의 부모와 양부모의 성명·등록기준지 및 주민등록번호
3. 「민법」 제909조 제4항 또는 제5항에 따라 친권자가 정하여진 때에는 그 내용

제75조【협의상 이혼의 확인】 ① 협의상 이혼을 하고자 하는 사람은 등록기준지 또는 주소지를 관할하는 가정법원의 확인을 받아 신고하여야 한다. 다만, 국내에 거주하지 아니하는 경우에 그 확인은 서울가정법원의 관할로 한다.
② 제1항의 신고는 협의상 이혼을 하고자 하는 사람이 가정법원으로부터 확인서등본을 교부 또는 송달받은 날부터 3개월 이내에 그 등본을 첨부하여 행하여야 한다.
③ 제2항의 기간이 경과한 때에는 그 가정법원의 확인은 효력을 상실한다.
④ 가정법원의 확인 절차와 신고에 관하여 필요한 사항은 대법원규칙으로 정한다.

제76조【간주규정】 협의이혼신고서에 가정법원의 이혼의사확인서등본을 첨부한 경우에는 「민법」 제836조 제2항에서 정한 증인 2인의 연서가 있는 것으로 본다.

제77조【준용규정】 제74조는 혼인취소의 신고에 준용한다.

제78조【준용규정】 제58조는 이혼의 재판이 확정된 경우에 준용한다.

제9절 친권 및 미성년후견

제79조【친권자 지정 및 변경 신고 등】 ① 부모가 「민법」 제909조 제4항에 따라 친권자를 정한 때에는 1개월 이내에 그 사실을 신고하여야 한다. 부모 중 일방이 신고하는 경우에는 그 사실을 증명하는 서면을 첨부하여야 한다.

② 다음 각 호의 재판이 확정된 경우에는 그 재판을 청구한 사람이나 그 재판으로 친권자 또는 그 임무를 대행할 사람으로 정하여진 사람이 그 내용을 신고하여야 한다. 이 경우 신고기간, 신고서의 첨부서류 등에 관하여는 제58조를 준용한다.
1. 「민법」 제909조 제4항부터 제6항까지의 규정에 따라 친권자를 정하거나 변경하는 재판
2. 「민법」 제909조의2(「민법」 제927조의2 제1항에 따라 준용되는 경우를 포함한다), 제927조의2 제2항 및 제931조 제2항에 따라 친권자 또는 그 임무를 대행할 사람을 지정하거나 선임하는 재판
3. 「민법」 제924조, 제924조의2 및 제926조에 따른 친권의 상실, 일시 정지, 일부 제한 및 그 회복에 관한 재판
4. 「민법」 제925조, 제926조 및 제927조에 따른 법률행위의 대리권이나 재산관리권의 상실·사퇴 및 그 회복에 관한 재판

제80조 【미성년후견 개시신고의 기재사항】 ① 미성년후견 개시의 신고는 미성년후견인이 그 취임일부터 1개월 이내에 하여야 한다.
② 신고서에는 다음 각 호의 사항을 적어야 한다.
1. 미성년자와 미성년후견인의 성명·출생연월일·주민등록번호 및 등록기준지(당사자가 외국인인 때에는 그 성명·출생연월일·국적 및 외국인등록번호)
2. 미성년후견 개시의 원인 및 연월일
3. 미성년후견인이 취임한 연월일

제81조 【미성년후견인 경질신고 등】 ① 미성년후견인이 경질된 경우에는 후임자는 취임일부터 1개월 이내에 그 취지를 신고하여야 한다.
② 제1항의 신고에는 제80조 제2항을 준용한다.
③ 「민법」 제939조 또는 제940조에 따라 미성년후견인이 사임하거나 변경된 경우 신고인, 신고기간과 신고서의 첨부서류 등에 관하여는 제79조 제2항을 준용한다. 이 경우 "친권자 또는 그 임무를 대행할 사람으로 정하여진 사람"은 "선임된 미성년후견인"으로 본다.

제82조 【유언 또는 재판에 따른 미성년후견인의 선정】 ① 유언에 의하여 미성년후견인을 지정한 경우에는 지정에 관한 유언서 그 등본 또는 유언녹음을 기재한 서면을 신고서에 첨부하여야 한다.
② 미성년후견인 선임의 재판이 있는 경우에는 재판서의 등본을 신고서에 첨부하여야 한다.

제83조 【미성년후견 종료신고】 ① 미성년후견 종료의 신고는 미성년후견인이 1개월 이내에 하여야 한다. 다만, 미성년자가 성년이 되어 미성년후견이 종료된 경우에는 그러하지 아니하다.

② 신고서에는 다음 각 호의 사항을 적어야 한다.
1. 미성년자와 미성년후견인의 성명·등록기준지 및 주민등록번호(당사자가 외국인인 때에는 그 성명·국적 및 외국인등록번호)
2. 미성년후견 종료의 원인 및 연월일

제83조의2 【미성년후견감독 개시신고】 ① 미성년후견감독 개시의 신고는 미성년후견감독인이 그 취임일부터 1개월 이내에 하여야 한다.
② 신고서에는 다음 각 호의 사항을 적어야 한다.
1. 미성년후견감독인, 미성년후견인 및 미성년자의 성명·출생연월일·주민등록번호 및 등록기준지(당사자가 외국인인 때에는 그 성명·출생연월일·국적 및 외국인등록번호)
2. 미성년후견감독 개시의 원인 및 연월일
3. 미성년후견감독인이 취임한 연월일

제83조의3 【미성년후견감독인의 경질신고 등】 ① 미성년후견감독인이 경질된 경우에는 후임자는 취임일부터 1개월 이내에 그 취지를 신고하여야 한다.
② 제1항의 신고에 관하여는 제83조의2 제2항을 준용한다.
③ 「민법」 제940조의7에 따라 준용되는 같은 법 제939조 또는 제940조에 따라 미성년후견감독인이 사임하거나 변경된 경우 신고인, 신고기간과 신고서의 첨부서류 등에 관하여는 제79조 제2항을 준용한다. 이 경우 "친권자 또는 그 임무를 대행할 사람으로 정하여진 사람"은 "선임된 미성년후견감독인"으로 본다.

제83조의4 【유언 또는 재판에 따른 미성년후견감독인의 선정】 유언으로 미성년후견감독인을 지정한 경우 또는 미성년후견감독인 선임의 재판이 있는 경우에 신고서의 첨부서류에 관하여는 제82조를 준용한다.

제83조의5 【미성년후견감독 종료신고】 ① 미성년후견감독 종료의 신고는 미성년후견감독인이 1개월 이내에 하여야 한다. 다만, 미성년자가 성년이 되어 미성년후견감독이 종료된 경우에는 그러하지 아니하다.
② 신고서에는 다음 각 호의 사항을 적어야 한다.
1. 미성년후견감독인, 미성년후견인 및 미성년자의 성명·출생연월일·주민등록번호 및 등록기준지(당사자가 외국인인 경우에는 그 성명·출생연월일·국적 및 외국인등록번호)
2. 미성년후견감독 종료의 원인 및 연월일

제10절 사망과 실종

제84조【사망신고와 그 기재사항】 ① 사망의 신고는 제85조에 규정한 사람이 사망의 사실을 안 날부터 1개월 이내에 진단서 또는 검안서를 첨부하여 하여야 한다.
② 신고서에는 다음 사항을 기재하여야 한다.
1. 사망자의 성명, 성별, 등록기준지 및 주민등록번호
2. 사망의 연월일시 및 장소
③ 부득이한 사유로 제2항의 신고서에 제1항의 진단서나 검안서를 첨부할 수 없는 때에는 사망의 사실을 증명할 만한 서면으로서 대법원규칙으로 정하는 서면을 첨부하여야 한다. 이 경우 제2항의 신고서에 진단서 또는 검안서를 첨부할 수 없는 사유를 기재하여야 한다.

제85조【사망신고의무자】 ① 사망의 신고는 동거하는 친족이 하여야 한다.
② 친족·동거자 또는 사망장소를 관리하는 사람, 사망장소의 동장 또는 통·이장도 사망의 신고를 할 수 있다.

제86조【사망신고의 장소】 사망의 신고는 사망지·매장지 또는 화장지에서 할 수 있다. 다만, 사망지가 분명하지 아니한 때에는 사체가 처음 발견된 곳에서, 기차나 그 밖의 교통기관 안에서 사망이 있었을 때에는 그 사체를 교통기관에서 내린 곳에서, 항해일지를 비치하지 아니한 선박 안에서 사망한 때에는 그 선박이 최초로 입항한 곳에서 할 수 있다.

제87조【재난 등으로 인한 사망】 수해, 화재나 그 밖의 재난으로 인하여 사망한 사람이 있는 경우에는 이를 조사한 관공서는 지체 없이 사망지의 시·읍·면의 장에게 통보하여야 한다. 다만, 외국에서 사망한 때에는 사망자의 등록기준지의 시·읍·면의 장 또는 재외국민 가족관계등록사무소의 가족관계등록관에게 통보하여야 한다.

제88조【사형, 재소 중 사망】 ① 사형의 집행이 있는 때에는 교도소장은 지체 없이 교도소 소재지의 시·읍·면의 장에게 사망의 통보를 하여야 한다.
② 제1항은 재소 중 사망한 사람의 사체를 찾아갈 사람이 없는 경우에 준용한다. 이 경우 통보서에 진단서 또는 검안서를 첨부하여야 한다.

제88조의2【무연고자 등의 사망】 「장사 등에 관한 법률」 제12조에 따라 시장등이 무연고 사망자 등을 처리한 경우에는 지체 없이 사망지·매장지 또는 화장지의 시·읍·면의 장에게 통보하여야 한다.

제89조【통보서의 기재사항】 제87조, 제88조 및 제88조의2에서 규정한 통보서에는 제84조 제2항에서 정한 사항을 기재하여야 한다.

제90조 【등록불명자 등의 사망】 ① 사망자에 대하여 등록이 되어 있는지 여부가 분명하지 아니하거나 사망자를 인식할 수 없는 때에는 경찰공무원은 검시조서를 작성·첨부하여 지체 없이 사망지의 시·읍·면의 장에게 사망의 통보를 하여야 한다.
② 사망자가 등록이 되어 있음이 판명되었거나 사망자의 신원을 알 수 있게 된 때에는 경찰공무원은 지체 없이 사망지의 시·읍·면의 장에게 그 취지를 통보하여야 한다.
③ 제1항의 통보가 있은 후에 제85조에서 정한 사람이 사망자의 신원을 안 때에는 그 날부터 10일 이내에 사망의 신고를 하여야 한다.

제91조 【준용규정】 제49조 및 제50조는 사망의 신고에 준용한다.

제92조 【실종선고의 신고】 ① 실종선고의 신고는 그 선고를 청구한 사람이 재판확정일부터 1개월 이내에 재판서의 등본 및 확정증명서를 첨부하여 하여야 한다.
② 실종선고의 신고서에는 다음 사항을 기재하여야 한다.
1. 실종자의 성명·성별·등록기준지 및 주민등록번호
2. 「민법」 제27조에서 정한 기간의 만료일
③ 제58조는 실종선고취소의 재판이 확정된 경우에 그 재판을 청구한 사람에게 준용한다.

제11절 국적의 취득과 상실

제93조 【인지 등에 따른 국적취득의 통보 등】 ① 법무부장관은 「국적법」 제3조 제1항 또는 같은 법 제11조 제1항에 따라 대한민국의 국적을 취득한 사람이 있는 경우 지체 없이 국적을 취득한 사람이 정한 등록기준지의 시·읍·면의 장에게 대법원규칙으로 정하는 사항을 통보하여야 한다.
② 제1항의 통보를 받은 시·읍·면의 장은 국적을 취득한 사람의 등록부를 작성한다.

제94조 【귀화허가의 통보 등】 ① 법무부장관은 「국적법」 제4조에 따라 외국인을 대한민국 국민으로 귀화허가한 경우 지체 없이 귀화허가를 받은 사람이 정한 등록기준지의 시·읍·면의 장에게 대법원규칙으로 정하는 사항을 통보하여야 한다.
② 제1항의 통보를 받은 시·읍·면의 장은 귀화허가를 받은 사람의 등록부를 작성한다.

제95조 【국적회복허가의 통보 등】 ① 법무부장관은 「국적법」 제9조에 따라 대한민국의 국적회복을 허가한 경우 지체 없이 국적회복을 한 사람이 정한 등록기준지의 시·읍·면의 장에게 대법원규칙으로 정하는 사항을 통보하여야 한다.

② 제1항의 통보를 받은 시·읍·면의 장은 국적회복을 한 사람의 등록부를 작성한다. 다만, 국적회복을 한 사람의 등록부등이 있는 경우에는 등록부등에 기재된 등록기준지의 시·읍·면의 장에게 그 사항을 통보하여야 한다.

제96조【국적취득자의 성과 본의 창설 신고】 ① 외국의 성을 쓰는 국적취득자가 그 성을 쓰지 아니하고 새로이 성(姓)·본(本)을 정하고자 하는 경우에는 그 등록기준지·주소지 또는 등록기준지로 하고자 하는 곳을 관할하는 가정법원의 허가를 받고 그 등본을 받은 날부터 1개월 이내에 그 성과 본을 신고하여야 한다.
② 대한민국의 국적을 회복하거나 재취득하는 경우에는 종전에 사용하던 대한민국식 성명으로 국적회복신고 또는 국적재취득신고를 할 수 있다.
③ 제2항의 경우 신고서에는 종전에 사용하던 대한민국식 성명을 소명하여야 한다.
④ 신고서에는 다음 사항을 기재하여야 한다.
1. 종전의 성
2. 창설한 성·본
3. 허가의 연월일
⑤ 제4항의 신고서에는 제1항에 따른 허가의 등본을 첨부하여야 한다.
⑥ 제1항의 경우에 가정법원은 심리(審理)를 위하여 국가경찰관서의 장에게 성·본 창설허가 신청인의 범죄경력 조회를 요청할 수 있고, 그 요청을 받은 국가경찰관서의 장은 지체 없이 그 결과를 회보하여야 한다.

제97조【국적상실신고의 기재사항】 ① 국적상실의 신고는 배우자 또는 4촌 이내의 친족이 그 사실을 안 날부터 1개월 이내에 하여야 한다.
② 신고서에는 다음 각 호의 사항을 기재하여야 한다.
1. 국적상실자의 성명·주민등록번호 및 등록기준지
2. 국적상실의 원인 및 연월일
3. 새로 외국국적을 취득한 때에는 그 국적
③ 제2항의 신고서에는 국적상실을 증명하는 서면을 첨부하여야 한다.
④ 국적상실자 본인도 국적상실의 신고를 할 수 있다.

제98조【국적선택 등의 통보】 ① 법무부장관은 다음 각 호의 어느 하나에 해당하는 사유가 발생한 경우 그 사람의 등록기준지(등록기준지가 없는 경우에는 그 사람이 정한 등록기준지)의 시·읍·면의 장에게 대법원규칙으로 정하는 사항을 통보하여야 한다.
1. 「국적법」 제13조에 따라 복수국적자로부터 대한민국의 국적을 선택한다는 신고를 수리한 때

2. 「국적법」 제14조 제1항에 따라 국적이탈신고를 수리한 때
3. 「국적법」 제20조에 따라 대한민국 국민으로 판정한 때
② 대한민국 국민으로 판정받은 사람이 등록되어 있지 아니한 때에는 그 통보를 받은 시·읍·면의 장은 등록부를 작성한다.

제12절 개명 및 성(姓)·본(本) 변경

제99조【개명신고】① 개명하고자 하는 사람은 주소지(재외국민의 경우 등록기준지)를 관할하는 가정법원의 허가를 받고 그 허가서의 등본을 받은 날부터 1개월 이내에 신고를 하여야 한다.
② 신고서에는 다음 사항을 기재하여야 한다.
1. 변경 전의 이름
2. 변경한 이름
3. 허가연월일
③ 제2항의 신고서에는 허가서의 등본을 첨부하여야 한다.
④ 제1항의 경우에 가정법원의 심리에 관하여는 제96조 제6항을 준용한다.

제100조【성·본 변경신고】① 「민법」 제781조 제6항에 따라 자녀의 성(姓)·본(本)을 변경하고자 하는 사람은 재판확정일부터 1개월 이내에 재판서의 등본 및 확정증명서를 첨부하여 신고하여야 한다.
② 신고서에는 다음 사항을 기재하여야 한다.
1. 변경 전의 성·본
2. 변경한 성·본
3. 재판확정일

제13절 가족관계 등록 창설

제101조【가족관계 등록 창설신고】① 등록이 되어 있지 아니한 사람은 등록을 하려는 곳을 관할하는 가정법원의 허가를 받고 그 등본을 받은 날부터 1개월 이내에 가족관계 등록 창설(이하 "등록창설"이라 한다)의 신고를 하여야 한다.
② 신고서에는 제9조 제2항에 규정된 사항 외에 등록창설허가의 연월일을 기재하여야 한다.
③ 제2항의 신고서에는 등록창설허가의 등본을 첨부하여야 한다.
④ 제1항의 경우에 가정법원의 심리에 관하여는 제96조 제6항을 준용한다.

제102조【직계혈족에 의한 등록창설신고】등록창설허가의 재판을 얻은 사람이 등록창설의 신고를 하지 아니한 때에는 배우자 또는 직계혈족이 할 수 있다.

제103조【판결에 의한 등록창설의 신고】① 확정판결에 의하여 등록창설의 신고를 하여야 할 경우에는 판결확정일부터 1개월 이내에 하여야 한다.
② 신고서에는 제9조 제2항에 규정된 사항 외에 판결확정일을 기재하여야 한다.
③ 제2항의 신고서에는 판결의 등본 및 확정증명서를 첨부하여야 한다.

제5장 등록부의 정정

> 2017년 제5회 약술형
> 가족관계등록부의 정정
> 절차

제104조【위법한 가족관계 등록기록의 정정】① 등록부의 기록이 법률상 허가될 수 없는 것 또는 그 기재에 착오나 누락이 있다고 인정한 때에는 이해관계인은 사건 본인의 등록기준지를 관할하는 가정법원의 허가를 받아 등록부의 정정을 신청할 수 있다.
② 제1항의 경우에 가정법원의 심리에 관하여는 제96조 제6항을 준용한다.

제105조【무효인 행위의 가족관계등록기록의 정정】① 신고로 인하여 효력이 발생하는 행위에 관하여 등록부에 기록하였으나 그 행위가 무효임이 명백한 때에는 신고인 또는 신고사건의 본인은 사건 본인의 등록기준지를 관할하는 가정법원의 허가를 받아 등록부의 정정을 신청할 수 있다.
② 제1항의 경우에 가정법원의 심리에 관하여는 제96조 제6항을 준용한다.

제106조【정정신청의 의무】제104조 및 제105조에 따라 허가의 재판이 있었을 때에는 재판서의 등본을 받은 날부터 1개월 이내에 그 등본을 첨부하여 등록부의 정정을 신청하여야 한다.

제107조【판결에 의한 등록부의 정정】확정판결로 인하여 등록부를 정정하여야 할 때에는 소를 제기한 사람은 판결확정일부터 1개월 이내에 판결의 등본 및 그 확정증명서를 첨부하여 등록부의 정정을 신청하여야 한다.

제108조【준용규정】제20조 제1항, 제22조, 제23조 제1항, 제23조의2, 제23조의3, 제25조부터 제27조까지, 제29조부터 제33조까지 및 제37조부터 제42조까지의 규정은 등록부의 정정신청에 준용한다.

제6장 불복절차

제109조【불복의 신청】① 등록사건에 관하여 이해관계인은 시·읍·면의 장의 위법 또는 부당한 처분에 대하여 관할 가정법원에 불복의 신청을 할 수 있다.
② 제1항의 신청을 받은 가정법원은 신청에 관한 서류를 시·읍·면의 장에게 송부하며 그 의견을 구할 수 있다.

제110조【불복신청에 대한 시·읍·면의 조치】① 시·읍·면의 장은 그 신청이 이유 있다고 인정하는 때에는 지체 없이 처분을 변경하고 그 취지를 법원과 신청인에게 통지하여야 한다.

② 신청이 이유 없다고 인정하는 때에는 의견을 붙여 지체 없이 그 서류를 법원에 반환하여야 한다.

제111조 【불복신청에 대한 법원의 결정】 ① 가정법원은 신청이 이유 없는 때에는 각하하고 이유 있는 때에는 시·읍·면의 장에게 상당한 처분을 명하여야 한다.
② 신청의 각하 또는 처분을 명하는 재판은 결정으로써 하고, 시·읍·면의 장 및 신청인에게 송달하여야 한다.

제112조 【항고】 가정법원의 결정에 대하여는 법령을 위반한 재판이라는 이유로만 「비송사건절차법」에 따라 항고할 수 있다.

제113조 【불복신청의 비용】 불복신청의 비용에 관하여는 「비송사건절차법」의 규정을 준용한다.

제7장 신고서류의 송부와 법원의 감독

제114조 【신고서류 등의 송부】 시·읍·면의 장은 등록부에 기록할 수 없는 등록사건을 제외하고는 대법원규칙으로 정하는 바에 따라 등록부에 기록을 마친 신고서류 등을 관할 법원에 송부하여야 한다.

제115조 【신고서류 등의 조사 및 시정지시】 ① 법원은 시·읍·면의 장으로부터 신고서류 등을 송부받은 때에는 지체 없이 등록부의 기록사항과 대조하고 조사하여야 한다.
② 법원은 제1항의 조사결과 그 신고서류 등에 위법·부당한 사실이 발견된 경우에는 시·읍·면의 장에 대하여 시정지시 등 필요한 처분을 명할 수 있다.
③ 신고서류조사 또는 시정지시 및 신고서류 보관절차에 관하여 필요한 사항은 대법원규칙으로 정한다.

제116조 【각종 보고의 명령 등】 법원은 시·읍·면의 장에 대하여 등록사무에 관한 각종 보고를 명하는 등 감독상 필요한 조치를 취할 수 있다.

제8장 벌칙

제117조 【벌칙】 다음 각 호의 어느 하나에 해당하는 사람은 3년 이하의 징역 또는 1천만원 이하의 벌금에 처한다.
1. 제11조 제6항을 위반한 사람
2. 제13조 제2항을 위반한 사람

3. 제14조 제1항·제2항·제7항, 제14조의2 및 제14조의3을 위반하여 거짓이나 그 밖의 부정한 방법으로 다른 사람의 등록부등의 기록사항을 열람하거나 증명서를 교부받은 사람
3의2. 제42조를 위반하여 거짓이나 그 밖의 부정한 방법으로 다른 사람의 신고서류를 열람하거나 신고서류에 기재되어 있는 사항에 관한 증명서를 교부받은 사람
4. 이 법에 따른 등록사무처리의 권한에 관한 승인절차 없이 전산정보처리조직에 가족관계 등록정보를 입력·변경하여 정보처리를 하거나 기술적 수단을 이용하여 가족관계 등록정보를 알아낸 사람

제118조【벌칙】① 등록부의 기록을 요하지 아니하는 사항에 관하여 거짓의 신고를 한 사람 및 등록의 신고와 관련된 사항에 관하여 거짓으로 보증을 한 사람은 1년 이하의 징역 또는 1천만 원 이하의 벌금에 처한다.
② 외국인에 대한 사항에 관하여 거짓의 신고를 한 사람도 제1항과 같다.

제119조【양벌규정】 법인의 대표자나 법인 또는 개인의 대리인, 사용인, 그 밖의 종업원이 그 법인 또는 개인의 업무에 관하여 제117조 또는 제118조의 위반행위를 하면 그 행위자를 벌하는 외에 그 법인 또는 개인에게도 해당 조문의 벌금형을 과(科)한다. 다만, 법인 또는 개인이 그 위반행위를 방지하기 위하여 해당 업무에 관하여 상당한 주의와 감독을 게을리하지 아니한 경우에는 그러하지 아니하다.

제120조【과태료】 다음 각 호의 어느 하나에 해당하는 시·읍·면의 장에게는 50만 원 이하의 과태료를 부과한다.
1. 제115조 제2항에 따른 명령을 위반한 때
2. 제116조에 따른 명령을 위반한 때

제121조【과태료】 시·읍·면의 장이 제38조 또는 제108조에 따라 기간을 정하여 신고 또는 신청의 최고를 한 경우에 정당한 사유 없이 그 기간 내에 신고 또는 신청을 하지 아니한 사람에게는 10만 원 이하의 과태료를 부과한다.

제122조【과태료】 이 법에 따른 신고의 의무가 있는 사람이 정당한 사유 없이 기간 내에 하여야 할 신고 또는 신청을 하지 아니한 때에는 5만 원 이하의 과태료를 부과한다.

제123조【과태료 재판】 제120조의 과태료 재판은 과태료를 부과할 시·읍·면의 장의 사무소 소재지를 관할하는 가정법원이 「비송사건절차법」에 따라 행한다.

제124조【과태료 부과·징수】 ① 제121조 및 제122조에 따른 과태료는 대법원규칙으로 정하는 바에 따라 시·읍·면의 장(제21조 제2항에 해당하는 때에는 출생·사망의 신고를 받는 동의 관할 시장·구청장을 말한다. 이하 이 조에서 같다)이 부과·징수한다. 다만, 재외국민 가족관계등록사무소의 가족관계등록관이 과태료 부과 대상이 있음을 안 때에는 신고의무자의 등록기준지 시·읍·면의 장에게 그 사실을 통지하고, 통지를 받은 시·읍·면의 장이 과태료를 부과·징수한다.
② 제1항에 따른 과태료 처분에 불복하는 사람은 30일 이내에 해당 시·읍·면의 장에게 이의를 제기할 수 있다.
③ 제1항에 따라 시·읍·면의 장으로부터 과태료 처분을 받은 사람이 제2항에 따라 이의를 제기한 때에는 당해 시·읍·면의 장은 지체 없이 과태료 처분을 받은 사람의 주소 또는 거소를 관할하는 가정법원에 그 사실을 통보하여야 하며, 그 통보를 받은 가정법원은 「비송사건절차법」에 따른 과태료 재판을 한다.
④ 제2항에 따른 기간 이내에 이의를 제기하지 아니하고 과태료를 납부하지 아니한 때에는 지방세 체납처분의 예에 따라 징수한다.

06 주민등록법

[시행 2025. 7. 22.] [법률 제20677호, 2025. 1. 21., 타법개정]

제1조【목적】이 법은 지방자치단체의 주민을 등록하게 함으로써 주민의 거주관계 등 인구의 동태(動態)를 항상 명확하게 파악하여 주민생활의 편익을 증진시키고 행정사무를 적정하게 처리하도록 하는 것을 목적으로 한다.

제2조【사무의 관장】① 주민등록에 관한 사무는 특별자치시장·특별자치도지사·시장·군수 또는 자치구의 구청장(이하 "시장·군수 또는 구청장"이라 한다)이 관장(管掌)한다.
② 시장·군수 또는 구청장은 제1항에 따른 해당 권한의 일부를 그 지방자치단체의 조례로 정하는 바에 따라 「제주특별자치도 설치 및 국제자유도시 조성을 위한 특별법」 제11조에 따른 행정시장이나 그 관할구역 내의 자치구가 아닌 구의 구청장·읍·면·동장 또는 출장소장에게 위임할 수 있다.

제3조【감독 등】① 주민등록에 관한 사무의 지도·감독은 행정안전부장관이 한다.
② 행정안전부장관은 대통령령으로 정하는 바에 따라 그 권한의 일부를 특별시장·광역시장·특별자치시장·도지사 또는 특별자치도지사에게 위임할 수 있다.

제4조【수수료와 과태료 등의 귀속】이 법의 규정에 따라 수납하는 수수료·사용료 및 과태료는 특별시·광역시·특별자치시·도·특별자치도 또는 시·군·자치구의 수입으로 한다.

제5조【경비의 부담】① 주민등록에 관한 사무에 필요한 경비는 해당 특별자치시·특별자치도·시·군·자치구의 부담으로 한다.
② 제24조 제1항에 따른 주민등록증의 발급에 드는 경비는 해당 특별자치시·특별자치도·시·군·자치구와 국가가 대통령령으로 정하는 기준에 따라 분담한다.

제6조【대상자】① 시장·군수 또는 구청장은 30일 이상 거주할 목적으로 그 관할 구역에 주소나 거소(이하 "거주지"라 한다)를 가진 다음 각 호의 사람(이하 "주민"이라 한다)을 이 법의 규정에 따라 등록하여야 한다. 다만, 외국인은 예외로 한다.
1. 거주자 : 거주지가 분명한 사람(제3호의 재외국민은 제외한다)
2. 거주불명자 : 제20조 제6항에 따라 거주불명으로 등록된 사람

3. 재외국민: 「재외동포의 출입국과 법적 지위에 관한 법률」 제2조 제1호에 따른 국민으로서 「해외이주법」 제12조에 따른 영주귀국의 신고를 하지 아니한 사람 중 다음 각 목의 어느 하나의 경우
  가. 주민등록이 말소되었던 사람이 귀국 후 재등록 신고를 하는 경우
  나. 주민등록이 없었던 사람이 귀국 후 최초로 주민등록 신고를 하는 경우
② 제1항의 등록에서 영내(營內)에 기거하는 군인은 그가 속한 세대의 거주지에서 본인이나 세대주의 신고에 따라 등록하여야 한다.
③ 삭제

제7조【주민등록표 등의 작성】 ① 시장·군수 또는 구청장은 주민등록사항을 기록하기 위하여 전자정보시스템(이하 "주민등록정보시스템"이라 한다)으로 개인별 및 세대별 주민등록표(이하 "주민등록표"라 한다)와 세대별 주민등록표 색인부를 작성하고 기록·관리·보존하여야 한다.
② 개인별 주민등록표는 개인에 관한 기록을 종합적으로 기록·관리하며 세대별(世帶別) 주민등록표는 그 세대에 관한 기록을 통합하여 기록·관리한다.
③ 삭제
④ 주민등록표와 세대별 주민등록표 색인부의 서식 및 기록·관리·보존 방법 등에 필요한 사항은 대통령령으로 정한다.

제7조의2【주민등록번호의 부여】 ① 시장·군수 또는 구청장은 주민에게 개인별로 고유한 등록번호(이하 "주민등록번호"라 한다)를 부여하여야 한다.
② 제1항에 따른 주민등록번호의 부여 방법은 대통령령으로 정한다.

> 2023년 제11회 약술형
> 주민등록번호의 정정

제7조의3【주민등록번호의 정정】 ① 주민등록이 되어 있는 거주지(이하 "주민등록지"라 한다)의 시장·군수 또는 구청장은 다음 각 호의 어느 하나에 해당하는 사유가 발생하면 주민등록번호를 부여한 시장·군수 또는 구청장(이하 "번호부여지의 시장·군수 또는 구청장"이라 한다)에게 주민등록번호의 정정을 요구하여야 한다. 다만, 주민등록지의 시장·군수 또는 구청장이 번호부여지의 시장·군수 또는 구청장인 경우에는 직접 주민등록번호를 정정하여야 한다.
1. 제14조 제2항 및 제3항에 따른 등록 사항의 정정으로 인하여 주민등록번호를 정정하여야 하는 경우
2. 주민으로부터 주민등록번호의 오류를 이유로 정정신청을 받은 경우
3. 주민등록번호에 오류가 있음을 발견한 경우
② 번호부여지의 시장·군수 또는 구청장은 제1항에 따른 주민등록번호 정정의 요구를 받으면 지체 없이 이를 정정하고, 그 정정사항을 주민등록지의 시장·군수 또는 구청장에게 알려야 한다. 다만, 주민등록번호에 오류가

있음을 발견하지 못하였거나 주민등록번호 부여사실을 확인하지 못하면 그 사유를 적어 주민등록지의 시장·군수 또는 구청장에게 알려야 한다.
③ 그 밖에 주민등록번호의 정정에 따른 주민등록표의 정정과 주민등록증의 재발급 등에 필요한 사항은 대통령령으로 정한다.

제7조의4【주민등록번호의 변경】① 다음 각 호의 어느 하나에 해당하는 사람은 대통령령으로 정하는 바에 따라 이를 입증할 수 있는 자료를 갖추어 주민등록지 또는 거주지의 시장·군수 또는 구청장에게 주민등록번호의 변경을 신청할 수 있다. 다만, 신청인의 주민등록지가 아닌 거주지의 시장·군수 또는 구청장이 주민등록번호의 변경 신청을 받은 경우 이를 지체 없이 주민등록지의 시장·군수 또는 구청장에게 이송하고 그 사실을 신청인에게 통지하여야 한다.

> 2023년 제11회 약술형
> 주민등록번호의 변경

1. 유출된 주민등록번호로 인하여 생명·신체에 위해(危害)를 입거나 입을 우려가 있다고 인정되는 사람
2. 유출된 주민등록번호로 인하여 재산에 피해를 입거나 입을 우려가 있다고 인정되는 사람
3. 다음 각 목의 어느 하나에 해당하는 사람으로서 유출된 주민등록번호로 인하여 피해를 입거나 입을 우려가 있다고 인정되는 사람
   가. 「아동·청소년의 성보호에 관한 법률」 제2조 제6호에 따른 피해아동·청소년
   나. 「성폭력방지 및 피해자보호 등에 관한 법률」 제2조 제3호에 따른 성폭력피해자
   다. 「성매매알선 등 행위의 처벌에 관한 법률」 제2조 제1항 제4호에 따른 성매매피해자
   라. 「가정폭력범죄의 처벌 등에 관한 특례법」 제2조 제5호에 따른 피해자
4. 그 밖에 제1호부터 제3호까지의 규정에 준하는 사람으로서 대통령령으로 정하는 사람

② 제1항 및 제4항에 따른 신청 또는 이의신청을 받은 주민등록지의 시장·군수 또는 구청장은 제7조의5에 따른 주민등록번호변경위원회에 주민등록번호 변경 여부에 관한 결정을 청구하여야 한다.
③ 주민등록지의 시장·군수 또는 구청장은 제7조의5에 따른 주민등록번호변경위원회로부터 주민등록번호의 변경 결정을 통보받은 경우에는 제1항에 따른 신청인의 주민등록번호를 지체 없이 변경하고 이를 신청인에게 통지하여야 한다.
④ 주민등록지의 시장·군수 또는 구청장은 제7조의5에 따른 주민등록번호변경위원회로부터 주민등록번호의 변경 결정 이외의 결정을 통보받은 경우에는 그 사실과 사유를 그 신청인에게 통지하여야 하며, 이의가 있는 신청인은 그 통지를 받은 날부터 30일 이내에 그 주민등록지의 시장·군수

또는 구청장에게 이의신청을 할 수 있다.
⑤ 제1항, 제3항 및 제4항에 따른 신청, 통지 및 이의신청은 서면 또는 행정안전부장관이 정하는 정보시스템을 이용하여 할 수 있다.
⑥ 제1항부터 제4항까지에서 규정한 사항 외에 주민등록번호의 변경 신청, 변경 결정 청구, 변경 통보, 이의신청 등에 필요한 사항은 대통령령으로 정한다.

제7조의5【주민등록번호변경위원회】 ① 주민등록번호의 변경에 관한 사항을 심사·의결하기 위하여 행정안전부에 주민등록번호변경위원회(이하 "변경위원회"라 한다)를 둔다.
② 변경위원회는 그 권한에 속하는 업무를 독립하여 수행한다.
③ 변경위원회는 제7조의4 제2항에 따른 청구를 받은 날부터 90일 이내에 심사·의결을 완료하고 그 결과(변경 결정 외의 결정을 한 경우에는 그 사유를 포함한다)를 해당 주민등록지의 시장·군수 또는 구청장에게 통보하여야 한다. 다만, 이 기간 안에 심사·의결을 완료하기 어려운 경우에 변경위원회는 그 의결로 30일의 범위에서 그 기간을 연장할 수 있다.
④ 변경위원회는 제3항에도 불구하고 제7조의4 제1항 각 호의 어느 하나에 해당하는 사람이 유출된 주민등록번호로 인하여 생명·신체에 위해를 입거나 위해의 발생이 긴박하여 변경 청구의 중대성·시급성이 인정되는 경우에는 대통령령으로 정하는 바에 따라 제7조의4 제2항에 따른 청구를 받은 날부터 45일 이내에 심사·의결을 완료하고 그 결과(변경 결정 외의 결정을 한 경우에는 그 사유를 포함한다)를 해당 주민등록지의 시장·군수 또는 구청장에게 통보하여야 한다. 다만, 이 기간 안에 심사·의결을 완료하기 어려운 경우 변경위원회는 그 의결로 30일의 범위에서 그 기간을 연장할 수 있다.
⑤ 변경위원회는 제7조의4 제2항에 따른 청구를 심사한 결과 다음 각 호의 어느 하나에 해당하는 사유가 있는 경우에는 청구를 받아들이지 아니하는 결정 등을 할 수 있다.
1. 범죄경력을 은폐하거나 법령상의 의무를 회피할 목적이 있는 경우
2. 수사나 재판을 방해할 목적이 있는 경우
3. 선량한 풍속 기타 사회질서에 위반되는 경우
4. 그 밖에 대통령령으로 정하는 경우
⑥ 변경위원회는 위원장 1명을 포함하여 11명 이내의 위원으로 구성하며, 그 중 1명은 상임위원으로 한다.
⑦ 위원은 다음 각 호의 어느 하나에 해당하는 사람 중에서 행정안전부장관이 임명하거나 위촉한다. 이 경우 공무원이 아닌 위원의 수는 위원장과 상임위원을 포함한 위원 수의 2분의 1 이상이어야 한다.

1. 행정안전부 및 관계 행정기관 소속 공무원
2. 판사, 검사, 변호사 또는 의사의 직에 5년 이상 재직한 사람
3. 금융 관련 업무에 5년 이상 종사한 사람
4. 개인정보 보호 업무 또는 주민등록 업무에 관하여 전문적 학식과 경험이 풍부한 사람

⑧ 위원장은 위원 중에서 공무원이 아닌 사람으로 행정안전부장관이 위촉한다.

⑨ 위원장과 위원의 임기는 2년으로 하되, 한 차례만 연임할 수 있다. 다만, 제7항 제1호에 따라 임명된 공무원인 위원은 그 직에 재직하는 동안 재임한다.

⑩ 변경위원회는 심사를 위하여 필요하다고 인정하면 다음 각 호의 행위를 의결할 수 있다.
1. 전과조회, 신용정보조회 등 대통령령으로 정하는 방법으로 행하는 사실조사
2. 신청인 또는 관계 공무원 등의 출석 요구
3. 신청인 또는 관계 기관 등에 대한 자료의 제출 요구

⑪ 변경위원회의 회의는 재적위원 과반수의 출석으로 개의(開議)하고, 출석위원 과반수의 찬성으로 의결한다.

⑫ 변경위원회의 사무를 지원하기 위하여 변경위원회에 사무국을 둔다.

⑬ 변경위원회와 제12항에 따른 사무국의 구성 및 운영 등에 필요한 사항은 대통령령으로 정한다.

제8조【등록의 신고주의 원칙】 주민의 등록 또는 그 등록사항의 정정 또는 말소는 주민의 신고에 따라 한다. 다만, 이 법에 특별한 규정이 있으면 예외로 한다.

제9조【정리】 개인별 주민등록표는 주민등록번호순으로, 세대별 주민등록표는 세대주의 주민등록번호순으로 각각 정리하며, 이에 관한 구체적인 사항은 행정안전부장관이 정한다.

제10조【신고사항】 ① 주민(재외국민은 제외한다)은 다음 각 호의 사항을 해당 거주지를 관할하는 시장·군수 또는 구청장에게 신고하여야 한다.
1. 성명
2. 성별
3. 생년월일
4. 세대주와의 관계
5. 합숙하는 곳은 관리책임자
6. 「가족관계의 등록 등에 관한 법률」 제10조 제1항에 따른 등록기준지 (이하 "등록기준지"라 한다)
7. 주소

8. 가족관계등록이 되어 있지 아니한 자 또는 가족관계등록의 여부가 분명하지 아니한 자는 그 사유
9. 대한민국의 국적을 가지지 아니한 자는 그 국적명이나 국적의 유무
10. 거주지를 이동하는 경우에는 전입 전의 주소 또는 전입지와 해당 연월일
11. 삭제
② 누구든지 제1항의 신고를 이중으로 할 수 없다.

제10조의2 【재외국민의 신고】 ① 재외국민이 국내에 30일 이상 거주할 목적으로 입국하는 때에는 다음 각 호의 사항을 해당 거주지를 관할하는 시장·군수 또는 구청장에게 신고하여야 한다.
1. 제10조 제1항 각 호의 사항
2. 영주 또는 거주하는 국가나 지역의 명칭과 체류자격의 종류
② 누구든지 제1항의 신고를 이중으로 할 수 없다.
③ 그 밖에 제1항의 신고에 필요한 사항은 대통령령으로 정한다.

제10조의3 【해외체류에 관한 신고】 ① 이 법에 따라 주민등록을 한 거주자 또는 제20조 제6항에 따라 거주불명으로 등록된 사람(이하 "거주불명자"라 한다)이 90일 이상 해외에 체류할 목적으로 출국하려는 경우(제19조 제1항에 따라 국외이주신고를 하여야 하는 사람은 제외한다)에는 출국 후에 그가 속할 세대의 거주지를 제10조 제1항 제7호에 따른 주소로 미리 신고할 수 있다. 다만, 출국 후 어느 세대에도 속하지 아니하게 되는 사람은 신고 당시 거주지를 관할하는 읍·면사무소 또는 동 주민센터의 주소를 행정상 관리주소로 신고할 수 있다.
② 제1항 본문에 따른 신고는 신고할 주소지를 관할하는 시장·군수 또는 구청장에게 하고, 제1항 단서에 따른 신고는 신고 당시 거주지를 관할하는 시장·군수 또는 구청장에게 한다.
③ 제2항의 시장·군수 또는 구청장은 제1항에 따른 신고를 하고 출국한 사람(이하 "해외체류자"라 한다)의 주민등록을 구분하여 등록·관리할 수 있다.
④ 제1항부터 제3항까지에 따른 신고의 방법, 첨부서류, 해외체류자의 구분 등록·관리 등에 관한 구체적인 사항은 대통령령으로 정한다.

제11조 【신고의무자】 ① 제10조에 따른 신고는 세대주가 신고사유가 발생한 날부터 14일 이내에 하여야 한다. 다만, 세대주가 신고할 수 없으면 그를 대신하여 다음 각 호의 어느 하나에 해당하는 자가 할 수 있다.
1. 세대를 관리하는 자
2. 본인
3. 세대주의 위임을 받은 자로서 다음 각 목의 어느 하나에 해당하는 자
  가. 세대주의 배우자
  나. 세대주의 직계혈족

다. 세대주의 배우자의 직계혈족
라. 세대주의 직계혈족의 배우자
② 제10조의2에 따른 신고는 재외국민 본인이 하여야 한다. 다만, 재외국민 본인이 신고할 수 없으면 그를 대신하여 다음 각 호의 어느 하나에 해당하는 사람이 할 수 있다.
1. 재외국민이 거주하는 세대의 세대주
2. 재외국민 본인의 위임을 받은 사람으로서 다음 각 목의 어느 하나에 해당하는 사람
　가. 재외국민 본인의 배우자
　나. 재외국민 본인의 직계혈족
　다. 재외국민 본인의 배우자의 직계혈족
　라. 재외국민 본인의 직계혈족의 배우자
③ 제1항 단서 및 제2항에 따른 신고의 방법 및 신고 내용의 확인 등에 관한 구체적인 사항은 대통령령으로 정한다.

제12조【합숙하는 곳에서의 신고의무】 ① 기숙사, 「노인복지법」 제34조 제1항 제1호에 따른 노인요양시설, 「노숙인 등의 복지 및 자립지원에 관한 법률」 제16조 제1항 제4호에 따른 노숙인요양시설, 「아동복지법」 제52조 제1항 제1호에 따른 아동양육시설 등 여러 사람이 동거하는 숙소에 거주하는 주민은 신고사유가 발생한 날부터 14일 이내에 그 숙소의 관리자가 신고하여야 한다. 다만, 관리자가 신고할 수 없으면 본인이 하여야 한다.
② 제1항 단서에 따른 본인의 신고 방법 등에 관한 사항은 대통령령으로 정한다.

제13조【정정신고】 ① 제11조와 제12조에 따른 신고의무자는 그 신고사항에 변동이 있으면 변동이 있는 날부터 14일 이내에 그 정정신고(訂正申告)를 하여야 한다.
② 제1항에 따른 정정신고의 방법 및 정정신고에 따른 정정 방법에 관한 사항은 대통령령으로 정한다.

제14조【가족관계등록신고 등에 따른 주민등록의 정리】 ① 이 법에 따른 신고사항과 「가족관계의 등록 등에 관한 법률」에 따른 신고사항이 같으면 「가족관계의 등록 등에 관한 법률」에 따른 신고로써 이 법에 따른 신고를 갈음한다.
② 주민등록지의 시장·군수 또는 구청장은 제1항에 따라 이 법에 따른 신고에 갈음되는 「가족관계의 등록 등에 관한 법률」에 따른 신고를 받으면 그에 따라 주민등록을 하거나 등록사항을 정정 또는 말소하여야 한다.
③ 신고대상자의 「가족관계의 등록 등에 관한 법률」 제4조 및 제4조의2에 따른 신고지(이하 "가족관계등록 신고지"라 한다)와 주민등록지가 다를 경우에 가족관계등록 신고지의 시장·구청장 또는 읍·면장(같은 법 제4조의2

제1항에 따른 가족관계등록관을 포함한다. 이하 같다)이 같은 법에 따른 신고를 받아 가족관계등록부의 기록사항을 변경하면 지체 없이 그 신고사항을 주민등록지의 시장·군수 또는 구청장에게 통보하여야 하며, 그 통보를 받은 주민등록지의 시장·군수 또는 구청장은 이에 따라 주민등록을 하거나 등록사항을 정정 또는 말소하여야 한다.
④ 제1항에 따라 「가족관계의 등록 등에 관한 법률」에 따른 신고로써 이 법에 따른 신고에 갈음되는 신고사항은 대통령령으로 정한다.

제15조【주민등록과 가족관계등록과의 관련】 ① 등록기준지와 주민등록지가 다른 경우에 주민등록지의 시장·군수 또는 구청장이 「가족관계의 등록 등에 관한 법률」 제9조 제2항에 따른 가족관계등록부의 기록사항과 같은 내용의 주민등록을 하였거나 등록사항을 정정 또는 말소하면 그 내용을 대통령령으로 정하는 바에 따라 등록기준지(제14조 제3항에 따른 경우에는 가족관계등록 신고지를 말한다)의 시장·구청장 또는 읍·면장에게 알려야 한다.
② 제1항에 따른 통보를 받은 시장·구청장 또는 읍·면장은 통보받은 사항 중 가족관계등록부의 기록사항과 다른 사항에 대하여는 지체 없이 그 내용을 주민등록지의 시장·군수 또는 구청장에게 알려야 한다.

제15조의2【가족관계등록 전산정보의 제공 요청】 시장·군수 또는 구청장은 제14조 제1항에 따라 이 법에 따른 신고를 갈음하는 「가족관계의 등록 등에 관한 법률」에 따른 신고사항의 변경 여부 등을 확인하기 위하여 필요한 경우에는 법원행정처장에게 같은 법 제11조에 따른 등록전산정보자료의 제공을 요청할 수 있다. 이 경우 법원행정처장은 특별한 사유가 없으면 이에 따라야 한다.

제16조【거주지의 이동】 ① 하나의 세대에 속하는 자의 전원 또는 그 일부가 거주지를 이동하면 제11조나 제12조에 따른 신고의무자가 신거주지에 전입한 날부터 14일 이내에 신거주지의 시장·군수 또는 구청장에게 전입신고(轉入申告)를 하여야 한다.
② 신거주지의 시장·군수 또는 구청장은 제1항에 따른 전입신고를 받으면 지체 없이 전 거주지의 시장·군수 또는 구청장에게 전입신고 사항을 알리고 주민등록정보시스템을 이용하여 주민등록표와 관련 공부(公簿)의 이송(移送)을 요청하여야 한다.
③ 제2항에 따른 이송요청을 받은 전 거주지의 시장·군수 또는 구청장은 전출대상자(轉出對象者)가 세대원 전원이거나 세대주를 포함한 세대의 일부 전출인 경우에는 주민등록표와 관련 공부를, 세대주를 제외한 세대의 일부의 전출인 경우에는 전출자의 개인별 주민등록표와 관련 공부를 지체 없이 정리하여 신거주지의 시장·군수 또는 구청장에게 주민등록정보시스템을 이용하여 이송하여야 한다.

④ 신거주지의 시장·군수 또는 구청장은 제3항에 따라 주민등록표와 관련 공부가 이송되어 오면 제1항에 따른 전입신고서와 대조·확인한 후 지체 없이 주민등록표와 관련 공부를 정리 또는 작성하여야 한다.
⑤ 전입신고에 관한 절차와 전입신고사항의 통보방법 등은 대통령령으로 정한다.

제16조의2 【전입신고 사실의 통보】 ① 시장·군수 또는 구청장은 관할 구역에 거주지를 가진 세대주나 거주지에 있는 건물 또는 시설의 소유자 또는 임대인의 신청이 있는 경우에는 제16조 제1항에 따라 그 거주지를 신거주지로 하는 전입신고를 받을 때마다 전입신고가 있었다는 사실을 그 세대주, 소유자 또는 임대인에게 통보할 수 있다.
② 제1항에 따른 전입신고 사실의 통보 신청 및 통보 방법에 필요한 사항은 행정안전부령으로 정한다.

제17조 【다른 법령에 따른 신고와의 관계】 주민의 거주지 이동에 따른 주민등록의 전입신고가 있으면 「병역법」, 「민방위기본법」, 「인감증명법」, 「국민기초생활 보장법」, 「국민건강보험법」 및 「장애인복지법」에 따른 거주지 이동의 전출신고와 전입신고를 한 것으로 본다.

제18조 【신고의 방법 등】 ① 이 법에 따른 신고는 구술이나 서면으로 한다.
② 신고에 관한 서류 등의 보존기간은 대통령령으로 정한다.

제19조 【국외이주신고 등】 ① 이 법에 따라 주민등록을 한 거주자 또는 거주불명자가 대한민국 외에 거주지를 정하려는 때에는 그의 현 거주지를 관할하는 시장·군수 또는 구청장에게 미리 신고하여야 한다. 이 경우 「해외이주법」 제6조에 따른 해외이주신고로 전단의 신고를 갈음할 수 있다.
② 제10조의2 제1항에 따라 신고한 재외국민이 국외에 30일 이상 거주할 목적으로 출국하려는 때에는 그의 현 거주지를 관할하는 시장·군수 또는 구청장에게 미리 신고하여야 한다. 이 경우 「재외국민등록법」 제2조에 따른 등록으로 전단의 신고를 갈음할 수 있다.
③ 시장·군수 또는 구청장은 제1항 및 제2항에 따라 신고한 사람의 거주지를 관할하는 읍·면사무소 또는 동 주민센터의 주소를 행정상 관리주소로 지정하여야 한다.
④ 시장·군수 또는 구청장은 주민등록된 거주자 또는 거주불명자가 「해외이주법」 제6조에 따라 해외이주신고를 하고 출국하거나, 같은 법 제4조 제3호의 현지이주를 한 경우에는 이 법 제6조 제1항 제3호의 재외국민으로 구분하여 등록·관리하여야 한다.
⑤ 제1항부터 제4항까지에 따른 국외이주신고, 재외국민의 출국신고, 행정상 관리주소의 지정, 재외국민 구분 등록·관리 등에 관한 구체적인 사항은 대통령령으로 정한다.

제19조의2 【출입국자료 등 자료의 제공 요청】 ① 시장·군수 또는 구청장 및 행정안전부장관은 재외국민 및 제10조의3 제1항에 따른 신고자의 거주사실 등을 명확하게 파악하기 위하여 필요한 경우에는 법무부장관에게 출입국자료 및 국내거소신고자료 제공을 요청할 수 있으며, 재외동포청장에게 해외이주신고자료 및 재외국민등록자료 제공을 요청할 수 있다. 이 경우 법무부장관 및 재외동포청장은 특별한 사유가 없으면 이에 따라야 한다.
② 법무부장관 및 재외동포청장은 국내거소신고자 관리 또는 재외국민등록 등을 위하여 필요한 경우에는 시장·군수 또는 구청장 및 행정안전부장관에게 재외국민의 주민등록자료 제공을 요청할 수 있다. 이 경우 시장·군수 또는 구청장 및 행정안전부장관은 특별한 사유가 없으면 이에 따라야 한다.
③ 제1항 및 제2항에 따른 자료의 제공에 대하여는 그 사용료와 수수료 등을 면제한다.

제20조 【사실조사와 직권조치】 ① 시장·군수 또는 구청장은 신고의무자가 다음 각 호의 어느 하나에 해당하면 그 사실을 조사할 수 있다.
1. 제10조 및 제10조의2에 규정된 사항을 이 법에 규정된 기간 내에 신고하지 아니한 때
2. 제10조 및 제10조의2에 규정된 사항을 부실하게 신고한 때
3. 제10조 및 제10조의2에 규정된 사항의 신고된 내용이 사실과 다르다고 인정할 만한 상당한 이유가 있는 때
② 시장·군수 또는 구청장은 제1항에 따른 사실조사 등을 통하여 신고의무자가 신고할 사항을 신고하지 아니하였거나 신고된 내용이 사실과 다른 것을 확인하면 일정한 기간을 정하여 신고의무자에게 사실대로 신고할 것을 최고(催告)하여야 한다. 제15조 제2항에 따라 통보를 받은 때에도 또한 같다.
③ 시장·군수 또는 구청장은 신고의무자에게 최고할 수 없으면 대통령령으로 정하는 바에 따라 일정한 기간을 정하여 신고할 것을 공고하여야 한다.
④ 제2항에 따른 최고 또는 제3항에 따른 공고를 할 때에는 정하여진 기간에 신고하지 아니하면 시장·군수 또는 구청장이 주민등록을 하거나 등록사항을 정정 또는 말소할 수 있다는 내용을 포함하여야 한다.
⑤ 시장·군수 또는 구청장은 신고의무자가 제2항 또는 제3항에 따라 정하여진 기간에 신고하지 아니하면 제1항에 따른 사실조사, 공부상의 근거 또는 통장·이장의 확인에 따라 주민등록을 하거나 등록사항을 정정 또는 말소하여야 한다.
⑥ 시장·군수 또는 구청장은 신고의무자가 제5항에 따른 확인 결과, 거주사실이 불분명하다고 인정되는 경우에는 그 신고의무자가 마지막으로 신고한 주소를 행정상 관리주소로 하여 거주불명 등록을 하여야 한다. 다만,

시장·군수 또는 구청장은 거주불명 등록 후 1년이 지나고 제3항에 따른 공고를 2회 이상 하여도 거주불명자가 정당한 거주지에 등록하지 아니한 경우에는 읍·면사무소 또는 동 주민센터의 주소를 행정상 관리주소로 할 수 있다.
⑦ 시장·군수 또는 구청장은 제5항 또는 제6항에 따라 공부상의 근거 또는 통장·이장의 확인을 받는 방법으로 직권조치를 한 경우에는 14일 이내에 그 사실을 신고의무자에게 알려야 하고, 알릴 수 없으면 대통령령으로 정하는 바에 따라 공고하여야 한다.
⑧ 관계 공무원은 제1항에 따른 조사를 할 때에, 그 권한을 나타내는 증표를 지니고 이를 관계인에게 내보여야 한다.

제20조의2【거주불명자에 대한 사실조사와 직권조치】① 시장·군수 또는 구청장은 거주불명자 관리를 위하여 대통령령으로 정하는 바에 따라 거주불명자의 거주사실 등에 대한 사실조사를 실시하여야 한다. 이 경우 거주불명자에 대한 최고 및 공고에 관하여는 제20조 제2항 및 제3항을 준용한다.
② 시장·군수 또는 구청장은 제1항에 따른 사실조사, 공부상의 근거 또는 통장·이장의 확인에 따라 다음 각 호의 어느 하나에 해당하는 조치를 하여야 한다.
1. 거주자 또는 재외국민으로의 등록
2. 등록사항의 말소(사망 사실을 확인한 경우 또는 그 밖에 거주불명자의 주민등록을 유지할 필요가 없다고 인정되는 경우로서 대통령령으로 정하는 경우로 한정한다)
3. 거주불명 등록의 유지
③ 시장·군수 또는 구청장은 제2항 제1호 및 제2호에 따라 직권조치를 한 경우에는 14일 이내에 그 사실을 신고의무자에게 알려야 하고, 알릴 수 없으면 대통령령으로 정하는 바에 따라 공고하여야 한다.

제20조의3【사실조사와 직권조치 관련 자료의 제공】① 시장·군수 또는 구청장 및 행정안전부장관은 관계 국가기관, 지방자치단체 및 공공기관의 장에게 제20조 및 제20조의2에 따른 사실조사와 직권조치를 위하여 필요한 자료 제공을 요청할 수 있다. 이 경우 자료 제공을 요청받은 국가기관, 지방자치단체 및 공공기관의 장은 특별한 사유가 없으면 이에 따라야 한다.
② 제1항에 따라 시장·군수 또는 구청장 및 행정안전부장관이 자료 제공을 요청할 수 있는 국가기관, 지방자치단체 및 공공기관과 요청 자료의 구체적인 범위는 대통령령으로 정한다.

제21조【이의신청 등】① 시장·군수 또는 구청장으로부터 제20조 제5항·제6항 또는 제20조의2 제2항 제1호·제2호에 따른 주민등록 또는 등록사항의 정정이나 말소 또는 거주불명 등록의 처분을 받은 자가 그 처분에

대하여 이의가 있으면 그 처분일이나 제20조 제7항 또는 제20조의2 제3항에 따른 통지를 받거나 공고된 날부터 30일 이내에 서면으로 해당 시장·군수 또는 구청장에게 이의를 신청할 수 있다.
② 시장·군수 또는 구청장이 제1항에 따른 이의신청을 받으면 그 신청을 받은 날부터 10일 이내에 심사·결정하여 그 결과를 지체 없이 신청인에게 알려야 하며, 그 요구가 정당하다고 결정되면 그에 따라 주민등록을 하거나 등록사항을 정정 또는 말소하여야 한다.
③ 시장·군수 또는 구청장이 이의신청을 각하 또는 기각하는 결정을 하면 제2항에 따른 결과통지서에 행정심판이나 행정소송을 제기할 수 있다는 취지를 함께 적어 신청인에게 알려야 한다.

제22조【주민등록표의 재작성】 ① 시장·군수 또는 구청장은 다음 각 호의 어느 하나에 해당하면 종전 주민등록에 관한 여러 신청서 등에 따라 주민등록표를 다시 작성하고 신고의무자의 확인을 받아야 한다. 다만, 주민등록에 관한 여러 신청서 등에 따라 다시 작성할 수 없으면 주민등록표를 다시 작성한다는 뜻을 신고의무자에게 알리거나 공고하고 그 신고의무자의 신고에 따라 이를 작성하여야 하며, 제2호의 경우에는 세대별 주민등록표에 한정하여 작성한다.
1. 재해·재난 등으로 주민등록표가 멸실되거나 손상되어 복구가 불가능한 때
2. 세대주가 변경된 때
② 제1항 제1호의 경우에는 다시 작성한 주민등록표에 그 사유를 기록하여야 하고, 같은 항 제2호에 따라 변경되기 이전의 주민등록표는 보존·관리하여야 하며, 그 보존·관리에 필요한 사항은 대통령령으로 정한다.

제23조【주민등록자의 지위 등】 ① 다른 법률에 특별한 규정이 없으면 이 법에 따른 주민등록지를 공법(公法) 관계에서의 주소로 한다.
② 제1항에 따라 주민등록지를 공법 관계에서의 주소로 하는 경우에 신고의무자가 신거주지에 전입신고를 하면 신거주지에서의 주민등록이 전입신고일에 된 것으로 본다.

제24조【주민등록증의 발급 등】 ① 시장·군수 또는 구청장은 관할 구역에 주민등록이 된 자 중 17세 이상인 자에 대하여 주민등록증을 발급한다. 다만, 「장애인복지법」 제2조 제2항에 따른 장애인 중 시각장애인이 신청하는 경우 시각장애인용 점자 주민등록증을 발급할 수 있다.
② 주민등록증에는 성명, 사진, 주민등록번호, 주소, 지문(指紋), 발행일, 주민등록기관을 수록한다.
③ 시장·군수 또는 구청장은 재외국민에게 발급하는 주민등록증에는 재외국민임을 추가로 표시하여야 한다.

④ 제1항에 따라 주민등록증을 발급받을 나이가 된 사람(재외국민 및 해외체류자는 제외한다)은 대통령령으로 정하는 바에 따라 시장·군수 또는 구청장에게 주민등록증의 발급을 신청하여야 한다. 이 경우 시장·군수 또는 구청장은 대통령령으로 정하는 기간 내에 발급신청을 하지 아니한 사람(재외국민 및 해외체류자는 제외한다)에게 발급신청을 할 것을 최고할 수 있다.
⑤ 주민등록증을 발급받지 아니한 17세 이상의 재외국민 또는 해외체류자가 국내에 30일 이상 거주할 목적으로 입국하는 때에는 대통령령으로 정하는 바에 따라 시장·군수 또는 구청장에게 주민등록증의 발급을 신청하여야 한다.
⑥ 행정안전부장관은 필요하다고 인정되면 시장·군수 또는 구청장에게 주민등록증을 일제히 갱신하거나 검인(檢印)하게 할 수 있다.
⑦ 주민등록증 및 그 발급신청서의 서식과 발급절차는 대통령령으로 정한다.
⑧ 주민등록증을 발급할 때에는 제27조에 따른 경우 외에는 수수료를 징수하지 못하며, 주민등록증의 발급을 이유로 조세나 그 밖의 어떠한 명목의 공과금(公課金)도 징수하여서는 아니 된다.

제24조의2【모바일 주민등록증】 ① 시장·군수 또는 구청장은 제24조 제1항에 따라 주민등록증을 발급받은 사람이 주민등록증과 효력이 동일한 모바일 주민등록증(「전기통신사업법」 제2조 제20호에 따른 이동통신단말장치에 암호화된 형태로 설치된 주민등록증을 말한다. 이하 같다)의 발급을 신청하는 경우에는 대통령령으로 정하는 바에 따라 이를 발급할 수 있다. 이 경우 모바일 주민등록증의 기재사항 및 표시방법에 관하여는 제24조 제2항 및 제3항을 준용한다.
② 제1항에 따라 모바일 주민등록증을 발급받은 사람이 다음 각 호의 어느 하나에 해당하는 경우에는 대통령령으로 정하는 바에 따라 시장·군수 또는 구청장에게 모바일 주민등록증의 재발급을 신청할 수 있다. 다만, 제1호부터 제3호까지의 어느 하나에 해당하는 경우에는 재발급을 신청하여야 한다.
1. 제7조의3에 따라 주민등록번호가 정정되어 주민등록증을 재발급받은 경우
2. 제24조 제2항에 따른 주민등록증의 기재사항 중 주소 외의 사항이 변경되어 주민등록증을 재발급받은 경우
3. 제27조 제1항 제2호에 따라 주민등록증을 재발급받은 경우
4. 모바일 주민등록증이 설치된 이동통신단말장치의 분실이나 훼손으로 모바일 주민등록증의 사용이 불가능한 경우
5. 그 밖에 모바일 주민등록증의 재발급이 필요하다고 인정되는 경우로서 대통령령으로 정하는 경우

③ 시장·군수 또는 구청장은 모바일 주민등록증을 발급하거나 재발급하는 경우 수수료를 징수하지 못하며, 모바일 주민등록증의 발급을 이유로 조세나 그 밖의 어떠한 명목의 공과금도 징수하여서는 아니 된다.

제25조【주민등록증 등의 확인】① 국가기관, 지방자치단체, 공공단체, 사회단체, 기업체 등에서 해당 업무를 수행할 때에 다음 각 호의 어느 하나에 해당하는 경우로서 17세 이상의 자에 대하여 성명·사진·주민등록번호 또는 주소를 확인할 필요가 있으면 증빙서류를 붙이지 아니하고 주민등록증 또는 모바일 주민등록증(이하 "주민등록증등"이라 한다)으로 확인하여야 한다. 다만, 대통령령으로 정한 경우에는 그러하지 아니하다.
1. 민원서류나 그 밖의 서류를 접수할 때
2. 특정인에게 자격을 인정하는 증서를 발급할 때
3. 그 밖에 신분을 확인하기 위하여 필요할 때
② 행정안전부장관은 주민등록정보시스템을 이용하여 주민등록확인서비스(휴대전화 등 정보통신기기로 제1항 본문에 따른 성명·사진·주민등록번호 또는 주소를 확인할 수 있는 서비스를 말한다. 이하 같다)를 제공할 수 있다.
③ 주민등록확인서비스를 이용하여 성명·사진·주민등록번호 또는 주소를 확인한 경우 제1항에 따라 주민등록증등으로 성명·사진·주민등록번호 또는 주소를 확인한 것으로 본다.
④ 주민등록확인서비스의 신청 등에 필요한 사항은 대통령령으로 정한다.

제26조【주민등록증등의 제시요구】① 사법경찰관리(司法警察官吏)가 범인을 체포하는 등 그 직무를 수행할 때에 17세 이상인 주민의 신원이나 거주 관계를 확인할 필요가 있으면 주민등록증등의 제시를 요구할 수 있다. 이 경우 사법경찰관리는 주민등록증등을 제시하지 아니하는 자로서 신원을 증명하는 증표나 그 밖의 방법에 따라 신원이나 거주 관계가 확인되지 아니하는 자에게는 범죄의 혐의가 있다고 인정되는 상당한 이유가 있을 때에 한정하여 인근 관계 관서에서 신원이나 거주 관계를 밝힐 것을 요구할 수 있다.
② 사법경찰관리는 제1항에 따라 신원 등을 확인할 때 친절과 예의를 지켜야 하며, 정복근무 중인 경우 외에는 미리 신원을 표시하는 증표를 지니고 이를 관계인에게 내보여야 한다.

2015년 제3회 약술형
주민등록증의 재발급

제27조【주민등록증의 재발급】① 주민등록증을 발급받은 후 다음 각 호의 어느 하나에 해당하는 사유로 재발급을 받으려는 자는 대통령령으로 정하는 바에 따라 시장·군수 또는 구청장에게 그 사실을 신고하고 재발급을 신청하여야 한다.
1. 주민등록증의 분실이나 훼손
2. 성명, 생년월일 또는 성별의 변경

3. 그 밖에 대통령령으로 정하는 사유
② 주민등록 업무를 수행하는 공무원은 다음 각 호의 어느 하나에 해당하는 사유로 업무수행이 어려우면 대통령령으로 정하는 바에 따라 그 주민등록증을 회수하고, 본인이 시장·군수 또는 구청장에게 재발급신청을 하도록 하여야 한다.
1. 주민등록증이 훼손되거나 그 밖의 사유로 그 내용을 알아보기 어려운 경우
2. 주민등록증의 주요 기재내용이 변경된 경우
③ 시장·군수 또는 구청장은 제1항에 따라 주민등록증을 재발급 신청하는 자에게 행정안전부령으로 정하는 수수료를 징수할 수 있다. 다만, 다음 각 호의 어느 하나에 해당하면 그러하지 아니하다.
1. 주민등록증 발급상의 잘못으로 인하여 재발급하는 경우
2. 그 밖에 행정안전부령으로 정하는 경우

제27조의2 【중증장애인에 대한 주민등록증의 발급 및 재발급】 ① 시장·군수 또는 구청장은 신체적·정신적 장애정도가 심하여 자립하기가 매우 곤란한 장애인(이하 이 조에서 "중증장애인"이라 한다)으로서 본인이 직접 주민등록증의 발급·재발급을 신청하기가 어렵다고 판단하는 경우에는 해당 중증장애인, 그 법정대리인 또는 대통령령으로 정하는 보호자의 신청에 따라 관계 공무원으로 하여금 해당 중증장애인을 직접 방문하게 하여 주민등록증을 발급·재발급(발급의 경우는 관할구역에 주민등록이 된 중증장애인에 한정한다)할 수 있다.
② 중증장애인을 위한 주민등록증의 발급 및 재발급 신청 기준·방법 및 절차, 관계 공무원의 방문 절차 등에 필요한 사항은 대통령령으로 정한다.

제28조 【주민등록전산정보센터의 설치 등】 ① 행정안전부장관은 주민등록전산정보의 관리 및 주민등록증의 발급 등을 위하여 주민등록전산정보센터를 설치하고, 주민등록전산정보센터에서 시장·군수 또는 구청장의 요청에 따라 주민등록증을 대행하여 발급하게 할 수 있다.
② 행정안전부장관은 재해나 재난 등에 대비하기 위하여 주민등록전산정보 백업시스템을 구축한다.
③ 제1항에 따른 주민등록전산정보센터와 제2항에 따른 주민등록전산정보 백업시스템의 운영 등에 관한 사항은 대통령령으로 정한다.

제29조 【열람 또는 등·초본의 교부】 ① 주민등록표를 열람하거나 그 등본 또는 초본의 교부를 받으려는 자는 행정안전부령으로 정하는 수수료를 내고 시장·군수 또는 구청장(자치구가 아닌 구의 구청장을 포함한다)이나 읍·면·동장 또는 출장소장(이하 "열람 또는 등·초본교부기관의 장"이라 한다)에게 신청할 수 있다.

② 제1항에 따른 주민등록표의 열람이나 등·초본의 교부신청은 본인이나 세대원이 할 수 있다. 다만, 본인이나 세대원의 위임이 있거나 다음 각 호의 어느 하나에 해당하면 그러하지 아니하다.
1. 국가나 지방자치단체가 공무상 필요로 하는 경우
2. 관계 법령에 따른 소송·비송사건·경매목적 수행상 필요한 경우
3. 다른 법령에 주민등록자료를 요청할 수 있는 근거가 있는 경우
4. 다른 법령에서 본인이나 세대원이 아닌 자에게 등·초본의 제출을 의무화하고 있는 경우
5. 다음 각 목의 어느 하나에 해당하는 자가 신청하는 경우
   가. 세대주의 배우자
   나. 세대주의 직계혈족
   다. 세대주의 배우자의 직계혈족
   라. 세대주의 직계혈족의 배우자
   마. 세대원의 배우자(주민등록표 초본에 한정한다)
   바. 세대원의 직계혈족(주민등록표 초본에 한정한다)
6. 채권·채무관계 등 대통령령으로 정하는 정당한 이해관계가 있는 사람이 신청하는 경우(주민등록표 초본에 한정한다)
7. 그 밖에 공익상 필요하여 대통령령으로 정하는 경우
③ 제1항에 따른 주민등록표의 열람이나 등·초본의 교부는 주민등록정보시스템을 이용하여 열람하게 하거나 교부한다. 다만, 전자문서나 무인민원발급기(無人民願發給機)를 이용하는 경우에는 신청자 본인이나 세대원의 주민등록표 등·초본의 교부에 한정한다.
④ 삭제
⑤ 열람 또는 등·초본교부기관의 장은 본인이나 세대원이 아닌 자로부터 주민등록표의 열람 또는 등·초본의 교부신청을 받으면 그 열람 또는 등·초본의 교부가 개인의 사생활을 침해할 우려가 있거나 공익에 반한다고 판단되면 그 열람을 하지 못하게 하거나 등·초본을 발급하지 아니할 수 있다. 이 경우 그 사유를 신청인에게 서면으로 알려야 한다.
⑥ 「가정폭력범죄의 처벌 등에 관한 특례법」 제2조 제5호에 따른 피해자는 같은 법 제2조 제4호에 따른 가정폭력행위자가 본인과 주민등록지를 달리하는 경우 제2항 제5호에 해당하는 사람 중에서 대상자를 지정하여 대통령령으로 정하는 바에 따라 시장·군수 또는 구청장에게 본인과 세대원 및 직계존비속(이하 이 조에서 "가정폭력피해자등"이라 한다)의 주민등록표의 열람 또는 등·초본의 교부를 제한하도록 신청할 수 있다.
⑦ 열람 또는 등·초본교부기관의 장은 제6항의 제한신청이 있는 경우 그 제한대상자(이하 이 조에서 "제한대상자"라 한다)에게 가정폭력피해자등의 주민등록표 열람을 하지 못하게 하거나 등·초본을 교부하지 아니하는

제한조치를 할 수 있다. 이 경우 그 사유를 제한대상자에게 서면으로 알려야 한다.
⑧ 열람 또는 등·초본교부기관의 장은 제2항 제6호에도 불구하고 제한대상자가 가정폭력피해자등의 주민등록표 초본의 열람을 하지 못하게 하거나 교부하지 아니하는 제한조치를 할 수 있다. 이 경우 그 사유를 제한대상자에게 서면으로 알려야 한다.
⑨ 열람 또는 등·초본교부기관의 장은 다음 각 호의 어느 하나에 해당하는 사유가 있는 경우에는 행정안전부령으로 정하는 바에 따라 제한대상자에 대하여 주민등록표를 열람하게 하거나 등·초본을 교부할 수 있다.
1. 제6항에 따라 주민등록표의 열람 또는 등·초본의 교부 제한을 신청한 사람이 제한대상자에 대하여 제7항 및 제8항에 따른 제한조치를 하지 말 것을 시장·군수 또는 구청장에게 신청하는 경우
2. 그 밖에 대통령령으로 정하는 불가피한 사유가 있는 경우
⑩ 제2항에도 불구하고 이혼한 자와 같은 세대를 구성하지 아니한 그 직계비속이 이혼한 자의 주민등록표의 열람 또는 등·초본의 교부를 신청한 경우에는 열람 또는 등·초본교부기관의 장은 주민등록표 초본만을 열람하게 하거나 교부할 수 있다.
⑪ 제1항부터 제10항까지의 규정에 따른 주민등록표의 열람 또는 등·초본의 교부, 무인민원발급기에 따른 주민등록표 등·초본의 교부 시의 본인확인방법, 무인민원발급기의 설치·운영 등에 필요한 사항은 대통령령으로 정한다.

제29조의2 【전입세대확인서의 열람 또는 교부】 ① 주민등록표 중 해당 건물 또는 시설의 소재지에 주민등록이 되어 있는 세대주와 주민등록표 상의 동거인(말소 또는 거주불명 등록된 사람을 포함한다)의 성명과 전입일자를 확인할 수 있는 서류(이하 "전입세대확인서"라 한다)를 열람하거나 교부받으려는 자는 행정안전부령으로 정하는 수수료를 내고 열람 또는 등·초본교부기관의 장에게 신청할 수 있다.
② 제1항에 따른 전입세대확인서의 열람 또는 교부 신청을 할 수 있는 자는 다음 각 호와 같다.
1. 해당 건물 또는 시설의 소유자 본인이나 그 세대원, 임차인 본인이나 그 세대원, 매매계약자 또는 임대차계약자 본인
2. 해당 건물 또는 시설의 소유자, 임차인, 매매계약자 또는 임대차계약자 본인의 위임을 받은 자
3. 다음 각 목의 어느 하나에 해당하는 경우로서 열람 또는 교부 신청을 하려는 자
   가. 제29조 제2항 제2호에 따라 경매참가자가 경매에 참가하려는 경우
   나. 「신용정보의 이용 및 보호에 관한 법률」 제2조 제5호 라목에 따른 신용조사회사 또는 「감정평가 및 감정평가사에 관한 법률」 제2조

　　　　제4호에 따른 감정평가법인등이 임차인의 실태 등을 확인하려는 경우
　　다. 대통령령으로 정하는 금융회사 등이 담보주택의 근저당을 설정하려는 경우
　　라. 법원의 현황조사명령서에 따라 집행관이 현황조사를 하려는 경우
　　마. 제29조 제2항 제1호에 따라 국가 또는 지방자치단체가 공무상 필요로 하는 경우
③ 제1항에 따른 전입세대확인서의 열람 및 교부는 주민등록정보시스템을 통하여 한다.
④ 제1항에 따른 전입세대확인서의 열람 및 교부에 필요한 사항은 대통령령으로 정한다.

제30조【주민등록전산정보자료의 이용 등】 ① 주민등록표에 기록된 주민등록 사항에 관한 주민등록전산정보자료(이하 "전산자료"라 한다)를 이용 또는 활용하려는 자는 관계 중앙행정기관의 장의 심사를 거쳐 행정안전부장관의 승인을 받아야 한다. 다만, 대통령령으로 정하는 경우에는 관계 중앙행정기관의 장의 심사를 필요로 하지 아니한다.
② 전산자료를 이용·활용하려는 자의 범위는 제29조 제2항에 따라 주민등록표의 열람 또는 등·초본의 교부를 신청할 수 있는 자로 하되, 전산자료의 형태로 제공하는 것이 적합한 경우에 한정한다.
③ 전산자료의 제공범위는 주민등록표의 자료로 하되, 제29조 제2항 제2호부터 제7호까지의 경우에는 주민등록표 등·초본의 자료에 한정한다.
④ 행정안전부장관은 제3항에 따라 전산자료를 제공하는 경우 자료의 이용·활용 목적을 고려하여 필요 최소한의 자료를 제공하여야 한다.
⑤ 제1항에 따른 전산자료를 이용·활용하는 자는 본래의 목적 외의 용도로 이용·활용하여서는 아니 된다.
⑥ 전산자료의 이용·활용에 필요한 사항은 대통령령으로 정하고, 전산자료의 사용료에 관한 사항은 행정안전부령으로 정한다.

제31조【주민등록표 보유기관 등의 의무】 ① 주민등록표 보유기관의 장은 주민등록표를 관리할 때에 주민등록표가 멸실, 도난, 유출 또는 손상되지 아니하도록 필요한 안전조치를 하여야 한다.
② 주민등록표의 관리자는 이 법의 규정에 따른 보유 또는 이용목적 외의 목적을 위하여 주민등록표를 이용한 전산처리를 하여서는 아니 된다.
③ 주민등록업무에 종사하거나 종사하였던 자 또는 그 밖의 자로서 직무상 주민등록사항을 알게 된 자는 다른 사람에게 이를 누설하여서는 아니 된다.

제32조 【전산자료를 이용·활용하는 자에 대한 지도·감독】 ① 행정안전부장관은 필요하다고 인정하면 전산자료를 이용·활용하는 자에 대하여 그 보유 또는 관리 등에 관한 사항을 지도·감독할 수 있다.
② 제1항에 따른 지도·감독의 대상·절차 등에 필요한 사항은 대통령령으로 정한다.

제33조 삭제

제34조 【주민등록 관련 민원신청 등의 전자문서 처리】 ① 주민등록표의 열람 또는 등·초본의 교부신청과 교부, 제21조 제1항에 따른 이의신청이나 그 밖에 주민등록과 관련된 제반 신고·신청 등은 전자문서로 할 수 있다.
② 제1항에 따른 전자문서를 이용할 경우 인증 방법(서명자의 실지명의를 확인할 수 있는 것을 말한다) 등에 관하여는 「전자서명법」의 규정을 준용한다.
③ 제1항에 따른 주민등록표의 등·초본 교부 시 필요한 사항은 대통령령으로 정한다.

제35조 【주민등록사항의 진위확인】 행정안전부장관은 다음 각 호의 어느 하나에 해당하면 주민등록사항의 진위를 확인하여 줄 수 있다.
1. 「공직선거법」에 따라 인터넷 언론사·정당 또는 후보자가 해당 인터넷 사이트의 게시판·대화방 등에 선거에 관한 의견게시를 하려는 자의 성명 및 주민등록번호의 진위 확인을 위하여 필요한 경우
2. 주민등록정보시스템에 따라 주민등록증등의 진위 확인이 필요한 경우
3. 제25조 제2항에 따른 주민등록확인서비스를 통하여 제공된 주민등록사항의 진위 확인이 필요한 경우

제36조 【보험·공제 등에의 가입】 시장·군수 또는 구청장은 그 지방자치단체의 조례로 정하는 바에 따라 소속 직원의 주민등록사고로 인한 피해 발생에 대비하기 위하여 보험(신원보증보험을 포함한다)이나 공제 등에 가입할 수 있다.

제36조의2 삭제

제36조의3 【비밀유지 등】 변경위원회의 업무에 종사하거나 종사하였던 사람은 직무상 알게 된 비밀을 다른 사람에게 누설하거나 직무상 목적 외에 이용하여서는 아니 된다. 다만, 다른 법률에 특별한 규정이 있는 경우에는 그러하지 아니하다.

제36조의4 【벌칙 적용에서 공무원 의제】 변경위원회의 위원 중 공무원이 아닌 위원은 「형법」이나 그 밖의 법률에 따른 벌칙을 적용할 때에는 공무원으로 본다.

제37조 【벌칙】 ① 다음 각 호의 어느 하나에 해당하는 자는 3년 이하의 징역 또는 3천만 원 이하의 벌금에 처한다.

1. 제7조의2에 따른 주민등록번호 부여방법으로 거짓의 주민등록번호를 만들어 자기 또는 다른 사람의 재물이나 재산상의 이익을 위하여 사용한 자
2. 주민등록증등을 채무이행의 확보 등의 수단으로 제공한 자 또는 그 제공을 받은 자
3. 제10조 제2항 또는 제10조의2 제2항을 위반하여 이중으로 신고한 사람
3의2. 주민등록 또는 주민등록증등에 관하여 거짓의 사실을 신고 또는 신청한 사람
4. 거짓의 주민등록번호를 만드는 프로그램을 다른 사람에게 전달하거나 유포한 자
4의2. 제25조 제2항에 따른 주민등록확인서비스를 통하여 정보통신기기에 제공된 주민등록사항을 조작하여 사용하거나 부정하게 사용한 자
5. 제29조 제2항 또는 제3항을 위반하여 거짓이나 그 밖의 부정한 방법으로 다른 사람의 주민등록표를 열람하거나 그 등본 또는 초본을 교부받은 자
6. 제30조 제5항을 위반한 자
7. 제31조 제2항 또는 제3항을 위반한 자
7의2. 제36조의3을 위반하여 직무상 알게 된 비밀을 누설하거나 목적 외에 이용한 사람
8. 다른 사람의 주민등록증등을 부정하게 사용한 자
8의2. 다른 사람의 주민등록증등의 이미지 파일 또는 복사본을 부정하게 사용한 자
9. 법률에 따르지 아니하고 영리의 목적으로 다른 사람의 주민등록번호에 관한 정보를 알려주는 자
10. 다른 사람의 주민등록번호를 부정하게 사용한 자. 다만, 직계혈족·배우자·동거친족 또는 그 배우자 간에는 피해자가 명시한 의사에 반하여 공소를 제기할 수 없다.
② 제29조의2 제2항을 위반하여 거짓이나 그 밖의 부정한 방법으로 전입세대확인서를 열람하거나 교부받은 자는 1년 이하의 징역 또는 1천만 원 이하의 벌금에 처한다.

제38조【벌칙】 제26조 제2항에 따른 사법경찰관리가 그 직무를 수행하면서 직권을 남용하면 「경찰관 직무집행법」 제12조에 따라 처벌한다.

제39조【양벌규정】 법인의 대표자나 법인 또는 개인의 대리인, 사용인, 그 밖의 종업원이 그 법인 또는 개인의 업무에 관하여 제37조 제1항 제2호·제4호의2·제5호·제6호·제8호·제8호의2 또는 같은 조 제2항의 위반행위를 하면 그 행위자를 벌하는 외에 그 법인 또는 개인에게도 해당 조문의 벌금형을 과(科)한다. 다만, 법인 또는 개인이 그 위반행위를 방지하기 위하여

해당 업무에 관하여 상당한 주의와 감독을 게을리하지 아니한 경우에는 그러하지 아니하다.
1. 삭제
2. 삭제
3. 삭제

제40조【과태료】 ① 제7조의4 제1항의 입증자료를 거짓으로 제출한 사람에게는 1천만 원 이하의 과태료를 부과한다.
② 정당한 사유 없이 제20조 제1항 또는 제20조의2 제1항에 따른 사실조사를 거부 또는 기피한 자에게는 50만 원 이하의 과태료를 부과한다.
③ 정당한 사유 없이 제20조 제2항·제3항(제20조의2 제1항 후단에 따라 준용하는 경우를 포함한다) 및 제24조 제4항 후단에 따른 최고를 받은 자 또는 공고된 자 중 기간 내에 신고 또는 신청을 하지 아니한 자에게는 10만 원 이하의 과태료를 부과한다.
④ 정당한 사유 없이 제11조부터 제13조까지, 제16조 제1항 또는 제24조 제4항 전단에 따른 신고 또는 신청을 기간 내에 하지 아니한 자에게는 5만 원 이하의 과태료를 부과한다.
⑤ 제1항부터 제4항까지의 과태료는 대통령령으로 정하는 바에 따라 시장·군수 또는 구청장이 부과·징수한다.
⑥ 삭제
⑦ 삭제

질서위반행위규제법

[시행 2021. 1. 1.] [법률 제17758호, 2020. 12. 29., 타법개정]

제1장 총칙

제1조【목적】이 법은 법률상 의무의 효율적인 이행을 확보하고 국민의 권리와 이익을 보호하기 위하여 질서위반행위의 성립요건과 과태료의 부과·징수 및 재판 등에 관한 사항을 규정하는 것을 목적으로 한다.

제2조【정의】이 법에서 사용하는 용어의 뜻은 다음과 같다.
1. "질서위반행위"란 법률(지방자치단체의 조례를 포함한다. 이하 같다)상의 의무를 위반하여 과태료를 부과하는 행위를 말한다. 다만, 다음 각 목의 어느 하나에 해당하는 행위를 제외한다.
    가. 대통령령으로 정하는 사법(私法)상·소송법상 의무를 위반하여 과태료를 부과하는 행위
    나. 대통령령으로 정하는 법률에 따른 징계사유에 해당하여 과태료를 부과하는 행위
2. "행정청"이란 행정에 관한 의사를 결정하여 표시하는 국가 또는 지방자치단체의 기관, 그 밖의 법령 또는 자치법규에 따라 행정권한을 가지고 있거나 위임 또는 위탁받은 공공단체나 그 기관 또는 사인(私人)을 말한다.
3. "당사자"란 질서위반행위를 한 자연인 또는 법인(법인이 아닌 사단 또는 재단으로서 대표자 또는 관리인이 있는 것을 포함한다. 이하 같다)을 말한다.

> 2021년 제9회 약술형
> 시간적 적용범위

제3조【법 적용의 시간적 범위】① 질서위반행위의 성립과 과태료 처분은 행위 시의 법률에 따른다.
② 질서위반행위 후 법률이 변경되어 그 행위가 질서위반행위에 해당하지 아니하게 되거나 과태료가 변경되기 전의 법률보다 가볍게 된 때에는 법률에 특별한 규정이 없는 한 변경된 법률을 적용한다.
③ 행정청의 과태료 처분이나 법원의 과태료 재판이 확정된 후 법률이 변경되어 그 행위가 질서위반행위에 해당하지 아니하게 된 때에는 변경된 법률에 특별한 규정이 없는 한 과태료의 징수 또는 집행을 면제한다.

> 2021년 제9회 약술형
> 장소적 적용범위

제4조【법 적용의 장소적 범위】① 이 법은 대한민국 영역 안에서 질서위반행위를 한 자에게 적용한다.

② 이 법은 대한민국 영역 밖에서 질서위반행위를 한 대한민국의 국민에게 적용한다.
③ 이 법은 대한민국 영역 밖에 있는 대한민국의 선박 또는 항공기 안에서 질서위반행위를 한 외국인에게 적용한다.

제5조【다른 법률과의 관계】과태료의 부과·징수, 재판 및 집행 등의 절차에 관한 다른 법률의 규정 중 이 법의 규정에 저촉되는 것은 이 법으로 정하는 바에 따른다.

제2장 질서위반행위의 성립 등

제6조【질서위반행위 법정주의】법률에 따르지 아니하고는 어떤 행위도 질서위반행위로 과태료를 부과하지 아니한다.

제7조【고의 또는 과실】고의 또는 과실이 없는 질서위반행위는 과태료를 부과하지 아니한다.

> 2018년 제6회 약술형
> 고의 또는 과실이 없는 경우

제8조【위법성의 착오】자신의 행위가 위법하지 아니한 것으로 오인하고 행한 질서위반행위는 그 오인에 정당한 이유가 있는 때에 한하여 과태료를 부과하지 아니한다.

> 2018년 제6회 약술형
> 위법한 줄 몰랐던 경우

제9조【책임연령】14세가 되지 아니한 자의 질서위반행위는 과태료를 부과하지 아니한다. 다만, 다른 법률에 특별한 규정이 있는 경우에는 그러하지 아니하다.

제10조【심신장애】① 심신(心神)장애로 인하여 행위의 옳고 그름을 판단할 능력이 없거나 그 판단에 따른 행위를 할 능력이 없는 자의 질서위반행위는 과태료를 부과하지 아니한다.
② 심신장애로 인하여 제1항에 따른 능력이 미약한 자의 질서위반행위는 과태료를 감경한다.
③ 스스로 심신장애 상태를 일으켜 질서위반행위를 한 자에 대하여는 제1항 및 제2항을 적용하지 아니한다.

> 2018년 제6회 약술형
> 판단할 능력이 없었던 경우

제11조【법인의 처리 등】① 법인의 대표자, 법인 또는 개인의 대리인·사용인 및 그 밖의 종업원이 업무에 관하여 법인 또는 그 개인에게 부과된 법률상의 의무를 위반한 때에는 법인 또는 그 개인에게 과태료를 부과한다.
② 제7조부터 제10조까지의 규정은 「도로교통법」 제56조 제1항에 따른 고용주등을 같은 법 제160조 제3항에 따라 과태료를 부과하는 경우에는 적용하지 아니한다.

제12조【다수인의 질서위반행위 가담】① 2인 이상이 질서위반행위에 가담한 때에는 각자가 질서위반행위를 한 것으로 본다.

② 신분에 의하여 성립하는 질서위반행위에 신분이 없는 자가 가담한 때에는 신분이 없는 자에 대하여도 질서위반행위가 성립한다.
③ 신분에 의하여 과태료를 감경 또는 가중하거나 과태료를 부과하지 아니하는 때에는 그 신분의 효과는 신분이 없는 자에게는 미치지 아니한다.

제13조【수개의 질서위반행위의 처리】① 하나의 행위가 2 이상의 질서위반행위에 해당하는 경우에는 각 질서위반행위에 대하여 정한 과태료 중 가장 중한 과태료를 부과한다.
② 제1항의 경우를 제외하고 2 이상의 질서위반행위가 경합하는 경우에는 각 질서위반행위에 대하여 정한 과태료를 각각 부과한다. 다만, 다른 법령(지방자치단체의 조례를 포함한다. 이하 같다)에 특별한 규정이 있는 경우에는 그 법령으로 정하는 바에 따른다.

제14조【과태료의 산정】행정청 및 법원은 과태료를 정함에 있어서 다음 각 호의 사항을 고려하여야 한다.
1. 질서위반행위의 동기·목적·방법·결과
2. 질서위반행위 이후의 당사자의 태도와 정황
3. 질서위반행위자의 연령·재산상태·환경
4. 그 밖에 과태료의 산정에 필요하다고 인정되는 사유

제15조【과태료의 시효】① 과태료는 행정청의 과태료 부과처분이나 법원의 과태료 재판이 확정된 후 5년간 징수하지 아니하거나 집행하지 아니하면 시효로 인하여 소멸한다.
② 제1항에 따른 소멸시효의 중단·정지 등에 관하여는 「국세기본법」 제28조를 준용한다.

제3장 행정청의 과태료 부과 및 징수

> 2016년 제4회 약술형
> 행정청의 과태료 부과·징수 및 불복절차

제16조【사전통지 및 의견 제출 등】① 행정청이 질서위반행위에 대하여 과태료를 부과하고자 하는 때에는 미리 당사자(제11조 제2항에 따른 고용주등을 포함한다. 이하 같다)에게 대통령령으로 정하는 사항을 통지하고, 10일 이상의 기간을 정하여 의견을 제출할 기회를 주어야 한다. 이 경우 지정된 기일까지 의견 제출이 없는 경우에는 의견이 없는 것으로 본다.
② 당사자는 의견 제출 기한 이내에 대통령령으로 정하는 방법에 따라 행정청에 의견을 진술하거나 필요한 자료를 제출할 수 있다.
③ 행정청은 제2항에 따라 당사자가 제출한 의견에 상당한 이유가 있는 경우에는 과태료를 부과하지 아니하거나 통지한 내용을 변경할 수 있다.

제17조【과태료의 부과】① 행정청은 제16조의 의견 제출 절차를 마친 후에 서면(당사자가 동의하는 경우에는 전자문서를 포함한다. 이하 이 조에서 같다)으로 과태료를 부과하여야 한다.

② 제1항에 따른 서면에는 질서위반행위, 과태료 금액, 그 밖에 대통령령으로 정하는 사항을 명시하여야 한다.
③ 삭제

제17조의2 【신용카드 등에 의한 과태료의 납부】 ① 당사자는 과태료, 제24조에 따른 가산금, 중가산금 및 체납처분비를 대통령령으로 정하는 과태료 납부대행기관을 통하여 신용카드, 직불카드 등(이하 "신용카드등"이라 한다)으로 낼 수 있다.
② 제1항에 따라 신용카드등으로 내는 경우에는 과태료 납부대행기관의 승인일을 납부일로 본다.
③ 과태료 납부대행기관은 납부자로부터 신용카드등에 의한 과태료 납부대행 용역의 대가로 납부대행 수수료를 받을 수 있다.
④ 과태료 납부대행기관의 지정 및 운영, 납부대행 수수료에 관한 사항은 대통령령으로 정한다.

제18조 【자진납부자에 대한 과태료 감경】 ① 행정청은 당사자가 제16조에 따른 의견 제출 기한 이내에 과태료를 자진하여 납부하고자 하는 경우에는 대통령령으로 정하는 바에 따라 과태료를 감경할 수 있다.
② 당사자가 제1항에 따라 감경된 과태료를 납부한 경우에는 해당 질서위반행위에 대한 과태료 부과 및 징수절차는 종료한다.

제19조 【과태료 부과의 제척기간】 ① 행정청은 질서위반행위가 종료된 날(다수인이 질서위반행위에 가담한 경우에는 최종행위가 종료된 날을 말한다)부터 5년이 경과한 경우에는 해당 질서위반행위에 대하여 과태료를 부과할 수 없다.
② 제1항에도 불구하고 행정청은 제36조 또는 제44조에 따른 법원의 결정이 있는 경우에는 그 결정이 확정된 날부터 1년이 경과하기 전까지는 과태료를 정정부과 하는 등 해당 결정에 따라 필요한 처분을 할 수 있다.

제20조 【이의제기】 ① 행정청의 과태료 부과에 불복하는 당사자는 제17조 제1항에 따른 과태료 부과 통지를 받은 날부터 60일 이내에 해당 행정청에 서면으로 이의제기를 할 수 있다.
② 제1항에 따른 이의제기가 있는 경우에는 행정청의 과태료 부과처분은 그 효력을 상실한다.
③ 당사자는 행정청으로부터 제21조 제3항에 따른 통지를 받기 전까지는 행정청에 대하여 서면으로 이의제기를 철회할 수 있다.

제21조 【법원에의 통보】 ① 제20조 제1항에 따른 이의제기를 받은 행정청은 이의제기를 받은 날부터 14일 이내에 이에 대한 의견 및 증빙서류를 첨부하여 관할 법원에 통보하여야 한다. 다만, 다음 각 호의 어느 하나에 해당하는 경우에는 그러하지 아니하다.

1. 당사자가 이의제기를 철회한 경우
2. 당사자의 이의제기에 이유가 있어 과태료를 부과할 필요가 없는 것으로 인정되는 경우

② 행정청은 사실상 또는 법률상 같은 원인으로 말미암아 다수인에게 과태료를 부과할 필요가 있는 경우에는 다수인 가운데 1인에 대한 관할권이 있는 법원에 제1항에 따른 이의제기 사실을 통보할 수 있다.

③ 행정청이 제1항 및 제2항에 따라 관할 법원에 통보를 하거나 통보하지 아니하는 경우에는 그 사실을 즉시 당사자에게 통지하여야 한다.

제22조【질서위반행위의 조사】 ① 행정청은 질서위반행위가 발생하였다는 합리적 의심이 있어 그에 대한 조사가 필요하다고 인정할 때에는 대통령령으로 정하는 바에 따라 다음 각 호의 조치를 할 수 있다.
1. 당사자 또는 참고인의 출석 요구 및 진술의 청취
2. 당사자에 대한 보고 명령 또는 자료 제출의 명령

② 행정청은 질서위반행위가 발생하였다는 합리적 의심이 있어 그에 대한 조사가 필요하다고 인정할 때에는 그 소속 직원으로 하여금 당사자의 사무소 또는 영업소에 출입하여 장부·서류 또는 그 밖의 물건을 검사하게 할 수 있다.

③ 제2항에 따른 검사를 하고자 하는 행정청 소속 직원은 당사자에게 검사 개시 7일 전까지 검사 대상 및 검사 이유, 그 밖에 대통령령으로 정하는 사항을 통지하여야 한다. 다만, 긴급을 요하거나 사전통지의 경우 증거인멸 등으로 검사목적을 달성할 수 없다고 인정되는 때에는 그러하지 아니하다.

④ 제2항에 따라 검사를 하는 직원은 그 권한을 표시하는 증표를 지니고 이를 관계인에게 내보여야 한다.

⑤ 제1항 및 제2항에 따른 조치 또는 검사는 그 목적 달성에 필요한 최소한에 그쳐야 한다.

제23조【자료제공의 요청】 행정청은 과태료의 부과·징수를 위하여 필요한 때에는 관계 행정기관, 지방자치단체, 그 밖에 대통령령으로 정하는 공공기관(이하 "공공기관등"이라 한다)의 장에게 그 필요성을 소명하여 자료 또는 정보의 제공을 요청할 수 있으며, 그 요청을 받은 공공기관등의 장은 특별한 사정이 없는 한 이에 응하여야 한다.

제24조【가산금 징수 및 체납처분 등】 ① 행정청은 당사자가 납부기한까지 과태료를 납부하지 아니한 때에는 납부기한을 경과한 날부터 체납된 과태료에 대하여 100분의 3에 상당하는 가산금을 징수한다.

② 체납된 과태료를 납부하지 아니한 때에는 납부기한이 경과한 날부터 매 1개월이 경과할 때마다 체납된 과태료의 1천분의 12에 상당하는 가산금(이하 이 조에서 "중가산금"이라 한다)을 제1항에 따른 가산금에 가산하여 징수한다. 이 경우 중가산금을 가산하여 징수하는 기간은 60개월을 초과하지 못한다.
③ 행정청은 당사자가 제20조 제1항에 따른 기한 이내에 이의를 제기하지 아니하고 제1항에 따른 가산금을 납부하지 아니한 때에는 국세 또는 지방세 체납처분의 예에 따라 징수한다.
④ 삭제 <2018. 12. 18.>

제24조의2【상속재산 등에 대한 집행】① 과태료는 당사자가 과태료 부과처분에 대하여 이의를 제기하지 아니한 채 제20조 제1항에 따른 기한이 종료한 후 사망한 경우에는 그 상속재산에 대하여 집행할 수 있다.
② 법인에 대한 과태료는 법인이 과태료 부과처분에 대하여 이의를 제기하지 아니한 채 제20조 제1항에 따른 기한이 종료한 후 합병에 의하여 소멸한 경우에는 합병 후 존속한 법인 또는 합병에 의하여 설립된 법인에 대하여 집행할 수 있다.

제24조의3【과태료의 징수유예 등】① 행정청은 당사자가 다음 각 호의 어느 하나에 해당하여 과태료(체납된 과태료와 가산금, 중가산금 및 체납처분비를 포함한다. 이하 이 조에서 같다)를 납부하기가 곤란하다고 인정되면 1년의 범위에서 대통령령으로 정하는 바에 따라 과태료의 분할납부나 납부기일의 연기(이하 "징수유예등"이라 한다)를 결정할 수 있다.
1. 「국민기초생활 보장법」에 따른 수급권자
2. 「국민기초생활 보장법」에 따른 차상위계층 중 다음 각 목의 대상자
   가. 「의료급여법」에 따른 수급권자
   나. 「한부모가족지원법」에 따른 지원대상자
   다. 자활사업 참여자
3. 「장애인복지법」 제2조 제2항에 따른 장애인
4. 본인 외에는 가족을 부양할 사람이 없는 사람
5. 불의의 재난으로 피해를 당한 사람
6. 납부의무자 또는 그 동거 가족이 질병이나 중상해로 1개월 이상의 장기 치료를 받아야 하는 경우
7. 「채무자 회생 및 파산에 관한 법률」에 따른 개인회생절차개시결정자
8. 「고용보험법」에 따른 실업급여수급자
9. 그 밖에 제1호부터 제8호까지에 준하는 것으로서 대통령령으로 정하는 부득이한 사유가 있는 경우
② 제1항에 따라 징수유예등을 받으려는 당사자는 대통령령으로 정하는 바에 따라 이를 행정청에 신청할 수 있다.

③ 행정청은 제1항에 따라 징수유예등을 하는 경우 그 유예하는 금액에 상당하는 담보의 제공이나 제공된 담보의 변경을 요구할 수 있고, 그 밖에 담보보전에 필요한 명령을 할 수 있다.
④ 행정청은 제1항에 따른 징수유예등의 기간 중에는 그 유예한 과태료 징수금에 대하여 가산금, 중가산금의 징수 또는 체납처분(교부청구는 제외한다)을 할 수 없다.
⑤ 행정청은 다음 각 호의 어느 하나에 해당하는 경우 그 징수유예등을 취소하고, 유예된 과태료 징수금을 한꺼번에 징수할 수 있다. 이 경우 그 사실을 당사자에게 통지하여야 한다.
1. 과태료 징수금을 지정된 기한까지 납부하지 아니하였을 때
2. 담보의 제공이나 변경, 그 밖에 담보보전에 필요한 행정청의 명령에 따르지 아니하였을 때
3. 재산상황이나 그 밖의 사정의 변화로 유예할 필요가 없다고 인정될 때
4. 제1호부터 제3호까지에 준하는 대통령령으로 정하는 사유에 해당되어 유예한 기한까지 과태료 징수금의 전액을 징수할 수 없다고 인정될 때
⑥ 과태료 징수유예등의 방식과 절차, 그 밖에 징수유예등에 관하여 필요한 사항은 대통령령으로 정한다.

제24조의4【결손처분】① 행정청은 당사자에게 다음 각 호의 어느 하나에 해당하는 사유가 있을 경우에는 결손처분을 할 수 있다.
1. 제15조 제1항에 따라 과태료의 소멸시효가 완성된 경우
2. 체납자의 행방이 분명하지 아니하거나 재산이 없는 등 징수할 수 없다고 인정되는 경우로서 대통령령으로 정하는 경우
② 행정청은 제1항 제2호에 따라 결손처분을 한 후 압류할 수 있는 다른 재산을 발견하였을 때에는 지체 없이 그 처분을 취소하고 체납처분을 하여야 한다.

제4장 질서위반행위의 재판 및 집행

제25조【관할 법원】 과태료 사건은 다른 법령에 특별한 규정이 있는 경우를 제외하고는 당사자의 주소지의 지방법원 또는 그 지원의 관할로 한다.
제26조【관할의 표준이 되는 시기】 법원의 관할은 행정청이 제21조 제1항 및 제2항에 따라 이의제기 사실을 통보한 때를 표준으로 정한다.
제27조【관할위반에 따른 이송】① 법원은 과태료 사건의 전부 또는 일부에 대하여 관할권이 없다고 인정하는 경우에는 결정으로 이를 관할 법원으로 이송한다.
② 당사자 또는 검사는 이송결정에 대하여 즉시항고를 할 수 있다.

제28조 【준용규정】 「비송사건절차법」 제2조부터 제4조까지, 제6조, 제7조, 제10조(인증과 감정을 제외한다) 및 제24조부터 제26조까지의 규정은 이 법에 따른 과태료 재판(이하 "과태료 재판"이라 한다)에 준용한다.

제29조 【법원직원의 제척 등】 법원직원의 제척·기피 및 회피에 관한 「민사소송법」의 규정은 과태료 재판에 준용한다.

제30조 【행정청 통보사실의 통지】 법원은 제21조 제1항 및 제2항에 따른 행정청의 통보가 있는 경우 이를 즉시 검사에게 통지하여야 한다.

제31조 【심문 등】 ① 법원은 심문기일을 열어 당사자의 진술을 들어야 한다.
② 법원은 검사의 의견을 구하여야 하고, 검사는 심문에 참여하여 의견을 진술하거나 서면으로 의견을 제출하여야 한다.
③ 법원은 당사자 및 검사에게 제1항에 따른 심문기일을 통지하여야 한다.

제32조 【행정청에 대한 출석 요구 등】 ① 법원은 행정청의 참여가 필요하다고 인정하는 때에는 행정청으로 하여금 심문기일에 출석하여 의견을 진술하게 할 수 있다.
② 행정청은 법원의 허가를 받아 소속 공무원으로 하여금 심문기일에 출석하여 의견을 진술하게 할 수 있다.

제33조 【직권에 의한 사실탐지와 증거조사】 ① 법원은 직권으로 사실의 탐지와 필요하다고 인정하는 증거의 조사를 하여야 한다.
② 제1항의 증거조사에 관하여는 「민사소송법」에 따른다.

제34조 【촉탁할 수 있는 사항】 사실탐지·소환 및 고지에 관한 행위는 촉탁할 수 있다.

제35조 【조서의 작성】 법원서기관·법원사무관·법원주사 또는 법원주사보(이하 "법원사무관등"이라 한다)는 증인 또는 감정인의 심문에 관하여는 조서를 작성하고, 그 밖의 심문에 관하여는 필요하다고 인정하는 경우에 한하여 조서를 작성한다.

제36조 【재판】 ① 과태료 재판은 이유를 붙인 결정으로써 한다.
② 결정서의 원본에는 판사가 서명날인하여야 한다. 다만, 제20조 제1항에 따른 이의제기서 또는 조서에 재판에 관한 사항을 기재하고 판사가 이에 서명날인함으로써 원본에 갈음할 수 있다.
③ 결정서의 정본과 등본에는 법원사무관등이 기명날인하고, 정본에는 법원인을 찍어야 한다.
④ 제2항의 서명날인은 기명날인으로 갈음할 수 있다.

제37조 【결정의 고지】 ① 결정은 당사자와 검사에게 고지함으로써 효력이 생긴다.

② 결정의 고지는 법원이 적당하다고 인정하는 방법으로 한다. 다만, 공시송달을 하는 경우에는 「민사소송법」에 따라야 한다.
③ 법원사무관등은 고지의 방법·장소와 연월일을 결정서의 원본에 부기하고 이에 날인하여야 한다.

제38조【항고】① 당사자와 검사는 과태료 재판에 대하여 즉시항고를 할 수 있다. 이 경우 항고는 집행정지의 효력이 있다.
② 검사는 필요한 경우에는 제1항에 따른 즉시항고 여부에 대한 행정청의 의견을 청취할 수 있다.

제39조【항고법원의 재판】항고법원의 과태료 재판에는 이유를 적어야 한다.

제40조【항고의 절차】「민사소송법」의 항고에 관한 규정은 특별한 규정이 있는 경우를 제외하고는 이 법에 따른 항고에 준용한다.

제41조【재판비용】① 과태료 재판절차의 비용은 과태료에 처하는 선고가 있는 경우에는 그 선고를 받은 자의 부담으로 하고, 그 외의 경우에는 국고의 부담으로 한다.
② 항고법원이 당사자의 신청을 인정하는 과태료 재판을 한 때에는 항고절차의 비용과 전심에서 당사자의 부담이 된 비용은 국고의 부담으로 한다.

제42조【과태료 재판의 집행】① 과태료 재판은 검사의 명령으로써 집행한다. 이 경우 그 명령은 집행력 있는 집행권원과 동일한 효력이 있다.
② 과태료 재판의 집행절차는 「민사집행법」에 따르거나 국세 또는 지방세 체납처분의 예에 따른다. 다만, 「민사집행법」에 따를 경우에는 집행을 하기 전에 과태료 재판의 송달은 하지 아니한다.
③ 과태료 재판의 집행에 대하여는 제24조 및 제24조의2를 준용한다. 이 경우 제24조의2 제1항 및 제2항 중 "과태료 부과처분에 대하여 이의를 제기하지 아니한 채 제20조 제1항에 따른 기한이 종료한 후"는 "과태료 재판이 확정된 후"로 본다.
④ 검사는 제1항부터 제3항까지의 규정에 따른 과태료 재판을 집행한 경우 그 결과를 해당 행정청에 통보하여야 한다.

제43조【과태료 재판 집행의 위탁】① 검사는 과태료를 최초 부과한 행정청에 대하여 과태료 재판의 집행을 위탁할 수 있고, 위탁을 받은 행정청은 국세 또는 지방세 체납처분의 예에 따라 집행한다.
② 지방자치단체의 장이 제1항에 따라 집행을 위탁받은 경우에는 그 집행한 금원(金員)은 당해 지방자치단체의 수입으로 한다.

제44조【약식재판】법원은 상당하다고 인정하는 때에는 제31조 제1항에 따른 심문 없이 과태료 재판을 할 수 있다.

제45조【이의신청】① 당사자와 검사는 제44조에 따른 약식재판의 고지를 받은 날부터 7일 이내에 이의신청을 할 수 있다.
② 검사는 필요한 경우에는 제1항에 따른 이의신청 여부에 대하여 행정청의 의견을 청취할 수 있다.
③ 제1항의 기간은 불변기간으로 한다.
④ 당사자와 검사가 책임질 수 없는 사유로 제1항의 기간을 지킬 수 없었던 경우에는 그 사유가 없어진 날부터 14일 이내에 이의신청을 할 수 있다. 다만, 그 사유가 없어질 당시 외국에 있던 당사자에 대하여는 그 기간을 30일로 한다.

> 2024년 제12회 약술형 약식재판에 대한 이의신청

제46조【이의신청 방식】① 이의신청은 대통령령으로 정하는 이의신청서를 제44조에 따른 약식재판을 한 법원에 제출함으로써 한다.
② 법원은 제1항에 따른 이의신청이 있은 때에는 이의신청의 상대방에게 이의신청서 부본을 송달하여야 한다.

제47조【이의신청 취하】① 이의신청을 한 당사자 또는 검사는 정식재판절차에 따른 결정을 고지받기 전까지 이의신청을 취하할 수 있다.
② 이의신청의 취하는 대통령령으로 정하는 이의신청취하서를 제46조 제1항에 따른 법원에 제출함으로써 한다. 다만, 심문기일에는 말로 할 수 있다.
③ 법원은 제46조 제2항에 따라 이의신청서 부본을 송달한 뒤에 제1항에 따른 이의신청의 취하가 있은 때에는 그 상대방에게 이의신청취하서 부본을 송달하여야 한다.

> 2024년 제12회 약술형 '이의신청 취하'와 '이의신청 각하'를 비교

제48조【이의신청 각하】① 법원은 이의신청이 법령상 방식에 어긋나거나 이의신청권이 소멸된 뒤의 것임이 명백한 경우에는 결정으로 이를 각하하여야 한다. 다만, 그 흠을 보정할 수 있는 경우에는 그러하지 아니하다.
② 제1항의 결정에 대하여는 즉시항고를 할 수 있다.

> 2024년 제12회 약술형 '이의신청 취하'와 '이의신청 각하'를 비교

제49조【약식재판의 확정】약식재판은 다음 각 호의 어느 하나에 해당하는 때에 확정된다.
1. 제45조에 따른 기간 이내에 이의신청이 없는 때
2. 이의신청에 대한 각하결정이 확정된 때
3. 당사자 또는 검사가 이의신청을 취하한 때

제50조【이의신청에 따른 정식재판절차로의 이행】① 법원이 이의신청이 적법하다고 인정하는 때에는 약식재판은 그 효력을 잃는다.
② 제1항의 경우 법원은 제31조 제1항에 따른 심문을 거쳐 다시 재판하여야 한다.

제5장 보칙

제51조 【자료제출 요구】 법무부장관은 과태료 징수 관련 통계 작성 등 이 법의 운용과 관련하여 필요한 경우에는 중앙행정기관의 장이나 그 밖의 관계 기관의 장에게 과태료 징수 현황 등에 관한 자료의 제출을 요구할 수 있다.

제52조 【관허사업의 제한】 ① 행정청은 허가·인가·면허·등록 및 갱신(이하 "허가등"이라 한다)을 요하는 사업을 경영하는 자로서 다음 각 호의 사유에 모두 해당하는 체납자에 대하여는 사업의 정지 또는 허가등의 취소를 할 수 있다.

1. 해당 사업과 관련된 질서위반행위로 부과받은 과태료를 3회 이상 체납하고 있고, 체납발생일부터 각 1년이 경과하였으며, 체납금액의 합계가 500만 원 이상인 체납자 중 대통령령으로 정하는 횟수와 금액 이상을 체납한 자
2. 천재지변이나 그 밖의 중대한 재난 등 대통령령으로 정하는 특별한 사유 없이 과태료를 체납한 자

② 허가등을 요하는 사업의 주무관청이 따로 있는 경우에는 행정청은 당해 주무관청에 대하여 사업의 정지 또는 허가등의 취소를 요구할 수 있다.
③ 행정청은 제1항 또는 제2항에 따라 사업의 정지 또는 허가등을 취소하거나 주무관청에 대하여 그 요구를 한 후 당해 과태료를 징수한 때에는 지체 없이 사업의 정지 또는 허가등의 취소나 그 요구를 철회하여야 한다.
④ 제2항에 따른 행정청의 요구가 있는 때에는 당해 주무관청은 정당한 사유가 없는 한 이에 응하여야 한다.

제53조 【신용정보의 제공 등】 ① 행정청은 과태료 징수 또는 공익목적을 위하여 필요한 경우 「국세징수법」 제110조를 준용하여 「신용정보의 이용 및 보호에 관한 법률」 제25조 제2항 제1호에 따른 종합신용정보집중기관의 요청에 따라 체납 또는 결손처분자료를 제공할 수 있다. 이 경우 「국세징수법」 제110조를 준용할 때 "체납자"는 "체납자 또는 결손처분자"로, "체납자료"는 "체납 또는 결손처분 자료"로 본다.
② 행정청은 당사자에게 과태료를 납부하지 아니할 경우에는 체납 또는 결손처분자료를 제1항의 신용정보집중기관에게 제공할 수 있음을 미리 알려야 한다.
③ 행정청은 제1항에 따라 체납 또는 결손처분자료를 제공한 경우에는 대통령령으로 정하는 바에 따라 해당 체납자에게 그 제공사실을 통보하여야 한다.

제54조【고액·상습체납자에 대한 제재】 ① 법원은 검사의 청구에 따라 결정으로 30일의 범위 이내에서 과태료의 납부가 있을 때까지 다음 각 호의 사유에 모두 해당하는 경우 체납자(법인인 경우에는 대표자를 말한다. 이하 이 조에서 같다)를 감치(監置)에 처할 수 있다.
1. 과태료를 3회 이상 체납하고 있고, 체납발생일부터 각 1년이 경과하였으며, 체납금액의 합계가 1천만 원 이상인 체납자 중 대통령령으로 정하는 횟수와 금액 이상을 체납한 경우
2. 과태료 납부능력이 있음에도 불구하고 정당한 사유 없이 체납한 경우
② 행정청은 과태료 체납자가 제1항 각 호의 사유에 모두 해당하는 경우에는 관할 지방검찰청 또는 지청의 검사에게 체납자의 감치를 신청할 수 있다.
③ 제1항의 결정에 대하여는 즉시항고를 할 수 있다.
④ 제1항에 따라 감치에 처하여진 과태료 체납자는 동일한 체납사실로 인하여 재차 감치되지 아니한다.
⑤ 제1항에 따른 감치에 처하는 재판 절차 및 그 집행, 그 밖에 필요한 사항은 대법원규칙으로 정한다.

> 2020년 제8회 약술형
> 고액·상습체납자에 대한 제재

제55조【자동차 관련 과태료 체납자에 대한 자동차 등록번호판의 영치】
① 행정청은 「자동차관리법」 제2조 제1호에 따른 자동차의 운행·관리 등에 관한 질서위반행위 중 대통령령으로 정하는 질서위반행위로 부과받은 과태료(이하 "자동차 관련 과태료"라 한다)를 납부하지 아니한 자에 대하여 체납된 자동차 관련 과태료와 관계된 그 소유의 자동차의 등록번호판을 영치할 수 있다.
② 자동차 등록업무를 담당하는 주무관청이 아닌 행정청이 제1항에 따라 등록번호판을 영치한 경우에는 지체 없이 주무관청에 등록번호판을 영치한 사실을 통지하여야 한다.
③ 자동차 관련 과태료를 납부하지 아니한 자가 체납된 자동차 관련 과태료를 납부한 경우 행정청은 영치한 자동차 등록번호판을 즉시 내주어야 한다.
④ 행정청은 제1항에 따라 자동차의 등록번호판이 영치된 당사자가 해당 자동차를 직접적인 생계유지 목적으로 사용하고 있어 자동차 등록번호판을 영치할 경우 생계유지가 곤란하다고 인정되는 경우 자동차 등록번호판을 내주고 영치를 일시 해제할 수 있다. 다만, 그 밖의 다른 과태료를 체납하고 있는 당사자에 대하여는 그러하지 아니하다.
⑤ 제1항부터 제4항까지에서 규정한 사항 외에 자동차 등록번호판 영치의 요건·방법·절차, 영치 해제의 요건·방법·절차 및 영치 일시 해제의 기간·요건·방법·절차에 관하여 필요한 사항은 대통령령으로 정한다.

제56조【자동차 관련 과태료 납부증명서의 제출】 자동차 관련 과태료와 관계된 자동차가 그 자동차 관련 과태료의 체납으로 인하여 압류등록된 경우 그 자동차에 대하여 소유권 이전등록을 하려는 자는 압류등록의 원인이 된 자동차 관련 과태료(제24조에 따른 가산금 및 중가산금을 포함한다)를 납부한 증명서를 제출하여야 한다. 다만, 「전자정부법」제36조 제1항에 따른 행정정보의 공동이용을 통하여 납부사실을 확인할 수 있는 경우에는 그러하지 아니하다.

제57조【과태료】 ① 제22조 제2항에 따른 검사를 거부·방해 또는 기피한 자에게는 500만 원 이하의 과태료를 부과한다.

② 제1항에 따른 과태료는 제22조에 따른 행정청이 부과·징수한다.

[제55조에서 이동 <2011. 4. 5.>]

행정규제기본법

[시행 2024. 1. 18.] [법률 제19213호, 2023. 1. 17., 타법개정]

제1장 총칙

제1조【목적】 이 법은 행정규제에 관한 기본적인 사항을 규정하여 불필요한 행정규제를 폐지하고 비효율적인 행정규제의 신설을 억제함으로써 사회·경제활동의 자율과 창의를 촉진하여 국민의 삶의 질을 높이고 국가경쟁력이 지속적으로 향상되도록 함을 목적으로 한다.

제2조【정의】 ① 이 법에서 사용하는 용어의 뜻은 다음과 같다.
1. "행정규제"(이하 "규제"라 한다)란 국가나 지방자치단체가 특정한 행정목적을 실현하기 위하여 국민(국내법을 적용받는 외국인을 포함한다)의 권리를 제한하거나 의무를 부과하는 것으로서 법령등이나 조례·규칙에 규정되는 사항을 말한다.
2. "법령등"이란 법률·대통령령·총리령·부령과 그 위임을 받는 고시(告示) 등을 말한다.
3. "기존규제"란 이 법 시행 당시 다른 법률에 근거하여 규정된 규제와 이 법 시행 후 이 법에서 정한 절차에 따라 규정된 규제를 말한다.
4. "행정기관"이란 법령등 또는 조례·규칙에 따라 행정 권한을 가지는 기관과 그 권한을 위임받거나 위탁받은 법인·단체 또는 그 기관이나 개인을 말한다.
5. "규제영향분석"이란 규제로 인하여 국민의 일상생활과 사회·경제·행정 등에 미치는 여러 가지 영향을 객관적이고 과학적인 방법을 사용하여 미리 예측·분석함으로써 규제의 타당성을 판단하는 기준을 제시하는 것을 말한다.

② 규제의 구체적 범위는 대통령령으로 정한다.

> 2013년 제1회 약술형
> 행정규제의 개념

제3조【적용 범위】 ① 규제에 관하여 다른 법률에 특별한 규정이 있는 경우를 제외하고는 이 법에서 정하는 바에 따른다.
② 다음 각 호의 어느 하나에 해당하는 사항에 대하여는 이 법을 적용하지 아니한다.
1. 국회, 법원, 헌법재판소, 선거관리위원회 및 감사원이 하는 사무
2. 형사(刑事), 행형(行刑) 및 보안처분에 관한 사무
2의2. 과징금, 과태료의 부과 및 징수에 관한 사항
3. 「국가정보원법」에 따른 정보·보안 업무에 관한 사항

4. 「병역법」, 「대체역의 편입 및 복무 등에 관한 법률」, 「통합방위법」, 「예비군법」, 「민방위기본법」, 「비상대비에 관한 법률」, 「재난 및 안전관리 기본법」 및 「재난관리자원의 관리 등에 관한 법률」에 규정된 징집·소집·동원·훈련에 관한 사항
5. 군사시설, 군사기밀 보호 및 방위사업에 관한 사항
6. 조세(租稅)의 종목·세율·부과 및 징수에 관한 사항

③ 지방자치단체는 이 법에서 정하는 취지에 따라 조례·규칙에 규정된 규제의 등록 및 공표(公表), 규제의 신설이나 강화에 대한 심사, 기존규제의 정비, 규제심사기구의 설치 등에 필요한 조치를 하여야 한다.

제4조【규제 법정주의】 ① 규제는 법률에 근거하여야 하며, 그 내용은 알기 쉬운 용어로 구체적이고 명확하게 규정되어야 한다.

② 규제는 법률에 직접 규정하되, 규제의 세부적인 내용은 법률 또는 상위법령(上位法令)에서 구체적으로 범위를 정하여 위임한 바에 따라 대통령령·총리령·부령 또는 조례·규칙으로 정할 수 있다. 다만, 법령에서 전문적·기술적 사항이나 경미한 사항으로서 업무의 성질상 위임이 불가피한 사항에 관하여 구체적으로 범위를 정하여 위임한 경우에는 고시 등으로 정할 수 있다.

③ 행정기관은 법률에 근거하지 아니한 규제로 국민의 권리를 제한하거나 의무를 부과할 수 없다.

제5조【규제의 원칙】 ① 국가나 지방자치단체는 국민의 자유와 창의를 존중하여야 하며, 규제를 정하는 경우에도 그 본질적 내용을 침해하지 아니하도록 하여야 한다.

② 국가나 지방자치단체가 규제를 정할 때에는 국민의 생명·인권·보건 및 환경 등의 보호와 식품·의약품의 안전을 위한 실효성이 있는 규제가 되도록 하여야 한다.

③ 규제의 대상과 수단은 규제의 목적 실현에 필요한 최소한의 범위에서 가장 효과적인 방법으로 객관성·투명성 및 공정성이 확보되도록 설정되어야 한다.

제5조의2【우선허용·사후규제 원칙】 ① 국가나 지방자치단체가 신기술을 활용한 새로운 서비스 또는 제품(이하 "신기술 서비스·제품"이라 한다)과 관련된 규제를 법령등이나 조례·규칙에 규정할 때에는 다음 각 호의 어느 하나의 규정 방식을 우선적으로 고려하여야 한다.

1. 규제로 인하여 제한되는 권리나 부과되는 의무는 한정적으로 열거하고 그 밖의 사항은 원칙적으로 허용하는 규정 방식
2. 서비스와 제품의 인정 요건·개념 등을 장래의 신기술 발전에 따른 새로운 서비스와 제품도 포섭될 수 있도록 하는 규정 방식

3. 서비스와 제품에 관한 분류기준을 장래의 신기술 발전에 따른 서비스와 제품도 포섭될 수 있도록 유연하게 정하는 규정 방식
4. 그 밖에 신기술 서비스·제품과 관련하여 출시 전에 권리를 제한하거나 의무를 부과하지 아니하고 필요에 따라 출시 후에 권리를 제한하거나 의무를 부과하는 규정 방식

② 국가와 지방자치단체는 신기술 서비스·제품과 관련된 규제를 점검하여 해당 규제를 제1항에 따른 규정 방식으로 개선하는 방안을 강구하여야 한다.

제6조【규제의 등록 및 공표】① 중앙행정기관의 장은 소관 규제의 명칭·내용·근거·처리기관 등을 제23조에 따른 규제개혁위원회(이하 "위원회"라 한다)에 등록하여야 한다.
② 위원회는 제1항에 따라 등록된 규제사무 목록을 작성하여 공표하고, 매년 6월 말일까지 국회에 제출하여야 한다.
③ 위원회는 직권으로 조사하여 등록되지 아니한 규제가 있는 경우에는 관계 중앙행정기관의 장에게 지체 없이 위원회에 등록하게 하거나 그 규제를 폐지하는 법령등의 정비계획을 제출하도록 요구하여야 하며, 관계 중앙행정기관의 장은 특별한 사유가 없으면 그 요구에 따라야 한다.
④ 제1항부터 제3항까지의 규정에 따른 규제의 등록·공표의 방법과 절차 등에 관하여 필요한 사항은 대통령령으로 정한다.

제2장 규제의 신설·강화에 대한 원칙과 심사

제7조【규제영향분석 및 자체심사】① 중앙행정기관의 장은 규제를 신설하거나 강화(규제의 존속기한 연장을 포함한다. 이하 같다)하려면 다음 각 호의 사항을 종합적으로 고려하여 규제영향분석을 하고 규제영향분석서를 작성하여야 한다.

> 2017년 제5회 약술형
> 규제영향분석 및 자체심사

1. 규제의 신설 또는 강화의 필요성
2. 규제 목적의 실현 가능성
3. 규제 외의 대체 수단 존재 여부 및 기존규제와의 중복 여부
4. 규제의 시행에 따라 규제를 받는 집단과 국민이 부담하여야 할 비용과 편익의 비교 분석
5. 규제의 시행이 「중소기업기본법」 제2조에 따른 중소기업에 미치는 영향
6. 「국가표준기본법」 제3조 제8호 및 제19호에 따른 기술규정 및 적합성평가의 시행이 기업에 미치는 영향
7. 경쟁 제한적 요소의 포함 여부
8. 규제 내용의 객관성과 명료성

9. 규제의 존속기한·재검토기한(일정기간마다 그 규제의 시행상황에 관한 점검결과에 따라 폐지 또는 완화 등의 조치를 할 필요성이 인정되는 규제에 한정하여 적용되는 기한을 말한다. 이하 같다)의 설정 근거 또는 미설정 사유
10. 규제의 신설 또는 강화에 따른 행정기구·인력 및 예산의 소요
11. 규제의 신설 또는 강화에 따른 부담을 경감하기 위하여 폐지·완화가 필요한 기존규제 대상
12. 관련 민원사무의 구비서류 및 처리절차 등의 적정 여부

② 중앙행정기관의 장은 제1항에 따른 규제영향분석서를 입법예고 기간 동안 국민에게 공표하여야 하고, 제출된 의견을 검토하여 규제영향분석서를 보완하며, 의견을 제출한 자에게 제출된 의견의 처리 결과를 알려야 한다.

③ 중앙행정기관의 장은 제1항에 따른 규제영향분석의 결과를 기초로 규제의 대상·범위·방법 등을 정하고 자체규제심사위원회의 심의를 거쳐 그 타당성에 대하여 자체심사를 하여야 한다. 이 경우 관계 전문가 등의 의견을 충분히 수렴하여 심사에 반영하여야 한다.

④ 규제영향분석의 방법·절차와 규제영향분석서의 작성지침 및 공표방법, 자체규제심사위원회의 구성, 자체심사의 기준 및 절차 등에 관하여 필요한 사항은 대통령령으로 정한다.

제8조【규제의 존속기한 및 재검토기한 명시】 ① 중앙행정기관의 장은 규제를 신설하거나 강화하려는 경우에 존속시켜야 할 명백한 사유가 없는 규제는 존속기한 또는 재검토기한을 설정하여 그 법령등에 규정하여야 한다.

② 규제의 존속기한 또는 재검토기한은 규제의 목적을 달성하기 위하여 필요한 최소한의 기간 내에서 설정되어야 하며, 그 기간은 원칙적으로 5년을 초과할 수 없다.

③ 중앙행정기관의 장은 규제의 존속기한 또는 재검토기한을 연장할 필요가 있을 때에는 그 규제의 존속기한 또는 재검토기한의 6개월 전까지 제10조에 따라 위원회에 심사를 요청하여야 한다.

④ 위원회는 제12조와 제13조에 따른 심사 시 필요하다고 인정하면 관계 중앙행정기관의 장에게 그 규제의 존속기한 또는 재검토기한을 설정할 것을 권고할 수 있다.

⑤ 중앙행정기관의 장은 법률에 규정된 규제의 존속기한 또는 재검토기한을 연장할 필요가 있을 때에는 그 규제의 존속기한 또는 재검토기한의 3개월 전까지 규제의 존속기한 또는 재검토기한 연장을 내용으로 하는 개정안을 국회에 제출하여야 한다.

제8조의2 【규제의 재검토】 ① 중앙행정기관의 장은 규제의 재검토기한이 도래하는 경우 제7조 제4항에 따른 자체규제심사위원회의 심의를 거쳐 해당 규제의 시행상황을 점검하는 방법 등으로 규제의 재검토를 실시하고 그 결과에 따라 규제의 폐지 또는 완화 등 필요한 조치를 하여야 한다.
② 중앙행정기관의 장은 제1항에 따른 재검토의 결과보고서를 작성·보존 및 공개하고, 다음 재검토를 실시할 때 그 내용을 반영하여야 한다.
③ 규제의 재검토의 실시 절차, 결과보고서의 작성·보존 및 공개 등에 필요한 사항은 대통령령으로 정한다.

제8조의3 【소상공인 등에 대한 규제 형평】 ① 중앙행정기관의 장은 규제를 신설하거나 강화하려는 경우 「소상공인기본법」 제2조에 따른 소상공인 및 「중소기업기본법」 제2조 제2항에 따른 소기업에 대하여 해당 규제를 적용하는 것이 적절하지 아니하거나 과도한 부담을 줄 우려가 있다고 판단되면 규제의 전부 또는 일부의 적용을 면제하거나 일정기간 유예하는 등의 방안을 검토하여야 한다.
② 중앙행정기관의 장은 제1항을 적용하는 것이 적절하지 아니하다고 판단될 경우에는 제10조 제1항에 따라 위원회에 심사를 요청할 때에 그 판단의 근거를 제시하여야 한다.

제9조 【의견 수렴】 중앙행정기관의 장은 규제를 신설하거나 강화하려면 공청회, 행정상 입법예고 등의 방법으로 행정기관·민간단체·이해관계인·연구기관·전문가 등의 의견을 충분히 수렴하여야 한다.

제10조 【심사 요청】 ① 중앙행정기관의 장은 규제를 신설하거나 강화하려면 위원회에 심사를 요청하여야 한다. 이 경우 법령안(法令案)에 대하여는 법제처장에게 법령안 심사를 요청하기 전에 하여야 한다.
② 중앙행정기관의 장은 제1항에 따라 심사를 요청할 때에는 규제안에 다음 각 호의 사항을 첨부하여 위원회에 제출하여야 한다.
1. 제7조 제1항에 따른 규제영향분석서
2. 제7조 제3항에 따른 자체심사 의견
3. 제9조에 따른 행정기관·이해관계인 등의 제출의견 요지
③ 위원회는 제1항에 따라 규제심사를 요청받은 경우에는 그 법령에 대한 규제정비 계획을 제출하게 할 수 있다.

제11조 【예비심사】 ① 위원회는 제10조에 따라 심사를 요청받은 날부터 10일 이내에 그 규제가 국민의 일상생활과 사회·경제활동에 미치는 파급효과를 고려하여 제12조에 따른 심사를 받아야 할 규제(이하 "중요규제"라 한다)인지를 결정하여야 한다.
② 제1항에 따라 위원회가 중요규제가 아니라고 결정한 규제는 위원회의 심사를 받은 것으로 본다.

③ 위원회는 제1항에 따라 결정을 하였을 때에는 지체 없이 그 결과를 관계 중앙행정기관의 장에게 통보하여야 한다.

제12조【심사】① 위원회는 제11조 제1항에 따라 중요규제라고 결정한 규제에 대하여는 심사 요청을 받은 날부터 45일 이내에 심사를 끝내야 한다. 다만, 심사기간의 연장이 불가피한 경우에는 위원회의 결정으로 15일을 넘지 아니하는 범위에서 한 차례만 연장할 수 있다.
② 위원회는 관계 중앙행정기관의 자체심사가 신뢰할 수 있는 자료와 근거에 의하여 적절한 절차에 따라 적정하게 이루어졌는지 심사하여야 한다.
③ 위원회는 제10조 제2항 각 호의 첨부서류 중 보완이 필요한 사항에 대하여는 관계 중앙행정기관의 장에게 보완할 것을 요구할 수 있다. 이 경우 보완하는 데에 걸린 기간은 제1항에 따른 심사기간에 포함하지 아니한다.
④ 위원회는 제1항에 따라 심사를 마쳤을 때에는 지체 없이 그 결과를 관계 중앙행정기관의 장에게 통보하여야 한다.

제13조【긴급한 규제의 신설·강화 심사】① 중앙행정기관의 장은 긴급하게 규제를 신설하거나 강화하여야 할 특별한 사유가 있는 경우에는 제7조, 제8조 제3항, 제9조 및 제10조의 절차를 거치지 아니하고 위원회에 심사를 요청할 수 있다. 이 경우 그 사유를 제시하여야 한다.
② 위원회는 제1항에 따라 심사 요청된 규제의 긴급성이 인정된다고 결정하면 심사를 요청받은 날부터 20일 이내에 규제의 신설 또는 강화의 타당성을 심사하고 그 결과를 관계 중앙행정기관의 장에게 통보하여야 한다. 이 경우 관계 중앙행정기관의 장은 위원회의 심사 결과를 통보받은 날부터 60일 이내에 위원회에 규제영향분석서를 제출하여야 한다.
③ 위원회는 제1항에 따라 심사 요청된 규제의 긴급성이 인정되지 아니한다고 결정하면 심사를 요청받은 날부터 10일 이내에 관계 중앙행정기관의 장에게 제7조부터 제10조까지의 규정에 따른 절차를 거치도록 요구할 수 있다.

제14조【개선 권고】① 위원회는 제12조와 제13조에 따른 심사 결과 필요하다고 인정하면 관계 중앙행정기관의 장에게 그 규제의 신설 또는 강화를 철회하거나 개선하도록 권고할 수 있다.
② 제1항에 따라 권고를 받은 관계 중앙행정기관의 장은 특별한 사유가 없으면 이에 따라야 하며, 그 처리 결과를 대통령령으로 정하는 바에 따라 위원회에 제출하여야 한다.

제15조【재심사】① 중앙행정기관의 장은 위원회의 심사 결과에 이의가 있거나 위원회의 권고대로 조치하기가 곤란하다고 판단되는 특별한 사정이 있는 경우에는 대통령령으로 정하는 바에 따라 위원회에 재심사(再審査)를 요청할 수 있다.

② 위원회는 제1항에 따른 재심사 요청을 받으면 그 요청받은 날부터 15일 이내에 재심사를 끝내고 그 결과를 관계 중앙행정기관의 장에게 통보하여야 한다.
③ 제2항에 따른 재심사는 제14조를 준용한다.

제16조【심사절차의 준수】① 중앙행정기관의 장은 위원회의 심사를 받지 아니하고 규제를 신설하거나 강화하여서는 아니 된다.
② 중앙행정기관의 장은 법제처장에게 신설되거나 강화되는 규제를 포함하는 법령안의 심사를 요청할 때에는 그 규제에 대한 위원회의 심사의견을 첨부하여야 한다. 법령안을 국무회의에 상정(上程)하는 경우에도 또한 같다.

제3장 기존규제의 정비

제17조【규제 정비의 요청】① 누구든지 위원회에 고시(告示) 등 기존규제의 폐지 또는 개선(이하 "정비"라 한다)을 요청할 수 있다.
② 위원회는 제1항에 따라 정비 요청을 받으면 해당 규제의 소관 행정기관의 장에게 지체 없이 통보하여야 하고, 통보를 받은 행정기관의 장은 책임자 실명으로 성실히 답변하여야 한다.
③ 위원회는 제2항의 답변과 관련하여 필요한 경우 해당 행정기관의 장에게 규제 존치의 필요성 등에 대하여 소명할 것을 요청할 수 있다.
④ 제3항에 따라 소명을 요청받은 행정기관의 장은 특별한 사유가 없으면 이에 따라야 한다.
⑤ 제1항부터 제4항까지의 규정에 따른 기존규제의 정비 요청, 답변·소명의 기한 및 절차 등에 필요한 사항은 대통령령으로 정한다.

제17조의2【다른 행정기관 소관의 규제에 관한 의견 제출】중앙행정기관의 장은 규제 개선 또는 소관 정책의 목적을 효과적으로 달성하기 위하여 다른 중앙행정기관의 소관 규제를 개선할 필요가 있다고 판단하는 경우에는 그에 관한 의견을 위원회에 제출할 수 있다.

제18조【기존규제의 심사】① 위원회는 다음 각 호의 어느 하나에 해당하는 경우 기존규제의 정비에 관하여 심사할 수 있다.
1. 제17조에 따른 정비 요청 및 제17조의2에 따라 제출된 의견을 위원회에서 심사할 필요가 있다고 인정한 경우
2. 삭제
3. 그 밖에 위원회가 이해관계인·전문가 등의 의견을 수렴한 결과 특정한 기존규제에 대한 심사가 필요하다고 인정한 경우
② 제1항의 심사는 제14조와 제15조를 준용한다.

제19조【기존규제의 자체정비】① 중앙행정기관의 장은 매년 소관 기존규제에 대하여 이해관계인·전문가 등의 의견을 수렴하여 정비가 필요한 규제를 선정하여 정비하여야 한다.
② 중앙행정기관의 장은 제1항에 따른 정비 결과를 대통령령으로 정하는 바에 따라 위원회에 제출하여야 한다.

제19조의2【기존규제의 존속기한 및 재검토기한 명시】① 중앙행정기관의 장은 기존규제에 대한 점검결과 존속시켜야 할 명백한 사유가 없는 규제는 존속기한 또는 재검토기한을 설정하여 그 법령등에 규정하여야 한다.
② 제1항에 따른 기존규제의 존속기한 또는 재검토기한 설정에 관하여는 제8조 제2항부터 제5항까지를 준용한다.

제19조의3【신기술 서비스·제품 관련 규제의 정비 및 특례】① 중앙행정기관의 장은 신기술 서비스·제품과 관련된 규제와 관련하여 규제의 적용 또는 존재 여부에 대하여 국민이 확인을 요청하는 경우 신기술 서비스·제품에 대한 규제 특례를 부여하는 관계 법률로 정하는 바에 따라 이를 지체 없이 확인하여 통보하여야 한다.
② 중앙행정기관의 장은 신기술 서비스·제품과 관련된 규제와 관련하여 다음 각 호의 어느 하나에 해당하여 신기술 서비스·제품의 육성을 저해하는 경우에는 해당 규제를 신속하게 정비하여야 한다.
1. 기존 규제를 해당 신기술 서비스·제품에 적용하는 것이 곤란하거나 맞지 아니한 경우
2. 해당 신기술 서비스·제품에 대하여 명확히 규정되어 있지 아니한 경우
③ 중앙행정기관의 장은 제2항에 따라 규제를 정비하여야 하는 경우로서 필요한 경우에는 해당 규제가 정비되기 전이라도 신기술 서비스·제품과 관련된 규제 특례를 부여하는 관계 법률로서 대통령령으로 정하는 법률(이하 "규제 특례 관계법률"이라 한다)로 정하는 바에 따라 해당 규제의 적용을 면제하거나 완화할 수 있다.
④ 중앙행정기관의 장은 규제 특례 관계법률에 규제의 적용을 면제하거나 완화하는 규정을 두는 경우에는 다음 각 호의 사항을 종합적으로 고려하여야 한다.
1. 국민의 안전·생명·건강에 위해가 되거나 환경 및 지역균형발전을 저해하는지 여부와 개인정보의 안전한 보호 및 처리 여부
2. 해당 신기술 서비스·제품의 혁신성 및 안전성과 그에 따른 이용자의 편익
3. 규제의 적용 면제 또는 완화로 인하여 발생할 수 있는 부작용에 대한 사후 책임 확보 방안
⑤ 신기술 서비스·제품과 관련된 규제 특례를 부여받고자 하는 자의 신청을 받은 중앙행정기관의 장(이하 "규제 특례 주관기관"이라 한다)은 신기술

서비스·제품 관련 규제 특례에 관한 사항을 심의·의결하기 위하여 규제 특례 관계법률에 따라 설치된 위원회(이하 "규제 특례 위원회"라 한다)의 심의·의결을 거쳐 제3항에 따른 규제 특례를 부여하려는 경우에는 대통령령으로 정하는 기간 이내에 규제 특례 위원회에 신청된 사항을 상정하여야 한다.
⑥ 제3항에 따른 규제 특례 부여가 규제 특례 위원회에서 부결된 경우에는 규제 특례의 부여를 신청한 자는 대통령령으로 정하는 바에 따라 규제 특례 주관기관의 장에게 재심의를 신청할 수 있다.
⑦ 신기술 서비스·제품과 관련된 규제 특례를 부여받은 자는 사정의 변경 등 정당한 사유가 있는 경우 규제 특례 주관기관의 장에게 규제 특례의 내용·조건 등의 변경을 신청할 수 있다.
⑧ 신기술 서비스·제품의 규제 특례와 관련된 규제 법령을 소관하는 중앙행정기관의 장은 대통령령으로 정하는 바에 따라 규제 특례와 관련된 법령의 정비 여부 및 사유, 정비 계획 등에 대해 규제 특례를 부여받은 자 및 규제 특례 주관기관의 장에게 통보하여야 한다.
⑨ 그 밖에 법령정비 등 신기술 서비스·제품과 관련된 규제 특례 제도운영에 필요한 사항은 대통령령으로 정한다.

제19조의4 【신산업 규제정비 기본계획의 수립 및 시행】 ① 위원회는 신산업을 육성하고 촉진하기 위하여 신산업 분야의 규제정비에 관한 기본계획을 3년마다 수립·시행하여야 한다.
② 제1항에 따른 기본계획에는 다음 각 호의 사항이 포함되어야 한다.
1. 신산업 분야의 규제정비의 목표와 기본방향
2. 신산업 분야 육성을 위한 규제정비에 관한 사항
3. 신산업 분야 규제의 우선허용·사후규제 방식으로의 전환에 관한 사항
4. 신산업 분야의 규제정비와 관련하여 관계 중앙행정기관 간 정책 및 업무 협력에 관한 사항
5. 그 밖에 신산업 분야의 규제정비에 필요한 사항
③ 위원회는 제1항에 따른 기본계획이 수립된 때에는 지체 없이 이를 관계 중앙행정기관의 장에게 통보하여야 한다.
④ 관계 중앙행정기관의 장은 제1항에 따른 기본계획에 따라 연도별 시행계획을 제20조에 따른 규제정비 계획에 반영하여야 한다.

제20조 【규제정비 종합계획의 수립】 ① 위원회는 매년 중점적으로 추진할 규제분야나 특정한 기존규제를 선정하여 기존규제의 정비지침을 작성하고 위원회의 의결을 거쳐 중앙행정기관의 장에게 통보하여야 한다. 이 경우 위원회는 필요하다고 인정하면 정비지침에 특정한 기존규제에 대한 정비의 기한을 정할 수 있다.

② 중앙행정기관의 장은 제1항에 따른 정비지침에 따라 그 기관의 규제정비 계획을 수립하여 위원회에 제출하여야 한다.
③ 위원회는 제2항에 따른 중앙행정기관별 규제정비 계획을 종합하여 정부의 규제정비 종합계획을 수립하고, 국무회의의 심의를 거쳐 대통령에게 보고한 후 그 내용을 공표하여야 한다.
④ 규제정비 종합계획의 수립·공표의 방법 및 절차는 대통령령으로 정한다.

제21조【규제정비 종합계획의 시행】① 중앙행정기관의 장은 제20조에 따라 수립·공표된 정부의 규제정비 종합계획에 따라 소관 기존규제를 정비하고 그 결과를 대통령령으로 정하는 바에 따라 위원회에 제출하여야 한다.
② 중앙행정기관의 장은 제20조 제1항 후단에 따라 위원회가 정비의 기한을 정하여 통보한 특정한 기존규제에 대하여는 그 기한까지 정비를 끝내고 그 결과를 위원회에 통보하여야 한다. 다만, 위원회가 정한 기한까지 정비를 끝내지 못한 경우에는 지체 없이 그 사유를 구체적으로 밝혀 위원회에 그 기존규제의 정비 계획을 제출하고, 정비를 끝낸 후 그 결과를 통보하여야 한다.

제22조【조직 정비 등】① 위원회는 기존규제가 정비된 경우 정부의 조직과 예산을 관장하는 관계 중앙행정기관의 장에게 이를 통보하여야 한다.
② 제1항에 따라 통보를 받은 관계 중앙행정기관의 장은 기존규제의 정비에 따른 정부의 조직 또는 예산의 합리화 방안을 마련하여야 한다.

제4장 규제개혁위원회

제23조【설치】정부의 규제정책을 심의·조정하고 규제의 심사·정비 등에 관한 사항을 종합적으로 추진하기 위하여 대통령 소속으로 규제개혁위원회를 둔다.

제24조【기능】① 위원회는 다음 각 호의 사항을 심의·조정한다.
1. 규제정책의 기본방향과 규제제도의 연구·발전에 관한 사항
2. 규제의 신설·강화 등에 대한 심사에 관한 사항
3. 기존규제의 심사, 신산업 규제정비 기본계획 및 규제정비 종합계획의 수립·시행에 관한 사항
4. 규제의 등록·공표에 관한 사항
5. 규제 개선에 관한 의견 수렴 및 처리에 관한 사항
6. 각급 행정기관의 규제 개선 실태에 대한 점검·평가에 관한 사항
7. 그 밖에 위원장이 위원회의 심의·조정이 필요하다고 인정하는 사항
② 위원회는 규제 특례 위원회에 의견을 제출하거나, 필요한 경우 권고할 수 있다. 이 경우 권고를 받은 규제 특례 위원회는 권고사항에 대한 처리 결과를 위원회에 제출하여야 한다.

제25조 【구성 등】 ① 위원회는 위원장 2명을 포함한 20명 이상 25명 이하의 위원으로 구성한다.
② 위원장은 국무총리와 학식과 경험이 풍부한 사람 중에서 대통령이 위촉하는 사람이 된다.
③ 위원은 학식과 경험이 풍부한 사람 중에서 대통령이 위촉하는 사람과 대통령령으로 정하는 공무원이 된다. 이 경우 공무원이 아닌 위원이 전체 위원의 과반수가 되어야 한다.
④ 위원회에 간사 1명을 두되, 공무원이 아닌 위원 중에서 국무총리가 아닌 위원장이 지명하는 사람이 된다.
⑤ 위원 중 공무원이 아닌 위원의 임기는 2년으로 하되, 한 차례만 연임할 수 있다.
⑥ 위원장 모두가 부득이한 사유로 직무를 수행할 수 없을 때에는 국무총리가 지명한 위원이 그 직무를 대행한다.

제26조 【의결 정족수】 위원회의 회의는 재적위원 과반수의 출석으로 개의하고, 재적위원 과반수의 찬성으로 의결한다.

제26조의2 【회의록의 작성·공개】 ① 위원회는 회의 일시, 장소, 참석자, 안건, 토의 내용 및 의결 사항 등을 기록한 회의록을 작성·보존하여야 한다.
② 회의록은 공개한다. 다만, 위원장이 공익보호나 그 밖의 사유로 필요하다고 인정하는 때에는 위원회의 의결로 공개하지 아니할 수 있다.

제27조 【위원의 신분보장】 위원은 다음 각 호의 어느 하나에 해당하는 경우를 제외하고는 본인의 의사와 관계없이 면직되거나 해촉(解囑)되지 아니한다.
1. 금고 이상의 형을 선고받은 경우
2. 장기간의 심신쇠약으로 직무를 수행할 수 없게 된 경우

제28조 【분과위원회】 ① 위원회의 업무를 효율적으로 수행하기 위하여 위원회에 분야별로 분과위원회를 둘 수 있다.
② 분과위원회가 위원회로부터 위임받은 사항에 관하여 심의·의결한 것은 위원회가 심의·의결한 것으로 본다.

제29조 【전문위원 등】 위원회에는 업무에 관한 전문적인 조사·연구 업무를 담당할 전문위원과 조사요원을 둘 수 있다.

제30조 【조사 및 의견청취 등】 ① 위원회는 제24조에 따른 기능을 수행할 때 필요하다고 인정하면 다음 각 호의 조치를 할 수 있다.
1. 관계 행정기관에 대한 설명 또는 자료·서류 등의 제출 요구
2. 이해관계인·참고인 또는 관계 공무원의 출석 및 의견진술 요구
3. 관계 행정기관 등에 대한 현지조사

② 관계 행정기관의 장은 규제의 심사 등과 관련하여 소속 공무원이나 관계 전문가를 위원회에 출석시켜 의견을 진술하게 하거나 필요한 자료를 제출할 수 있다.

제31조【위원회의 사무처리 등】① 위원회의 사무처리를 위하여 전문성을 갖춘 사무기구를 둔다.
② 위원회의 전문적인 심사사항을 지원하기 위하여 전문 연구기관을 지정할 수 있다.

제32조【벌칙 적용 시의 공무원 의제】위원회의 위원 중 공무원이 아닌 위원·전문위원 및 조사요원은 「형법」이나 그 밖의 법률에 따른 벌칙을 적용할 때에는 공무원으로 본다.

제33조【조직 및 운영】이 법에서 정한 것 외에 위원회의 조직·운영 등에 필요한 사항은 대통령령으로 정한다.

제5장 보칙

제34조【규제 개선 점검·평가】① 위원회는 효과적인 규제 개선을 위하여 각급 행정기관의 규제제도의 운영 실태와 개선사항을 확인·점검하여야 한다.
② 위원회는 제1항에 따른 확인·점검 결과를 평가하여 국무회의와 대통령에게 보고하여야 한다.
③ 위원회는 제1항과 제2항에 따른 확인·점검 및 평가를 객관적으로 하기 위하여 관련 전문기관 등에 제도·기반연구 또는 여론조사를 의뢰할 수 있다.
④ 위원회는 제1항과 제2항에 따른 확인·점검 및 평가 결과 규제 개선에 소극적이거나 이행 상태가 불량하다고 판단되는 경우 대통령에게 그 시정에 필요한 조치를 건의할 수 있다.

제35조【규제개혁 백서】위원회는 매년 정부의 주요 규제개혁 추진상황에 관한 백서(白書)를 발간하여 국민에게 공표하여야 한다.

제36조【행정지원 등】국무조정실장은 규제 관련 제도를 연구하고 위원회의 운영에 필요한 지원을 하여야 한다.

제37조【공무원의 책임 등】① 공무원이 규제 개선 업무를 능동적으로 추진함에 따라 발생한 결과에 대하여 그 공무원의 행위에 고의나 중대한 과실이 없는 경우에는 불리한 처분이나 부당한 대우를 받지 아니한다.
② 중앙행정기관의 장은 규제 개선 업무 추진에 뚜렷한 공로가 있는 공무원은 포상하고, 인사상 우대조치 등을 하여야 한다.

MEMO

행정사 2차
수험용 법전

01 행정업무의 운영 및 혁신에 관한 규정
02 민원 처리에 관한 법률

제 3 편

사무관리론

01 행정업무의 운영 및 혁신에 관한 규정 (약칭: 행정업무규정)

[시행 2024. 5. 21.] [대통령령 제34518호, 2024. 5. 21., 타법개정]

제1장 총칙

제1조 【목적】 이 영은 행정기관의 행정업무 운영에 관한 사항을 규정함으로써 행정업무의 간소화·표준화·과학화 및 정보화를 도모하고 행정업무 혁신을 통하여 행정의 효율을 높이는 것을 목적으로 한다.

제2조 【적용범위】 중앙행정기관(대통령 직속기관과 국무총리 직속기관을 포함한다. 이하 같다)과 그 소속기관, 지방자치단체의 기관과 군(軍)의 기관(이하 "행정기관"이라 한다)의 행정업무 운영에 관하여 다른 법령에 특별한 규정이 있는 경우를 제외하고는 이 영에서 정하는 바에 따른다.

제3조 【정의】 이 영에서 사용하는 용어의 뜻은 다음과 같다.
1. "공문서"란 행정기관에서 공무상 작성하거나 시행하는 문서(도면·사진·디스크·테이프·필름·슬라이드·전자문서 등의 특수매체기록을 포함한다. 이하 같다)와 행정기관이 접수한 모든 문서를 말한다.
2. "전자문서"란 컴퓨터 등 정보처리능력을 가진 장치에 의하여 전자적인 형태로 작성되거나 송신·수신 또는 저장된 문서를 말한다.
2의2. "개방형 문서 형식"이란 다음 각 목의 요건을 모두 갖춘 전자문서 형식을 말한다.
   가. 기술의 표준과 규격이 공개되어 있을 것
   나. 「공공데이터의 제공 및 이용 활성화에 관한 법률」 제2조 제3호에 따른 기계 판독이 가능한 형태일 것
3. "문서과"란 행정기관 내의 공문서를 분류·배부·보존하는 업무를 수행하거나 수신·발신하는 업무를 지원하는 등 문서에 관한 업무를 주관하는 과(課)·담당관 등을 말한다.
4. "처리과"란 업무 처리를 주관하는 과·담당관 등을 말한다.
5. "서명"이란 기안자·검토자·협조자·결재권자[제10조에 따라 결재, 위임전결 또는 대결(代決)하는 자를 말한다. 이하 같다] 또는 발신명의인이 공문서(전자문서는 제외한다)에 자필로 자기의 성명을 다른 사람이 알아볼 수 있도록 한글로 표시하는 것을 말한다.
6. "전자이미지서명"이란 기안자·검토자·협조자·결재권자 또는 발신명의인이 전자문서상에 전자적인 이미지 형태로 된 자기의 성명을 표시하는 것을 말한다.

2019년 제7회 약술형
'전자이미지관인', '행정정보시스템', '서명'의 개념
2021년 제9회 약술형
'공문서', '전자문서서명', '전자문서시스템', '정책실명제'의 개념

7. "전자문자서명"이란 기안자·검토자·협조자·결재권자 또는 발신명의인이 전자문서상에 자동 생성된 자기의 성명을 전자적인 문자 형태로 표시하는 것을 말한다.
8. "행정전자서명"이란 기안자·검토자·협조자·결재권자 또는 발신명의인의 신원과 전자문서의 변경 여부를 확인할 수 있도록 그 전자문서에 첨부되거나 결합된 전자적 형태의 정보로서 「전자정부법 시행령」 제29조에 따른 인증기관으로부터 인증을 받은 것을 말한다.
9. "전자이미지관인"이란 관인의 인영(印影: 도장을 찍은 모양)을 컴퓨터 등 정보처리능력을 가진 장치에 전자적인 이미지 형태로 입력하여 사용하는 관인을 말한다.
10. "전자문서시스템"이란 문서의 기안·검토·협조·결재·등록·시행·분류·편철·보관·보존·이관·접수·배부·공람·검색·활용 등 모든 처리절차가 전자적으로 처리되는 시스템을 말한다.
11. "업무관리시스템"이란 행정기관이 업무처리의 모든 과정을 제22조 제1항에 따른 과제관리카드 및 문서관리카드 등을 이용하여 전자적으로 관리하는 시스템을 말한다.
12. "행정정보시스템"이란 행정기관이 행정정보를 생산·수집·가공·저장·검색·제공·송신·수신하고 활용할 수 있도록 하드웨어·소프트웨어·데이터베이스 등을 통합한 시스템을 말한다.
13. "정보통신망"이란 「전기통신사업법」 제2조 제2호에 따른 전기통신설비를 활용하거나 전기통신설비와 컴퓨터 및 컴퓨터의 이용기술을 활용하여 정보를 수집·가공·저장·검색·송신 또는 수신하는 정보통신체제를 말한다.
14. "정책실명제"란 정책의 투명성과 책임성을 높이기 위하여 행정기관에서 소관 업무와 관련하여 수립·시행하는 주요 정책의 결정 및 집행 과정에 참여하는 관련자의 실명과 의견을 기록·관리하는 제도를 말한다.

제2장 공문서 관리 등 행정업무의 처리

제1절 공문서의 작성 및 처리

제4조 【공문서의 종류】 공문서(이하 "문서"라 한다)의 종류는 다음 각 호의 구분에 따른다.

1. 법규문서: 헌법·법률·대통령령·총리령·부령·조례·규칙(이하 "법령"이라 한다) 등에 관한 문서
2. 지시문서: 훈령·지시·예규·일일명령 등 행정기관이 그 하급기관이나 소속 공무원에 대하여 일정한 사항을 지시하는 문서

2023년 제11회 약술형
공문서의 종류

3. 공고문서: 고시·공고 등 행정기관이 일정한 사항을 일반에게 알리는 문서
4. 비치문서: 행정기관이 일정한 사항을 기록하여 행정기관 내부에 비치하면서 업무에 활용하는 대장, 카드 등의 문서
5. 민원문서: 민원인이 행정기관에 허가, 인가, 그 밖의 처분 등 특정한 행위를 요구하는 문서와 그에 대한 처리문서
6. 일반문서: 제1호부터 제5호까지의 문서에 속하지 아니하는 모든 문서

> 2023년 제11회, 2024년 제12회 약술형
> 문서 처리의 기본 원칙

제5조 【문서 처리의 기본 원칙】 ① 행정기관의 장(법령에 따라 행정권한을 위임받거나 위탁받은 자를 포함한다. 이하 같다)은 문서의 기안·검토·협조·결재·등록·시행·분류·편철·보관·보존·이관·접수·배부·공람·검색·활용 등 처리절차를 전자문서시스템 또는 업무관리시스템 상에서 전자적으로 처리하도록 하여야 한다.
② 행정기관의 장은 국민생활의 편의를 제고하고 전자문서를 체계적으로 관리·활용하기 위하여 다음 각 호의 기준에 따라 문서를 처리하도록 노력해야 한다.
1. 개방형 문서 형식으로 문서요지와 키워드를 포함하여 작성할 것
2. 국민에게 문서를 다양한 형식으로 제공할 것
3. 국민이 다양한 장치에서 문서에 접근할 수 있도록 할 것

> 2014년 제2회, 2019년 제7회, 2020년 제8회, 2023년 제11회 약술형
> 문서의 성립과 효력 발생의 조건

제6조 【문서의 성립 및 효력 발생】 ① 문서는 결재권자가 해당 문서에 서명(전자이미지서명, 전자문자서명 및 행정전자서명을 포함한다. 이하 같다)의 방식으로 결재함으로써 성립한다.
② 문서는 수신자에게 도달(전자문서의 경우는 수신자가 관리하거나 지정한 전자적 시스템 등에 입력되는 것을 말한다)됨으로써 효력을 발생한다.
③ 제2항에도 불구하고 공고문서는 그 문서에서 효력발생 시기를 구체적으로 밝히고 있지 않으면 그 고시 또는 공고 등이 있은 날부터 5일이 경과한 때에 효력이 발생한다.

> 2024년 제12회 약술형
> 문서 작성의 원칙

제7조 【문서 작성의 방법】 ① 문서는 「국어기본법」 제3조 제3호에 따른 어문규범에 맞게 한글로 작성하되, 뜻을 정확하게 전달하기 위하여 필요한 경우에는 괄호 안에 한자나 그 밖의 외국어를 함께 적을 수 있으며, 특별한 사유가 없으면 가로로 쓴다.
② 문서의 내용은 간결하고 명확하게 표현하고 일반화되지 않은 약어와 전문용어 등의 사용을 피하여 이해하기 쉽게 작성하여야 한다.
③ 문서에는 음성정보나 영상정보 등이 수록되거나 연계된 바코드 등을 표기할 수 있다.
④ 문서에 쓰는 숫자는 특별한 사유가 없으면 아라비아 숫자를 쓴다.

⑤ 문서에 쓰는 날짜는 숫자로 표기하되, 연·월·일의 글자는 생략하고 그 자리에 온점을 찍어 표시하며, 시·분은 24시각제에 따라 숫자로 표기하되, 시·분의 글자는 생략하고 그 사이에 쌍점을 찍어 구분한다. 다만, 특별한 사유가 있으면 다른 방법으로 표시할 수 있다.
⑥ 문서 작성에 사용하는 용지는 특별한 사유가 없으면 가로 210밀리미터, 세로 297밀리미터의 직사각형 용지로 한다.
⑦ 제1항부터 제6항까지에서 규정한 사항 외에 문서 작성에 필요한 사항은 행정안전부령으로 정한다.

> 2019년 제7회 약술형 용어표기의 기준제시
> 2023년 제11회 약술형 날짜 및 시·분의 표기와 용지규격

행정업무의 운영 및 혁신에 관한 규정 시행규칙
제2조【공문서 작성의 방법】 ① 공문서(이하 "문서"라 한다)의 내용을 둘 이상의 항목으로 구분할 필요가 있으면 그 항목을 순서(항목 구분이 숫자인 경우에는 오름차순, 한글인 경우에는 가나다순을 말한다)대로 표시하되, 상위 항목부터 하위 항목까지 1., 가., 1), 가), (1), (가), ①, ㉮의 형태로 표시한다. 다만, 필요한 경우에는 □, ○, -, · 등과 같은 특수한 기호로 표시할 수 있다.
② 문서에 금액을 표시할 때에는 「행정업무의 운영 및 혁신에 관한 규정」(이하 "영"이라 한다) 제7조 제4항에 따라 아라비아 숫자로 쓰되, 숫자 다음에 괄호를 하고 다음과 같이 한글로 적어야 한다.
(예시) 금113,560원(금일십일만삼천오백육십원)

제8조【문서의 기안】 ① 문서의 기안은 전자문서로 하는 것을 원칙으로 한다. 다만, 업무의 성질상 전자문서로 기안하기 곤란하거나 그 밖의 특별한 사정이 있으면 그러하지 아니하다.
② 문서의 기안은 행정안전부령으로 정하는 기안문으로 하여야 한다. 다만, 관계 서식이 따로 있는 경우에는 그 내용을 관계 서식에 기입하는 방법으로 할 수 있다.
③ 둘 이상의 행정기관의 장의 결재가 필요한 문서는 그 문서 처리를 주관하는 행정기관에서 기안하여야 한다.
④ 기안문에는 행정안전부령으로 정하는 바에 따라 발의자(기안하도록 지시하거나 스스로 기안한 사람을 말한다)와 보고자를 알 수 있도록 표시하여야 한다. 다만, 다음 각 호의 문서에는 발의자와 보고자의 표시를 생략할 수 있다.
1. 검토나 결정이 필요하지 아니한 문서
2. 각종 증명 발급, 회의록, 그 밖의 단순 사실을 기록한 문서
3. 일상적·반복적인 업무로서 경미한 사항에 관한 문서

행정업무의 운영 및 혁신에 관한 규정 시행규칙

제4조【기안문의 구성】 ① 제3조 제1항에 따라 기안문을 별지 제1호 서식으로 작성하는 경우 기안문은 두문, 본문 및 결문으로 구성한다.
② 제1항에 따른 두문(이하 "두문"이라 한다)은 행정기관명과 수신란으로 구성하되, 다음 각 호의 구분에 따라 표시한다. 이 경우 두문의 여백에는 행정기관의 로고·상징·마크·홍보문구 또는 바코드 등을 표시할 수 있다.
1. 행정기관명에는 그 문서를 기안한 부서가 속하는 행정기관명을 표시하되, 다른 행정기관명과 동일한 경우에는 바로 위 상급기관명을 함께 표시할 수 있다.
2. 수신란에는 다음 각 목과 같이 표시한다.
   가. 수신자가 없는 내부결재문서인 경우에는 "내부결재"로 표시한다.
   나. 수신자가 있는 경우에는 수신자명을 표시하고, 그 다음에 이어서 괄호 안에 업무를 처리할 보조기관이나 보좌기관을 표시하되, 보조기관이나 보좌기관이 분명하지 아니한 경우에는 ○○업무담당과장 등으로 쓸 수 있다. 다만, 수신자가 여럿인 경우에는 두문의 수신란에 "수신자 참조"라고 표시하고 제1항에 따른 결문(이하 "결문"이라 한다)의 발신 명의 다음 줄에 수신자란을 따로 설치하여 수신자명을 표시할 수 있다.
③ 제1항에 따른 본문(이하 "본문"이라 한다)은 제목, 내용 및 붙임(문서에 다른 서식 등이 첨부되는 경우에만 해당한다)으로 구성한다.
④ 문서에 다른 서식 등이 첨부되는 경우에는 본문의 내용이 끝난 줄 다음에 "붙임" 표시를 하고 첨부물의 명칭과 수량을 적되, 첨부물이 두 가지 이상인 경우에는 제2조 제1항에 따라 항목을 구분하여 표시하여야 한다.
⑤ 본문의 마지막에는 다음과 같이 "끝" 표시 등을 한다.
1. 본문의 내용(본문에 붙임이 있는 경우에는 붙임을 말한다)의 마지막 글자에서 한 글자 띄우고 "끝" 표시를 한다. 다만, 본문의 내용이나 붙임에 적은 사항이 오른쪽 한계선에 닿은 경우에는 다음 줄의 왼쪽 기본선에서 한 글자 띄우고 "끝" 표시를 한다.
2. 제1호에도 불구하고, 본문의 내용이 표 형식으로 끝나는 경우에는 표의 마지막 칸까지 작성되면 표 아래 왼쪽 기본선에서 한 글자를 띄운 후 "끝" 표시를 하고, 표의 중간까지만 작성된 경우에는 "끝" 표시를 하지 않고 마지막으로 작성된 칸의 다음 칸에 "이하 빈칸"으로 표시한다.
⑥ 결문은 다음 각 호의 사항으로 구성한다.
1. 발신 명의
2. 기안자·검토자·협조자·결재권자의 직위나 직급(각급 행정기관이 6급 이하 공무원의 직급을 대신하여 대외적으로 사용할 수 있도록 정한 대외직명을 포함한다. 이하 제6조에서 같다) 및 서명(전자이미지서명과 전자문자서명을 포함한다. 이하 같다)

3. 「공공기록물 관리에 관한 법률 시행령」 제20조에 따른 생산등록번호(이하 "생산등록번호"라 한다) 및 접수등록번호(이하 "접수등록번호"라 한다), 시행일 및 접수일
4. 행정기관의 우편번호·주소·홈페이지주소·전화번호·팩스번호, 공무원의 전자우편주소와 공개 구분

제5조【일괄기안 등】① 기안하려는 여러 문서의 내용이 서로 관련성이 있는 경우에는 각 문서의 내용을 하나의 기안문으로 일괄하여 기안할 수 있다. 이 경우 특별한 사유가 없으면 각각 다른 생산등록번호를 사용하여 같은 날짜로 시행하여야 한다.
② 둘 이상의 행정기관의 장의 결재가 필요한 문서는 영 제8조 제3항에 따라 그 문서 처리를 주관하는 행정기관의 장의 결재를 받은 후 관계 행정기관의 장의 결재를 받아 공동명의로 시행하여야 한다. 이 경우 발신 명의에는 문서 처리를 주관하는 행정기관의 장의 명의를 맨 위에 표시하며, 관계 행정기관의 장의 명의는 바로 밑에 표시하고, 관계 행정기관의 장이 둘 이상인 경우로서 동일 직급인 경우에는 「정부조직법」에 따른 부·처·청의 순위대로 표시하고, 동일 직급이 아닌 경우에는 상위 직급의 행정기관의 장의 명의부터 표시한다.
③ 수신한 종이문서를 수정하여 기안하는 경우에는 수신한 문서와 색깔이 다른 글자로 수정하는 방법으로 할 수 있다.

제6조【기안자 등의 표시】① 기안문에는 영 제8조 제4항에 따라 발의자와 보고자의 직위나 직급의 앞 또는 위에 발의자는 ★표시를, 보고자는 ⊙표시를 한다.
② 기안문에 첨부되는 계산서·통계표·도표 등 작성상의 책임을 밝힐 필요가 있다고 인정되는 첨부물에는 작성자를 표시하여야 한다.
③ 기안자, 검토자 또는 협조자는 기안문의 해당란에 직위나 직급을 표시하고 서명하되, 검토자나 협조자가 영 제9조 제3항 또는 제4항에 따라 다른 의견을 표시하는 경우에는 직위나 직급 다음에 "(의견 있음)"이라고 표시하여야 한다.
④ 총괄책임자(영 제60조에 따른 처리과의 업무분장상 여러 개의 단위업무를 총괄하는 책임자를 말한다. 이하 같다)는 총괄책임자가 총괄하는 단위업무를 분담하는 사람이 기안한 경우 그 기안문을 검토하고 검토자란에 서명을 하되, 다른 의견이 있으면 직위나 직급 다음에 "(의견 있음)"이라고 표시하고 기안문 또는 별지에 그 의견을 표시할 수 있다. 다만, 총괄책임자가 출장 등의 사유로 검토할 수 없는 등 부득이한 경우에는 검토를 생략할 수 있으며 서명란에 출장 등 검토할 수 없는 사유를 적어야 한다.

제9조 【문서의 검토 및 협조】 ① 기안문은 결재권자의 결재를 받기 전에 보조기관 또는 보좌기관의 검토를 받아야 한다. 다만, 보조기관 또는 보좌기관이 출장 등의 사유로 검토할 수 없는 등 부득이한 경우에는 검토를 생략할 수 있으며, 이 경우 검토자의 서명란에 출장 등의 사유를 적어야 한다.
② 기안문의 내용이 행정기관 내의 다른 보조기관 또는 보좌기관의 업무와 관련이 있을 때에는 그 보조기관 또는 보좌기관의 협조를 받아야 한다.
③ 보조기관 또는 보좌기관이 제1항에 따라 기안문을 검토하는 경우에 그 내용과 다른 의견이 있으면 기안문을 직접 수정하거나 기안문 또는 별지에 그 의견을 표시하여야 한다.
④ 보조기관 또는 보좌기관이 제2항에 따라 협조하는 경우에 그 내용과 다른 의견이 있으면 기안문 또는 별지에 그 의견을 표시하여야 한다.

제10조 【문서의 결재】 ① 문서는 해당 행정기관의 장의 결재를 받아야 한다. 다만, 보조기관 또는 보좌기관의 명의로 발신하는 문서는 그 보조기관 또는 보좌기관의 결재를 받아야 한다.
② 행정기관의 장은 업무의 내용에 따라 보조기관 또는 보좌기관이나 해당 업무를 담당하는 공무원으로 하여금 위임전결하게 할 수 있으며, 그 위임전결 사항은 해당 기관의 장이 훈령이나 지방자치단체의 규칙으로 정한다.
③ 제1항이나 제2항에 따라 결재할 수 있는 사람이 휴가, 출장, 그 밖의 사유로 결재할 수 없을 때에는 그 직무를 대리하는 사람이 대결하고 내용이 중요한 문서는 사후에 보고하여야 한다.

> 행정업무의 운영 및 혁신에 관한 규정 시행규칙
> 제7조 【문서의 결재】 ① 결재권자의 서명란에는 서명날짜를 함께 표시한다.
> ② 영 제10조 제2항에 따라 위임전결하는 경우에는 전결하는 사람의 서명란에 "전결" 표시를 한 후 서명하여야 한다.
> ③ 영 제10조 제3항에 따라 대결(代決)하는 경우에는 대결하는 사람의 서명란에 "대결" 표시를 하고 서명하되, 위임전결사항을 대결하는 경우에는 전결하는 사람의 서명란에 "전결" 표시를 한 후 대결하는 사람의 서명란에 "대결" 표시를 하고 서명하여야 한다.
> ④ 제2항과 제3항의 경우에는 서명 또는 "전결" 표시를 하지 아니하는 사람의 서명란은 만들지 아니한다.

제11조 【문서의 등록 등】 ① 행정기관은 문서를 생산(제6조 제1항에 따라 문서가 성립된 경우를 말한다. 이하 같다)하였을 때에는 지체 없이 「공공기록물 관리에 관한 법률 시행령」 제20조에 따라 생산등록번호(이하 "생산등록번호"라 한다)를 부여하고 등록하여야 한다.
② 제4조 제1호부터 제3호까지의 규정에 따른 문서에는 생산등록번호 외에 행정안전부령으로 정하는 번호를 부여한다.

> 행정업무의 운영 및 혁신에 관한 규정 시행규칙
> 제8조 【법규문서 등의 번호】 영 제11조 제2항에 따라 문서의 종류별로 다음 각 호의 구분에 따른 번호를 부여한다.
> 1. 영 제4조 제1호에 따른 법규문서에는 연도구분과 관계없이 누적되어 연속되는 일련번호(이하 "누년 일련번호"라 한다)를 부여한다.
> 2. 영 제4조 제2호에 따른 지시문서 중 훈령 및 예규에는 누년 일련번호를 부여하고, 일일명령에는 연도별로 구분하여 매년 새로 시작되는 일련번호로서 연도표시가 없는 번호(이하 "연도별 일련번호"라 한다)를 부여하며, 지시에는 연도표시와 연도별 일련번호를 붙임표(-)로 이은 번호(이하 "연도표시 일련번호"라 한다)를 부여한다.
> 3. 영 제4조 제3호에 따른 공고문서에는 연도표시 일련번호를 부여한다.

제12조 【시행문의 작성】 ① 결재를 받은 문서 가운데 발신하여야 하는 문서는 행정안전부령으로 정하는 시행문으로 작성하여 발신한다.
② 시행문의 수신자가 여럿인 경우 그 수신자 전체를 함께 표시하여 시행문을 작성·시행할 수 있다. 다만, 수신자의 개인정보 보호 등을 위하여 필요할 때에는 수신자별로 작성·시행하여야 한다.

> 행정업무의 운영 및 혁신에 관한 규정 시행규칙
> 제9조 【시행문의 작성】 ① 영 제12조에 따른 시행문은 별지 제1호 서식에 따라 작성하되, 그 구성에 관하여는 제4조에 따른다.
> ② 행정기관의 장이 소속공무원 또는 소속기관에 발신하는 시행문이나 보조기관 및 보좌기관 상호 간에 발신하는 시행문 중에서 다음 각 호의 어느 하나에 해당하는 시행문은 업무관리시스템 또는 전자문서시스템의 전자게시판이나 행정기관의 홈페이지 등에 게시된 때에 시행된 것으로 본다.
> 1. 단순한 업무에 관한 지시
> 2. 자료요구, 업무연락, 통보, 공지사항, 일일명령 등

제13조 【발신 명의】 ① 문서의 발신 명의는 행정기관의 장으로 한다. 다만, 합의제기관의 권한에 속하는 문서의 발신 명의는 그 합의제기관으로 한다.
② 제1항에도 불구하고 행정기관 내의 보조기관 또는 보좌기관 상호 간에 발신하는 문서는 해당 보조기관 또는 보좌기관의 명의로 한다.
③ 발신할 필요가 없는 내부결재문서는 발신 명의를 표시하지 아니한다.

2025년 제13회 약술형
발신 명의

행정업무의 운영 및 혁신에 관한 규정 시행규칙
제10조【발신 명의】 행정기관의 장의 권한을 대행하거나 직무를 대리하는 사람이 발신 명의와 함께 본인의 성명을 적는 경우에는 다음 예시와 같이 "권한대행" 또는 "직무대리"의 표시를 하고 그 직위를 적어야 한다.

(예시)
○○군수 권한대행   ○○○
         (또는 직무대리)
         부   군   수

> 2021년 제9회 약술형
> 관인 또는 서명의 표시 및 생략방법

제14조【관인날인 또는 서명】 ① 제13조 제1항 본문 또는 단서에 따라 행정기관의 장 또는 합의제기관의 명의로 발신하는 문서의 발신 명의에는 관인(전자이미지관인을 포함한다. 이하 이 조에서 같다)을 찍는다. 이 경우 제13조 제1항 본문에 따라 행정기관의 장의 명의로 발신하는 문서의 발신 명의에는 행정기관의 장이 관인의 날인(捺印)을 갈음하여 서명(전자문자서명과 행정전자서명은 제외한다)을 할 수도 있다.
② 제13조 제2항에 따라 행정기관 내의 보조기관 또는 보좌기관 상호 간에 발신하는 문서의 발신 명의에는 보조기관 또는 보좌기관이 서명을 한다.
③ 관보나 신문 등에 실리는 문서에는 관인을 찍거나 서명하지 아니하며, 경미한 내용의 문서에는 행정안전부령으로 정하는 바에 따라 관인날인 또는 서명을 생략할 수 있다.
④ 관인을 찍어야 할 문서로서 다수의 수신자에게 동시에 발신 또는 교부하거나 알리는 문서에는 관인의 날인을 갈음하여 관인의 인영을 인쇄하여 사용할 수 있다. 이 경우 실제 규격대로 인쇄하기 어려운 경우에는 관인의 실제 규격보다 축소하여 인쇄할 수 있다.

행정업무의 운영 및 혁신에 관한 규정 시행규칙
제11조【관인날인 또는 서명】 ① 영 제14조 제1항 전단에 따라 관인을 찍는 경우에는 발신 명의 표시의 마지막 글자가 인영(印影: 도장을 찍은 모양)의 가운데에 오도록 한다. 다만, 등본·초본 등 민원서류를 발급할 때 사용하는 직인은 발신 명의 표시의 오른쪽에 찍을 수 있다.
② 보조기관이나 보좌기관은 영 제14조 제2항에 따라 서명하는 경우에는 발신 명의 표시의 마지막 글자 위에 서명하여야 한다.
③ 보조기관이나 보좌기관의 직무를 대리하는 사람이 영 제14조 제2항에 따라 보조기관이나 보좌기관의 발신 명의에 서명을 하는 경우에는 서명 앞에 "직무대리"의 표시를 하여야 한다.
④ 영 제14조 제3항에 따라 일일명령 등 단순 업무처리에 관한 지시문서와 행정기관 간의 단순한 자료요구, 업무연락, 통보 등을 위한 문서에는 발신 명의 표시의 오른쪽에 별표 1에 따른 관인생략이나 서명생략(보조기관 또는 보좌기관 상호 간에 발신하는 문서만 해당한다) 표시를 하고 관인날인 또는 서명을 생략할 수 있다.

⑤ 처리과의 장은 영 제14조 제4항에 따라 관인의 인영을 인쇄하여 사용하려면 미리 관인을 관리하는 부서의 장과 협의하고 해당 행정기관의 장의 승인을 받아야 한다.
⑥ 처리과의 장은 영 제14조 제4항에 따라 관인의 인영을 인쇄하여 사용하는 경우에는 다른 법령에 특별한 규정이 없으면 별지 제5호 서식의 관인인쇄용지 관리대장을 갖추어 두고 관인의 인영을 인쇄하여 사용한 내용을 기록하고 유지하여야 한다.

제15조 【문서의 발신】 ① 문서는 직접 처리하여야 할 행정기관에 발신한다. 다만, 필요한 경우에는 행정조직상의 계통에 따라 발신한다.
② 하급기관이 바로 위 상급기관 외의 상급기관(바로 위 상급기관에 대한 지휘·감독권을 가지는 상급기관을 말한다)에 발신하는 문서 중에서 필요하다고 인정되는 문서는 그 바로 위 상급기관을 거쳐 발신하여야 한다.
③ 상급기관이 바로 아래 하급기관 외의 하급기관(바로 아래 하급기관의 지휘·감독을 받는 하급기관을 말한다)에 발신하는 문서 중에서 필요하다고 인정되는 문서는 그 바로 아래 하급기관을 거쳐서 발신하여야 한다.
④ 다음 각 호의 어느 하나에 해당하는 경우에는 해당 문서를 생산한 처리과의 장의 승인을 받아 이미 발신한 문서의 수신자를 변경하거나 추가하여 다시 발신할 수 있다.
1. 결재권자나 해당 문서를 생산한 처리과의 장의 지시가 있는 경우
2. 수신자의 명칭이 변경된 경우
3. 착오로 인하여 수신자를 누락하였거나 잘못 지정한 경우
4. 해당 업무와 관련된 기관의 요청이 있는 경우

행정업무의 운영 및 혁신에 관한 규정 시행규칙
제12조 【문서의 발신】 ① 문서는 처리과에서 발신하되, 영 제14조에 따라 관인을 찍는 문서인 경우로서 전자문서인 경우에는 처리과의 기안자나 문서의 수신·발신업무를 담당하는 사람이 전자이미지관인을 찍고, 종이문서인 경우에는 관인을 관리하는 사람이 관인을 찍는다.
② 영 제15조 제4항에 따라 수신자의 변경이나 추가를 승인한 처리과의 장은 승인날짜를 업무관리시스템 또는 전자문서시스템으로 관리하여야 한다. 다만, 종이문서인 경우에는 기안문의 결재권자 서명란 오른쪽 여백에 서명을 하고 승인날짜를 적는 방법으로 표시하여야 한다.

제16조 【문서의 발신방법 등】 ① 문서는 정보통신망을 이용하여 발신하는 것을 원칙으로 한다.
② 제1항에도 불구하고 업무의 성질상 제1항에 따른 발신방법이 적절하지 아니하거나 그 밖의 특별한 사정이 있으면 우편·팩스 등의 방법으로 문서를 발신할 수 있으며, 내용이 중요한 문서는 등기우편이나 그 밖에 발신사실을 증명할 수 있는 특수한 방법으로 발신하여야 한다.

2025년 제13회 약술형
발신방법

③ 행정기관이 아닌 자에게는 행정기관의 홈페이지나 행정기관이 공무원에게 부여한 전자우편주소 등 공무원임을 확인할 수 있는 전자적인 방법을 이용하여 문서를 발신할 수 있다.
④ 행정기관의 장은 문서를 수신·발신하는 경우에 문서의 보안 유지와 위조, 변조, 분실, 훼손 및 도난 방지를 위한 적절한 조치를 마련하여야 한다.
⑤ 결재권자는 비밀사항이거나 누설되면 국가안전보장, 질서유지, 경제안정, 그 밖의 국가이익을 해칠 우려가 있는 내용의 문서를 결재할 때에는 그 문서 내용의 암호화 등 보안 유지가 가능한 발신방법을 지정하여야 한다.

> 행정업무의 운영 및 혁신에 관한 규정 시행규칙
> 제13조【문서의 발신방법 등】① 영 제16조 제1항에 따라 업무관리시스템 또는 전자문서시스템 등을 이용하여 정보통신망으로 문서를 발신하거나 수신하였을 때에는 그 발신 또는 수신 기록을 전자적으로 관리하여야 한다.
> ② 영 제16조 제2항에 따라 우편·팩스 등의 방법으로 문서를 발신한 때에는 그 발신기록을 증명할 수 있는 관계 서류 등을 기안문과 함께 보존하여야 한다.
> ③ 결재권자가 영 제16조 제5항에 따라 암호화 등의 발신방법을 지정한 경우에는 문서 본문의 마지막에 "암호" 등으로 발신할 방법을 표시하여야 한다.
> ④ 영 제16조 제5항에 따른 문서 중 비밀로 분류된 문서는 수신자의 응답이 있는 경우에만 발신하여야 하며, 문서의 제목 다음이나 본문의 "끝" 표시 또는 "이하 빈칸" 표시 다음에 따옴표("")를 하고 그 안에 비밀등급을 표시하여 발신하여야 한다.

2018년 제6회 약술형 결재받은 문서의 수정

제17조【결재받은 문서의 수정】결재를 받은 문서의 일부분을 삭제하거나 수정할 때에는 재작성하여 결재를 받아야 한다. 다만, 종이문서의 경우로서 삭제하거나 수정하려는 사항이 명백한 오류의 정정 등 경미한 사항인 경우에는 행정안전부령으로 정하는 바에 따라 삭제하거나 수정할 수 있다.

> 행정업무의 운영 및 혁신에 관한 규정 시행규칙
> 제14조【결재받은 문서의 수정 등】영 제17조 단서에 따라 종이문서의 일부분을 삭제하거나 수정하는 경우에는 원안의 글자를 알 수 있도록 해당 글자의 중앙에 가로로 두 선을 그어 삭제하거나 수정하고, 삭제하거나 수정한 사람이 그 곳에 서명이나 날인을 하여야 한다.

제18조【문서의 접수·처리】① 문서는 처리과에서 접수하여야 하며, 접수한 문서에는 접수일시와 「공공기록물 관리에 관한 법률 시행령」 제20조에 따른 접수등록번호(이하 "접수등록번호"라 한다)를 전자적으로 표시하되, 종이문서인 경우에는 행정안전부령으로 정하는 접수인을 찍고 접수일시와 접수등록번호를 적는다.

② 제1항에도 불구하고 문서과에서 받은 문서는 문서과에서 접수일시를 전자적으로 표시하거나 적고 지체 없이 처리과에 배부하여야 한다. 이 경우 처리과는 배부받은 문서에 접수등록번호를 표시하거나 적는다.
③ 행정기관은 문서의 접수 및 배부 경로에 관한 정보를 「공공기록물 관리에 관한 법률 시행령」 제20조에 따른 등록정보로 관리하여야 한다.
④ 처리과에서 문서 수신·발신 업무를 담당하는 사람은 접수한 문서를 처리담당자에게 인계하여야 하고, 처리담당자는 행정안전부령으로 정하는 문서인 경우에는 공람할 자의 범위를 정하여 그 문서를 공람하게 할 수 있다. 이 경우 전자문서를 공람하였다는 기록이 업무관리시스템 또는 전자문서시스템상에서 자동으로 표시되도록 하여야 한다.
⑤ 제4항에 따라 공람을 하는 결재권자는 문서의 처리기한과 처리방법을 지시할 수 있으며, 필요하면 조직 관계 법령 또는 제60조에 따라 업무분장된 담당자 외에 그 문서의 처리담당자를 따로 지정할 수 있다.
⑥ 행정기관의 홈페이지나 행정기관이 부여한 공무원의 전자우편주소 등 정보통신망을 이용하여 행정기관이 아닌 자로부터 받은 문서는 제1항부터 제5항까지의 규정에 따라 처리한다. 이 경우 해당 문서에 대한 위조·변조 방지 조치 등으로 인하여 접수일시와 접수등록번호를 표시할 수 없으면 그 문서에 표시하지 아니할 수 있고 발신자의 주소와 성명 등이 불분명할 때에는 접수하지 아니할 수 있다.

행정업무의 운영 및 혁신에 관한 규정 시행규칙
제15조 【문서의 접수·처리】 ① 영 제18조 제1항에서 "행정안전부령으로 정하는 접수인"이란 별표 2에 따른 접수인을 말하며, 같은 항에 따라 접수인을 찍는 경우에는 특별한 사유가 없으면 접수한 문서의 오른쪽 위 여백에 찍어야 한다.
② 둘 이상의 보조기관 또는 보좌기관과 관련 있는 문서의 경우에는 관련성이 가장 높은 보조기관 또는 보좌기관이 영 제18조 제1항에 따른 처리과로서 문서를 접수한다.
③ 제2항에 따라 문서를 접수한 처리과는 문서와 관련이 있는 다른 보조기관 또는 보좌기관에 접수한 문서의 내용을 통보하여야 한다.
④ 경유문서를 접수한 기관은 해당 기관장의 명의로 다른 경유기관의 장이나 최종 수신자에게 경유문서를 첨부하여 발신하여야 한다. 이 경우 해당 기관의 의견이 있으면 그 의견을 시행문 본문에 표시하거나 첨부하여 보내야 한다.
⑤ 당직근무자가 문서를 받았으면 다음 근무시간 시작 후 지체 없이 문서과에 인계하여야 한다.

2023년 제11회 약술형
문서의 이송과 반송

⑥ 감열(感熱)기록방식의 팩스로 보존기간이 3년 이상인 문서를 수신하였을 때에는 그 문서를 복사하여 접수하여야 한다. 이 경우 수신한 문서는 폐기한다.

제16조【문서의 반송 및 재배부 등】 ① 행정기관의 장은 접수한 문서에 형식상의 흠이 있으면 그 문서의 생산등록번호, 시행일, 제목 및 반송사유를 구체적으로 밝혀 발신한 행정기관의 장에게 반송할 수 있다.
② 행정기관의 장은 접수한 문서가 다른 행정기관의 소관사항인 경우에는 그 문서를 지체 없이 소관 행정기관의 장에게 이송하여야 한다.
③ 처리과에서 그 소관에 속하지 아니하는 문서를 접수한 경우에는 지체 없이 문서과로 보내야 하며, 문서과로부터 배부받은 문서의 경우에는 재배부 요청을 하여야 한다. 이 경우 문서과는 그 문서를 즉시 소관 처리과로 재배부하여야 한다.

제17조【공람할 문서】 영 제18조 제4항에서 "행정안전부령으로 정하는 문서"란 다음 각 호의 문서를 말한다. 다만, 통계·설문조사 등을 위하여 각 기관으로부터 취합하는 문서는 제외한다.
1. 결재권자로부터 처리지침을 받아야 할 필요가 있는 문서
2. 민원문서
3. 행정기관이나 보조기관 또는 보좌기관 간의 업무협조에 관한 문서
4. 접수된 문서를 처리하기 위하여 미리 검토할 필요가 있는 문서
5. 그 밖에 공무원의 신상(身上), 교육·훈련 등과 관련하여 공무원이 알아야 할 필요가 있는 문서

제19조【문서의 쪽 번호 등 표시】 2장 이상으로 이루어진 문서가 제1호 각목의 어느 하나에 해당하는 경우에는 제2호 각 목의 구분에 따라 쪽 번호 또는 발급번호를 표시하거나 간인(間印) 등을 해야 한다.
1. 대상 문서
   가. 문서의 순서 또는 연결관계를 명백히 할 필요가 있는 문서
   나. 사실관계나 법률관계의 증명에 관계되는 문서
   다. 허가, 인가 및 등록 등에 관계되는 문서
2. 표시 방법
   가. 전자문서인 경우: 행정안전부령으로 정하는 바에 따라 전자적 방법으로 쪽 번호 또는 발급번호를 표시한다.
   나. 종이문서인 경우: 관인 관리자가 관인을 이용하여 간인한다. 다만, 민원서류나 그 밖에 필요하다고 인정하는 종이문서에는 간인을 갈음하여 구멍뚫기(천공)방식으로 표시할 수 있다.

> 행정업무의 운영 및 혁신에 관한 규정 시행규칙
> **제18조【문서의 쪽 번호 등 표시】** 영 제19조 제2호 가목에 따라 전자문서에는 다음 각 호의 구분에 따라 쪽 번호 또는 발급번호를 표시한다.
> 1. 각종 증명발급에 관한 문서를 제외한 문서에는 문서의 중앙 하단에 쪽 번호를 표시하되, 문서의 순서 또는 연결관계를 명백히 할 필요가 있는 중요한 문서에는 해당 문건의 전체 쪽수와 그 쪽의 일련번호를 붙임표(−)로 이어 표시한다.
> 2. 각종 증명발급에 관한 문서에는 해당 문서의 왼쪽 하단에 발급번호를 표시하되, 다음 예시와 같이 표시한다.
> (예시) 단말번호 − 출력연월일/시·분·초 − 발급일련번호 − 쪽번호

제20조【외국어로 된 문서 등에 대한 특례】 외국어로 된 문서에는 제7조, 제13조, 제14조, 제17조 및 제19조를 적용하지 아니할 수 있고, 법규문서 중에서 법률에 관한 문서는 이 영의 적용을 받지 아니하는 기관에서 다른 관행이 있는 경우에는 그 관행에 따를 수 있다.

제2절 업무관리시스템의 구축·운영

제21조【업무관리시스템】 ① 행정기관의 장은 업무처리의 모든 과정을 효율적으로 관리하기 위하여 업무관리시스템을 구축·운영하여야 한다. 다만, 업무의 성질상 업무관리시스템의 구축·운영이 곤란하거나 그 밖의 특별한 사유가 있는 경우에는 그러하지 아니하다.
② 중앙행정기관, 지방자치단체 또는 지방교육행정기관의 장은 제1항 본문에 따라 업무관리시스템을 구축·운영하는 경우에 그 소속기관 등을 포함하여 구축·운영할 수 있다.
③ 행정안전부장관은 제1항과 제2항에 따른 업무관리시스템의 구축·운영을 지원하기 위한 계획을 수립·시행할 수 있다.

> 행정업무의 운영 및 혁신에 관한 규정 시행규칙
> **제19조【업무관리시스템 구축·운영 지원】** 행정안전부장관은 영 제21조 제3항에 따라 업무관리시스템의 구축·운영을 지원하기 위한 계획을 수립·시행하기 위하여 관계 행정기관의 장에게 관련 자료 및 필요한 의견의 제출을 요청할 수 있다.

제22조【업무관리시스템의 구성 및 운영】 ① 업무관리시스템에는 행정기관 업무의 기능별 단위 과제의 담당자·내용·추진실적 등을 기록·관리하기 위한 카드(이하 "과제관리카드"라 한다)와 문서의 작성·검토·결재·등록·공개·공유 등 문서처리의 모든 과정을 기록·관리하는 카드(이하 "문서관리카드"라 한다) 등이 포함되어야 한다. 이 경우 문서관리카드는

2024년 제12회 약술형 업무관리시스템의 구축·운영 주체

2015년 제3회 약술형 업무관리시스템의 구성 및 운영방식

다음 각 호의 사항을 포함하여야 한다.
1. 기안 내용
2. 의사결정 과정에서 제기된 의견, 수정 내용과 지시 사항
3. 의사결정 내용
② 제1항과 제2항에서 규정한 사항 외에 업무관리시스템의 구성 및 운영 등에 필요한 세부사항은 행정안전부령으로 정한다.

> 행정업무의 운영 및 혁신에 관한 규정 시행규칙
> **제20조【업무관리시스템의 구성】** ① 과제관리카드에는 표제, 실적관리, 접수관리, 계획관리, 품질관리, 홍보관리, 고객관리 부분과 그 밖에 필요한 사항이 포함되어야 한다.
> ② 문서관리카드는 문서정보, 보고경로, 시행정보, 관리정보 부분과 그 밖에 필요한 사항이 포함되어야 한다.
> ③ 행정기관의 장이 특별한 사유가 있다고 인정하면 제1항과 제2항에 따른 과제관리카드와 문서관리카드의 일부 사항을 제외할 수 있다.
> **제21조【업무관리시스템에 의한 기안 및 시행】** ① 문서의 기안은 제3조에도 불구하고 별지 제6호 서식의 문서관리카드로 할 수 있다.
> ② 문서관리카드로 기안을 하는 경우에 검토자·협조자 및 결재권자는 제4조 제5항에도 불구하고 "끝" 표시 등을 생략할 수 있고, 제6조 제3항 및 제4항에도 불구하고 보고경로 부분의 의견·지시란에 의견을 표시할 수 있으며, 제7조에도 불구하고 "전결", "대결"의 표시를 생략할 수 있다.

제23조【업무관리시스템 등과 행정정보시스템 간의 연계·운영】 ① 행정기관의 장은 효율적인 업무수행을 위하여 업무관리시스템 또는 전자문서시스템을 기능분류시스템(행정기관의 업무를 기능별로 분류하고 관련 행정정보를 연계하여 전자적으로 관리하는 시스템을 말한다. 이하 같다) 등 행정정보시스템과 연계하여 운영하여야 한다. 다만, 업무의 성질상 연계하여 운영하는 것이 적합하지 아니하거나 그 밖의 특별한 사유가 있는 경우에는 그러하지 아니하다.
② 행정기관의 장은 업무관리시스템으로 관리한 업무실적 등을 효과적으로 활용하도록 노력하여야 한다.

제24조【업무관리시스템 등의 표준 고시】 ① 행정안전부장관은 다음 각 호의 표준을 정하여야 한다. 다만, 「산업표준화법」에 따른 한국산업표준이 제정되어 있는 사항은 그 표준을 따른다.
1. 업무관리시스템의 규격에 관한 표준과 업무관리시스템을 이용한 전자문서 등의 유통에 관한 표준
2. 전자문서시스템의 규격에 관한 표준과 전자문서시스템을 이용한 전자문서 등의 유통에 관한 표준

3. 업무관리시스템 또는 전자문서시스템과 행정정보시스템 간 연계를 위한 표준

② 행정안전부장관은 제1항에 따른 규격·유통 및 연계에 관한 표준을 정하였으면 그 내용을 관보에 고시하고 인터넷에 게시하여야 한다. 그 표준을 변경하는 경우에도 또한 같다.

③ 행정기관의 장은 특별한 사유가 없으면 제2항에 따라 고시된 표준과 「공공기록물 관리에 관한 법률」 제39조에 따른 표준에 적합한 업무관리시스템이나 전자문서시스템을 구축·운영하여야 한다.

제25조【정부전자문서유통지원센터】 ① 행정안전부장관은 전자문서의 원활한 유통을 지원하기 위하여 행정안전부에 정부전자문서유통지원센터(이하 이 조에서 "센터"라 한다)를 둔다.

② 센터는 다음 각 호의 업무를 수행한다.
1. 전자문서의 원활한 유통을 위한 지원과 유통 및 연계에 관한 표준 등의 운영
2. 전자문서의 효율적인 유통을 위한 프로그램의 개발 및 보급
3. 전자문서의 유통 시 발생하는 장애를 복구하기 위한 지원
4. 유통되는 전자문서의 위조·변조·훼손 또는 유출을 방지하기 위한 보호대책 마련
5. 행정기관, 공공기관(「전자정부법」 제2조 제3호에 따른 공공기관을 말한다. 이하 같다) 및 국민 간 전자문서의 유통을 위한 시스템 구축 및 운영

③ 제1항 및 제2항에서 규정한 사항 외에 센터의 운영에 필요한 세부 사항은 행정안전부령으로 정한다.

> 행정업무의 운영 및 혁신에 관한 규정 시행규칙
> 제22조【정부전자문서유통지원센터의 운영 등】 ① 행정안전부장관은 전자문서유통상의 장애가 발생하거나 업무관리시스템 또는 전자문서 시스템 간의 문제가 발생한 경우에는 영 제25조 제1항에 따른 정부전자문서유통지원센터(이하 "센터"라 한다) 이용자에게 업무관리시스템 또는 전자문서시스템 등의 관련 정보를 요청할 수 있다.
> ② 제1항에서 정한 사항 외에 센터 운영에 필요한 세부 사항은 행정안전부장관이 따로 정한다.

제3절 서식의 제정 및 활용

제26조【서식의 제정】 행정기관에서 장기간에 걸쳐 반복적으로 사용하는 문서로서 정형화할 수 있는 문서는 특별한 사유가 없으면 서식으로 정하여 사용한다.

2017년 제5회, 2023년 제11회 약술형
서식의 제정 방법 및 일반 원칙

제27조 【서식 제정 방법】 ① 다음 각 호의 서식은 법령으로 정하여야 한다. 다만, 법령에서 고시 등으로 정하도록 한 경우와 그 밖의 특별한 사유가 있는 경우에는 고시·훈령·예규 등으로 정할 수 있다.
1. 국민의 권리·의무와 직접 관련되는 사항을 기재사항으로 정하는 서식
2. 인가, 허가, 승인 등 민원에 관계되는 서식
3. 행정기관에서 공통적으로 사용하는 서식 중 중요한 서식
② 제1항에 따른 서식 외의 서식은 고시·훈령·예규 등으로 정할 수 있다.

제28조 【서식 설계의 일반 원칙】 ① 서식은 글씨의 크기, 항목 간의 간격, 적어 넣을 칸의 크기 등을 균형 있게 조절하여 서식에 적을 사항을 쉽게 알 수 있도록 하여야 한다.
② 서식에는 누구나 쉽게 이해할 수 있는 용어를 사용하고, 불필요하거나 활용도가 낮은 항목을 넣어서는 아니 된다.
③ 서식은 특별한 사유가 없으면 별도의 기안문과 시행문을 작성하지 아니하고 그 서식 자체를 기안문과 시행문으로 갈음할 수 있도록 생산등록번호·접수등록번호·수신자·시행일 및 접수일 등의 항목을 넣어야 한다.
④ 법령에서 서식에 날인하여야 한다고 정하고 있지 아니하면 서명이나 날인을 선택할 수 있도록 하여야 한다.
⑤ 서식에는 가능하면 행정기관의 로고·상징·마크·홍보문구 등을 표시하여 행정기관의 이미지를 높일 수 있도록 하여야 한다.
⑥ 민원서식에는 민원인의 편의를 도모하기 위하여 그 민원업무의 처리흐름도, 처리기간, 전자적 처리가 가능한지 등을 표시하여야 하며, 음성정보나 영상정보 등을 수록하거나 연계한 바코드 등을 표기할 수 있다.
⑦ 서식에는 행정안전부령으로 정하는 바에 따라 용지의 규격 등을 표시할 수 있다.
⑧ 제1항부터 제7항까지에서 규정한 사항 외에 서식 설계에 관한 세부 기준은 행정안전부령으로 정한다.

> 행정업무의 운영 및 혁신에 관한 규정 시행규칙
> **제23조 【용지의 규격 등 표시】** 영 제28조 제7항에 따라 서식에 용지의 규격 등을 표시하는 경우에는 다음의 예시와 같이 해당 서식의 우측 하단에 표시한다.
> (예시) 182mm×257mm(백상지 80g/m²)
>   182mm×257mm
>   백상지 80g/m²
> **제24조 【서식 설계 기준】** ① 영 제28조 제8항에 따른 서식 설계에 관한 세부 기준은 별표 4와 같다.
> ② 제1항 및 별표 4에도 불구하고 다음 각 호의 어느 하나에 해당하는 서식의 경우에는 별표 5에 따른 큰글자 서식 설계 기준을 적용할 수 있다.

1. 노년층 등 디지털 약자의 이용 빈도가 높은 서식
2. 오프라인 방문 이용 건수가 많은 서식
3. 다수의 국민이 큰글자 서식으로의 개편을 요구하는 서식
4. 그 밖에 소관 행정기관의 장이 큰글자 서식으로 개편할 필요가 있다고 인정하는 서식

제29조 【서식의 승인 등】 ① 중앙행정기관이 제27조 제1항 각 호 외의 부분 본문에 따라 법령으로 서식을 제정하거나 변경하려는 경우에는 제28조에 따라 설계하여야 한다. 이 경우 서식을 제정하려는 경우에는 행정안전부장관의 승인을 받아야 하며, 서식을 변경하려는 경우에는 해당 중앙행정기관의 장은 제28조에 따른 원칙과 기준에 따라 자체심사를 하여야 한다.
② 중앙행정기관의 소속기관이 서식을 정하거나 변경하려는 경우에는 제28조에 따라 설계하여 소속 중앙행정기관의 장의 승인을 받아야 한다.
③ 제1항 및 제2항에 따라 승인된 서식을 업무관리시스템, 행정정보시스템 등에서 그대로 사용할 수 없는 경우에는 서식의 주요 내용을 변경하지 아니하는 범위에서 기재항목 또는 형식 등을 변경할 수 있고, 필요한 경우에는 단순히 자구, 활자크기, 용지의 지질 등을 변경하여 사용할 수 있다. 이 경우 제1항 및 제2항에도 불구하고 사후통보로 승인을 갈음할 수 있다.
④ 서식을 제정한 기관은 그 서식을 폐지하였을 때에는 지체 없이 그 서식을 승인한 기관에 그 사실을 통보하여야 한다.
⑤ 제27조 제1항 각 호 외의 부분 본문에 따른 서식 외에 지방자치단체의 장이나 지방교육행정기관의 장은 소관 업무의 수행을 위하여 필요한 서식을 제28조에 따라 정할 수 있다.

제30조 【서식 승인의 신청】 ① 중앙행정기관은 해당 법령의 입법예고와 동시에 제29조 제1항에 따른 서식 승인의 신청을 하여야 한다.
② 둘 이상 기관의 업무에 관계되는 서식은 관계 기관 간의 사전 협의를 거쳐 승인을 신청하여야 한다.

> 행정업무의 운영 및 혁신에 관한 규정 시행규칙
> 제25조 【서식승인의 신청 등】 ① 중앙행정기관의 장 및 그 소속기관의 장은 영 제29조에 따라 서식을 정하거나 변경하기 위하여 승인을 신청할 때에는 서식 목록과 서식 초안을 첨부하여야 한다.
> ② 영 제29조 제1항 또는 제2항에 따라 서식을 승인한 기관은 서식 목록과 승인서식안을 그 서식의 승인을 신청한 기관에 통보하여야 한다.

제31조 【서식의 제공】 행정기관의 장은 정보통신망을 이용하여 소관 업무와 관련된 서식을 제공하여 국민이 편리하게 그 서식을 사용할 수 있도록 노력하여야 한다.

제32조 【서식에 해당 국가 언어의 병기 등】 재외공관의 장은 재외공관에서 사용하는 서식에 그 국가의 언어를 함께 적어 사용하게 하거나 그 국가의 언어로 번역한 서식을 사용하게 할 수 있다.

제4절 관인의 관리

> 2013년 제1회, 2025년 제13회 약술형
> 관인의 종류

제33조 【관인의 종류 및 비치】 ① 관인은 행정기관의 명의로 발신하거나 교부하는 문서에 사용하는 청인(廳印)과 행정기관의 장이나 보조기관의 명의로 발신하거나 교부하는 문서에 사용하는 직인(職印)으로 구분한다.
② 각급 행정기관은 다음 각 호의 구분에 따라 관인을 가진다.
1. 합의제기관은 청인을 가진다. 다만, 행정기관의 소관 사무에 관한 자문에 응하기 위하여 설립된 합의제기관은 필요한 경우에만 청인을 가진다.
2. 제1호 외의 기관은 그 기관장의 직인을 가진다.
3. 「정부조직법」 제6조 제2항에 따라 보조기관이 위임받은 사무를 행정기관으로서 처리하는 경우에는 그 사무 처리를 위하여 직인을 가진다.
4. 합의제기관의 장이 법령에 따라 합의제기관의 장으로서 사무를 처리하는 경우에는 그 사무 처리를 위하여 직인을 가질 수 있다.
③ 각급 행정기관은 전자문서에 사용하기 위하여 전자이미지관인을 가진다.

> 행정업무의 운영 및 혁신에 관한 규정 시행규칙
> 제26조 【관인의 재료 등】 ① 관인의 재료는 쉽게 닳거나 부식되지 아니하는 재질을 사용하여야 한다.
> ② 관인의 인영 색깔은 빨간색으로 한다. 다만, 문서를 출력 또는 복사하여 시행하거나 팩스를 통하여 문서를 접수하는 경우에는 검정색으로 할 수 있다.
> 제27조 【직인의 사용】 영 제33조 제1항에 따른 직인은 그 직무대리도 사용할 수 있다.
> 제28조 【관인의 내용】 관인의 글자는 한글로 하여 가로로 새기되, 국민이 쉽고 간명하게 알아볼 수 있도록 하여야 하며, 그 기관 또는 직위의 명칭에 "인" 또는 "의인" 글자를 붙인다. 다만, 영 제34조에 따라 특수한 업무 처리에 사용하는 관인은 그 업무의 집행 목적에만 사용되는 것임을 그 관인의 인면(관인 중 글자가 새겨져 있는 부분을 말한다)에 표시하여야 한다.

> 2025년 제13회 약술형
> 특수 관인

제34조 【특수 관인】 ① 행정기관의 장은 유가증권 등 특수한 증표 발행, 민원업무 또는 재무에 관한 업무 등 특수한 업무 처리에 사용하는 관인을 따로 가질 수 있다.
② 세입징수관, 지출관, 회계 등 재무에 관한 업무를 담당하는 공무원의 직인은 기획재정부장관이, 국립의 각급 학교에서 사용하는 관인은 교육부장관이, 외교부와 재외공관에서 외교문서에 사용하는 관인은 외교부장관이,

검찰기관에서 사용하는 관인은 법무부장관이, 군 기관에서 사용하는 관인은 국방부장관이 각각 그 규격과 등록 등 관리에 필요한 사항을 정한다.

제35조 【규격】 관인의 모양은 별표의 규격을 초과하지 아니하는 범위에서 행정기관의 장이 정한다.

제36조 【등록】 ① 행정기관은 행정안전부령으로 정하는 바에 따라 관인의 인영을 그 행정기관의 관인대장에 등록하여야 하며, 전자이미지관인의 인영은 그 행정기관의 전자이미지관인대장에 등록하여야 한다. 다만, 부득이한 경우에는 그 행정기관의 바로 위 상급기관에 등록할 수 있다.
② 행정기관은 제1항에 따라 등록하지 아니한 관인을 사용할 수 없다.
③ 행정기관의 장은 관인을 위조·변조하거나 부정하게 사용하지 못하도록 필요한 조치를 하여야 한다.

> 2015년 제3회 약술형
> 관인의 등록

> 행정업무의 운영 및 혁신에 관한 규정 시행규칙
> 제29조 【등록】 ① 행정기관(제3항에 따라 바로 위 상급기관으로서 그 하급기관으로부터 등록신청을 받은 행정기관을 포함한다. 이하 제2항에서 같다)은 영 제36조 제1항에 따라 관인의 인영을 별지 제7호 서식의 관인대장에 등록하여 관리하여야 한다.
> ② 행정기관은 영 제36조 제1항에 따라 전자이미지관인의 인영을 별지 제8호 서식의 전자이미지관인대장에 등록하여 관리하여야 한다. 이 경우 전자이미지관인의 컴퓨터파일은 정보화 담당 부서에서 관리하여야 한다.
> ③ 행정기관이 영 제36조 제1항 단서에 따라 바로 위 상급기관에 등록하는 경우에는 별지 제9호 서식에 따라 등록신청을 하여야 한다.

제37조 【재등록 및 폐기】 ① 행정기관이 관인을 분실하거나 닳아 없어지는 등의 사유로 관인을 갱신할 때에는 제36조에 따라 등록한 행정기관에 갱신한 관인을 등록(이하 "재등록"이라 한다)해야 한다.
② 행정기관이 관인을 폐기할 때에는 행정안전부령으로 정하는 바에 따라 관인대장에 관인 폐기일과 폐기 사유 등을 적고, 그 관인을 제39조에 따른 관인폐기 공고문과 함께 「공공기록물 관리에 관한 법률」에 따른 영구기록물관리기관에 이관하여야 한다. 이 경우 영구기록물관리기관은 폐기된 관인이 사용되거나 유출되지 아니하도록 하여야 한다.
③ 전자이미지관인을 사용하는 기관은 관인을 폐기하거나 재등록한 경우 즉시 사용 중인 전자이미지관인을 삭제하고, 재등록한 관인의 인영을 전자이미지관인으로 재등록하여 사용하여야 한다.
④ 전자이미지관인을 사용하는 기관은 사용 중인 전자이미지관인의 인영의 원형이 제대로 표시되지 아니하는 경우 전자이미지관인을 재등록하여 사용하여야 한다.

> 2013년 제1회 약술형
> 관인의 폐기
> 2015년 제3회 약술형
> 관인의 재등록

⑤ 제3항과 제4항에 따라 전자이미지관인을 폐기하거나 재등록하는 경우 전자이미지관인대장에 그 사유를 적어야 한다.

> **행정업무의 운영 및 혁신에 관한 규정 시행규칙**
> **제30조【재등록 및 폐기】** ① 행정기관(제3항에 따라 바로 위 상급기관으로서 그 하급기관으로부터 재등록신청 또는 폐기신고를 받은 행정기관을 포함한다. 이하 제2항에서 같다)은 영 제37조 제1항 또는 제2항에 따라 관인을 재등록하거나 폐기할 때에는 별지 제7호 서식의 관인대장에 갱신한 관인의 인영 또는 폐기하려는 관인의 인영을 등록하여 관리하여야 한다.
> ② 행정기관은 영 제37조 제3항 및 제4항에 따라 전자이미지관인을 폐기하거나 재등록할 때에는 별지 제8호 서식의 전자이미지관인대장에 폐기하려는 전자이미지관인 또는 재등록하려는 전자이미지관인을 등록하여 관리하여야 한다.
> ③ 행정기관이 영 제36조 제1항 단서에 따라 바로 위 상급기관에 등록한 관인을 재등록하거나 폐기하려는 경우에는 별지 제9호 서식에 따라 그 상급기관에 재등록신청을 하거나 폐기신고를 하여야 한다.

제38조【전자이미지관인의 제출 및 관리】 ① 둘 이상의 행정기관이 공동으로 사용하는 행정정보시스템을 구축·운영하는 행정기관의 장(이하 이 조에서 "행정정보시스템 운영기관장"이라 한다)은 그 행정정보시스템에 전자이미지관인을 전자입력하기 위하여 그 행정정보시스템을 사용하는 행정기관의 장에게 전자이미지관인을 제출하게 할 수 있다.
② 제1항에 따라 전자이미지관인을 제출한 행정기관의 장은 제37조에 따라 전자이미지관인을 재등록하거나 폐기하려는 경우에는 그 사실을 지체 없이 행정정보시스템 운영기관장에게 통보하여야 한다.
③ 제37조에 따라 전자이미지관인을 재등록하거나 폐기한 행정기관의 장은 공동으로 사용하는 행정정보시스템에 재등록한 전자이미지관인을 전자입력하거나 폐기한 전자이미지관인을 삭제하여야 한다. 다만, 직접 전자이미지관인을 전자입력하거나 삭제할 수 없는 경우에는 행정정보시스템 운영기관장이 제37조에 따라 재등록된 전자이미지관인을 제출받아 전자입력하거나 폐기된 전자이미지관인을 삭제할 수 있다.

> **행정업무의 운영 및 혁신에 관한 규정 시행규칙**
> **제31조【전자이미지관인의 관리】** 영 제38조 제1항에 따라 다른 행정기관의 전자이미지관인을 제출받은 행정기관의 장은 별지 제10호 서식의 전자이미지관인 관리대장에 해당 관인의 인영을 등재하여 관리하여야 한다.

제39조【공고】 제36조에 따른 등록기관은 관인을 등록 또는 재등록하거나 폐기하였을 때에는 행정안전부령으로 정하는 바에 따라 그 사실을 관보에 공고하여야 한다.

행정업무의 운영 및 혁신에 관한 규정 시행규칙
제32조【공고의 내용】관인 등록기관이 영 제39조에 따라 관인을 공고할 때에는 다음 사항을 포함하여야 한다.
1. 관인의 등록 · 재등록 또는 폐기 사유
2. 등록 · 재등록 관인의 최초 사용 연월일 또는 폐기 관인의 폐기 연월일
3. 등록 · 재등록 또는 폐기 관인의 이름 및 인영
4. 공고 기관의 장

제40조【공인】지방자치단체의 기관에서 사용하는 공인(公印)에 관하여는 이 절의 규정에도 불구하고 그 지방자치단체의 조례로 정하는 바에 따른다.

제3장 행정업무의 효율적 수행

제1절 행정업무 혁신

제41조【행정업무 혁신】① 행정기관의 장은 업무의 효율성을 높이고 행정서비스에 대한 국민의 만족도를 높이기 위하여 해당 행정기관의 업무 수행 방식을 지속적으로 혁신(이하 "행정업무 혁신"이라 한다)해야 한다.
② 행정업무 혁신은 다음 각 호의 업무를 대상으로 한다.
1. 제42조 및 제43조에 따른 행정협업과제의 발굴 · 수행 등 행정협업 촉진
2. 불필요한 절차 간소화 및 디지털 기술을 활용한 업무처리 자동화 등 업무절차 개선
3. 불합리한 관행 타파 및 구성원 간 이해 · 소통을 위한 조직문화 개선
4. 사무공간, 회의공간, 휴게공간, 민원공간 등 업무공간 혁신
5. 제43조의2에 따른 지식행정 활성화
6. 그 밖에 행정업무 혁신을 위하여 추진이 필요한 사항
③ 행정안전부장관은 행정업무 혁신을 위한 계획을 수립 · 시행할 수 있다.
④ 행정안전부장관은 필요하다고 인정하는 경우 관계 행정기관의 장에게 행정업무 혁신에 필요한 지원을 요청할 수 있다.
⑤ 행정안전부장관은 행정업무 혁신의 효과적인 추진을 위하여 관계 전문가 등으로 구성된 자문단을 운영할 수 있다.

제42조【행정협업의 촉진】① 행정기관의 장은 다른 행정기관과 공동의 목표를 설정하고 해당 행정기관 상호 간의 기능을 연계하거나 시설 · 장비 및 정보 등을 공동으로 활용하는 방식의 행정기관 간 협업(이하 "행정협업"이라 한다)을 촉진하고 이에 적합한 업무과제(이하 "행정협업과제"라 한다)를 발굴해야 한다. 이 경우 행정기관의 장은 발굴한 행정협업과제 수행을 위하여 노력해야 한다.

2016년 제4회 약술형
행정협업의 촉진과 행정협업과제의 등록

② 행정협업과제는 다음 각 호의 업무를 대상으로 한다.
1. 다수의 행정기관이 공동으로 수행할 필요가 있는 업무
2. 다른 행정기관의 행정지원을 필요로 하는 업무
3. 법령에 따라 다른 행정기관의 인가·승인 등을 거쳐야 하는 업무
4. 행정기관 간 행정정보의 공유 또는 제46조의4에 따른 행정정보시스템의 상호 연계나 통합이 필요한 업무
5. 그 밖에 다른 행정기관의 협의·동의 및 의견조회 등이 필요한 업무
③ 삭제
④ 삭제

제42조의2【행정협업과제의 등록】 ① 행정기관의 장은 행정협업과제를 제46조의2에 따른 행정업무혁신시스템에 등록·관리할 수 있다. 이 경우 행정기관의 장은 등록하려는 행정협업과제를 공동으로 수행할 관련 행정기관의 장과 사전에 협의해야 한다.
② 행정기관의 장은 제1항에 따라 행정협업과제를 행정업무혁신시스템에 등록하려는 경우에는 다음 각 호의 사항을 포함하여 등록하여야 한다.
1. 행정협업과제의 주관부서 및 과제담당자와 협업부서 및 담당자
2. 행정협업과제와 관련된 다른 행정기관의 단위과제
3. 행정협업과제의 이력, 내용 및 취지
4. 그 밖에 행정안전부장관이 정하는 사항

제43조【행정협업과제의 추가 발굴 등】 ① 행정안전부장관은 행정협업을 촉진하기 위하여 제42조 제1항 전단에 따라 행정기관의 장이 발굴한 행정협업과제 외의 행정협업과제를 추가로 발굴할 수 있다.
② 행정안전부장관은 제1항에 따라 행정협업과제를 추가로 발굴하기 위하여 필요한 경우에는 행정기관, 국민, 공공기관, 민간 기업 또는 단체 등을 대상으로 다음 각 호의 사항과 관련된 행정협업의 수요, 현황 및 애로사항 등을 조사할 수 있다.
1. 목표달성을 위하여 다수의 행정기관이 함께 협력할 필요가 있고 구심적 역할을 수행하는 행정기관이 필요한 정책 또는 사업
2. 행정기관 간 협력을 통하여 비용 또는 예산을 절감할 수 있는 정책 또는 사업
3. 행정기관 간 이해상충 가능성이 높아 이견에 대한 협의·조정이 필요한 정책 또는 사업
4. 그 밖에 관련 행정기관과의 협의 결과 행정협업과제 발굴을 위하여 필요하다고 인정하는 사항
③ 행정안전부장관은 제2항에 따른 조사의 전문성 및 효율성을 높이기 위하여 필요한 경우에는 행정안전부장관이 정하는 바에 따라 관련 학회 등 연구단체, 전문기관 또는 민간 기업에 제1항 각 호의 사항의 전부 또는 일부에 관한 조사를 의뢰할 수 있다.

④ 행정안전부장관은 제2항에 따른 조사 결과로 발굴된 행정협업과제를 관련 행정기관과의 협의를 통하여 확정한다.
⑤ 행정안전부장관은 제4항에 따라 확정된 행정협업과제를 제46조의2에 따른 행정업무혁신시스템에 등록·관리할 수 있다.
⑥ 제5항에 따른 행정협업과제의 등록 사항에 관하여는 제42조의2 제2항을 준용한다.

제43조의2【행정기관의 지식행정 활성화】① 행정기관의 장은 해당 기관의 행정정보(「전자정부법」 제2조 제6호에 따른 행정정보를 말한다), 행정업무 수행의 경험 및 업무에 관한 지식(이하 "행정지식"이라 한다)의 공동이용 등을 통하여 정책과 행정서비스의 질을 높이는 방식의 행정(이하 "지식행정"이라 한다)을 활성화하도록 노력하여야 한다.
② 행정기관의 장은 다음 각 호의 사항을 포함하여 해당 기관의 지식행정 활성화를 추진할 수 있다. 다만, 「전자정부법 시행령」 제35조 제1항에 따른 행정지식관리시스템(이하 "행정지식관리시스템"이라 한다)을 구축·운영하지 않는 경우에는 제4호의 사항은 제외할 수 있다.
1. 업무수행 과정에서 행정지식의 수집·생산, 보관·활용 방안
2. 연구모임 등을 통한 업무수행 경험 활용 활성화에 관한 사항
3. 전문가 전문지식의 업무 활용에 관한 사항
4. 행정지식관리시스템의 운영·관리에 관한 사항
5. 지식행정 활성화를 위한 지원 사항
6. 그 밖에 지식행정 활성화를 위하여 필요한 사항
③ 행정기관의 장은 특별한 사유가 없으면 전자문서시스템, 업무관리시스템, 행정지식관리시스템 등 각종 행정정보시스템과 「전자정부법 시행령」 제35조 제3항에 따라 행정안전부장관이 구축·운영하는 행정지식의 공동 활용을 위한 시스템(이하 "정부통합지식행정시스템"이라 한다)을 연계하여 행정지식이 범정부적으로 활용·관리되도록 하여야 한다.
④ 행정안전부장관은 정부통합지식행정시스템을 통해 행정지식을 수집하여 관리할 수 있으며, 이를 위하여 필요한 경우 행정기관의 장에게 소관 행정정보의 등록 또는 갱신을 요청할 수 있다. 이 경우 행정기관의 장은 특별한 사유가 없으면 요청에 따라야 한다.
⑤ 행정기관의 장은 정부통합지식행정시스템상의 소관 행정정보가 최신으로 유지되도록 노력해야 한다.

제44조【행정업무 혁신의 점검·관리 및 지원】① 행정기관의 장은 해당 기관의 행정업무 혁신 추진상황을 지속적으로 점검해야 한다.
② 행정기관의 장은 그 행정기관의 행정업무 혁신 성과를 평가·분석하고 체계적으로 관리해야 한다.

③ 행정안전부장관은 필요하다고 인정하거나 관련 행정기관이 요청한 경우에는 행정업무 혁신을 위하여 필요한 지원을 할 수 있다.
④ 행정안전부장관은 행정협업과제의 발굴 및 수행 과정에서 관련 행정기관 간 이견이 발생하는 경우 제46조 제1항에 따라 임명된 관련 행정기관의 혁신책임관 간의 회의 등을 통하여 원활한 협의가 이루어질 수 있도록 필요한 지원을 할 수 있다.

제45조【협의체 구성 및 업무협약 체결】 행정기관은 행정업무 혁신의 효율적인 수행을 위하여 필요한 경우 관련 행정기관과 협의체를 구성하거나 행정업무 혁신의 목적, 협력 범위 및 기능 분담 등에 관한 업무협약을 체결할 수 있다.

제46조【혁신책임관】 ① 행정기관의 장은 소속 기획조정실장 또는 이에 준하는 직위의 공무원을 해당 행정기관의 행정업무 혁신을 총괄하는 책임관(이하 "혁신책임관"이라 한다)으로 임명하여야 한다.
② 혁신책임관의 업무는 다음 각 호와 같다.
1. 해당 행정기관의 행정업무 혁신 과제 발굴 및 수행의 총괄
2. 해당 행정기관의 행정정보시스템의 다른 행정기관과의 연계 및 효율적 운영에 관한 총괄 관리
3. 해당 행정기관의 행정업무 혁신을 위한 행정업무 절차, 관련 제도 등의 정비·개선
4. 해당 행정기관의 행정업무 혁신과 관련된 다른 행정기관과의 협의·조정
5. 해당 행정기관의 공공기관, 기업, 단체 등과의 협업 추진에 관한 업무를 총괄하는 부서의 지정·운영
6. 그 밖에 행정업무 혁신을 위하여 필요한 업무
③ 행정기관의 장은 제1항에 따라 혁신책임관을 임명한 경우에는 행정안전부장관이 정하는 바에 따라 그 사실을 제46조의2에 따른 행정업무혁신시스템에 등록하여야 한다.

제46조의2【행정업무혁신시스템의 구축·운영】 ① 행정안전부장관은 행정기관이 제41조 제2항 각 호의 업무를 원활하게 수행할 수 있도록 전자적 시스템(이하 "행정업무혁신시스템"이라 한다)을 구축할 수 있다.
② 행정기관의 장은 행정업무혁신시스템을 이용하여 행정업무 혁신을 수행하도록 노력해야 한다.
③ 제1항 및 제2항에서 규정한 사항 외에 행정업무혁신시스템의 구축·운영 등에 필요한 세부 사항은 행정안전부장관이 정한다.

제46조의3【행정업무혁신시스템의 활용 촉진】 ① 행정기관의 장은 소관 업무 중 행정업무혁신시스템을 이용하여 업무를 수행한 실적 등 행정업무혁신시스템 활용 실태를 평가·분석하고 그 활용을 촉진하여야 한다.

② 행정안전부장관은 각급 행정기관의 행정업무혁신시스템 활용 실태를 점검·평가하고 필요한 지원을 할 수 있다.

제46조의4【행정정보시스템의 상호 연계 및 통합】① 행정기관의 장은 행정업무 혁신의 원활한 추진을 위하여 행정기관 간 행정정보시스템의 상호 연계나 통합을 적극적으로 추진하여야 한다.
② 행정안전부장관은 행정업무 혁신을 위하여 필요하다고 인정되거나 관련 행정기관의 지원 요청이 있는 경우 행정정보시스템의 연계·통합에 필요한 지원을 할 수 있다.

제46조의5【행정협업조직의 설치】① 행정기관의 장은 다수의 행정기관이 수행하는 사무의 목적, 대상 또는 관할구역 등이 유사하거나 연관성이 높은 경우에는 관련 기능, 업무처리절차 및 정보시스템 등을 연계·통합하거나 시설·인력 등을 공동으로 활용하는 등 협력하여 업무를 수행하는 조직(이하 "행정협업조직"이라 한다)을 설치·운영할 수 있다.
② 제1항에 따라 행정협업조직 설치·운영에 참여하는 관계 행정기관의 장은 해당 행정협업조직의 운영을 위하여 필요한 공동운영규정을 제정할 수 있다.

> 2017년 제5회 약술형
> 협업조직의 개념

제46조의6【행정업무 혁신 관련 시설 등의 확보】① 행정기관의 장은 행정업무 혁신을 위하여 필요한 경우 공동시설·공간·설비 등을 마련하여 다른 행정기관에 제공할 수 있다.
② 행정안전부장관은「전자정부법」제32조에 따라 전자적 행정업무 수행을 위하여 정부가 설치한 시설이 행정협업 관련 시설로 활용되거나 연계되도록 노력하여야 한다.

제46조의7【행정업무 혁신문화의 조성 및 국제협력 등】① 행정안전부장관은 행정업무 혁신에 대한 인식을 높이고, 행정업무 혁신문화를 조성하기 위하여 다음 각 호의 사업을 추진할 수 있다.
1. 행정업무 혁신 우수사례의 발굴·포상 및 홍보
2. 행정업무 혁신을 위한 자문 등 전문인력 및 기술지원
3. 행정업무 혁신을 위한 포럼 및 세미나 개최
4. 행정업무 혁신을 위한 교육콘텐츠의 개발·보급
5. 행정업무 혁신을 위한 정책연구 및 제도개선 사업
6. 그 밖에 행정업무 혁신에 필요한 사업
② 행정안전부장관은 행정업무 혁신의 참고사례 발굴 및 우수사례의 전파, 전문인력의 양성 및 교류, 관련 전문기술의 확보 등을 위하여 국제협력을 적극적으로 추진하여야 한다.
③ 행정기관의 장은 행정업무 혁신이 원활하게 수행될 수 있도록 조직 내 활발한 소통을 유도하는 사무공간을 마련하는 데 노력하여야 한다.

제46조의8【행정업무 혁신우수기관 포상 및 홍보 등】① 행정안전부장관은 행정업무 혁신의 성과가 우수한 행정기관을 선정하여 포상 또는 홍보할 수 있다.
② 행정기관의 장은 행정업무 혁신에 이바지한 공로가 뚜렷한 공무원 등을 포상하고 인사상 우대조치 등을 할 수 있다.

제48조 삭제

제2절 정책연구의 관리

제49조【정책연구】중앙행정기관(그 소속기관을 포함한다. 이하 이 절에서 같다)의 장은 정책의 개발 또는 주요 정책현안에 대한 조사·연구 등을 목적으로 정책연구를 수행할 자(이하 "연구자"라 한다)와의 계약을 통하여 정책연구를 하게 할 수 있다.

제50조【정책연구심의위원회 설치】① 중앙행정기관의 장은 제49조에 따른 계약을 통한 정책연구(이하 "정책연구"라 한다)에 관한 다음 각 호의 사항을 심의하기 위하여 정책연구심의위원회(이하 이 절에서 "위원회"라 한다)를 둔다.
1. 연구과제와 연구자의 선정에 관한 사항
2. 연구결과의 평가에 관한 사항
3. 연구결과의 활용상황 점검 및 공개 등에 관한 사항
4. 그 밖에 정책연구의 체계적인 관리를 위하여 필요한 사항
② 위원회는 위원회의 업무를 효율적으로 수행하기 위하여 필요하면 소위원회를 둘 수 있으며, 제1항 각 호의 사항 중에서 연구과제의 선정을 제외한 사항에 대한 심의를 소위원회에 위임할 수 있다. 이 경우 위원회는 소위원회의 심의 내용을 확인·점검할 수 있다.
③ 위원회나 소위원회의 위원은 본인 또는 본인의 배우자, 4촌 이내의 혈족, 2촌 이내의 인척 또는 그 사람이 속한 기관·단체와의 정책연구 계약에 관한 사항의 심의·의결에 관여하지 못한다.
④ 제1항부터 제3항까지에서 규정한 사항 외에 위원회와 소위원회의 구성·운영 등에 필요한 사항은 행정안전부령으로 정한다.

> 행정업무의 운영 및 혁신에 관한 규정 시행규칙
> 제35조【정책연구심의위원회의 구성 및 운영】① 영 제50조 제1항에 따른 정책연구심의위원회(이하 "위원회"라 한다)는 위원장 1명을 포함하여 10명 이상 30명 이하의 위원으로 성별을 고려하여 구성하되, 제2항에 따라 위촉하는 위원의 수가 전체 위원 수의 과반수가 되도록 구성하여야 한다.

② 위원회의 위원장은 영 제49조에 따른 정책연구(이하 "정책연구"라 한다)에 관한 업무를 총괄하는 실 또는 국(실 또는 국에 상당하는 부서를 포함한다. 이하 같다)의 장이 되고, 위원은 해당 중앙행정기관의 장이 지명하는 과장급 이상 공무원과 그 중앙행정기관 소관 업무에 관한 전문적인 지식과 경험이 풍부한 외부 전문가 중에서 해당 중앙행정기관의 장이 위촉하는 사람이 된다.
③ 위원회의 위원 중 제2항에 따라 위촉하는 위원(이하 "위촉위원"이라 한다)의 임기는 2년으로 하되 연임할 수 있다.
④ 위원장은 다음 각 호의 사항을 처리하기 위하여 위원장이 속하는 실 또는 국의 과장급 공무원을 간사로 지정할 수 있다.
1. 위원회의 구성 및 운영에 관한 사무 처리
2. 영 제51조에 따른 연구과제 및 연구자 선정에 관한 회의 안건의 준비
3. 영 제52조에 따른 정책연구결과 평가 및 활용상황 점검에 관한 회의 안건의 준비
⑤ 위원회의 회의는 재적위원 과반수의 출석으로 개의(開議)하고, 출석위원 과반수의 찬성으로 의결한다. 이 경우 위촉위원의 과반수가 출석한 경우에만 개의할 수 있다.
⑥ 위원회는 다음 각 호의 어느 하나에 해당하는 사항을 심의하는 경우 위촉위원의 참여를 배제할 수 있다. 이 경우 제5항 후단을 적용하지 아니한다.
1. 「군사기밀보호법」 제2조에 따른 군사기밀 관련 사항
2. 「국가정보원법」 제13조 제4항에 따른 국가기밀 관련 사항
3. 그 밖에 보안 관련 법령에 따라 비밀로 관리되는 사항
⑦ 영 및 이 규칙에서 규정한 사항 외에 위원회 운영에 필요한 사항은 위원회의 의결을 거쳐 위원장이 정한다.

제36조【소위원회의 구성】① 영 제50조 제2항에 따른 소위원회(이하 "소위원회"라 한다)는 위원장 1명을 포함하여 4명 이상 10명 이하의 위원으로 성별을 고려하여 구성하되, 제2항에 따라 위촉하는 위원의 수가 전체 소위원회 위원 수의 과반수가 되도록 구성하여야 한다.
② 소위원회의 위원장은 연구과제를 담당하는 실 또는 국의 장이 되고, 위원은 해당 중앙행정기관의 장이 지명하는 과장급 공무원(위원회의 위원인 과장급 공무원을 포함한다)과 그 연구과제에 대한 전문적인 지식과 경험이 풍부한 외부 전문가 중에서 중앙행정기관의 장이 위촉하는 사람이 된다.

제51조【연구과제와 연구자의 선정】① 중앙행정기관의 장은 공정하고 투명하게 정책연구가 이루어지도록 위원회의 심의를 거쳐 연구과제를 선정하여야 하며 연구과제별로 담당부서의 과장급 공무원을 과제담당관으로 지정하여야 한다. 다만, 다음 각 호의 어느 하나에 해당하는 경우에는 위원회의 심의를 거치지 아니한다.

2018년 제6회 약술형
정책연구과제의 선정

1. 제2항 각 호에 따라 위원회의 심의를 거치지 아니하고 연구자를 선정하여 정책연구를 하는 경우 중 긴급하게 정책연구를 할 필요가 있어 연구과제를 선정하는 경우
2. 예산의 편성에 따라 특정 사업 수행의 일부로 정책연구 사업이 정해진 경우로서 그 사업을 주관하는 부서의 장이 그 사업의 내용에 따라 연구과제를 선정하는 경우

② 중앙행정기관의 장은 「국가를 당사자로 하는 계약에 관한 법률」에 따른 계약의 방법으로 연구자를 선정하되, 같은 법에 따라 계약상대자를 결정하기 전에 연구자 선정에 관하여 위원회의 심의를 거쳐야 한다. 다만, 다음 각 호의 어느 하나에 해당하는 경우에는 위원회의 심의를 거치지 아니한다.

1. 「국가를 당사자로 하는 계약에 관한 법률」 제7조 본문에 따른 일반경쟁 방식으로 연구자를 선정하는 경우
2. 「국가를 당사자로 하는 계약에 관한 법률 시행령」 제13조에 따른 입찰참가자격 사전심사를 하는 경우
3. 「국가를 당사자로 하는 계약에 관한 법률 시행령」 제43조 제1항에 따라 제안서를 제출받아 평가하는 경우

> 행정업무의 운영 및 혁신에 관한 규정 시행규칙
> **제37조【연구과제 심의 신청 등】** ① 정책연구를 하려는 부서의 장은 영 제51조 제1항 각 호 외의 부분 본문에 따라 연구과제 선정에 관하여 위원회의 심의를 거치려면 별지 제10호의2 서식의 정책연구과제 심의 신청서와 별지 제10호의3 서식의 정책연구과제 차별성 검토보고서를 위원회에 제출하여야 한다. 다만, 선정하려는 연구과제와 유사하거나 중복되는 연구과제에 관한 다른 정책연구가 없는 경우에는 별지 제10호의3 서식은 제출하지 아니할 수 있다.
> ② 정책연구를 하려는 부서의 장은 영 제51조 제1항 각 호 외의 부분 단서에 따라 연구과제를 선정한 경우에는 별지 제10호의3 서식의 정책연구과제 차별성 검토보고서 및 별지 제10호의4 서식의 정책연구과제 선정 결과보고서를 위원회에 보고하여야 한다. 다만, 선정하려는 연구과제와 유사하거나 중복되는 연구과제에 관한 다른 정책연구가 없는 경우에는 별지 제10호의3 서식은 보고하지 아니할 수 있다.
> **제38조【연구과제의 중복 선정 금지】** 중앙행정기관의 장은 다른 행정기관이나 정부의 출연·보조 또는 지원을 받은 연구기관(이하 "행정기관등"이라 한다)에서 이미 연구가 완료되었거나 연구를 하고 있는 연구과제와 중복되는 연구과제를 선정하여서는 아니 된다. 다만, 다음 각 호의 어느 하나에 해당하는 경우에는 그러하지 아니하다.
> 1. 행정기관등에서 유사한 연구를 이미 수행된 경우로서 해당 분야의 이론 및 기술의 발전 등에 따라 새로운 연구가 필요한 경우

2. 관련 정책의 수행을 위하여 이미 수행된 연구과제 결과와 구분되는 학문적·이론적 체계의 구축이 필요한 경우
3. 행정기관등에서 연구를 진행하고 있는 경우로서 관련 사항에 대한 연구가 필요하여 행정기관등과 공동으로 정책연구를 하려는 경우

제39조【연구과제의 변경】 중앙행정기관의 장은 영 제51조 제1항 각 호 외의 부분 본문에 따라 선정된 연구과제를 변경하여야 할 부득이한 사유가 있으면 위원회의 심의를 거쳐 변경할 수 있다.

제52조【연구결과의 평가 및 활용】 중앙행정기관의 장은 정책연구가 종료된 후 그 정책연구결과를 평가하여야 하며, 정책연구 종료일부터 6개월 이내에 정책연구결과 활용상황을 점검하여야 한다. 이 경우 정책연구결과 평가 및 활용상황 점검에 관한 사항은 위원회의 심의를 거쳐야 한다.

> 행정업무의 운영 및 혁신에 관한 규정 시행규칙
> **제40조【과제담당관 등】** ① 영 제51조 제1항 각 호 외의 부분 본문에 따른 과제담당관은 정책연구에 관한 다음 각 호의 업무를 수행한다.
> 1. 해당 정책연구에 관한 추진계획의 수립 및 시행
> 2. 영 제52조에 따른 연구결과의 평가
> 3. 영 제54조에 따른 정책연구의 공개
> 4. 그 밖에 정책연구 수행에 필요한 업무
> ② 정책연구에 관한 업무를 총괄하는 실 또는 국의 장은 제1항에 따른 과제담당관의 업무를 총괄·조정한다.
> **제41조【연구결과의 평가】** ① 영 제52조에 따른 정책연구결과 평가는 과제담당관과 과제담당관이 지정한 외부 전문가 1명이 공동으로 평가하는 방법이나 외부 전문가가 참석하는 정책연구완료 보고회를 개최하여 평가하는 방법으로 하여야 한다.
> ② 과제담당관은 영 제52조 후단에 따라 정책연구결과 평가에 대하여 위원회의 심의를 거치려는 경우 평가결과보고서를 작성하여 위원회에 제출하여야 한다.

제53조【정책연구관리시스템의 구축·운영】 행정안전부장관은 중앙행정기관이 전자적으로 정책연구과정을 관리하고 정책연구결과를 공동으로 이용할 수 있도록 정책연구관리시스템을 구축·운영하여야 한다.

제54조【정책연구의 공개】 ① 중앙행정기관의 장은 다음 각 호의 사항을 그 공개가 가능한 때에 지체 없이 정책연구관리시스템을 통하여 공개하여야 한다.
1. 정책연구의 계약 체결 내용
2. 정책연구결과 및 그 평가 결과
3. 정책연구결과 활용상황

4. 그 밖에 중앙행정기관의 장이 필요하다고 인정하는 정책연구에 관한 사항

② 지방자치단체의 장 및 교육감은 정책연구가 종료된 후 제1항 제2호에 따른 정책연구결과를 해당 지방자치단체의 조례로 정하는 바에 따라 정책연구관리시스템을 통하여 공개하여야 한다.

③ 「공공기관의 정보공개에 관한 법률」 제9조에 따른 비공개 대상 정보에 대해서는 제1항 및 제2항을 적용하지 아니한다.

> **행정업무의 운영 및 혁신에 관한 규정 시행규칙**
> **제42조【연구결과의 공개 등】** ① 행정기관의 장은 정책연구에 관한 사항이 영 제54조 제3항에 따른 비공개대상정보에 해당하면 다른 법령에 특별한 규정이 있는 경우를 제외하고는 2년의 범위에서 비공개 기간을 정하되, 기간의 경과 등으로 비공개의 필요성이 없어지거나 「공공기록물 관리에 관한 법률」 제35조에 따라 공개하는 것으로 재분류된 경우에는 영 제54조 제1항 및 제2항에 따라 공개하여야 한다.
> ② 행정기관은 정책연구결과를 「공공기록물 관리에 관한 법률」 제18조에 따라 기록물로 등록하여 관리하여야 하고, 간행물로 발간하려는 경우에는 같은 법 제22조에 따라 관리하여야 한다.

제55조【기관별 성과점검 등 관리】 ① 중앙행정기관의 장은 매년 기관의 정책연구 추진과정, 연구결과의 공개 및 활용상황 등을 점검하여야 한다.
② 행정안전부장관은 제1항에 따른 기관별 점검사항을 종합하여 정책연구의 성과를 점검할 수 있다.
③ 행정안전부장관은 제2항에 따른 종합점검 결과를 해당 중앙행정기관의 장, 기획재정부장관 및 감사원장에게 통보해야 한다.
④ 기획재정부장관은 제3항에 따라 행정안전부장관으로부터 통보받은 점검결과를 다음 해 예산을 편성할 때에 반영할 수 있다.

제56조【다른 법령에 따라 관리되는 정책연구 등】 중앙행정기관이 다음 각 호의 어느 하나에 해당하는 연구 또는 조사를 하는 경우에는 이 절의 규정을 적용하지 아니한다.
1. 「과학기술기본법」 제11조에 따른 국가연구개발사업의 연구
2. 「학술진흥법」에 따른 학술연구
3. 「국민건강증진법」 제19조에 따른 건강증진사업 관련 조사·연구
4. 기술·전산·임상 연구, 그 밖의 단순 반복적인 설문조사
5. 대가로 지급하는 금액이 1천만 원 이하인 조사·연구
6. 그 밖에 다른 법령에 따라 관리되고 있는 연구로서 행정안전부장관이 정하는 연구

제3절 영상회의실의 설치 · 운영 및 지정

제57조【영상회의실의 설치 · 운영 및 지정】① 행정기관의 장은 다음 각 호의 회의를 개최하기 위하여 영상회의실을 설치 · 운영할 수 있다.
1. 국무회의 및 차관회의
2. 장관 · 차관이 참석하는 회의
3. 둘 이상의 정부청사에 위치한 기관 간에 개최하는 회의
4. 정부청사에 위치한 기관과 지방자치단체 간에 개최하는 회의
5. 그 밖에 원격지(遠隔地)에 위치한 기관 간 회의
② 행정안전부장관은 제1항 각 호의 회의를 개최하기 위하여 정부영상회의실을 설치 · 운영하거나 행정기관이 공동으로 사용할 수 있는 영상회의실을 지정할 수 있다. 이 경우 행정안전부장관은 원활한 공동사용을 위하여 필요한 지원을 할 수 있다.
③ 행정안전부장관이 제2항에 따라 지정한 영상회의실을 운영하는 행정기관의 장은 다른 기관이 영상회의실 사용을 요청하면 적극 협조하여야 한다.
④ 제1항부터 제3항까지에서 규정한 사항 외에 영상회의실 및 정부영상회의실의 설치 · 운영, 지정 등에 필요한 사항은 행정안전부령으로 정한다.
⑤ 삭제

> 2018년 제6회, 2021년 제9회 약술형
> 영상회의실을 설치 · 운영할 수 있는 회의의 유형

행정업무의 운영 및 혁신에 관한 규정 시행규칙

제43조【정부영상회의실 등의 관리 · 운영】① 정부청사관리소장은 정부영상회의실의 관리 · 운영을 위하여 다음 각 호의 조치를 하여야 한다.
1. 정부영상회의시스템의 관리책임자 및 운영자 지정
2. 정부영상회의실 및 정부영상회의시스템 보안대책의 수립
3. 각종 회의용 기자재의 제공 및 정부영상회의 운영의 지원
4. 제1호부터 제3호까지에서 규정한 사항 외에 정부영상회의실 관리 · 운영에 필요한 사항

② 행정안전부장관은 영 제57조 제1항 각 호에 해당하는 회의를 주관하는 관계 행정기관의 장에게 정부영상회의실을 이용하여 회의를 개최할 것을 요청할 수 있다. 이 경우 행정기관의 장은 특별한 사유가 없으면 요청에 따라야 한다.
③ 영 제57조 제2항에 따른 영상회의실의 지정, 행정기관의 영상회의실 설치 · 운영 및 상호 연계에 필요한 세부 사항은 행정안전부장관이 정한다.

제43조의2【정부영상회의실 운영요원】정부청사관리소장은 다음 각 호의 업무를 담당하는 정부영상회의실 운영요원을 정부서울청사, 정부과천청사, 정부대전청사 및 정부세종청사 등에 배치하여야 한다.
1. 정부영상회의시스템 및 관련 장비의 운영 · 관리
2. 각종 전용회선의 관리

3. 정부영상회의실의 보안관리
4. 제1호부터 제3호까지에서 규정한 사항 외에 정부영상회의 운영을 위하여 필요한 업무

제44조【사용신청】 ① 정부영상회의실을 사용하려는 기관은 회의 개최일 2일 전까지 정부청사관리소장에게 사용신청을 하여야 하며, 정부청사관리소장은 정부영상회의실의 사용가능 여부를 지체 없이 통보하여야 한다.
② 제1항에 따른 정부영상회의실 사용신청은 별지 제11호 서식에 따른다. 이 경우 팩스 또는 정보통신망 등을 이용하여 신청할 수 있다.

제58조 삭제

제59조 삭제

제4장 행정업무의 관리

제60조【업무의 분장】 각 처리과의 장은 업무를 효율적으로 처리하고 책임소재를 명확하게 하기 위하여 소관 업무를 단위업무별로 분장하되, 소속 공무원 간의 업무량이 균형을 이룰 수 있도록 하여야 한다.

제61조【업무의 인계·인수】 ① 공무원이 조직개편, 인사발령 또는 업무분장 조정 등의 사유로 업무를 인계·인수할 때에는 해당 업무에 관한 모든 사항이 구체적으로 나타나도록 행정안전부령으로 정하는 바에 따라 업무관리시스템이나 전자문서시스템을 이용하여 인계·인수하여야 한다.
② 행정기관의 장은 제1항에 따른 인계·인수가 원활하게 이루어질 수 있도록 기능분류시스템의 자료를 최신의 정보로 유지하여야 한다.

행정업무의 운영 및 혁신에 관한 규정 시행규칙
제45조【업무의 인계·인수】 ① 영 제61조 제1항에 따라 업무관리시스템이나 전자문서시스템을 이용하여 업무를 인계·인수하는 사람은 별지 제12호 서식의 업무인계·인수서를 작성하여야 한다.
② 후임자가 정해지지 아니한 경우와 그 밖의 특별한 사유로 후임자에게 업무를 인계할 수 없는 경우에는 그 직무를 대리하는 사람에게 인계하고, 그 직무를 대리하는 사람은 후임자가 업무를 인수할 수 있게 되었을 때에 즉시 인계하여야 한다.

제62조【업무편람의 작성·활용】 ① 행정기관이 상당 기간에 걸쳐 반복적으로 하는 업무는 그 업무의 처리가 표준화·전문화될 수 있도록 업무편람을 작성하여 활용하는 것을 원칙으로 한다.
② 업무편람은 다음 각 호의 구분에 따라 행정편람과 직무편람으로 구분한다.

1. 행정편람: 업무처리 절차와 기준, 장비운용 방법, 그 밖의 일상적 근무 규칙 등에 관하여 각 업무담당자에게 필요한 지침・기준 또는 지식을 제공하는 업무지도서 또는 업무참고서 등
2. 직무편람: 제60조에 따라 분장하는 단위업무에 대한 업무계획, 업무현황 및 그 밖의 참고자료 등을 체계적으로 정리한 업무 자료철 등
③ 행정기관의 장은 행정편람을 발간할 때 필요하면 그 기관의 공무원이나 관계 전문가에게 자문할 수 있다.

> 행정업무의 운영 및 혁신에 관한 규정 시행규칙
> 제46조【직무편람의 작성・관리 등】① 영 제62조 제2항 제2호에 따른 직무편람(이하 "직무편람"이라 한다)은 특별한 사유가 없으면 행정기관의 직제에 규정된 최하 단위 부서별로 작성하여야 하며, 처리과의 장은 정기적으로 또는 수시로 그 내용을 수정하거나 보완하여야 한다.
> ② 직무편람은 다음 각 호의 사항을 포함하여 작성되어야 하며, 업무를 인계・인수할 때에는 직무편람을 함께 인계・인수하여야 한다.
> 1. 업무 연혁, 관련 업무 현황 및 주요업무계획
> 2. 업무의 처리절차 및 흐름도
> 3. 소관 보존문서 현황
> 4. 그 밖의 업무처리에 필요한 참고사항

제63조【정책의 실명 관리】① 행정기관의 장은 주요 정책의 결정이나 집행과 관련되는 다음 각 호의 사항을 종합적으로 기록・관리하여야 한다.
1. 주요 정책의 결정과 집행 과정에 참여한 관련자의 소속, 직급 또는 직위, 성명과 그 의견
2. 주요 정책의 결정이나 집행과 관련된 각종 계획서, 보고서, 회의・공청회・세미나 관련 자료 및 그 토의내용
② 행정기관의 장은 주요 정책의 결정을 위하여 회의・공청회・세미나 등을 개최하는 경우에는 일시, 참석자, 발언내용, 결정사항, 표결내용 등을 처리과의 직원으로 하여금 기록하게 하여야 한다.
③ 행정기관이 언론기관에 보도자료를 제공하는 경우에는 그 보도자료에 담당부서・담당자・연락처 등을 함께 적어야 한다.

제63조의2【정책실명제 책임관 지정】① 행정기관의 장은 해당 기관의 정책실명제를 효율적으로 운영하기 위하여 기획조정실장 등 해당 기관의 기획 업무를 총괄하는 직위에 있는 공무원을 정책실명제 책임관으로 지정하여야 한다.
② 정책실명제 책임관은 다음 각 호의 임무를 수행한다.
1. 해당 기관의 정책실명제 활성화 계획 수립 및 시행
2. 해당 기관의 정책실명제 대상사업 선정 및 추진실적 공개

> 2014년 제2회 약술형
> 정책의 실명 관리
> 2019년 제7회 약술형
> 주요정책 관련 기록・관리해야 할 종합적 사항

3. 자체 평가 및 교육
4. 그 밖에 해당 기관의 정책실명제 운영을 위하여 필요한 업무

> 2019년 제7회 약술형
> 중점관리 대상사업 선정을 위한 행정기관장의 역할

제63조의3 【정책실명제 중점관리 대상 선정】 ① 행정기관의 장은 다음 각 호의 사항 중에서 정책실명제 중점관리 대상사업을 선정하여 관리하여야 한다.
1. 주요 국정 현안에 관한 사항
2. 대규모 예산이 투입되는 사업
3. 일정 규모 이상의 연구용역
4. 법령 또는 자치법규의 제정·개정 및 폐지
5. 제63조의5 제1항에 따라 행정안전부장관이 정한 절차에 따라 국민이 신청한 사업
6. 그 밖에 중점관리가 필요한 사업

② 행정기관의 장은 제1항에 따른 정책실명제 중점관리 대상사업 선정을 위하여 자체 세부 기준을 마련하고, 심의위원회를 구성하여 심의를 거친 후 대상사업을 선정하여야 한다.

③ 행정기관의 장은 정책실명제 중점관리 대상사업의 추진실적을 해당 기관의 인터넷 홈페이지 등을 통하여 공개하여야 한다. 다만, 「공공기관의 정보공개에 관한 법률」 제9조에 따른 비공개 대상 정보에 해당하는 경우에는 그러하지 아니하다.

제63조의4 【정책실명제 평가】 행정안전부장관은 정책실명제의 활성화를 위하여 필요한 경우 각 행정기관의 정책실명제 추진실적 등을 평가할 수 있다.

제63조의5 【정책실명제 세부 규정】 ① 정책실명제 중점관리 대상사업 선정, 심의위원회의 구성, 정책실명제 추진실적 평가기준 및 그 밖에 정책실명제 운영을 위하여 필요한 세부 사항은 행정안전부장관이 정한다.

② 이 영에서 규정한 사항 외에 지방자치단체에서 운영하는 정책실명제의 대상 및 범위 등에 관하여 필요한 세부 사항은 해당 지방자치단체의 조례로 정할 수 있다.

제64조 삭제

제5장 보칙

제65조【행정업무 운영에 관한 교육】행정기관의 장은 소속 공무원에 대하여 매년 1회 이상 행정업무의 효율성 증진을 위한 교육을 하여야 한다.

제66조【행정업무 운영에 관한 감사】행정안전부장관이 필요하다고 인정하면 국무총리의 명을 받아 각급 행정기관에 대하여 이 영에서 규정하는 업무운영에 관한 감사를 할 수 있다.

제67조【문서 미등록자 등에 대한 조치】행정기관의 장은 다음 각 호의 어느 하나에 해당하는 공무원에게 징계나 그 밖에 필요한 조치를 하여야 한다.
1. 결재받은 문서를 등록하지 아니한 사람
2. 제10조 제2항에 따라 훈령이나 규칙으로 정한 결재권자를 상향 또는 하향 조정하여 기안하거나 검토·결재를 한 사람
3. 관인을 부당하게 사용한 사람
4. 업무협조 지연의 책임이 있는 사람
5. 공무가 아닌 목적으로 업무관리시스템이나 전자문서시스템을 이용한 사람

제68조【대통령 또는 국무총리 명의로 시행하는 문서에 관한 특례】법령에 따라 대통령 또는 국무총리 명의로 시행하여야 하는 문서의 형식 및 처리방법에 관한 사항은 법령에 특별한 규정이 있는 경우를 제외하고는 대통령훈령으로 정한다.

제69조【국가정보원의 업무운영에 대한 특례】① 제8조 제3항에 따라 국가정보원이 아닌 행정기관에서 문서를 기안할 경우 국가정보원 소관 사항은 국가정보원에서 따로 기안할 수 있다.
② 국가정보원에서 작성하는 시행문에는 기안자, 검토자, 협조자, 결재권자의 직위 또는 직급과 서명 및 연락처 등을 표시하지 아니할 수 있다.
③ 국가정보원장은 제39조에도 불구하고 관인공고 절차를 생략하거나 제63조 제3항에 따른 보도자료를 비실명으로 제공할 수 있다.

제70조【권한의 위임】행정안전부장관은 정부영상회의실의 관리·운영에 관한 권한을 정부청사관리본부장에게 위임한다.

민원 처리에 관한 법률
(약칭 : 민원처리법)

[시행 2022. 7. 12.] [법률 제18748호, 2022. 1. 11., 타법개정]

제1장 총칙

제1조【목적】이 법은 민원 처리에 관한 기본적인 사항을 규정하여 민원의 공정하고 적법한 처리와 민원행정제도의 합리적 개선을 도모함으로써 국민의 권익을 보호함을 목적으로 한다.

제2조【정의】이 법에서 사용하는 용어의 뜻은 다음과 같다.

> 2017년 제5회 약술형
> 일반민원의 종류
> 2020년 제8회 약술형
> 고충민원의 개념

1. "민원"이란 민원인이 행정기관에 대하여 처분 등 특정한 행위를 요구하는 것을 말하며, 그 종류는 다음 각 목과 같다.
   가. 일반민원
      1) 법정민원 : 법령·훈령·예규·고시·자치법규 등(이하 "관계법령등"이라 한다)에서 정한 일정 요건에 따라 인가·허가·승인·특허·면허 등을 신청하거나 장부·대장 등에 등록·등재를 신청 또는 신고하거나 특정한 사실 또는 법률관계에 관한 확인 또는 증명을 신청하는 민원
      2) 질의민원 : 법령·제도·절차 등 행정업무에 관하여 행정기관의 설명이나 해석을 요구하는 민원
      3) 건의민원 : 행정제도 및 운영의 개선을 요구하는 민원
      4) 기타민원 : 법정민원, 질의민원, 건의민원 및 고충민원 외에 행정기관에 단순한 행정절차 또는 형식요건 등에 대한 상담·설명을 요구하거나 일상생활에서 발생하는 불편사항에 대하여 알리는 등 행정기관에 특정한 행위를 요구하는 민원
   나. 고충민원 : 「부패방지 및 국민권익위원회의 설치와 운영에 관한 법률」 제2조 제5호에 따른 고충민원

> 부패방지 및 국민권익위원회의 설치와 운영에 관한 법률(약칭 : 부패방지권익법)
> 제2조【정의】이 법에서 사용하는 용어의 뜻은 다음과 같다.
> 5. "고충민원"이란 행정기관등의 위법·부당하거나 소극적인 처분(사실행위 및 부작위를 포함한다) 및 불합리한 행정제도로 인하여 국민의 권리를 침해하거나 국민에게 불편 또는 부담을 주는 사항에 관한 민원(현역장병 및 군 관련 의무복무자의 고충민원을 포함한다)을 말한다.

2. "민원인"이란 행정기관에 민원을 제기하는 개인·법인 또는 단체를 말한다. 다만, 행정기관(사경제의 주체로서 제기하는 경우는 제외한다),

행정기관과 사법(私法)상 계약관계(민원과 직접 관련된 계약관계만 해당한다)에 있는 자, 성명·주소 등이 불명확한 자 등 대통령령으로 정하는 자는 제외한다.

> **민원 처리에 관한 법률 시행령**
> **제2조【민원인 및 공공기관의 범위】** ①「민원 처리에 관한 법률」(이하 "법"이라 한다) 제2조 제2호 단서에서 "행정기관(사경제의 주체로서 제기하는 경우는 제외한다), 행정기관과 사법(私法)상 계약관계(민원과 직접 관련된 계약관계만 해당한다)에 있는 자, 성명·주소 등이 불명확한 자 등 대통령령으로 정하는 자"란 다음 각 호의 어느 하나에 해당하는 자를 말한다.
> 1. 행정기관에 처분 등 특정한 행위를 요구하는 행정기관[행정기관이 사경제(私經濟)의 주체로서 요구하는 경우는 제외한다]
> 2. 행정기관과 사법(私法)상의 계약관계가 있는 자로서 계약관계와 직접 관련하여 행정기관에 처분 등 특정한 행위를 요구하는 자
> 3. 행정기관에 처분 등 특정한 행위를 요구하는 자로서 성명·주소(법인 또는 단체의 경우에는 그 명칭, 사무소 또는 사업소의 소재지와 대표자의 성명) 등이 불명확한 자
> ② 법 제2조 제3호 나목5)에서 "대통령령으로 정하는 법인·단체 또는 기관"이란 다음 각 호의 어느 하나에 해당하는 법인·단체 또는 기관을 말한다.
> 1.「정부출연연구기관 등의 설립·운영 및 육성에 관한 법률」제8조 제1항에 따른 연구기관
> 2.「과학기술분야 정부출연연구기관 등의 설립·운영 및 육성에 관한 법률」제8조 제1항에 따른 연구기관

[2023년 제11회 약술형 민원인의 범위에서 제외되는 자]

3. "행정기관"이란 다음 각 목의 자를 말한다.
   가. 국회·법원·헌법재판소·중앙선거관리위원회의 행정사무를 처리하는 기관, 중앙행정기관(대통령 소속 기관과 국무총리 소속 기관을 포함한다. 이하 같다)과 그 소속 기관, 지방자치단체와 그 소속 기관
   나. 공공기관
      1)「공공기관의 운영에 관한 법률」제4조에 따른 법인·단체 또는 기관
      2)「지방공기업법」에 따른 지방공사 및 지방공단
      3) 특별법에 따라 설립된 특수법인
      4)「초·중등교육법」·「고등교육법」및 그 밖의 다른 법률에 따라 설치된 각급 학교
      5) 그 밖에 대통령령으로 정하는 법인·단체 또는 기관
   다. 법령 또는 자치법규에 따라 행정권한이 있거나 행정권한을 위임 또는 위탁받은 법인·단체 또는 그 기관이나 개인
4. "처분"이란「행정절차법」제2조 제2호의 처분을 말한다.

[2023년 제11회 약술형 민원을 제기하는 행정기관의 종류]

5. "복합민원"이란 하나의 민원 목적을 실현하기 위하여 관계법령등에 따라 여러 관계 기관(민원과 관련된 단체·협회 등을 포함한다. 이하 같다) 또는 관계 부서의 인가·허가·승인·추천·협의 또는 확인 등을 거쳐 처리되는 법정민원을 말한다.

> 2022년 제10회 약술형
> 다수인관련민원의 개념

6. "다수인관련민원"이란 5세대(世帶) 이상의 공동이해와 관련되어 5명 이상이 연명으로 제출하는 민원을 말한다.
7. 삭제
8. "무인민원발급창구"란 행정기관의 장이 행정기관 또는 공공장소 등에 설치하여 민원인이 직접 민원문서를 발급받을 수 있도록 하는 전자장비를 말한다.

제3조【적용 범위】① 민원에 관하여 다른 법률에 특별한 규정이 있는 경우를 제외하고는 이 법에서 정하는 바에 따른다.
② 제2조 제3호 가목의 국회·법원·헌법재판소·중앙선거관리위원회의 행정사무를 처리하는 기관에 대해서는 제36조 제3항, 제37조, 제38조, 제39조 제2항부터 제6항까지 및 제42조를 적용하지 아니한다.

제4조【민원 처리 담당자의 의무와 보호】① 민원을 처리하는 담당자는 담당 민원을 신속·공정·친절·적법하게 처리하여야 한다.
② 행정기관의 장은 민원인 등의 폭언·폭행, 목적이 정당하지 아니한 반복 민원 등으로부터 민원 처리 담당자를 보호하기 위하여 민원 처리 담당자의 신체적·정신적 피해의 예방 및 치료 등 대통령령으로 정하는 필요한 조치를 하여야 한다.
③ 민원 처리 담당자는 행정기관의 장에게 제2항에 따른 조치를 요구할 수 있다.
④ 행정기관의 장은 제3항에 따른 민원 처리 담당자의 요구를 이유로 해당 민원 처리 담당자에게 불이익을 주어서는 아니 된다.

> 민원 처리에 관한 법률 시행령
> 제4조【민원 처리 담당자의 보호】① 법 제4조 제2항에서 "민원 처리 담당자의 신체적·정신적 피해의 예방 및 치료 등 대통령령으로 정하는 필요한 조치"란 다음 각 호의 조치를 말한다.
> 1. 담당자의 안전을 보장하기 위한 영상정보처리기기·호출장치·보호조치음성안내 등 안전장비의 설치 및 안전요원 등의 배치
> 2. 민원인의 폭언·폭행 등을 방지하고 증거를 수집하기 위한 휴대용 영상음성기록장비, 녹음전화 등의 운영
> 3. 다음 각 목의 어느 하나에 해당하는 행위로 민원 처리를 지연시키거나 방해하는 민원인에 대한 퇴거 또는 일시적 출입 제한
>   가. 폭언·폭행
>   나. 무기·흉기 등 위험한 물건의 소지

다. 목적이 정당하지 않은 반복·중복 민원 제기를 통한 공무 방해 행위
　　라. 그 밖에 다른 민원인이나 담당자에게 신체적·정신적 피해를 입히는 행위
4. 민원인의 폭언·폭행 등이 발생한 경우 민원인으로부터 담당자를 보호하기 위한 조치로서 담당자의 분리 또는 업무의 일시적 중단
5. 민원인의 폭언·폭행 등으로 인한 신체적·정신적 피해의 치료 및 상담 지원
5의2. 폭언·폭행 등 형사처벌 규정을 위반한 행위를 한 민원인에 대한 수사기관에의 고발
5의3. 담당자가 제5호의2에 해당하는 민원인에 대한 고소를 희망하는 경우 해당 고소를 위한 행정적·절차적 지원
6. 민원인의 폭언·폭행 등으로 고소·고발 또는 손해배상 청구 등이 발생한 경우 담당자를 지원하기 위한 조치로서 관할 수사기관 또는 법원에 증거물·증거서류 제출 등 필요한 지원
7. 민원인과의 전화 또는 면담에 대한 1회당 권장 시간 설정. 이 경우 민원별 특성을 고려하여 권장 시간을 달리 설정할 수 있다.
8. 다음 각 목의 경우 전화나 면담의 종료 조치. 이 경우 그 조치 전에 해당 사유를 민원인에게 고지해야 한다.
　　가. 전화 또는 면담 중 민원인이 반복적·지속적으로 욕설, 협박 등 폭언을 하거나 모욕, 성희롱(성적인 언동 등을 통하여 성적 굴욕감 또는 혐오감을 느끼게 하는 행위를 말한다)을 한 경우
　　나. 제7호에 따른 권장 시간을 상당히 초과하여 공무를 방해한 경우
② 행정기관의 장은 민원인과 담당자 간에 고소·고발 또는 손해배상 청구 등이 발생한 경우 이에 대응하는 업무를 총괄하는 전담부서를 지정해야 하고, 변호사 선임비용, 소송비용 등 소송 수행이나 수사 단계에서의 대응에 필요한 비용의 전부 또는 일부를 예산의 범위에서 지원할 수 있다.
③ 행정기관의 장은 담당자의 민원 처리 과정에서의 행위와 관련하여 인사상 불이익 조치 등을 하려는 경우에는 그 발생 경위 등을 충분히 고려해야 한다.
④ 국가, 지방자치단체 및 법 제2조 제3호 나목·다목에 따른 행정기관의 장은 제1항 및 제2항의 조치를 위하여 필요한 사항을 관계 법령이나 자치법규 등으로 정할 수 있다.

제5조【민원인의 권리와 의무】① 민원인은 행정기관에 민원을 신청하고 신속·공정·친절·적법한 응답을 받을 권리가 있다.
② 민원인은 민원을 처리하는 담당자의 적법한 민원처리를 위한 요청에 협조하여야 하고, 행정기관에 부당한 요구를 하거나 다른 민원인에 대한 민원 처리를 지연시키는 등 공무를 방해하는 행위를 하여서는 아니 된다.

> 2016년 제4회 약술형
> 민원 처리의 원칙과 정보 보호

제6조 【민원 처리의 원칙】 ① 행정기관의 장은 관계법령등에서 정한 처리기간이 남아 있다거나 그 민원과 관련 없는 공과금 등을 미납하였다는 이유로 민원 처리를 지연시켜서는 아니 된다. 다만, 다른 법령에 특별한 규정이 있는 경우에는 그에 따른다.
② 행정기관의 장은 법령의 규정 또는 위임이 있는 경우를 제외하고는 민원 처리의 절차 등을 강화하여서는 아니 된다.

제7조 【정보 보호】 행정기관의 장은 민원 처리와 관련하여 알게 된 민원의 내용과 민원인 및 민원의 내용에 포함되어 있는 특정인의 개인정보 등이 누설되지 아니하도록 필요한 조치를 강구하여야 하며, 수집된 정보가 민원 처리의 목적 외의 용도로 사용되지 아니하도록 하여야 한다.

> 민원 처리에 관한 법률 시행령
> 제3조 【민원인 등의 정보 보호】 ① 행정기관의 장은 법 제7조에 따른 정보 보호의 실태를 확인·점검하고, 민원을 처리하는 담당자(이하 "담당자"라 한다)에게 연 1회 이상 정보 보호에 필요한 교육을 실시하여야 한다.
> ② 행정기관의 장은 제1항에 따른 확인·점검 결과 법령위반 사실을 발견하거나 정보 보호 조치가 미흡하다고 판단되는 경우에는 지체 없이 이를 시정하고, 담당자에 대하여 징계 또는 그 밖에 필요한 조치를 하여야 한다.

제7조의2 【민원의 날】 ① 민원에 대한 이해와 인식 및 민원 처리 담당자의 자긍심을 높이기 위하여 매년 11월 24일을 민원의 날로 정한다.
② 국가와 지방자치단체는 민원의 날의 취지에 적합한 기념행사를 할 수 있다.

제2장 민원의 처리

제1절 민원의 신청 및 접수 등

> 2015년 제3회 약술형
> 민원의 신청과 접수

제8조 【민원의 신청】 민원의 신청은 문서(「전자정부법」 제2조 제7호에 따른 전자문서를 포함한다. 이하 같다)로 하여야 한다. 다만, 기타민원은 구술(口述) 또는 전화로 할 수 있다.

> 민원 처리에 관한 법률 시행령
> 제5조 【민원의 신청 방법】 민원인 또는 그 위임을 받은 사람이 직접 방문할 필요가 없는 민원은 팩스·인터넷 등 정보통신망(「전자정부법」 제2조 제10호에 따른 정보통신망을 말한다. 이하 같다) 또는 우편 등으로 신청할 수 있다.

제8조의2 【증명서류 또는 구비서류의 전자적 제출】 ① 민원인은 민원의 처리에 필요한 증명서류나 구비서류를「전자정부법」제2조 제7호에 따른 전자문서(이하 "전자문서"라 한다)나 같은 조 제8호에 따른 전자화문서(이하 "전자화문서"라 한다)로 제출할 수 있다. 다만, 행정기관이 전자문서나 전자화문서로 증명서류나 구비서류를 받을 수 있는 정보시스템을 구축하지 아니한 경우 등 대통령령으로 정하는 사유가 있는 경우에는 그러하지 아니하다.
② 제1항에 따라 전자문서 또는 전자화문서로 제출된 증명서류나 구비서류의 진본성(眞本性) 확인 등을 위하여 필요한 사항은 국회규칙, 대법원규칙, 헌법재판소규칙, 중앙선거관리위원회규칙 및 대통령령으로 정한다.

> 민원 처리에 관한 법률 시행령
> 제5조의2 【증명서류 또는 구비서류의 전자적 제출의 예외】 ① 법 제8조의2 제1항 단서에서 "정보시스템을 구축하지 아니한 경우 등 대통령령으로 정하는 사유"란 다음 각 호의 어느 하나에 해당하는 경우를 말한다.
> 1. 행정기관이 전자문서나 전자화문서로 증명서류나 구비서류를 받을 수 있는 정보시스템을 구축하지 않은 경우
> 2. 정보시스템의 장애로 전자문서나 전자화문서로 증명서류나 구비서류를 받기 어려운 경우
> 3. 민원인이 발송한 전자문서나 전자화문서가 정보시스템을 통해 판독할 수 없는 상태로 수신된 경우
> 4. 제1호부터 제3호까지의 경우 외에 전자문서나 전자화문서의 제출이나 수신 등에 관하여 다른 법령에 별도의 규정이 있는 경우
> ② 행정기관의 장은 제1항 각 호의 사유로 민원의 처리에 필요한 증명서류나 구비서류를 전자문서나 전자화문서로 받을 수 없는 경우 그 사실을 민원인에게 지체 없이 알리고, 방문·우편·팩스 등 다른 방법을 활용하여 제출할 수 있도록 안내해야 한다.
> 제5조의3 【제출된 전자화문서의 진본성 확인】 ① 행정기관의 장은 민원인이 법 제8조의2 제1항에 따라 제출한 전자화문서가 다른 행정기관이 발급한 문서와 일치하는지에 대해 다른 행정기관에 그 확인을 요청할 수 있다.
> ② 제1항에 따라 확인을 요청받은 행정기관의 장은 그 진본성(眞本性)을 확인해 주어야 한다.
> ③ 제1항 및 제2항에 따른 전자화문서의 진본성 확인을 위한 기술적인 대책 마련, 전자화문서의 형태 및 관리시스템의 구축 등에 관하여는「전자정부법 시행령」제6조 제2항부터 제4항까지의 규정을 준용한다.

제9조【민원의 접수】① 행정기관의 장은 민원의 신청을 받았을 때에는 다른 법령에 특별한 규정이 있는 경우를 제외하고는 그 접수를 보류하거나 거부할 수 없으며, 접수된 민원문서를 부당하게 되돌려 보내서는 아니 된다.

② 행정기관의 장은 민원을 접수하였을 때에는 해당 민원인에게 접수증을 내주어야 한다. 다만, 기타민원과 민원인이 직접 방문하지 아니하고 신청한 민원 및 처리기간이 '즉시'인 민원 등 대통령령으로 정하는 경우에는 접수증 교부를 생략할 수 있다.
③ 제1항 및 제2항에 따른 민원의 접수 등에 필요한 사항은 대통령령으로 정한다.

> 민원 처리에 관한 법률 시행령
> **제6조【민원의 접수】** ① 민원은 민원실[법 제12조의2 제2항에 따른 전자민원창구(이하 "전자민원창구"라 한다)를 포함한다. 이하 같다]에서 접수한다. 다만, 민원실이 설치되어 있지 아니한 경우에는 문서의 접수·발송을 주관하는 부서(이하 "문서담당부서"라 한다) 또는 민원을 처리하는 주무부서(이하 "처리주무부서"라 한다)에서 민원을 접수한다.
> ② 행정기관의 장은 제1항에 따라 민원을 접수하였을 때에는 그 순서에 따라 민원 처리부에 기록하고 해당 민원인에게 접수증을 발급하여야 한다.
> ③ 법 제9조 제2항 단서에서 "기타민원과 민원인이 직접 방문하지 아니하고 신청한 민원 및 처리기간이 '즉시'인 민원 등 대통령령으로 정하는 경우"란 다음 각 호의 어느 하나에 해당하는 민원인 경우를 말한다.
> 1. 기타민원
> 2. 제5조에 따라 민원인이 직접 방문하지 아니하고 신청한 민원
> 3. 처리기간이 '즉시'인 민원
> 4. 접수증을 갈음하는 문서를 주는 민원
> ④ 행정기관의 장은 제1항에 따라 민원을 접수하였을 때에는 구비서류의 완비 여부, 처리 기준과 절차, 예상 처리소요기간, 필요한 현장확인 또는 조사 예정시기 등을 해당 민원인에게 안내하여야 한다.
> ⑤ 행정기관의 장은 민원을 접수할 때 필요하다고 인정되는 경우에는 해당 민원인 본인 또는 그 위임을 받은 사람이 맞는지 확인할 수 있다.
> ⑥ 행정기관의 장은 5명 이상의 민원인으로부터 동일한 취지의 민원을 접수할 때에는 이를 병합하여 접수할 수 있다.
> ⑦ 행정기관의 장은 전자민원창구를 통하여 민원이 신청된 경우에는 그 민원이 소관 행정기관의 전자민원창구에 도달한 때부터 8근무시간 이내에 접수해야 한다.
> **제7조【신청서 및 구비서류】** ① 행정기관의 장은 신청서의 기재사항을 그 민원의 처리에 필요한 최소한의 범위로 한정하여야 하며, 민원인이 신청서를 쉽게 작성할 수 있도록 신청 서식을 명확하게 정하여야 한다.
> ② 행정기관의 장은 민원의 신청과 관련된 구비서류를 정하는 경우에는 신청서의 기재사항이 사실인지 확인하거나 그 민원의 처리에 필요한 최소한의 범위에서 구체적으로 정하여야 한다.
> ③ 신청서 및 구비서류의 제출부수는 민원의 처리에 필요한 최소한으로 한정하여야 한다.

[2019년 제7회 약술형 신청서 및 구비서류의 원칙]

제10조【불필요한 서류 요구의 금지】 ① 행정기관의 장은 민원을 접수·처리할 때에 민원인에게 관계법령등에서 정한 구비서류 외의 서류를 추가로 요구하여서는 아니 된다.
② 행정기관의 장은 동일한 민원서류 또는 구비서류를 복수로 받는 경우에는 특별한 사유가 없으면 원본과 함께 그 사본의 제출을 허용하여야 한다.
③ 행정기관의 장은 민원을 접수·처리할 때에 다음 각 호의 어느 하나에 해당하는 경우에는 민원인에게 관련 증명서류 또는 구비서류의 제출을 요구할 수 없으며, 그 민원을 처리하는 담당자가 직접 이를 확인·처리하여야 한다.
1. 민원인이 소지한 주민등록증·여권·자동차운전면허증 등 행정기관이 발급한 증명서로 그 민원의 처리에 필요한 내용을 확인할 수 있는 경우
2. 해당 행정기관의 공부(公簿) 또는 행정정보로 그 민원의 처리에 필요한 내용을 확인할 수 있는 경우
3. 「전자정부법」 제36조 제1항에 따른 행정정보의 공동이용을 통하여 그 민원의 처리에 필요한 내용을 확인할 수 있는 경우
4. 행정기관이 증명서류나 구비서류를 다른 행정기관으로부터 전자문서로 직접 발급받아 그 민원의 처리에 필요한 내용을 확인할 수 있는 경우로서 민원인이 행정기관에 미리 해당 증명서류 또는 구비서류에 대하여 관계법령등에서 정한 수수료 등을 납부한 경우
④ 행정기관의 장이 제3항에 따라 증명서류나 구비서류를 확인·처리한 경우에는 관계법령등에서 정한 절차에 따라 증명서류나 구비서류를 확인·처리한 것으로 본다.
⑤ 행정기관의 장은 제3항 제3호에 따라 행정정보의 공동이용을 통하여 민원인의 증명서류 또는 구비서류 제출을 갈음하는 경우에는 증명서류나 구비서류의 발급기관의 장과 협의하여 해당 증명서류나 구비서류에 대한 수수료를 감면할 수 있다.
⑥ 행정기관의 장은 제3항 제3호에 따라 행정정보의 공동이용을 통하여 그 내용을 확인할 수 있는 민원의 종류·범위와 그 밖에 필요한 사항을 인터넷 홈페이지 등을 통하여 공표하여야 한다.
⑦ 행정기관의 장은 원래의 민원의 내용 변경 또는 갱신 신청을 받았을 때에는 특별한 사유가 없으면 이미 제출되어 있는 관련 증명서류 또는 구비서류를 다시 요구하여서는 아니 된다.
⑧ 제3항부터 제6항까지의 규정에 따른 민원 처리에 필요한 내용의 확인 절차와 그 밖에 필요한 사항은 국회규칙, 대법원규칙, 헌법재판소규칙, 중앙선거관리위원회규칙 및 대통령령으로 정한다.

> 2015년 제3회 약술형
> 불필요한 서류 요구 금지사항

민원 처리에 관한 법률 시행령
제7조의2【증명서류 또는 구비서류의 전자적 확인 등】 ① 법 제10조 제3항 제3호 및 제4호에 따른 민원 처리를 원하는 민원인은 민원을 신청할 때 다음 각 호의 사항을 구체적으로 적은 문서(전자문서를 포함한다)를 제출해야 한다.
1. 증명서류 또는 구비서류 발급기관의 명칭
2. 증명서류 또는 구비서류의 명칭
3. 증명서류 또는 구비서류의 발급을 필요로 하는 민원사무의 명칭
4. 그 밖에 증명서류 또는 구비서류의 발급에 필요한 사항
② 행정기관과 증명서류발급기관(법 제10조 제3항 제4호에 따른 증명서류 또는 구비서류 발급기관을 말한다. 이하 같다)은 정보시스템 장애로 증명서류 또는 구비서류를 전자문서로 보내거나 받을 수 없는 경우에는 우편 등으로 증명서류 또는 구비서류를 보내거나 받을 수 있다.
③ 행정기관의 장이 법 제10조 제3항 제3호 및 제4호에 따른 민원을 처리하는 경우에는 그 처리기간에 증명서류 또는 구비서류의 발급 및 확인에 걸리는 기간은 산입하지 않는다.
④ 행정기관의 장이 법 제10조 제3항 제4호에 따른 증명서류 또는 구비서류의 발급을 요청하는 경우에는 증명서류발급기관에 민원인이 납부한 수수료를 송금해야 한다. 다만, 증명서류 또는 구비서류의 발급을 요청하는 행정기관과 증명서류발급기관의 수수료가 귀속되는 회계가 같은 경우에는 수수료를 송금하지 않고 그 행정기관의 세입으로 한다.

> 2025년 제13회 논술형
> 쟁점
> 민원인의 본인정보
> 공동이용

제10조의2【민원인의 요구에 의한 본인정보 공동이용】 ① 민원인은 행정기관이 컴퓨터 등 정보처리능력을 지닌 장치에 의하여 처리가 가능한 형태로 본인에 관한 행정정보를 보유하고 있는 경우 민원을 접수·처리하는 기관을 통하여 행정정보 보유기관의 장에게 본인에 관한 증명서류 또는 구비서류 등의 행정정보(법원의 재판사무·조정사무 및 그 밖에 이와 관련된 사무에 관한 정보는 제외한다)를 본인의 민원 처리에 이용되도록 제공할 것을 요구할 수 있다. 이 경우 민원을 접수·처리하는 기관의 장은 민원인에게 관련 증명서류 또는 구비서류의 제출을 요구할 수 없으며, 행정정보 보유기관의 장으로부터 해당 정보를 제공받아 민원을 처리하여야 한다.

민원 처리에 관한 법률 시행령
제7조의3【민원인의 요구에 의한 본인정보 공동이용】 ① 민원인은 법 제10조의2 제1항에 따라 본인에 관한 행정정보(이하 "본인정보"라 한다)의 제공을 요구하는 경우에는 본인정보의 종류, 접수하려는 민원 및 민원처리기관을 명시하여 민원접수기관의 장에게 신청해야 한다.
② 제1항에 따른 신청을 받은 민원접수기관의 장은 그 내용을 지체 없이 행정정보 보유기관의 장에게 전달해야 한다.

③ 제2항에 따라 본인정보 제공 요구를 전달받은 행정정보 보유기관의 장은 법 제10조의2 제2항에 따라 해당 민원처리기관에 본인정보를 제공해야 한다.
제7조의4 【민원인의 요구에 의한 본인정보 정기적 공동이용】 ① 민원인이 제7조의3 제1항에 따라 본인정보 제공을 요구할 때에는 행정정보 보유기관의 장에게 본인정보의 정확성 및 최신성이 유지될 수 있도록 정기적으로 같은 내역의 본인정보를 민원처리기관에 제공할 것을 요구할 수 있다.
② 제1항에 따라 정기적인 본인정보 제공을 요구한 민원인은 그 요구를 철회할 수 있다.
③ 제1항 및 제2항에서 규정한 사항 외에 정기적 공동이용 및 철회의 방법·절차에 필요한 사항은 행정안전부장관이 정하여 고시한다.

② 제1항에 따른 요구를 받은 행정정보 보유기관의 장은 다음 각 호의 어느 하나에 해당하는 법률의 규정에도 불구하고 해당 정보를 컴퓨터 등 정보처리능력을 지닌 장치에 의하여 처리가 가능한 형태로 본인 또는 본인이 지정한 민원처리기관에 지체 없이 제공하여야 한다. 다만, 「개인정보 보호법」 제35조 제4항에 따른 제한 또는 거절의 사유에 해당하는 경우에는 그러하지 아니하다.
1. 「전자정부법」 제39조
2. 「국세기본법」 제81조의13
3. 「관세법」 제116조
4. 「지방세기본법」 제86조
5. 「가족관계의 등록 등에 관한 법률」 제13조
6. 「부동산등기법」 제109조의2
7. 「주민등록법」 제30조
8. 「공간정보의 구축 및 관리 등에 관한 법률」 제76조
9. 「자동차관리법」 제69조
10. 「건축법」 제32조
11. 「상업등기법」 제21조
12. 그 밖에 제1호부터 제11호까지의 규정과 유사한 규정으로서 대통령령으로 정하는 법률의 관련 규정

민원 처리에 관한 법률 시행령
제7조의3 【민원인의 요구에 의한 본인정보 공동이용】 ④ 행정정보 보유기관의 장은 「개인정보 보호법」 제35조 제4항에 따른 제한 또는 거절의 사유 등으로 제3항에 따른 본인정보 제공을 거절한 경우에는 지체 없이 해당 사실 및 그 사유를 민원접수기관을 통하여 민원인에게 알려야 한다.
⑤ 행정정보 보유기관의 장은 전산시스템 장애 등으로 제3항에 따른 본인정보 제공이 지연되거나 어려운 경우에는 지체 없이 해당 사실 및 그 사유를 민원접수기관을 통하여 민원인에게 알리고, 그 사유가 해소된 즉시 본인정보를 제공해야 한다.

⑥ 법 제10조의2 제2항 제12호에서 "대통령령으로 정하는 법률의 관련 규정" 이란 「과세자료의 제출 및 관리에 관한 법률」 제11조 제1항 본문을 말한다.

③ 행정안전부장관은 제1항 및 제2항에 따라 민원인이 행정정보 보유기관의 장에게 요구할 수 있는 본인에 관한 행정정보의 종류를 보유기관의 장과 협의하여 정하고, 이를 국민에게 공표하여야 한다.

> **2025년 제13회 논술형 쟁점**

민원 처리에 관한 법률 시행령
제7조의3【민원인의 요구에 의한 본인정보 공동이용】 ⑦ 법 제10조의2 제3항 및 제8항에 따라 행정안전부장관이 행정정보 보유기관의 장과 협의하여 정할 수 있는 본인정보의 종류 및 세부유형은 다음 각 호와 같다.
1. 개인의 신원에 관한 다음 각 목의 본인정보
   가. 주민등록표 등 개인의 신원에 관한 사실을 확인하기 위하여 필요한 본인정보
   나. 병적증명서 등 개인의 경력에 관한 사항 등을 확인하기 위하여 필요한 본인정보
2. 등기사항증명서 등 법인 또는 그 밖의 단체의 지위 및 성격을 파악하기 위하여 필요한 본인정보
3. 개인 또는 법인, 그 밖의 단체(이하 "개인등"이라 한다)의 자격의 증명에 관한 다음 각 목의 본인정보
   가. 국가기술자격 증명 등 개인등의 자격을 확인하기 위하여 필요한 본인정보
   나. 인가·허가 등 행정청의 처분의 존재 여부를 확인하기 위하여 필요한 본인정보
4. 물건 또는 법률상의 권리에 관한 다음 각 목의 본인정보
   가. 부동산등기부 또는 자동차등록증 등 부동산 또는 동산의 권리를 확인하기 위하여 필요한 본인정보
   나. 특허등록원부 등 법률상 등록 또는 등기된 권리의 내용에 관한 본인정보
5. 토지 등 특정한 물건이나 그 밖의 권리의 소재(所在)·형상 및 그에 대한 평가를 확인하기 위하여 필요한 다음 각 목의 본인정보
   가. 지적도, 임야도 등 특정한 부동산의 소재, 그 현황 등에 대하여 행정기관이 작성한 본인정보
   나. 개별공시지가 확인서 등 특정한 물건에 대한 객관적인 평가 또는 가치 등에 대하여 행정기관이 작성한 정보로서 다른 개인등의 업무 수행에 필요한 본인정보
6. 개인등의 행위에 대한 사실을 증명하기 위하여 필요한 다음 각 목의 본인정보
   가. 출입국증명, 국내거소사실증명 등 개인의 소재 및 지위 등의 확인을 위하여 필요한 본인정보

나. 납세증명, 각종 등록확인증 등 개인등의 법령에 따른 행위의 존재 여부 및 법령상의 의무 준수 여부를 확인하기 위하여 필요한 본인 정보
7. 그 밖에 행정기관이 민원처리 등 소관 업무를 수행하는 데에 반드시 필요한 본인정보

④ 행정안전부장관은 「전자정부법」 제37조에 따른 행정정보 공동이용센터를 통하여 안전하고 신뢰할 수 있는 방법으로 같은 법 제2조 제13호에 따른 정보시스템을 연계하는 등 해당 행정정보의 위조·변조·훼손·유출 또는 오용·남용을 방지하여야 한다.

민원 처리에 관한 법률 시행령
제7조의3 【민원인의 요구에 의한 본인정보 공동이용】 ⑧ 본인정보를 제공받으려는 민원처리기관의 장은 법 제10조의2 제7항에 따라 암호화, 전산시스템 접근통제 및 접속기록관리 등의 보안대책을 마련해야 한다.
⑨ 행정안전부장관은 제8항에 따른 보안대책 수립에 필요한 세부 기준을 정할 수 있다.

⑤ 행정기관의 장은 제1항부터 제3항까지의 규정에 따라 컴퓨터 등 정보처리능력을 지닌 장치에 의하여 처리가 가능한 형태로 행정정보를 제공하는 경우에는 다른 법률에도 불구하고 수수료를 감면할 수 있다.
⑥ 민원인은 제1항에 따라 본인에 관한 행정정보의 공동이용을 요구하는 경우 다음 각 호의 어느 하나에 해당하는 방법으로 해당 행정정보가 본인에 관한 것임을 증명하여야 한다.
1. 「전자정부법」 제10조에 따른 민원인의 본인 확인 방법
2. 행정기관이 보유하고 있는 지문 등의 생체정보를 이용하는 방법
3. 「주민등록법」 제35조 제2호, 「도로교통법」 제137조 제5항, 「여권법」 제23조의2 제2항에 따라 신분증명서의 진위를 확인하는 방법
⑦ 제1항에 따라 다른 기관으로부터 행정정보를 제공받아 이용하는 행정기관의 장은 해당 행정정보가 위조·변조·훼손·유출 또는 오용·남용되지 아니하도록 적절한 보안대책을 마련하여야 하며, 행정안전부장관은 이에 대한 실태를 점검할 수 있다.

> 2025년 제13회 논술형 쟁점
> 본인정보 공동이용과 수수료 감면

민원 처리에 관한 법률 시행령
제7조의3 【민원인의 요구에 의한 본인정보 공동이용】 ⑩ 행정안전부장관은 법 제10조의2 제7항에 따라 실태점검을 하는 경우 민원처리기관의 장에게 점검항목·절차 및 시기 등을 미리 알려야 하고, 필요한 자료의 제출을 요구할 수 있다.

⑪ 민원처리기관은 법 제10조의2에 따라 본인정보의 공동이용에 관한 사무를 수행하기 위하여 불가피한 경우 「개인정보 보호법」 제23조에 따른 건강에 관한 정보나 같은 법 시행령 제19조 제1호부터 제4호까지의 규정에 따른 주민등록번호, 여권번호, 운전면허의 면허번호 또는 외국인등록번호가 포함된 자료를 처리할 수 있다.
⑫ 제1항부터 제11항까지에서 규정한 사항 외에 민원인의 요구에 의한 본인정보 공동이용에 필요한 사항은 행정안전부장관이 정하여 고시한다.

⑧ 제1항부터 제5항까지 및 제7항의 규정에 따른 본인에 관한 행정정보의 요구방법, 해당 행정정보의 제공방법·제공기준, 종류 및 그 세부유형, 수수료, 보안대책 및 실태점검 등에 필요한 사항은 국회규칙, 대법원규칙, 헌법재판소규칙, 중앙선거관리위원회규칙 및 대통령령으로 정한다.

> 2025년 제13회 논술형
> 쟁점
> 민원취약계층의 범위

제11조 【민원취약계층에 대한 편의제공】 ① 행정기관의 장은 민원의 신청 및 접수·처리 과정에서 민원취약계층(장애인, 임산부, 노약자 및 「지능정보화 기본법」 제2조 제13호에 따른 정보격차로 인하여 민원의 신청 등에 제약을 받는 사람을 말한다. 이하 같다)에 대한 편의를 제공하기 위하여 노력하여야 한다.
② 행정기관의 장은 민원취약계층에 대하여 민원 처리에 따른 수수료를 감면할 수 있다.
③ 제1항 및 제2항에서 규정한 사항 외에 민원취약계층에 대한 편의제공 및 수수료 감면 등에 필요한 사항은 국회규칙, 대법원규칙, 헌법재판소규칙, 중앙선거관리위원회규칙, 대통령령 및 조례로 정한다.

민원 처리에 관한 법률 시행령
제8조의2 【민원취약계층의 범위 및 편의제공 등】 ① 법 제11조 제1항에 따라 행정기관(지방자치단체와 그 소속기관은 제외한다. 이하 이 조에서 같다)의 장이 편의를 제공하기 위해 노력해야 하는 민원취약계층은 다음 각 호의 사람으로 한다.
1. 「장애인복지법」 제32조에 따라 등록된 장애인
2. 65세 이상인 사람
3. 「국민기초생활 보장법」에 따른 수급자
4. 「재한외국인 처우 기본법」에 따른 결혼이민자
5. 「북한이탈주민의 보호 및 정착지원에 관한 법률」에 따른 보호대상자
6. 「모자보건법」 제8조 제1항에 따라 임신 또는 분만 사실을 신고한 임산부
6의2. 「영유아보육법」에 따른 영유아를 동반한 보호자
7. 제1호부터 제6호까지 및 제6호의2의 사람 외에 신체적·정신적·언어적 능력 등에서 어려움이 있어 민원 편의의 제공이 필요하다고 행정기관의 장이 인정하는 사람

② 행정기관의 장은 법 제11조 제1항에 따라 민원취약계층에 대해 다음 각 호의 편의를 제공할 수 있다.
1. 휠체어, 점자 안내책자, 보청기기, 돋보기 등 편의용품 비치
2. 민원취약계층 전용 민원창구의 설치 및 운영
3. 정보시스템을 이용한 민원 처리 방법 등에 대한 안내 및 교육
4. 제1호부터 제3호까지의 사항 외에 행정기관의 장이 민원 편의를 위하여 필요하다고 인정하는 사항
③ 법 제11조 제2항에 따른 민원취약계층에 대한 행정기관의 장의 민원 처리 수수료의 감면 비율이나 감면 금액은 법 제12조의2 제5항에 따른 감면 비율이나 감면 금액 이상으로 한다. 다만, 다른 법령에 특별한 규정이 있는 경우에는 해당 규정에서 정하는 바에 따른다.
④ 행정기관의 장은 제3항에 따라 민원취약계층에 대한 민원 처리 수수료의 감면 비율이나 감면 금액을 정한 경우 이를 행정기관의 인터넷 홈페이지 등을 통해 공개해야 한다.

제12조【민원실의 설치】 행정기관의 장은 민원을 신속히 처리하고 민원인에 대한 안내와 상담의 편의를 제공하기 위하여 민원실을 설치할 수 있다.

> 민원 처리에 관한 법률 시행령
> **제8조의3【민원실의 운영】** ① 법 제12조에 따른 민원실의 1일 운영시간은 오전 9시부터 오후 6시까지로 한다.
> ② 행정기관의 장은 민원인 접근의 편의를 위하여 행정기관 외의 공공장소 등에 다양한 형태의 민원실을 설치하여 운영할 수 있다.
> ③ 제1항 및 제2항에 따른 민원실의 운영시간이나 운영방법은 각 행정기관의 특성에 따라 행정안전부령 또는 해당 지방자치단체의 조례로 달리 정할 수 있다.
> **제9조【민원실】** ① 민원실의 장은 민원이 신속히 처리될 수 있도록 그 처리에 관한 모든 진행과정을 확인·관리하여야 한다.
> ② 행정기관의 장은 소속 직원 중에서 행정실무경험이 풍부하고 근무태도가 성실한 사람을 민원실에 배치하여야 하며, 필요하다고 인정하는 경우에는 관계 기관의 장에게 소속 직원의 파견을 요청할 수 있다.
> ③ 행정기관의 장은 민원실에 2년 이상 근무한 사람을 전보 시 우대할 수 있다.
> ④ 행정기관의 장은 민원인에 대한 안내와 상담을 위하여 필요하다고 인정되는 경우에는 행정실무에 관한 지식과 경험이 있는 사람을 민원상담인으로 위촉할 수 있다. 이 경우 민원상담인은 명예직으로 하는 것을 원칙으로 하되, 관계 법령 또는 조례로 정하는 바에 따라 수당 또는 실비를 지급할 수 있다.
> ⑤ 행정기관의 장은 민원인에게 편의를 제공하기 위하여 민원실에 민원을 신청하는 데 필요한 용지·필기구 등을 갖추어 두어야 한다.
> ⑥ 행정기관의 장은 민원인에게 편의를 제공하고 담당자의 안정적인 근무환경 조성을 위하여 민원실 시설·환경 등의 개선에 노력하여야 한다.

제12조의2 【전자민원창구 및 통합전자민원창구의 운영 등】 ① 행정기관의 장은 민원인이 해당 기관을 직접 방문하지 아니하고도 민원을 처리할 수 있도록 관계법령등을 개선하고 민원의 전자적 처리를 위한 시설과 정보시스템을 구축하는 등 필요한 조치를 하여야 한다.
② 행정기관의 장은 제1항에 따른 조치로서 인터넷을 통하여 민원을 신청·접수받아 처리할 수 있는 정보시스템(이하 "전자민원창구"라 한다)을 구축·운영할 수 있다. 다만, 전자민원창구를 구축하지 아니한 경우에는 제3항에 따른 통합전자민원창구를 통하여 민원을 신청·접수받아 처리할 수 있다.
③ 행정안전부장관은 전자민원창구의 구축·운영을 지원하고 각 행정기관의 전자민원창구를 연계하기 위하여 통합전자민원창구를 구축·운영할 수 있다.
④ 민원인이 전자민원창구나 통합전자민원창구를 통하여 민원을 신청한 경우에는 관계법령등에 따라 해당 민원을 소관하는 행정기관에 민원을 신청한 것으로 본다.
⑤ 행정기관의 장은 전자민원창구나 통합전자민원창구를 통하여 민원을 처리하는 경우에는 다른 법률에도 불구하고 수수료를 감면할 수 있다.
⑥ 행정기관의 장은 전자민원창구나 통합전자민원창구를 통하여 민원을 신청한 민원인이 정보통신망을 이용한 전자화폐·전자결제 등의 방법으로 수수료를 납부하는 경우에는 해당 수수료 외에 별도의 업무처리비용을 함께 청구할 수 있다.
⑦ 전자민원창구 및 통합전자민원창구의 구축·운영, 제5항에 따라 수수료를 감면할 수 있는 민원의 범위 및 감면 비율과 제6항에 따른 업무처리비용의 청구 기준 등에 관하여 필요한 사항은 국회규칙, 대법원규칙, 헌법재판소규칙, 중앙선거관리위원회규칙 및 대통령령으로 정한다.

> 민원 처리에 관한 법률 시행령
> 제10조의2 【전자민원창구의 설치】 ① 행정기관의 장은 법 제12조의2 제2항 본문에 따라 전자민원창구를 설치하려는 경우에는 특별한 사유가 없으면 하나의 창구로 설치해야 하며, 법 제12조의2 제3항에 따른 통합전자민원창구(이하 "통합전자민원창구"라 한다)와 효율적으로 연계될 수 있도록 해야 한다.
> ② 행정안전부장관은 각 행정기관의 전자민원창구를 효율적으로 연계하기 위하여 필요한 경우에는 국제표준의 범위에서 전자민원창구의 인터넷 주소에 관한 세부 기준을 정할 수 있다.
> 제11조 【전자민원창구의 운영 등】 ① 행정기관의 장은 전자민원창구를 통하여 다음 각 호의 사항을 처리할 수 있다.
> 1. 민원의 신청·접수, 민원문서의 이송 및 처리결과의 통지

2. 처리기간 연장의 통지, 처리진행상황과 처리완료예정일 등 민원의 처리 상황 안내
   3. 법령, 민원편람 및 법 제36조 제1항에 따른 민원처리기준표 등 민원 처리와 관련된 정보의 제공
② 행정기관의 장은 제1항에 따라 민원을 처리할 때에는 개인정보 보호 등을 위하여 보안 강화 및 그 밖에 필요한 조치를 하여야 한다.
③ 행정기관의 장은 전자민원창구를 효율적으로 운영하기 위하여 소속 공무원 중에서 전자민원담당관을 임명해야 한다. 이 경우 업무가 지나치게 많다고 판단되는 경우에는 그 업무의 일부를 분장하게 하기 위하여 분임전자민원담당관을 둘 수 있다.
④ 행정기관의 장은 민원창구의 단일화와 업무의 효율적 처리를 위하여 법 제25조 제1항에 따른 민원심사관 또는 제28조 제1항에 따른 분임 민원심사관으로 하여금 제3항에 따른 전자민원담당관 또는 분임전자민원담당관을 겸임하게 할 수 있다.
⑤ 행정안전부장관은 통합전자민원창구를 통하여 둘 이상의 민원을 일괄적으로 신청 받아 소관 행정기관에 이송하여 처리하게 할 수 있다.
⑥ 행정기관의 장은 법 제12조의2 제5항에 따라 전자민원창구나 통합전자민원창구를 통하여 처리하는 민원에 대한 수수료의 감면 비율이나 감면 금액을 정한 경우에는 행정안전부장관에게 통보해야 한다.
⑦ 행정안전부장관은 제6항에 따라 통보받은 감면 비율이나 감면 금액을 법 제36조 제1항에 따른 민원처리기준표에 반영해야 한다.
⑧ 법 제12조의2 제6항에 따른 별도의 업무처리비용은 법 제29조에 따른 전자적 납부에 드는 최소한의 비용으로 해야 한다.
제11조의2【전자민원창구 등의 이용 제한】 행정기관의 장은 민원인 또는 그 위임을 받은 자가 전자민원창구 또는 통합전자민원창구를 통하여 정당하지 않은 목적으로 비정상적인 전자적 수단 등을 이용하여 동일한 민원을 반복하여 신청함으로써 다른 민원인에 대한 민원 처리를 지연시키는 등 심각하게 공무를 방해하는 경우에는 해당 민원인 또는 그 위임을 받은 자의 전자민원창구 또는 통합전자민원창구의 이용을 제한할 수 있다.

제13조【민원 신청의 편의 제공】 행정기관의 장은 민원실(민원실이 설치되지 아니한 기관의 경우에는 문서의 접수·발송을 주관하는 부서를 말한다)에 민원 관련 법령·편람과 민원의 처리 기준과 절차 등 민원의 신청에 필요한 사항을 게시하고 이를 인터넷 홈페이지를 통하여 제공하는 등 민원인에게 민원 신청의 편의를 제공하여야 한다.

민원 처리에 관한 법률 시행령
제10조 【민원편람의 비치 등 신청편의의 제공】 ① 행정기관의 장은 민원인이 법 제13조에 따른 민원편람(이하 "민원편람"이라 한다)을 열람(인터넷 등을 통한 열람을 포함한다)할 수 있도록 민원실(민원실이 설치되지 아니한 기관의 경우에는 문서담당부서를 말한다. 이하 같다)에 민원편람을 비치하거나 컴퓨터를 설치하는 등 필요한 조치를 하여야 한다.
② 행정기관의 장은 민원편람에 민원의 종류별로 신청서식, 구비서류, 처리주무부서, 경유기관·협의기관, 처리절차, 처리기간, 심사기준, 수수료, 그 밖에 민원에 관한 안내에 필요한 사항(법 제10조 제3항 제2호 및 제3호에 따라 행정기관에서 확인할 수 있는 사항을 포함한다)을 분명히 적어야 한다.
③ 행정기관의 장은 다음 각 호의 어느 하나에 해당하는 민원에 대해서는 그 종류를 정하여 민원실에 게시하거나 민원편람에 게재하여야 한다.
1. 법 제28조에 따라 무인민원발급창구를 통하여 발급할 수 있는 민원
2. 제5조에 따라 팩스·인터넷 등 정보통신망 또는 우편 등으로 신청할 수 있는 민원
3. 제4항에 따라 민원인이 구술(口述)하고 담당자가 그 사항을 문서로 작성하여 신청할 수 있는 민원
④ 행정기관의 장은 문서로 접수하는 민원의 경우 민원인의 편의를 위하여 민원인이 민원 신청에 필요한 사항을 담당자에게 구술하고, 담당자가 이를 문서로 작성하여 민원인이 서명한 때에는 이를 민원문서로 접수할 수 있다.

제14조 【다른 행정기관 등을 이용한 민원의 접수·교부】 ① 행정기관의 장은 민원인의 편의를 위하여 그 행정기관이 접수하고 처리결과를 교부하여야 할 민원을 다른 행정기관이나 특별법에 따라 설립되고 전국적 조직을 가진 법인 중 대통령령으로 정하는 법인으로 하여금 접수·교부하게 할 수 있다.
② 제1항에 따른 접수·교부의 절차 및 접수·처리·교부 기관 간 송부방법 등에 필요한 사항은 대통령령으로 정한다.
③ 제1항에 따라 민원을 접수·교부하는 법인의 임직원은 「형법」이나 그 밖의 법률에 따른 벌칙을 적용할 때에는 공무원으로 본다.

민원 처리에 관한 법률 시행령
제12조 【다른 행정기관 등을 이용한 민원의 접수·교부】 ① 법 제14조 제1항에서 "대통령령으로 정하는 법인"이란 다음 각 호의 법인을 말한다.
1. 「농업협동조합법」에 따라 설립된 조합과 농업협동조합중앙회(이하 "농협"이라 한다)
2. 「새마을금고법」에 따라 설립된 새마을금고 및 새마을금고중앙회(이하 "새마을금고"라 한다)

② 법 제14조 제1항에 따른 민원을 접수한 다른 행정기관이나 농협 또는 새마을금고(이하 이 조에서 "접수기관"이라 한다)는 그 민원을 지체 없이 소관 행정기관에 보내야 한다.
③ 제2항에 따라 민원을 받은 소관 행정기관은 그 민원을 신속히 처리하고 그 처리 결과를 민원인이 교부받으려는 다른 행정기관이나 농협 또는 새마을금고(이하 이 조에서 "교부기관"이라 한다)에 보내야 한다. 이 경우 접수기관이 소관 행정기관으로부터 해당 민원과 관련한 신청서·구비서류 등의 송부를 요청받은 경우에는 지체 없이 이를 송부하여야 한다.
④ 법 제14조 제1항에 따라 민원문서를 교부하는 다른 행정기관의 장은 소관 행정기관의 관인(전자이미지 관인을 포함한다. 이하 같다)을 생략하고 해당 기관의 관인을 찍어 민원문서를 교부할 수 있다. 다만, 법령상 또는 그 민원의 성질상 소관 행정기관의 관인을 찍을 필요가 있는 민원문서에는 소관 행정기관의 관인을 찍어야 한다.
⑤ 제3항에도 불구하고 민원을 받은 소관 행정기관의 장은 동일한 민원인이 동시(같은 근무일에 여러 번 신청하는 경우를 포함한다)에 많은 양의 동일한 증명서 등 문서(「전자정부법」 제2조 제7호에 따른 전자문서는 제외한다)의 교부를 신청하여 처리기간 내에 처리하기 어려운 경우에는 20통마다 처리기간을 1일씩 연장하여 교부할 수 있다.
⑥ 민원인이 법 제14조 제1항에 따른 민원을 신청하는 경우에는 법령·훈령·예규·고시·자치법규 등(이하 "관계법령등"이라 한다)에서 정한 수수료 외에 업무처리비 등 추가비용을 교부기관에 내야 한다.
⑦ 행정안전부장관은 다른 행정기관이나 농협 또는 새마을금고를 통하여 접수·처리할 수 있는 민원의 종류, 접수·교부 기관 및 추가비용 등을 관계 행정기관의 장과 협의하여 정한 후 고시하여야 한다. 이 경우 농협이 접수·교부할 수 있는 민원은 농업협동조합중앙회장과 협의하고, 새마을금고가 접수·교부할 수 있는 민원은 새마을금고중앙회장과 협의하여야 한다.
⑧ 법 제14조 제1항에 따른 다른 행정기관이나 농협 또는 새마을금고는 민원인이 소관 행정기관이 다른 둘 이상의 민원을 통합하여 신청했을 때에는 이를 통합하여 접수·교부할 수 있다.
⑨ 제8항에 따라 통합하여 접수된 민원은 그 민원의 소관 법령에 따라 각 소관 행정기관에 접수된 것으로 본다. 이 경우 통합하여 접수한 민원 중 다른 민원의 처리를 위하여 선행적으로 완결되어야 하는 민원이 있는 경우에는 그 선행 민원이 완결되는 데 걸린 기간은 다른 민원의 처리기간에 산입하지 아니한다.
⑩ 법 제14조 제1항에 따른 다른 행정기관이나 농협 또는 새마을금고가 제8항에 따라 통합하여 접수·교부할 수 있는 민원의 종류, 접수·교부기관 등 필요한 사항은 행정안전부장관이 정하여 고시한다.

제15조【정보통신망을 이용한 다른 행정기관 소관 민원의 접수·교부】① 행정기관의 장은 정보통신망을 이용하여 다른 행정기관 소관의 민원을 접수·교부할 수 있는 경우에는 이를 직접 접수·교부할 수 있다.
② 제1항에 따라 접수·교부할 수 있는 민원의 종류는 행정안전부장관이 관계 중앙행정기관의 장과 협의를 거쳐 결정·고시한다.

제16조【민원문서의 이송】① 행정기관의 장은 접수한 민원이 다른 행정기관의 소관인 경우에는 접수된 민원문서를 지체 없이 소관 기관에 이송하여야 한다.
② 제1항에 따른 민원문서의 이송 절차 및 방법 등에 필요한 사항은 대통령령으로 정한다.

> 2019년 제7회 약술형
> 민원문서의 이송 절차 및 방법

민원 처리에 관한 법률 시행령
제13조【**민원문서의 이송 절차 및 방법 등**】① 민원실에 접수된 민원문서 중 그 처리가 민원실의 주관에 속하지 아니하는 것에 대해서는 1근무시간 이내에 이를 처리주무부서에 이송하여야 한다. 다만, 처리주무부서가 상당히 떨어져 있는 등 특별한 사유가 있어 1근무시간 이내에 이송하기 어려운 경우에는 3근무시간 이내에 이송할 수 있다.
② 같은 행정기관 내에서 소관이 아닌 민원문서를 접수한 경우에는 3근무시간 이내에 민원실을 거쳐 처리주무부서에 이송하여야 한다.
③ 다른 행정기관 소관의 민원문서를 접수한 경우에는 8근무시간 이내에 소관 행정기관에 이송하고, 그 사실을 민원인에게 통지하여야 한다. 이 경우 민원문서를 이송받은 행정기관은 민원문서를 이송한 행정기관의 요청이 있을 때에는 그 행정기관에 처리 결과를 통보하여야 한다.
④ 제1항부터 제3항까지의 규정에도 불구하고 접수된 민원문서가 전자문서인 경우에는 지체 없이 소관 기관에 전자적 방법으로 이송하여야 한다.
⑤ 제3항 전단에도 불구하고 민원인에게 인터넷 홈페이지 등에 민원문서의 이송 상황이 공개될 것임을 사전에 안내한 경우에는 통지를 생략할 수 있다.

제2절 민원의 처리기간·처리방법 등

제17조【**법정민원의 처리기간 설정·공표**】① 행정기관의 장은 법정민원을 신속히 처리하기 위하여 행정기관에 법정민원의 신청이 접수된 때부터 처리가 완료될 때까지 소요되는 처리기간을 법정민원의 종류별로 미리 정하여 공표하여야 한다.
② 행정기관의 장은 제1항에 따른 처리기간을 정할 때에는 접수기관·경유기관·협의기관(다른 기관과 사전협의가 필요한 경우만 해당한다) 및 처분기관 등 각 기관별로 처리기간을 구분하여 정하여야 한다.

③ 행정기관의 장은 제1항 및 제2항에 따른 처리기간을 민원편람에 수록하여야 한다.

제18조【질의민원 등의 처리기간 등】 질의민원·건의민원·기타민원 및 고충민원의 처리기간 및 처리절차 등에 관하여는 대통령령으로 정한다.

> 민원 처리에 관한 법률 시행령
> **제14조【질의민원의 처리기간 등】** 행정기관의 장은 질의민원을 접수한 경우에는 특별한 사유가 없으면 다음 각 호의 기간 이내에 처리하여야 한다.
> 1. 법령에 관하여 설명이나 해석을 요구하는 질의민원: 14일 이내
> 2. 제도·절차 등 법령 외의 사항에 관하여 설명이나 해석을 요구하는 질의민원: 7일 이내
>
> **제15조【건의민원의 처리기간 등】** 행정기관의 장은 건의민원을 접수한 경우에는 특별한 사유가 없으면 14일 이내에 처리하여야 한다.
>
> **제16조【기타민원의 처리기간 등】** ① 행정기관의 장은 기타민원을 접수한 경우에는 특별한 사유가 없으면 즉시 처리하여야 한다.
> ② 행정기관의 장은 법 제8조 단서에 따라 구술 또는 전화로 신청한 기타민원을 처리하는 경우에는 민원 처리부에 기록하는 절차를 생략할 수 있다.
> ③ 제1항 및 제2항에도 불구하고 행정기관의 장은 해당 기관의 특성을 고려하여 기타민원의 처리기간 및 처리절차 등을 달리 정하여 운영할 수 있다.
>
> **제17조【고충민원의 처리 등】** ① 행정기관의 장은 고충민원을 접수한 때에는 특별한 사유가 없으면 7일 이내에 처리하여야 한다.
> ② 행정기관의 장은 민원인이 동일한 내용의 고충민원을 다시 제출한 경우에는 감사부서 등으로 하여금 이를 조사하도록 하여야 한다.
> ③ 행정기관의 장은 제1항에 따라 처리하는 고충민원의 내용이 정당한 사유가 있다고 인정될 때에는 지체 없이 원처분(原處分)의 취소·변경 등 적절한 조치를 하고, 이를 민원인에게 통지하여야 한다.
> ④ 행정기관의 장은 고충민원의 처리를 위하여 필요한 경우 14일의 범위에서 현장조사 등을 할 수 있다. 다만, 부득이한 사유로 14일 내에 현장조사 등을 완료하기 어렵다고 인정되는 경우에는 7일의 범위에서 그 기간을 한 차례만 연장할 수 있다.
> ⑤ 제4항에 따른 현장조사 등에 걸린 기간은 제1항에 따른 처리기간에 산입하지 않는다.
> ⑥ 민원인은 제2항에 따른 감사부서 등의 조사를 거친 경우에는 그 고충민원과 관련한 사무에 대한 지도·감독 등의 권한을 가진 감독기관의 장에게 고충민원을 신청할 수 있다. 이 경우 감독기관의 고충민원 처리기간 및 처리방법 등에 관하여는 제1항, 제2항, 제4항 및 제5항을 준용한다.
> ⑦ 감독기관의 장은 제6항에 따른 고충민원의 처리결과를 소관 행정기관의 장에게 통보하여야 한다. 이 경우 소관 행정기관의 장은 특별한 사유가 없으면 그 결과를 존중하여 적절한 조치를 하고, 이를 민원인에게 통지하여야 한다.

2017년 제5회 약술형
일반민원의 종류별 처리기간

2020년 제8회 약술형
고충민원의 처리절차

⑧ 민원인은 고충민원을 신청하거나 제1항부터 제7항까지의 규정에 따라 처리결과를 통보받은 경우에도 국민권익위원회 또는 「부패방지 및 국민권익위원회의 설치와 운영에 관한 법률」 제2조 제9호에 따른 시민고충처리위원회에 고충민원을 신청할 수 있다.

> **2017년 제5회 약술형**
> 처리기간의 계산

제19조【처리기간의 계산】① 민원의 처리기간을 5일 이하로 정한 경우에는 민원의 접수시각부터 "시간" 단위로 계산하되, 공휴일과 토요일은 산입(算入)하지 아니한다. 이 경우 1일은 8시간의 근무시간을 기준으로 한다.
② 민원의 처리기간을 6일 이상으로 정한 경우에는 "일" 단위로 계산하고 첫날을 산입하되, 공휴일과 토요일은 산입하지 아니한다.
③ 민원의 처리기간을 주·월·연으로 정한 경우에는 첫날을 산입하되, 「민법」 제159조부터 제161조까지의 규정을 준용한다.

> 민원 처리에 관한 법률 시행령
> **제19조【처리기간의 계산】** 민원의 처리기간을 '즉시'로 정한 경우에는 정당한 사유가 있는 경우를 제외하고는 3근무시간 이내에 처리하여야 한다.
> **제20조【처리기간에 산입하지 아니하는 기간】** 민원의 처리기간에 산입하지 아니하는 기간에 관하여는 「행정절차법 시행령」 제11조를 준용한다.

제20조【관계 기관·부서 간의 협조】① 민원을 처리하는 주무부서는 민원을 처리할 때 관계 기관·부서의 협조가 필요한 경우에는 민원을 접수한 후 지체 없이 그 민원의 처리기간 내에서 회신기간을 정하여 협조를 요청하여야 하며, 요청받은 기관·부서는 그 회신기간 내에 이를 처리하여야 한다.
② 협조를 요청받은 기관·부서는 제1항에 따른 회신기간 내에 그 민원을 처리할 수 없는 특별한 사정이 있는 경우에는 그 회신기간의 범위에서 한 차례만 기간을 연장할 수 있다.
③ 협조를 요청받은 기관·부서가 제2항에 따라 기간을 연장하려는 경우에는 제1항에 따른 회신기간이 끝나기 전에 그 연장사유·처리진행상황 및 회신예정일 등을 협조를 요청한 민원 처리 주무부서에 통보하여야 한다.

> 민원 처리에 관한 법률 시행령
> **제18조【민원처리 과정에 대한 시정 요구】** ① 민원인은 민원처리 과정에서 다음 각 호의 어느 하나에 해당하는 경우에는 그 행정기관의 장 또는 감독기관의 장에게 이를 시정할 것을 요구할 수 있다.
> 1. 행정기관의 장이 법 제9조 제1항을 위반하여 민원의 접수를 보류·거부하거나 접수된 민원문서를 부당하게 되돌려보낸 경우
> 2. 행정기관의 장이 법 제10조 제1항을 위반하여 관계법령등에서 정한 구비서류 외의 서류를 추가로 요구하는 경우

3. 법 제17조 또는 제18조에 따른 민원의 처리기간을 경과한 경우
② 제1항에 따른 시정 요구를 받은 행정기관의 장 또는 감독기관의 장은 지체 없이 이를 조사하여 필요한 조치를 하고 그 처리 결과를 민원인에게 통지하여야 한다.

제21조【처리기간의 연장 등】 ① 행정기관의 장은 부득이한 사유로 처리기간 내에 민원을 처리하기 어렵다고 인정되는 경우에는 그 민원의 처리기간의 범위에서 그 처리기간을 한 차례 연장할 수 있다. 다만, 연장된 처리기간 내에 처리하기 어려운 경우에는 민원인의 동의를 받아 그 처리기간의 범위에서 처리기간을 한 차례만 다시 연장할 수 있다.
② 제1항에 따라 처리기간을 연장하였을 때에는 처리기간의 연장 사유와 처리완료 예정일을 지체 없이 민원인에게 문서로 통지하여야 한다.
③ 제2항에 따른 처리기간 연장의 통지에 관하여는 제23조를 준용한다.

> 2017년 제5회 약술형
> 처리기간을 연장하는 절차

제22조【처리상황의 확인·점검】 ① 행정기관의 장은 민원의 처리상황과 운영실태를 매월 1회 이상 확인·점검하여야 한다.
② 행정기관의 장은 제1항에 따른 확인·점검 결과 법령 위반 사실을 발견하거나 민원 처리가 미흡하다고 판단되는 경우에는 지체 없이 이를 시정하고, 그 민원 처리와 관련 있는 직원 등에 대하여 징계 또는 그 밖에 필요한 조치를 하여야 한다.
③ 행정기관의 장은 제1항에 따른 확인·점검 결과 민원 처리가 우수하다고 판단되는 직원이나 부서에 대하여 포상할 수 있다.

제23조【처리진행상황 등의 통지】 ① 행정기관의 장은 민원이 접수된 날부터 30일이 지났으나 처리가 완료되지 아니한 경우 또는 민원인의 명시적인 요청이 있는 경우에는 그 처리진행상황과 처리완료 예정일 등을 적은 문서를 민원인에게 교부하거나 정보통신망 또는 우편 등의 방법으로 통지하여야 한다.
② 제1항에 따른 통지는 민원이 접수된 날부터 30일이 지날 때마다 통지하는 것을 원칙으로 한다.
③ 제1항에도 불구하고 민원인에게 인터넷 홈페이지 등에 민원의 처리진행상황 등이 공개될 것임을 사전에 안내한 경우에는 통지를 생략할 수 있다.

제21조【민원 처리의 예외】 행정기관의 장은 접수된 민원(법정민원을 제외한다. 이하 이 조에서 같다)이 다음 각 호의 어느 하나에 해당하는 경우에는 그 민원을 처리하지 아니할 수 있다. 이 경우 그 사유를 해당 민원인에게 통지하여야 한다.
1. 고도의 정치적 판단을 요하거나 국가기밀 또는 공무상 비밀에 관한 사항
2. 수사, 재판 및 형집행에 관한 사항 또는 감사원의 감사가 착수된 사항
3. 행정심판, 행정소송, 헌법재판소의 심판, 감사원의 심사청구, 그 밖에 다른 법률에 따라 불복구제절차가 진행 중인 사항
4. 법령에 따라 화해·알선·조정·중재 등 당사자 간의 이해 조정을 목적으로 행하는 절차가 진행 중인 사항

> 2018년 제6회, 2024년 제12회 약술형
> 민원 처리를 하지 않을 수 있는 경우

5. 판결·결정·재결·화해·조정·중재 등에 따라 확정된 권리관계에 관한 사항
6. 감사원이 감사위원회의의 결정을 거쳐 행하는 사항
7. 각급 선거관리위원회의 의결을 거쳐 행하는 사항
8. 사인 간의 권리관계 또는 개인의 사생활에 관한 사항
9. 행정기관의 소속 직원에 대한 인사행정상의 행위에 관한 사항

제22조【민원문서의 보완·취하 등】① 행정기관의 장은 접수한 민원문서에 보완이 필요한 경우에는 상당한 기간을 정하여 지체 없이 민원인에게 보완을 요구하여야 한다.
② 민원인은 해당 민원의 처리가 종결되기 전에는 그 신청의 내용을 보완하거나 변경 또는 취하할 수 있다. 다만, 다른 법률에 특별한 규정이 있거나 그 민원의 성질상 보완·변경 또는 취하할 수 없는 경우에는 그러하지 아니하다.
③ 제1항에 따른 민원문서의 보완 절차 및 방법 등에 필요한 사항은 대통령령으로 정한다.

> 민원 처리에 관한 법률 시행령
> 제24조【민원문서의 보완 절차 및 방법 등】① 행정기관의 장은 법 제22조 제1항에 따라 민원인에게 민원문서의 보완을 요구하는 경우에는 문서 또는 구술 등으로 하되, 민원인이 특별히 요청한 경우에는 문서로 하여야 한다.
> ② 행정기관의 장은 제1항에 따라 보완 요구를 받은 민원인이 보완 요구를 받은 기간 내에 보완을 할 수 없음을 이유로 보완에 필요한 기간을 분명하게 밝혀 기간 연장을 요청하는 경우에는 이를 고려하여 다시 보완기간을 정하여야 한다. 이 경우 민원인의 기간 연장 요청은 2회로 한정한다.
> ③ 행정기관의 장은 민원인이 법 제22조 제1항에 따라 정한 보완기간 또는 이 조 제2항 전단에 따라 다시 정한 보완기간 내에 민원문서를 보완하지 아니한 경우에는 10일 이내의 기간을 정하여 다시 보완을 요구할 수 있다.
> ④ 제2항 및 제3항에 따른 민원문서의 보완에 필요한 기간의 계산방법에 관하여는 「민법」 제156조, 제157조 및 제159조부터 제161조까지의 규정을 준용한다.
> 제25조【민원문서의 반려 등】① 행정기관의 장은 민원인이 제24조에 따른 기간 내에 민원문서를 보완하지 아니한 경우에는 그 이유를 분명히 밝혀 접수된 민원문서를 되돌려 보낼 수 있다.
> ② 행정기관의 장은 민원인의 소재지가 분명하지 아니하여 제24조 제1항에 따른 보완요구가 2회에 걸쳐 반송된 경우에는 민원인이 민원을 취하(取下)한 것으로 보아 이를 종결처리할 수 있다.
> ③ 행정기관의 장은 민원인이 민원을 취하하여 민원문서의 반환을 요청한 경우에는 다른 법령에 특별한 규정이 있는 경우를 제외하고는 그 민원문서를 민원인에게 돌려주어야 한다.

④ 행정기관의 장은 법 제27조 제4항에 따라 민원인에게 직접 교부할 필요가 있는 허가서·신고필증·증명서 등의 문서(「전자정부법」제2조 제7호에 따른 전자문서 및 같은 조 제8호에 따른 전자화문서는 제외한다)를 정당한 사유 없이 처리완료 예정일(제21조 제1항에 따라 처리기간을 연장한 경우에는 같은 조 제2항에 따라 민원인에게 문서로 통지된 처리완료 예정일을 말한다)부터 15일이 지날 때까지 민원인 또는 그 위임을 받은 자가 수령하지 아니한 경우에는 이를 폐기하고 해당 민원을 종결처리할 수 있다.

제23조 【반복 및 중복 민원의 처리】 ① 행정기관의 장은 민원인이 동일한 내용의 민원(법정민원을 제외한다. 이하 이 조에서 같다)을 정당한 사유 없이 3회 이상 반복하여 제출한 경우에는 2회 이상 그 처리결과를 통지하고, 그 후에 접수되는 민원에 대하여는 종결처리할 수 있다.
② 행정기관의 장은 민원인이 2개 이상의 행정기관에 제출한 동일한 내용의 민원을 다른 행정기관으로부터 이송받은 경우에도 제1항을 준용하여 처리할 수 있다.
③ 행정기관의 장은 제1항 및 제2항에 따른 동일한 내용의 민원인지 여부에 대하여는 해당 민원의 성격, 종전 민원과의 내용적 유사성·관련성 및 종전 민원과 동일한 답변을 할 수밖에 없는 사정 등을 종합적으로 고려하여 결정하여야 한다.

> 2018년 제6회 약술형
> 반복 민원의 종결처리
> 절차와 고려사항

> **민원 처리에 관한 법률 시행령**
> **제26조 【반복 또는 중복되는 다수인관련민원의 처리】** 행정기관의 장은 다수인관련민원을 법 제23조 제1항 또는 제2항에 따라 종결처리하려는 경우에는 법 제34조에 따른 민원조정위원회의 심의를 거쳐야 한다.

제24조 【다수인관련민원의 처리】 ① 다수인관련민원을 신청하는 민원인은 연명부(連名簿)를 원본으로 제출하여야 한다.
② 행정기관의 장은 다수인관련민원이 발생한 경우에는 신속·공정·적법하게 해결될 수 있도록 조치하여야 한다.
③ 다수인관련민원의 효율적인 처리와 관리에 필요한 사항은 대통령령으로 정한다.

> **민원 처리에 관한 법률 시행령**
> **제8조 【다수 민원인 중 대표자의 선정】** ① 행정기관의 장은 3명 이상의 민원인이 대표자를 정하지 아니하고 같은 민원문서를 연명(連名)으로 제출한 경우에는 일정한 기간을 정하여 민원인 중에서 3명 이내의 대표자를 선정하여 통보할 것을 요청할 수 있다. 이 경우 행정기관의 장은 해당 민원의 성격, 처리절차 및 방법 등을 고려하여 3명 이내의 범위에서 적절한 대표자 수를 민원인에게 제시할 수 있다.

② 행정기관의 장은 제1항에 따라 대표자로 선정하여 통보할 것을 요청받은 3명 이상의 민원인이 정해진 기간 내에 대표자를 선정하여 통보하지 아니한 경우에는 3명 이상의 민원인 중 3명 이내를 대표자로 직접 선정할 수 있다.
③ 제1항의 요청에 따라 선정된 대표자와 제2항에 따라 선정된 대표자는 해당 민원의 민원인으로 본다.
제27조【다수인관련민원의 관리】 ① 행정기관의 장은 다수인관련민원이 발생하지 아니하도록 사전예방대책을 마련하여야 한다.
② 행정기관의 장은 다수인관련민원을 효율적으로 처리하고 관리하기 위하여 다수인관련민원의 처리상황을 확인·분석하여야 한다.

제25조【민원심사관의 지정】 ① 행정기관의 장은 민원 처리상황의 확인·점검 등을 위하여 소속 직원 중에서 민원심사관을 지정하여야 한다.
② 제1항에 따른 민원심사관의 업무 등에 필요한 사항은 대통령령으로 정한다.

> 2021년 제9회 약술형
> 민원심사관의 목적과 업무

민원 처리에 관한 법률 시행령
제28조【민원심사관의 업무 등】 ① 행정기관의 장은 법 제25조 제1항에 따른 민원심사관의 업무가 지나치게 많거나 특별히 전문성이 필요하다고 판단되는 경우에는 분임 민원심사관을 지정하여 민원심사관의 업무를 나눠 맡도록 할 수 있다.
② 민원심사관(분임 민원심사관을 포함한다. 이하 이 조에서 같다)은 민원의 처리상황을 수시로 확인·점검하여 처리기간이 지난 민원을 발견한 경우에는 지체 없이 처리주무부서의 장(민원심사관이 처리주무부서의 장인 경우에는 관계 직원을 말한다)에게 독촉장을 발급하여야 한다.
③ 민원심사관은 다수인관련민원의 처리상황을 확인·점검하고 그 결과를 소속 행정기관의 장에게 수시로 보고하여야 한다.

제26조【처리민원의 사후관리】 행정기관의 장은 처리한 민원에 대하여 민원인의 만족 여부 및 개선사항 등을 조사하여 업무에 반영할 수 있다.

제3절 민원 처리결과의 통지 등

> 2022년 제10회 약술형
> 민원 처리결과의 통지 및 통지방법

제27조【처리결과의 통지】 ① 행정기관의 장은 접수된 민원에 대한 처리를 완료한 때에는 그 결과를 민원인에게 문서로 통지하여야 한다. 다만, 기타민원의 경우와 통지에 신속을 요하거나 민원인이 요청하는 등 대통령령으로 정하는 경우에는 구술, 전화, 문자메시지, 팩시밀리 또는 전자우편 등으로 통지할 수 있다.

민원 처리에 관한 법률 시행령

제29조 【처리결과의 통지방법 등】 ① 행정기관의 장은 접수한 민원의 처리를 완료하였을 때에는 그 결과를 지체 없이 민원인에게 교부하거나 정보통신망 또는 우편 등의 방법으로 통지하여야 한다.
② 법 제27조 제1항 단서에서 "기타민원의 경우와 통지에 신속을 요하거나 민원인이 요청하는 등 대통령령으로 정하는 경우"란 다음 각 호의 어느 하나에 해당하는 경우를 말한다.
1. 기타민원의 경우
2. 민원인에게 처리결과를 신속하게 통지하여야 하는 경우
3. 민원인이 구술 또는 전화로 통지하도록 요청하거나 구술 또는 전화로 통지하는 것에 동의하는 경우

제30조 【전자문서의 출력 사용 등】 ① 행정기관의 장이 다음 각 호의 모든 조치를 하여 법 제27조 제1항에 따라 민원인에게 전자문서로 통지하고 민원인이 그 전자문서를 출력한 경우에는 이를 「행정업무의 운영 및 혁신에 관한 규정」 제3조 제1호에 따른 공문서로 본다.
1. 삭제
2. 위조·변조 방지조치
3. 출력한 문서의 진위확인조치
4. 그 밖에 출력한 문서의 위조·변조를 방지하기 위하여 행정안전부장관이 고시한 조치
② 행정기관의 장은 제1항에 따라 출력한 문서를 공문서로 보는 전자문서의 종류를 정하여 미리 관보에 고시하고, 해당 기관의 인터넷 홈페이지 등에 게시하여야 한다.

제31조 【담당자의 명시】 행정기관의 장이 민원인에게 처리기간 연장의 통지, 민원문서의 보완 요구, 처리진행상황의 통지, 처리결과의 통지 등을 할 때에는 그 담당자의 소속·성명 및 연락처를 안내하여야 한다.

② 행정기관의 장은 다음 각 호의 어느 하나에 해당하는 경우에는 제1항 본문의 규정에 따른 통지를 전자문서로 통지하는 것으로 갈음할 수 있다. 다만, 제2호에 해당하는 경우에는 민원인이 요청하면 지체 없이 민원 처리결과에 관한 문서를 교부하여야 한다.
1. 민원인의 동의가 있는 경우
2. 민원인이 전자민원창구나 통합전자민원창구를 통하여 전자문서로 민원을 신청하는 경우

민원 처리에 관한 법률 시행령
제29조 【처리결과의 통지방법 등】 ③ 행정기관의 장은 법 제27조 제2항에 따라 민원인에게 전자문서로 통지하는 경우에 첨부되는 전자화문서가 행정기관이 보관하고 있는 전자화문서와 일치하는지에 대하여 민원인 또는 이해관계자 등이 확인을 요청한 경우에는 그 진본성을 확인해 주어야 한다.

2022년 제10회 약술형
민원 처리결과의 통지 및 통지방법

2022년 제10회 약술형
전자문서의 출력 사용

③ 행정기관의 장은 제1항 또는 제2항에 따라 민원의 처리결과를 통지할 때에 민원의 내용을 거부하는 경우에는 거부 이유와 구제절차를 함께 통지하여야 한다.

> 민원 처리에 관한 법률 시행령
> 제29조【처리결과의 통지방법 등】④ 제3항에 따른 전자화문서의 진본성 확인을 위한 기술적인 대책 마련, 전자화문서의 형태 및 관리시스템의 구축 등에 관하여는 「전자정부법 시행령」 제6조 제2항부터 제4항까지의 규정을 준용한다.

④ 행정기관의 장은 제1항에 따른 민원의 처리결과를 허가서·신고필증·증명서 등의 문서(전자문서 및 전자화문서는 제외한다)로 민원인에게 직접 교부할 필요가 있는 때에는 그 민원인 또는 그 위임을 받은 자임을 확인한 후 이를 교부하여야 한다.

제28조【무인민원발급창구를 이용한 민원문서의 발급】 ① 행정기관의 장은 무인민원발급창구를 통하여 민원문서(다른 행정기관 소관의 민원문서를 포함한다)를 발급할 수 있다.
② 제1항에 따라 민원문서를 발급하는 경우에는 다른 법률에도 불구하고 수수료를 감면할 수 있다.
③ 제1항에 따라 발급할 수 있는 민원문서의 종류는 행정안전부장관이 관계 행정기관의 장과의 협의를 거쳐 결정·고시한다.

> 민원 처리에 관한 법률 시행령
> 제32조【무인민원발급창구를 이용한 민원문서 발급】① 행정기관의 장은 법 제28조 제1항에 따라 무인민원발급창구를 이용하여 민원문서를 발급할 때에는 소관 행정기관의 관인(전자이미지 관인을 포함한다. 이하 같다)을 생략하고 해당 기관의 관인을 찍어 발급할 수 있다. 다만, 법령상 또는 그 민원의 성질상 소관 행정기관의 관인을 찍을 필요가 있는 민원문서에는 소관 행정기관의 관인을 찍어야 한다.
> ② 행정기관의 장은 민원문서를 발급할 때 법령에 따라 본인임을 확인하여야 하는 경우에 법령에서 특별히 본인 확인 방법을 정하고 있지 아니한 경우에는 행정안전부장관이 정한 전자적 매체를 이용하여 확인할 수 있다.
> ③ 행정안전부장관은 무인민원발급창구를 이용하여 처리할 수 있는 민원의 종류 및 추가비용과 제2항에 따른 전자적 매체를 이용하여 본인 확인을 할 수 있는 민원의 종류 등을 정하여 관보에 고시하고, 인터넷 홈페이지에 게시하여야 한다. 이 경우 소관 민원을 관장하는 중앙행정기관의 장과 미리 협의하여야 한다.
> ④ 제1항부터 제3항까지에서 규정한 사항 외에 무인민원발급창구의 설치·운영 등에 필요한 사항은 행정안전부장관이 정한다.

2022년 제10회 약술형
무인민원발급창구를 이용한 민원문서의 발급

제28조의2【전자증명서의 발급】① 행정기관의 장은 전자민원창구 또는 통합전자민원창구를 통하여 전자증명서(행정기관의 장이 특정한 사실이나 관계 등을 증명하기 위하여 전자문서 및 전자화문서로 발급하는 민원문서를 말한다. 이하 같다)를 발급할 수 있다.
② 제1항에 따라 전자증명서를 발급하는 경우 관계법령등에 특별한 규정이 있는 경우를 제외하고는 수수료를 감면할 수 있다.
③ 제1항에 따라 발급할 수 있는 전자증명서의 종류는 행정안전부장관이 관계 행정기관의 장과의 협의를 거쳐 결정·고시한다.

> 2022년 제10회 약술형
> 전자증명서의 발급과 전자문서의 출력

제29조【민원수수료 등의 납부방법】행정기관의 장은 민원인의 편의를 위하여 민원인이 현금·수입인지·수입증지 외에 정보통신망을 이용한 전자화폐·전자결제 등 다양한 방법으로 민원 처리에 따른 수수료 등을 납부할 수 있도록 조치하여야 한다.

제4절 법정민원

제30조【사전심사의 청구 등】① 민원인은 법정민원 중 신청에 경제적으로 많은 비용이 수반되는 민원 등 대통령령으로 정하는 민원에 대하여는 행정기관의 장에게 정식으로 민원을 신청하기 전에 미리 약식의 사전심사를 청구할 수 있다.

> 민원 처리에 관한 법률 시행령
> 제33조【사전심사청구 대상 민원의 안내】① 법 제30조 제1항에서 "법정민원 중 신청에 경제적으로 많은 비용이 수반되는 민원 등 대통령령으로 정하는 민원"이란 다음 각 호의 어느 하나에 해당하는 민원(이하 "사전심사청구 대상 민원"이라 한다)을 말한다.
> 1. 법정민원 중 정식으로 신청할 경우 토지매입 등이 필요하여 민원인에게 경제적으로 많은 비용이 수반되는 민원
> 2. 행정기관의 장이 거부처분을 할 경우 민원인에게 상당한 경제적 손실이 발생하는 민원
> ② 행정기관의 장은 사전심사청구 대상 민원의 종류 및 민원별 처리기간·구비서류 등을 미리 정하여 민원인이 이를 열람할 수 있도록 게시하고 민원편람에 수록하여야 한다.

> 2016년 제4회 약술형
> 사전심사의 청구 등
> 2021년 제9회 논술형
> 쟁점
> 법정민원의 개념

② 행정기관의 장은 제1항에 따라 사전심사가 청구된 법정민원이 다른 행정기관의 장과의 협의를 거쳐야 하는 사항인 경우에는 미리 그 행정기관의 장과 협의하여야 한다.
③ 행정기관의 장은 사전심사 결과를 민원인에게 문서로 통지하여야 하며, 가능한 것으로 통지한 민원의 내용에 대하여는 민원인이 나중에 정식으로 민원을 신청한 경우에도 동일하게 결정을 내릴 수 있도록 노력하여야

한다. 다만, 민원인의 귀책사유 또는 불가항력이나 그 밖의 정당한 사유로 이를 이행할 수 없는 경우에는 그러하지 아니하다.
④ 행정기관의 장은 제1항에 따른 사전심사 제도를 효율적으로 운영하기 위하여 필요한 법적·제도적 장치를 마련하여 시행하여야 한다.

> **민원 처리에 관한 법률 시행령**
> **제34조【사전심사청구 대상 민원의 처리절차】** ① 사전심사청구 대상 민원의 접수 및 처리절차에 관하여는 법 제20조, 이 영 제6조, 제24조 및 제25조를 준용한다.
> ② 사전심사청구 대상 민원의 처리기간은 다음 각 호의 범위에서 행정기관의 장이 정한다. 다만, 불가피한 사유로 처리기간 내에 처리하기 어려운 경우에는 제21조에 따라 처리기간을 연장할 수 있다.
> 1. 처리기간이 30일 미만인 민원: 처리기간
> 2. 처리기간이 30일 이상인 민원: 30일 이내
> ③ 행정기관의 장은 사전심사청구 대상 민원의 구비서류를 최소화하여야 하며, 사전심사의 청구 후 정식으로 민원이 접수되었을 때에는 이미 제출된 구비서류를 추가로 요구해서는 아니 된다.
> ④ 행정기관의 장은 사전심사를 거친 민원의 경우 특별한 사유가 없으면 처리기간을 단축하여 신속히 처리하여야 한다.

제31조【복합민원의 처리】 ① 행정기관의 장은 복합민원을 처리할 주무부서를 지정하고 그 부서로 하여금 관계 기관·부서 간의 협조를 통하여 민원을 한꺼번에 처리하게 할 수 있다.
② 제1항에 따른 복합민원의 처리 방법 및 절차 등에 필요한 사항은 대통령령으로 정한다.

> **민원 처리에 관한 법률 시행령**
> **제35조【복합민원의 처리 방법 및 절차 등】** ① 행정기관의 장은 복합민원과 관련된 모든 민원문서를 법 제31조에 따라 지정된 주무부서에 한꺼번에 제출하게 할 수 있다.
> ② 행정기관의 장은 관계 기관의 장과 협의하여 법 제31조 제1항에 따른 복합민원의 종류와 접수방법·구비서류·처리기간 및 처리절차 등을 미리 정하여 민원인이 이를 열람할 수 있도록 게시하고, 민원편람에 수록하여야 한다.

제32조【민원 1회방문 처리제의 시행】 ① 행정기관의 장은 복합민원을 처리할 때에 그 행정기관의 내부에서 할 수 있는 자료의 확인, 관계 기관·부서와의 협조 등에 따른 모든 절차를 담당 직원이 직접 진행하도록 하는 민원 1회방문 처리제를 확립함으로써 불필요한 사유로 민원인이 행정기관을 다시 방문하지 아니하도록 하여야 한다.

② 행정기관의 장은 제1항에 따른 민원 1회방문 처리에 관한 안내와 상담의 편의를 제공하기 위하여 민원 1회방문 상담창구를 설치하여야 한다.
③ 제1항에 따른 민원 1회방문 처리제는 다음 각 호의 절차에 따라 시행한다.
1. 제2항에 따른 민원 1회방문 상담창구의 설치·운영
2. 제33조에 따른 민원후견인의 지정·운영
3. 복합민원을 심의하기 위한 실무기구의 운영
4. 제3호의 실무기구의 심의결과에 대한 제34조에 따른 민원조정위원회의 재심의(再審議)
5. 행정기관의 장의 최종 결정

> 민원 처리에 관한 법률 시행령
> **제36조【민원실무심의회의 설치·운영 등】** ① 행정기관의 장은 법 제32조 제3항 제3호에 따라 복합민원을 심의하기 위하여 그 소속으로 민원실무심의회를 설치·운영하여야 한다. 이 경우 민원실무심의회의 명칭은 해당 기관의 특성을 고려하여 달리 정할 수 있다.
> ② 제1항에 따른 민원실무심의회(이하 "민원실무심의회"라 한다)의 위원장(이하 이 조에서 "위원장"이라 한다)은 처리주무부서의 장이 되고, 위원은 관계 기관 또는 부서의 실무책임자가 된다.
> ③ 제2항에도 불구하고 행정기관의 장은 특히 필요하다고 인정하는 경우에는 민원 관련 외부전문가를 민원실무심의회의 위원으로 위촉할 수 있다.
> ④ 위원장은 관계 기관 또는 부서의 실무책임자에게 회의 참석을 요청할 수 있으며, 그 요청을 받은 사람은 정당한 사유가 없으면 이에 따라야 한다.
> ⑤ 위원장은 심의를 위하여 필요하다고 인정되는 경우에는 관계 기관 또는 부서에 현장확인이나 조사 등을 합동으로 실시할 것을 요청할 수 있으며, 그 요청을 받은 관계 기관 또는 부서는 특별한 사유가 없으면 이에 따라야 한다.
> ⑥ 위원장은 민원실무심의회의 효율적인 운영을 위하여 필요하다고 인정되는 경우에는 이해관계인·참고인 또는 감정인 등의 의견을 들을 수 있다.
> ⑦ 위원장은 민원실무심의회에 민원인을 참석하게 하는 경우에는 민원인에게 회의일정 등을 미리 통지하여야 한다. 이 경우 민원인이 희망하거나 출석할 수 없는 특별한 사정이 있는 경우에는 서면(전자적 방법에 의한 서면을 포함한다. 이하 같다)으로 의견을 진술하게 할 수 있다.
> ⑧ 행정기관의 장은 창업·공장설립 등 경제적으로 많은 비용이 수반되는 복합민원의 경우에는 신속한 처리를 위하여 민원실무심의회의 심의를 생략하고 법 제34조 제1항에 따른 민원조정위원회에 직접 상정하여 심의할 수 있다.

2021년 제9회 약술형
민원실무심의회의 목적과 운영방식

2021년 제9회 약술형
민원후견인의 지정 및 임무

제33조【민원후견인의 지정·운영】행정기관의 장은 민원 1회방문 처리제의 원활한 운영을 위하여 민원 처리에 경험이 많은 소속 직원을 민원후견인으로 지정하여 민원인을 안내하거나 민원인과 상담하게 할 수 있다.

> 민원 처리에 관한 법률 시행령
> 제37조【민원후견인의 지정·운영】행정기관의 장은 법 제33조에 따라 소속 직원을 복합민원에 대한 민원후견인으로 지정하여 다음 각 호의 직무를 수행하게 할 수 있다.
> 1. 민원처리방법에 관한 민원인과의 상담
> 2. 민원실무심의회 및 법 제34조 제1항에 따른 민원조정위원회에서의 민원인의 진술 등 지원
> 3. 민원문서 보완 등의 지원
> 4. 민원처리 과정 및 결과의 안내

2021년 제9회 약술형
민원조정위원회의 심의 사항

제34조【민원조정위원회의 설치·운영】① 행정기관의 장은 다음 각 호의 사항을 심의하기 위하여 민원조정위원회를 설치·운영하여야 한다.
1. 장기 미해결 민원, 반복 민원 및 다수인관련민원에 대한 해소·방지 대책
2. 거부처분에 대한 이의신청
3. 민원처리 주무부서의 법규적용의 타당성 여부와 제32조 제3항 제4호에 따른 재심의
4. 그 밖에 대통령령으로 정하는 사항
② 제1항의 민원조정위원회의 구성 및 운영 등에 필요한 사항은 대통령령으로 정한다.

> 민원 처리에 관한 법률 시행령
> 제38조【민원조정위원회의 설치·운영】① 법 제34조 제1항 제4호에서 "대통령령으로 정하는 사항"이란 다음 각 호의 어느 하나에 해당하는 사항을 말한다.
> 1. 소관이 명확하지 아니한 민원의 처리주무부서의 지정
> 2. 민원 관련 법령 또는 제도 개선 사항
> 3. 제36조 제8항에 따라 상정된 복합민원
> 4. 그 밖에 민원의 종합적인 검토·조정 또는 종결처리 등을 위하여 그 기관의 장이 법 제34조 제1항에 따른 민원조정위원회(이하 "민원조정위원회"라 한다)의 회의에 부치는 사항
> ② 행정기관의 장은 법 제34조 제1항 제3호에도 불구하고 다음 각 호의 어느 하나에 해당하는 경우에는 민원조정위원회의 심의를 생략할 수 있다.
> 1. 해당 민원을 처리할 때 행정기관의 판단 여지가 없는 경우
> 2. 법령에 따라 민원 처리요건이 구체적으로 규정되어 있어 해석의 여지가 없는 경우

3. 이미 민원조정위원회의 심의를 거쳐 거부된 민원이 같은 사유로 다시 접수된 경우

③ 민원조정위원회의 위원장(이하 이 조에서 "위원장"이라 한다)은 그 행정기관의 장이 소속 국장급 공무원 또는 그에 상당하는 직원 중에서 지명하고, 위원은 처리주무부서의 장, 관계부서의 장, 감사부서의 장, 외부 법률전문가 및 민원과 관련된 외부전문가로 구성하는 것을 원칙으로 한다. 다만, 민원실무심의회에서 관계 기관과의 협의를 거쳐 거부하는 것으로 결정된 복합민원을 심의·조정하는 경우에는 그 관계 기관의 처리주무부서의 장을 위원으로 할 수 있다.

④ 위원장은 민원조정위원회의 효율적인 운영을 위하여 필요하다고 인정되는 경우에는 이해관계인·참고인 또는 감정인 등의 의견을 들을 수 있다.

⑤ 위원장은 민원조정위원회를 개최할 때에는 민원인 및 이해관계인 등이 참석할 수 있도록 민원인 및 이해관계인 등에게 회의일정 등을 미리 통지하여야 한다. 이 경우 민원인 및 이해관계인 등이 희망하거나 출석할 수 없는 특별한 사정이 있는 경우에는 서면으로 의견을 진술하게 할 수 있다.

제38조의2 【다수인관련민원 등에 관한 민원조정위원회의 심의】 ① 민원조정위원회는 다수인관련민원과 법 제23조 제1항에 따라 종결처리된 후 다시 접수된 민원(이하 이 조에서 "다수인관련민원등"이라 한다)에 관한 사항을 매년 1회 이상 심의해야 한다.

> 2022년 제10회 약술형
> 다수인관련민원의 처리

② 행정기관의 장은 민원조정위원회의 심의를 거쳐 거부된 다수인관련민원등이 같은 사유로 다시 접수된 경우에는 행정기관의 장을 지도·감독하는 행정기관의 장에게 의견 제시를 요청할 수 있다. 다만, 중앙행정기관의 장, 특별시장·광역시장·특별자치시장·도지사·특별자치도지사 또는 특별시·광역시·특별자치시·도·특별자치도의 교육감은 본문에 따라 의견 제시를 요청하지 않고, 제38조 제3항 본문에 따라 지명하는 민원조정위원회 위원장의 직급보다 상위 직급의 공무원을 위원장으로 하여 심의하도록 할 수 있다.

③ 제2항 본문에 따라 의견 제시를 요청받은 행정기관의 장이 의견을 제시하려는 경우에는 민원조정위원회의 심의를 거쳐야 한다.

④ 행정기관의 장은 제2항 본문 및 제3항에 따른 의견 제시 및 심의를 거치거나 제2항 단서에 따른 심의를 거쳐 거부된 다수인관련민원등이 같은 사유로 다시 접수된 경우로서 법 제23조 제1항에 해당하는 경우에는 민원조정위원회의 심의를 생략하고 종결처리할 수 있다.

제39조 【행정기관의 장의 최종결정】 행정기관의 장은 접수된 민원을 처리하려는 경우에는 민원실무심의회 및 민원조정위원회의 심의 결과를 존중하여야 한다.

> 2014년 제2회, 2024년 제12회 약술형
> 이의신청의 방법 및 처리절차

제35조【거부처분에 대한 이의신청】① 법정민원에 대한 행정기관의 장의 거부처분에 불복하는 민원인은 그 거부처분을 받은 날부터 60일 이내에 그 행정기관의 장에게 문서로 이의신청을 할 수 있다.
② 행정기관의 장은 이의신청을 받은 날부터 10일 이내에 그 이의신청에 대하여 인용 여부를 결정하고 그 결과를 민원인에게 지체 없이 문서로 통지하여야 한다. 다만, 부득이한 사유로 정하여진 기간 이내에 인용 여부를 결정할 수 없을 때에는 그 기간의 만료일 다음 날부터 기산(起算)하여 10일 이내의 범위에서 연장할 수 있으며, 연장 사유를 민원인에게 통지하여야 한다.
③ 민원인은 제1항에 따른 이의신청 여부와 관계없이「행정심판법」에 따른 행정심판 또는「행정소송법」에 따른 행정소송을 제기할 수 있다.
④ 제1항에 따른 이의신청의 절차 및 방법 등에 필요한 사항은 대통령령으로 정한다.

민원 처리에 관한 법률 시행령
제40조【이의신청의 방법 및 처리절차 등】① 법 제35조에 따른 이의신청은 다음 각 호의 사항을 적은 문서로 하여야 한다.
1. 신청인의 성명 및 주소(법인 또는 단체의 경우에는 그 명칭, 사무소 또는 사업소의 소재지와 대표자의 성명)와 연락처
2. 이의신청의 대상이 되는 민원
3. 이의신청의 취지 및 이유
4. 거부처분을 받은 날 및 거부처분의 내용
② 행정기관의 장은 법 제35조 제2항 본문에 따라 이의신청에 대한 결과를 통지할 때에는 결정 이유, 원래의 거부처분에 대한 불복방법 및 불복절차를 구체적으로 분명하게 밝혀야 한다.
③ 행정기관의 장은 법 제35조 제2항 단서에 따라 이의신청 결정기간의 연장을 통지할 때에는 통지서에 연장 사유 및 기간 등을 구체적으로 적어야 한다.
④ 행정기관의 장은 이의신청에 대한 처리상황을 이의신청처리대장에 기록·유지하여야 한다.

제3장 민원제도의 개선 등

제36조【민원처리기준표의 고시 등】① 행정안전부장관은 민원인의 편의를 위하여 관계법령등에 규정되어 있는 민원의 처리기관, 처리기간, 구비서류, 처리절차, 신청방법 등에 관한 사항을 종합한 민원처리기준표를 작성하여 관보에 고시하고 통합전자민원창구에 게시하여야 한다.

② 행정기관의 장은 관계법령등의 제정·개정 또는 폐지 등으로 제1항에 따라 고시된 민원처리기준표를 변경할 필요가 있으면 즉시 그 내용을 행정안전부장관에게 통보하여야 하며, 행정안전부장관은 그 내용을 관보에 고시하고 통합전자민원창구에 게시한 후 제1항에 따른 민원처리기준표에 반영하여야 한다.
③ 행정안전부장관은 민원의 간소화를 위하여 필요하다고 인정하는 경우에는 관계 행정기관의 장에게 관계법령등에 규정되어 있는 처리기간, 구비서류, 처리절차, 신청방법 등의 개정을 요청할 수 있다.

제37조【민원처리기준표의 조정 등】 ① 행정안전부장관은 제36조에 따라 민원처리기준표를 작성·고시할 때에 민원의 간소화를 위하여 필요하다고 인정하는 경우에는 관계 행정기관의 장과 협의를 거쳐 관계법령등이 개정될 때까지 잠정적으로 관계법령등에 규정되어 있는 처리기간과 구비서류를 줄이거나 처리절차·신청방법을 변경할 수 있다.
② 행정기관의 장은 제1항에 따라 민원처리기준표가 조정·고시된 경우에는 이에 따라 민원을 처리하여야 하며, 중앙행정기관의 장은 민원처리기준표의 조정 또는 변경된 내용에 따라 관계법령등을 지체 없이 개정·정비하여야 한다.

제38조【민원행정 및 제도개선 계획 등】 ① 행정안전부장관은 매년 민원행정 및 제도개선에 관한 기본지침을 작성하여 행정기관의 장에게 통보하여야 한다.
② 행정기관의 장은 제1항에 따른 기본지침에 따라 그 기관의 특성에 맞는 민원행정 및 제도개선 계획을 수립·시행하여야 한다.

> **민원 처리에 관한 법률 시행령**
> **제48조의3【법정민원 신설 사전진단】** ① 중앙행정기관의 장은 소관 법정민원을 신설하려는 경우에는 그 민원의 처리기간·구비서류·수수료 등의 적정성에 대해 사전진단을 실시해야 한다.
> ② 중앙행정기관의 장은 제1항에 따라 실시한 사전진단의 결과를 행정안전부장관에게 통보해야 한다.
> ③ 행정안전부장관은 제2항에 따라 통보받은 사전진단의 결과에 대해 소관 중앙행정기관의 장과 그 법정민원의 개선에 필요한 사항을 협의할 수 있다.
> ④ 제1항에 따른 사전진단 및 제3항에 따른 협의의 절차와 방법에 관하여 필요한 사항은 행정안전부령으로 정한다.

제39조【민원제도의 개선】 ① 행정기관의 장은 민원제도에 대한 개선안을 발굴·개선하도록 노력하여야 한다.
② 행정기관의 장은 제1항에 따라 개선한 내용을 대통령령으로 정하는 바에 따라 행정안전부장관에게 통보하여야 한다.

> 민원 처리에 관한 법률 시행령
>
> **제41조【민원제도의 개선】** ① 법 제39조 제2항에 따라 행정기관의 장이 행정안전부장관에게 통보하여야 하는 내용에는 다음 각 호의 사항이 포함되어야 한다.
> 1. 민원제도 개선 추진 계획 및 경과
> 2. 개선 내용 및 실적
> 3. 개선에 대한 완료시점
> ② 행정기관의 장은 다음 각 호의 어느 하나에 해당하는 경우에는 그 수용 여부를 결정하여 행정안전부장관에게 통보하여야 한다.
> 1. 법 제39조 제4항에 따라 행정안전부장관이 개선안을 통보한 경우
> 2. 법 제39조 제5항에 따라 행정안전부장관이 개선을 권고한 경우
> 3. 법 제39조 제6항에 따라 법 제40조에 따른 민원제도개선조정회의(이하 "조정회의"라 한다)에서 심의·조정한 경우

③ 행정기관의 장과 민원을 처리하는 담당자는 민원제도에 대한 개선안을 행정안전부장관 또는 그 민원의 소관 행정기관의 장에게 제출할 수 있다.
④ 행정안전부장관은 제3항에 따라 제출받은 개선안을 검토하여 필요한 경우에는 그 소관 행정기관의 장에게 통보하여 검토하도록 하여야 한다.
⑤ 제3항 및 제4항에 따라 개선안을 제출·통보받은 소관 행정기관의 장은 그 수용 여부를 결정하여야 하며, 행정안전부장관은 행정기관의 장이 수용하지 아니하기로 한 사항 중 개선할 필요성이 있다고 인정되는 사항에 대하여는 소관 행정기관의 장에게 개선을 권고할 수 있다.
⑥ 행정기관의 장이 제5항에 따라 행정안전부장관으로부터 권고받은 사항을 수용하지 아니하는 경우 행정안전부장관은 제40조에 따른 민원제도개선조정회의에 심의를 요청할 수 있다.

제40조【민원제도개선조정회의】 ① 여러 부처와 관련된 민원제도 개선사항을 심의·조정하기 위하여 국무총리 소속으로 민원제도개선조정회의(이하 "조정회의"라 한다)를 둔다.
② 조정회의는 여러 부처와 관련된 민원제도 개선사항, 제39조 제6항에 따른 심의요청 사항 등 대통령령으로 정하는 사항을 심의·조정한다.

> 민원 처리에 관한 법률 시행령
>
> **제42조【조정회의의 기능】** 법 제40조 제2항에서 "여러 부처와 관련된 민원제도 개선사항, 제39조 제6항에 따른 심의요청 사항 등 대통령령으로 정하는 사항"이란 다음 각 호의 사항을 말한다.
> 1. 여러 부처와 관련된 민원제도 개선사항
> 2. 행정기관의 미이행 또는 미개선 과제에 대한 심의 및 이행 권고 등에 관한 사항
> 3. 민원제도 개선업무의 효율적 추진에 관한 사항

4. 법 제39조 제6항에 따라 심의를 요청받은 사항
5. 그 밖에 조정회의의 위원장이 필요하다고 인정하는 사항

③ 조정회의의 구성·운영과 그 밖에 필요한 사항은 대통령령으로 정한다.

> 민원 처리에 관한 법률 시행령
> 제43조 【조정회의 구성 등】 ① 조정회의는 위원장 1명을 포함하여 10명 이내의 위원으로 구성한다.
> ② 조정회의의 위원장은 국무조정실장으로 하고, 위원은 기획재정부·행정안전부·국무조정실·법제처 및 관련 과제의 소관 행정기관의 부기관장으로 한다. 다만, 민원제도 개선을 위하여 필요한 경우에는 외부전문가를 위원으로 위촉할 수 있다.
> ③ 조정회의에 간사 2명을 두며, 간사는 행정안전부장관 및 국무조정실장이 소속 공무원 중에서 각각 지명하는 사람이 된다.
> 제44조 【조정회의의 의견 청취 등】 ① 조정회의의 위원장은 필요하다고 인정하는 경우 다음 각 호의 조치를 할 수 있다.
> 1. 관계 행정기관의 장에 대한 설명 또는 자료·서류 등의 제출 요구
> 2. 참고인 또는 관계 직원의 출석 및 의견 진술의 요구
> ② 행정기관의 장은 제1항 각 호의 요구를 받은 경우 특별한 사유가 없으면 이에 따라야 한다.
> 제45조 【조정회의 위원장의 직무】 조정회의의 위원장은 조정회의를 대표하며 회의를 소집하고 그 의장이 된다.
> 제46조 【조정회의 위원장의 직무대행】 조정회의의 위원장이 조정회의에 참석할 수 없을 때에는 위원장이 미리 지정한 위원의 순서로 그 직무를 대행한다.
> 제47조 【조정회의 운영세칙】 이 영에서 규정한 사항 외에 조정회의의 운영에 필요한 사항은 조정회의의 의결을 거쳐 위원장이 정한다.

제41조 【민원의 실태조사 및 간소화】 ① 중앙행정기관의 장은 매년 그 기관이 관장하는 민원의 처리 및 운영 실태를 조사하여야 한다.
② 중앙행정기관의 장은 제1항에 따른 조사 결과에 따라 소관 민원의 구비서류, 처리절차 등의 간소화 방안을 마련하여야 한다.

> 민원 처리에 관한 법률 시행령
> 제48조 【의견 수렴】 중앙행정기관의 장은 법 제41조 제2항에 따라 소관 민원의 구비서류, 처리절차 등의 간소화 방안을 마련할 때에는 미리 이해관계인, 관련 단체 및 전문가 등의 의견을 수렴하여야 한다.
> 제48조의2 【민원 간소화 방안의 제출 등】 ① 중앙행정기관의 장은 법 제41조 제2항에 따라 소관 민원의 구비서류, 처리절차 등의 간소화 방안을 마련한 경우 그 간소화 방안을 행정안전부장관에게 제출해야 한다.

② 행정안전부장관은 제1항에 따라 제출받은 간소화 방안을 점검하고 필요한 경우 개선을 권고할 수 있다.
③ 중앙행정기관의 장은 제2항에 따른 행정안전부장관의 권고에 따라 개선하도록 노력해야 한다.

제42조【확인·점검·평가 등】① 행정안전부장관은 효과적인 민원행정 및 제도의 개선을 위하여 필요하다고 인정할 때에는 행정기관에 대하여 민원의 개선 상황과 운영 실태를 확인·점검·평가하고 그 결과를 해당 행정기관의 장에게 통보할 수 있다.
② 행정기관의 장은 제1항에 따른 확인·점검·평가 결과를 통보받은 경우에는 이를 해당 행정기관의 인터넷 홈페이지에 공개하여야 한다.
③ 행정안전부장관은 제1항에 따른 확인·점검·평가 결과 민원의 개선에 소극적이거나 이행 상태가 불량하다고 판단되는 경우 국무총리에게 이를 시정하기 위하여 필요한 조치를 건의할 수 있다.
④ 제1항부터 제3항까지에서 규정한 사항 외에 확인·점검·평가 결과의 공개 등에 필요한 사항은 대통령령으로 정한다.

> 민원 처리에 관한 법률 시행령
> 제49조【확인·점검 등】① 법 제42조 제1항에 따른 확인·점검에 관하여는 「지방자치단체에 대한 행정감사규정」제11조 및 제12조를 준용한다.
> ② 행정안전부장관은 법 제42조 제3항에 따라 시정조치가 필요하다고 판단되는 사항 중 처리기간의 경과, 구비서류의 추가 요구 및 부당한 접수 거부 등 경미한 사항은 법 제42조 제3항에도 불구하고 직접 관계 행정기관의 장에게 그 시정에 필요한 조치를 요구할 수 있다.
> ③ 법 제42조 제3항에 따라 국무총리로부터 시정 요구를 받거나 이 조 제2항에 따라 행정안전부장관으로부터 시정 요구를 받은 관계 행정기관의 장은 행정안전부장관에게 그 처리 결과를 통보하여야 한다.
> 제50조【평가】① 행정안전부장관은 법 제42조 제1항에 따라 민원행정 개선을 위하여 필요하다고 인정되는 경우에는 행정기관에 대한 민원행정 및 민원제도 개선의 추진상황에 대한 평가를 할 수 있다.
> ② 행정기관의 장은 법 제42조 제2항에 따라 제1항에 따른 평가 결과를 공개하는 경우에는 행정안전부장관이 평가 결과를 통보한 날부터 14일 이내에 해당 행정기관의 인터넷 홈페이지에 1개월 이상 공개해야 한다.
> ③ 행정기관의 장은 제2항에 따라 평가 결과를 공개하는 경우에는 그 행정기관의 종합 평가 결과 및 주요 항목별 평가 결과를 공개해야 한다.
> ④ 행정안전부장관은 제1항에 따른 평가 결과에 따라 우수 기관 및 직원에 대하여 포상할 수 있다.

제43조【행정기관의 협조】행정기관의 장은 이 법에 따라 행정안전부장관이 실시하는 민원 관련 자료수집과 민원제도 개선사업에 적극 협조하여야 한다.

제44조【민원행정에 관한 여론 수집】① 행정안전부장관은 행정기관의 민원 처리에 관하여 필요한 경우 국민들의 여론을 수집하여 민원행정제도 및 그 운영의 개선에 반영할 수 있다.
② 제1항에 따른 여론 수집에 필요한 사항은 대통령령으로 정한다.

> 민원 처리에 관한 법률 시행령
> 제51조【민원행정에 관한 여론 수집】① 행정안전부장관은 법 제44조에 따라 행정기관의 민원 처리에 관한 국민들의 여론을 수집하려는 경우 효율적인 여론 수집을 위하여 필요한 경우에는 관련 기관 또는 단체 등에 여론조사를 의뢰할 수 있다.
> ② 행정안전부장관은 국민들의 여론을 수집한 결과 민원행정제도 및 운영의 개선이 필요한 경우 국무총리의 승인을 받아 관계 행정기관의 장에게 시정에 필요한 조치를 요구할 수 있다. 이 경우 관계 행정기관의 장은 적절한 조치를 하고, 그 처리 결과를 행정안전부장관에게 통보하여야 한다.

제45조 삭제

제4장 보칙

제46조【권한의 위탁】이 법에 따른 행정안전부장관의 권한은 대통령령으로 정하는 바에 따라 그 일부를 국민권익위원회에 위탁할 수 있다.

행정사 2차
수험용 법전

01 행정심판법
02 행정사법
03 비송사건절차법

제 4 편

행정사실무법

01 행정심판법

[시행 2023. 3. 21.] [법률 제19269호, 2023. 3. 21., 일부개정]

제1장 총칙

제1조 【목적】 이 법은 행정심판 절차를 통하여 행정청의 위법 또는 부당한 처분(處分)이나 부작위(不作爲)로 침해된 국민의 권리 또는 이익을 구제하고, 아울러 행정의 적정한 운영을 꾀함을 목적으로 한다.

제2조 【정의】 이 법에서 사용하는 용어의 뜻은 다음과 같다.
1. "처분"이란 행정청이 행하는 구체적 사실에 관한 법집행으로서의 공권력의 행사 또는 그 거부, 그 밖에 이에 준하는 행정작용을 말한다.
2. "부작위"란 행정청이 당사자의 신청에 대하여 상당한 기간 내에 일정한 처분을 하여야 할 법률상 의무가 있는데도 처분을 하지 아니하는 것을 말한다.
3. "재결(裁決)"이란 행정심판의 청구에 대하여 제6조에 따른 행정심판위원회가 행하는 판단을 말한다.
4. "행정청"이란 행정에 관한 의사를 결정하여 표시하는 국가 또는 지방자치단체의 기관, 그 밖에 법령 또는 자치법규에 따라 행정권한을 가지고 있거나 위탁을 받은 공공단체나 그 기관 또는 사인(私人)을 말한다.

제3조 【행정심판의 대상】 ① 행정청의 처분 또는 부작위에 대하여는 다른 법률에 특별한 규정이 있는 경우 외에는 이 법에 따라 행정심판을 청구할 수 있다.
② 대통령의 처분 또는 부작위에 대하여는 다른 법률에서 행정심판을 청구할 수 있도록 정한 경우 외에는 행정심판을 청구할 수 없다.

제4조 【특별행정심판 등】 ① 사안(事案)의 전문성과 특수성을 살리기 위하여 특히 필요한 경우 외에는 이 법에 따른 행정심판을 갈음하는 특별한 행정불복절차(이하 "특별행정심판"이라 한다)나 이 법에 따른 행정심판 절차에 대한 특례를 다른 법률로 정할 수 없다.
② 다른 법률에서 특별행정심판이나 이 법에 따른 행정심판 절차에 대한 특례를 정한 경우에도 그 법률에서 규정하지 아니한 사항에 관하여는 이 법에서 정하는 바에 따른다.
③ 관계 행정기관의 장이 특별행정심판 또는 이 법에 따른 행정심판 절차에 대한 특례를 신설하거나 변경하는 법령을 제정·개정할 때에는 미리 중앙행정심판위원회와 협의하여야 한다.

2015년 제13회 논술형 쟁점
부작위의 성립요건

2015년 제3회 논술형 쟁점
거부처분의 대상적격
2024년 제12회 논술형 쟁점
거부처분의 성립요건

제5조【행정심판의 종류】행정심판의 종류는 다음 각 호와 같다.
1. 취소심판: 행정청의 위법 또는 부당한 처분을 취소하거나 변경하는 행정심판
2. 무효등확인심판: 행정청의 처분의 효력 유무 또는 존재 여부를 확인하는 행정심판
3. 의무이행심판: 당사자의 신청에 대한 행정청의 위법 또는 부당한 거부처분이나 부작위에 대하여 일정한 처분을 하도록 하는 행정심판

> 2024년 제12회 논술형 쟁점
> 거부처분에 대한 행정심판의 종류

> 2018년 제6회, 2025년 제13회 논술형 쟁점
> 의무이행심판 대상

제2장 심판기관

제6조【행정심판위원회의 설치】① 다음 각 호의 행정청 또는 그 소속 행정청(행정기관의 계층구조와 관계없이 그 감독을 받거나 위탁을 받은 모든 행정청을 말하되, 위탁을 받은 행정청은 그 위탁받은 사무에 관하여는 위탁한 행정청의 소속 행정청으로 본다. 이하 같다)의 처분 또는 부작위에 대한 행정심판의 청구(이하 "심판청구"라 한다)에 대하여는 다음 각 호의 행정청에 두는 행정심판위원회에서 심리·재결한다.
1. 감사원, 국가정보원장, 그 밖에 대통령령으로 정하는 대통령 소속기관의 장
2. 국회사무총장·법원행정처장·헌법재판소사무처장 및 중앙선거관리위원회사무총장
3. 국가인권위원회, 그 밖에 지위·성격의 독립성과 특수성 등이 인정되어 대통령령으로 정하는 행정청
② 다음 각 호의 행정청의 처분 또는 부작위에 대한 심판청구에 대하여는 「부패방지 및 국민권익위원회의 설치와 운영에 관한 법률」에 따른 국민권익위원회(이하 "국민권익위원회"라 한다)에 두는 중앙행정심판위원회에서 심리·재결한다.
1. 제1항에 따른 행정청 외의 국가행정기관의 장 또는 그 소속 행정청
2. 특별시장·광역시장·특별자치시장·도지사·특별자치도지사(특별시·광역시·특별자치시·도 또는 특별자치도의 교육감을 포함한다. 이하 "시·도지사"라 한다) 또는 특별시·광역시·특별자치시·도·특별자치도(이하 "시·도"라 한다)의 의회(의장, 위원회의 위원장, 사무처장 등 의회 소속 모든 행정청을 포함한다)
3. 「지방자치법」에 따른 지방자치단체조합 등 관계 법률에 따라 국가·지방자치단체·공공법인 등이 공동으로 설립한 행정청. 다만, 제3항 제3호에 해당하는 행정청은 제외한다.

> 2019년 제7회 논술형
> 쟁점
> 어느 행정심판위원회에 청구하는지

③ 다음 각 호의 행정청의 처분 또는 부작위에 대한 심판청구에 대하여는 시·도지사 소속으로 두는 행정심판위원회에서 심리·재결한다.
1. 시·도 소속 행정청
2. 시·도의 관할구역에 있는 시·군·자치구의 장, 소속 행정청 또는 시·군·자치구의 의회(의장, 위원회의 위원장, 사무국장, 사무과장 등 의회 소속 모든 행정청을 포함한다)
3. 시·도의 관할구역에 있는 둘 이상의 지방자치단체(시·군·자치구를 말한다)·공공법인 등이 공동으로 설립한 행정청

④ 제2항 제1호에도 불구하고 대통령령으로 정하는 국가행정기관 소속 특별지방행정기관의 장의 처분 또는 부작위에 대한 심판청구에 대하여는 해당 행정청의 직근 상급행정기관에 두는 행정심판위원회에서 심리·재결한다.

제7조【행정심판위원회의 구성】① 행정심판위원회(중앙행정심판위원회는 제외한다. 이하 이 조에서 같다)는 위원장 1명을 포함하여 50명 이내의 위원으로 구성한다.

② 행정심판위원회의 위원장은 그 행정심판위원회가 소속된 행정청이 되며, 위원장이 없거나 부득이한 사유로 직무를 수행할 수 없거나 위원장이 필요하다고 인정하는 경우에는 다음 각 호의 순서에 따라 위원이 위원장의 직무를 대행한다.
1. 위원장이 사전에 지명한 위원
2. 제4항에 따라 지명된 공무원인 위원(2명 이상인 경우에는 직급 또는 고위공무원단에 속하는 공무원의 직무등급이 높은 위원 순서로, 직급 또는 직무등급도 같은 경우에는 위원 재직기간이 긴 위원 순서로, 재직기간도 같은 경우에는 연장자 순서로 한다)

③ 제2항에도 불구하고 제6조 제3항에 따라 시·도지사 소속으로 두는 행정심판위원회의 경우에는 해당 지방자치단체의 조례로 정하는 바에 따라 공무원이 아닌 위원을 위원장으로 정할 수 있다. 이 경우 위원장은 비상임으로 한다.

④ 행정심판위원회의 위원은 해당 행정심판위원회가 소속된 행정청이 다음 각 호의 어느 하나에 해당하는 사람 중에서 성별을 고려하여 위촉하거나 그 소속 공무원 중에서 지명한다.
1. 변호사 자격을 취득한 후 5년 이상의 실무 경험이 있는 사람
2. 「고등교육법」 제2조 제1호부터 제6호까지의 규정에 따른 학교에서 조교수 이상으로 재직하거나 재직하였던 사람
3. 행정기관의 4급 이상 공무원이었거나 고위공무원단에 속하는 공무원이었던 사람

4. 박사학위를 취득한 후 해당 분야에서 5년 이상 근무한 경험이 있는 사람
5. 그 밖에 행정심판과 관련된 분야의 지식과 경험이 풍부한 사람
⑤ 행정심판위원회의 회의는 위원장과 위원장이 회의마다 지정하는 8명의 위원(그중 제4항에 따른 위촉위원은 6명 이상으로 하되, 제3항에 따라 위원장이 공무원이 아닌 경우에는 5명 이상으로 한다)으로 구성한다. 다만, 국회규칙, 대법원규칙, 헌법재판소규칙, 중앙선거관리위원회규칙 또는 대통령령(제6조 제3항에 따라 시·도지사 소속으로 두는 행정심판위원회의 경우에는 해당 지방자치단체의 조례)으로 정하는 바에 따라 위원장과 위원장이 회의마다 지정하는 6명의 위원(그중 제4항에 따른 위촉위원은 5명 이상으로 하되, 제3항에 따라 공무원이 아닌 위원이 위원장인 경우에는 4명 이상으로 한다)으로 구성할 수 있다.
⑥ 행정심판위원회는 제5항에 따른 구성원 과반수의 출석과 출석위원 과반수의 찬성으로 의결한다.
⑦ 행정심판위원회의 조직과 운영, 그 밖에 필요한 사항은 국회규칙, 대법원규칙, 헌법재판소규칙, 중앙선거관리위원회규칙 또는 대통령령으로 정한다.

제8조【중앙행정심판위원회의 구성】 ① 중앙행정심판위원회는 위원장 1명을 포함하여 70명 이내의 위원으로 구성하되, 위원 중 상임위원은 4명 이내로 한다.
② 중앙행정심판위원회의 위원장은 국민권익위원회의 부위원장 중 1명이 되며, 위원장이 없거나 부득이한 사유로 직무를 수행할 수 없거나 위원장이 필요하다고 인정하는 경우에는 상임위원(상임으로 재직한 기간이 긴 위원 순서로, 재직기간이 같은 경우에는 연장자 순서로 한다)이 위원장의 직무를 대행한다.
③ 중앙행정심판위원회의 상임위원은 일반직공무원으로서 「국가공무원법」 제26조의5에 따른 임기제공무원으로 임명하되, 3급 이상 공무원 또는 고위공무원단에 속하는 일반직공무원으로 3년 이상 근무한 사람이나 그 밖에 행정심판에 관한 지식과 경험이 풍부한 사람 중에서 중앙행정심판위원회 위원장의 제청으로 국무총리를 거쳐 대통령이 임명한다.
④ 중앙행정심판위원회의 비상임위원은 제7조 제4항 각 호의 어느 하나에 해당하는 사람 중에서 중앙행정심판위원회 위원장의 제청으로 국무총리가 성별을 고려하여 위촉한다.
⑤ 중앙행정심판위원회의 회의(제6항에 따른 소위원회 회의는 제외한다)는 위원장, 상임위원 및 위원장이 회의마다 지정하는 비상임위원을 포함하여 총 9명으로 구성한다.

⑥ 중앙행정심판위원회는 심판청구사건(이하 "사건"이라 한다) 중 「도로교통법」에 따른 자동차운전면허 행정처분에 관한 사건(소위원회가 중앙행정심판위원회에서 심리·의결하도록 결정한 사건은 제외한다)을 심리·의결하게 하기 위하여 4명의 위원으로 구성하는 소위원회를 둘 수 있다.
⑦ 중앙행정심판위원회 및 소위원회는 각각 제5항 및 제6항에 따른 구성원 과반수의 출석과 출석위원 과반수의 찬성으로 의결한다.
⑧ 중앙행정심판위원회는 위원장이 지정하는 사건을 미리 검토하도록 필요한 경우에는 전문위원회를 둘 수 있다.
⑨ 중앙행정심판위원회, 소위원회 및 전문위원회의 조직과 운영 등에 필요한 사항은 대통령령으로 정한다.

제9조【위원의 임기 및 신분보장 등】 ① 제7조 제4항에 따라 지명된 위원은 그 직에 재직하는 동안 재임한다.
② 제8조 제3항에 따라 임명된 중앙행정심판위원회 상임위원의 임기는 3년으로 하며, 1차에 한하여 연임할 수 있다.
③ 제7조 제4항 및 제8조 제4항에 따라 위촉된 위원의 임기는 2년으로 하되, 2차에 한하여 연임할 수 있다. 다만, 제6조 제1항 제2호에 규정된 기관에 두는 행정심판위원회의 위촉위원의 경우에는 각각 국회규칙, 대법원규칙, 헌법재판소규칙 또는 중앙선거관리위원회규칙으로 정하는 바에 따른다.
④ 다음 각 호의 어느 하나에 해당하는 사람은 제6조에 따른 행정심판위원회(이하 "위원회"라 한다)의 위원이 될 수 없으며, 위원이 이에 해당하게 된 때에는 당연히 퇴직한다.
1. 대한민국 국민이 아닌 사람
2. 「국가공무원법」 제33조 각 호의 어느 하나에 해당하는 사람
⑤ 제7조 제4항 및 제8조 제4항에 따라 위촉된 위원은 금고(禁錮) 이상의 형을 선고받거나 부득이한 사유로 장기간 직무를 수행할 수 없게 되는 경우 외에는 임기 중 그의 의사와 다르게 해촉(解囑)되지 아니한다.

> 2013년 제1회 약술형
> 위원의 제척·기피·회피

제10조【위원의 제척·기피·회피】 ① 위원회의 위원은 다음 각 호의 어느 하나에 해당하는 경우에는 그 사건의 심리·의결에서 제척(除斥)된다. 이 경우 제척결정은 위원회의 위원장(이하 "위원장"이라 한다)이 직권으로 또는 당사자의 신청에 의하여 한다.
1. 위원 또는 그 배우자나 배우자이었던 사람이 사건의 당사자이거나 사건에 관하여 공동 권리자 또는 의무자인 경우
2. 위원이 사건의 당사자와 친족이거나 친족이었던 경우
3. 위원이 사건에 관하여 증언이나 감정(鑑定)을 한 경우
4. 위원이 당사자의 대리인으로서 사건에 관여하거나 관여하였던 경우
5. 위원이 사건의 대상이 된 처분 또는 부작위에 관여한 경우

② 당사자는 위원에게 공정한 심리·의결을 기대하기 어려운 사정이 있으면 위원장에게 기피신청을 할 수 있다.
③ 위원에 대한 제척신청이나 기피신청은 그 사유를 소명(疏明)한 문서로 하여야 한다. 다만, 불가피한 경우에는 신청한 날부터 3일 이내에 신청 사유를 소명할 수 있는 자료를 제출하여야 한다.
④ 제척신청이나 기피신청이 제3항을 위반하였을 때에는 위원장은 결정으로 이를 각하한다.
⑤ 위원장은 제척신청이나 기피신청의 대상이 된 위원에게서 그에 대한 의견을 받을 수 있다.
⑥ 위원장은 제척신청이나 기피신청을 받으면 제척 또는 기피 여부에 대한 결정을 하고, 지체 없이 신청인에게 결정서 정본(正本)을 송달하여야 한다.
⑦ 위원회의 회의에 참석하는 위원이 제척사유 또는 기피사유에 해당되는 것을 알게 되었을 때에는 스스로 그 사건의 심리·의결에서 회피할 수 있다. 이 경우 회피하고자 하는 위원은 위원장에게 그 사유를 소명하여야 한다.
⑧ 사건의 심리·의결에 관한 사무에 관여하는 위원 아닌 직원에게도 제1항부터 제7항까지의 규정을 준용한다.

제11조 【벌칙 적용 시의 공무원 의제】 위원 중 공무원이 아닌 위원은 「형법」과 그 밖의 법률에 따른 벌칙을 적용할 때에는 공무원으로 본다.

제12조 【위원회의 권한 승계】 ① 당사자의 심판청구 후 위원회가 법령의 개정·폐지 또는 제17조 제5항에 따른 피청구인의 경정 결정에 따라 그 심판청구에 대하여 재결할 권한을 잃게 된 경우에는 해당 위원회는 심판청구서와 관계 서류, 그 밖의 자료를 새로 재결할 권한을 갖게 된 위원회에 보내야 한다.
② 제1항의 경우 송부를 받은 위원회는 지체 없이 그 사실을 다음 각 호의 자에게 알려야 한다.
1. 행정심판 청구인(이하 "청구인"이라 한다)
2. 행정심판 피청구인(이하 "피청구인"이라 한다)
3. 제20조 또는 제21조에 따라 심판참가를 하는 자(이하 "참가인"이라 한다)

제3장 당사자와 관계인

제13조 【청구인 적격】 ① 취소심판은 처분의 취소 또는 변경을 구할 법률상 이익이 있는 자가 청구할 수 있다. 처분의 효과가 기간의 경과, 처분의 집행, 그 밖의 사유로 소멸된 뒤에도 그 처분의 취소로 회복되는 법률상 이익이 있는 자의 경우에도 또한 같다.

> 2015년 제3회, 2017년 제5회, 2018년 제6회 논술형 쟁점

② 무효등확인심판은 처분의 효력 유무 또는 존재 여부의 확인을 구할 법률상 이익이 있는 자가 청구할 수 있다.
③ 의무이행심판은 처분을 신청한 자로서 행정청의 거부처분 또는 부작위에 대하여 일정한 처분을 구할 법률상 이익이 있는 자가 청구할 수 있다.

제14조【법인이 아닌 사단 또는 재단의 청구인 능력】법인이 아닌 사단 또는 재단으로서 대표자나 관리인이 정하여져 있는 경우에는 그 사단이나 재단의 이름으로 심판청구를 할 수 있다.

제15조【선정대표자】① 여러 명의 청구인이 공동으로 심판청구를 할 때에는 청구인들 중에서 3명 이하의 선정대표자를 선정할 수 있다.
② 청구인들이 제1항에 따라 선정대표자를 선정하지 아니한 경우에 위원회는 필요하다고 인정하면 청구인들에게 선정대표자를 선정할 것을 권고할 수 있다.
③ 선정대표자는 다른 청구인들을 위하여 그 사건에 관한 모든 행위를 할 수 있다. 다만, 심판청구를 취하하려면 다른 청구인들의 동의를 받아야 하며, 이 경우 동의받은 사실을 서면으로 소명하여야 한다.
④ 선정대표자가 선정되면 다른 청구인들은 그 선정대표자를 통해서만 그 사건에 관한 행위를 할 수 있다.
⑤ 선정대표자를 선정한 청구인들은 필요하다고 인정하면 선정대표자를 해임하거나 변경할 수 있다. 이 경우 청구인들은 그 사실을 지체 없이 위원회에 서면으로 알려야 한다.

제16조【청구인의 지위 승계】① 청구인이 사망한 경우에는 상속인이나 그 밖에 법령에 따라 심판청구의 대상에 관계되는 권리나 이익을 승계한 자가 청구인의 지위를 승계한다.
② 법인인 청구인이 합병(合倂)에 따라 소멸하였을 때에는 합병 후 존속하는 법인이나 합병에 따라 설립된 법인이 청구인의 지위를 승계한다.
③ 제1항과 제2항에 따라 청구인의 지위를 승계한 자는 위원회에 서면으로 그 사유를 신고하여야 한다. 이 경우 신고서에는 사망 등에 의한 권리·이익의 승계 또는 합병 사실을 증명하는 서면을 함께 제출하여야 한다.
④ 제1항 또는 제2항의 경우에 제3항에 따른 신고가 있을 때까지 사망자나 합병 전의 법인에 대하여 한 통지 또는 그 밖의 행위가 청구인의 지위를 승계한 자에게 도달하면 지위를 승계한 자에 대한 통지 또는 그 밖의 행위로서의 효력이 있다.
⑤ 심판청구의 대상과 관계되는 권리나 이익을 양수한 자는 위원회의 허가를 받아 청구인의 지위를 승계할 수 있다.
⑥ 위원회는 제5항의 지위 승계 신청을 받으면 기간을 정하여 당사자와 참가인에게 의견을 제출하도록 할 수 있으며, 당사자와 참가인이 그 기간에 의견을 제출하지 아니하면 의견이 없는 것으로 본다.

⑦ 위원회는 제5항의 지위 승계 신청에 대하여 허가 여부를 결정하고, 지체 없이 신청인에게는 결정서 정본을, 당사자와 참가인에게는 결정서 등본을 송달하여야 한다.
⑧ 신청인은 위원회가 제5항의 지위 승계를 허가하지 아니하면 결정서 정본을 받은 날부터 7일 이내에 위원회에 이의신청을 할 수 있다.

제17조【피청구인의 적격 및 경정】① 행정심판은 처분을 한 행정청(의무이행심판의 경우에는 청구인의 신청을 받은 행정청)을 피청구인으로 하여 청구하여야 한다. 다만, 심판청구의 대상과 관계되는 권한이 다른 행정청에 승계된 경우에는 권한을 승계한 행정청을 피청구인으로 하여야 한다.
② 청구인이 피청구인을 잘못 지정한 경우에는 위원회는 직권으로 또는 당사자의 신청에 의하여 결정으로써 피청구인을 경정(更正)할 수 있다.
③ 위원회는 제2항에 따라 피청구인을 경정하는 결정을 하면 결정서 정본을 당사자(종전의 피청구인과 새로운 피청구인을 포함한다. 이하 제6항에서 같다)에게 송달하여야 한다.
④ 제2항에 따른 결정이 있으면 종전의 피청구인에 대한 심판청구는 취하되고 종전의 피청구인에 대한 행정심판이 청구된 때에 새로운 피청구인에 대한 행정심판이 청구된 것으로 본다.
⑤ 위원회는 행정심판이 청구된 후에 제1항 단서의 사유가 발생하면 직권으로 또는 당사자의 신청에 의하여 결정으로써 피청구인을 경정한다. 이 경우에는 제3항과 제4항을 준용한다.
⑥ 당사자는 제2항 또는 제5항에 따른 위원회의 결정에 대하여 결정서 정본을 받은 날부터 7일 이내에 위원회에 이의신청을 할 수 있다.

제18조【대리인의 선임】① 청구인은 법정대리인 외에 다음 각 호의 어느 하나에 해당하는 자를 대리인으로 선임할 수 있다.
1. 청구인의 배우자, 청구인 또는 배우자의 사촌 이내의 혈족
2. 청구인이 법인이거나 제14조에 따른 청구인 능력이 있는 법인이 아닌 사단 또는 재단인 경우 그 소속 임직원
3. 변호사
4. 다른 법률에 따라 심판청구를 대리할 수 있는 자
5. 그 밖에 위원회의 허가를 받은 자
② 피청구인은 그 소속 직원 또는 제1항 제3호부터 제5호까지의 어느 하나에 해당하는 자를 대리인으로 선임할 수 있다.
③ 제1항과 제2항에 따른 대리인에 관하여는 제15조 제3항 및 제5항을 준용한다.

제18조의2【국선대리인】① 청구인이 경제적 능력으로 인해 대리인을 선임할 수 없는 경우에는 위원회에 국선대리인을 선임하여 줄 것을 신청할 수 있다.

② 위원회는 제1항의 신청에 따른 국선대리인 선정 여부에 대한 결정을 하고, 지체 없이 청구인에게 그 결과를 통지하여야 한다. 이 경우 위원회는 심판청구가 명백히 부적법하거나 이유 없는 경우 또는 권리의 남용이라고 인정되는 경우에는 국선대리인을 선정하지 아니할 수 있다.
③ 국선대리인 신청절차, 국선대리인 지원 요건, 국선대리인의 자격·보수 등 국선대리인 운영에 필요한 사항은 국회규칙, 대법원규칙, 헌법재판소규칙, 중앙선거관리위원회규칙 또는 대통령령으로 정한다.

제19조【대표자 등의 자격】① 대표자·관리인·선정대표자 또는 대리인의 자격은 서면으로 소명하여야 한다.
② 청구인이나 피청구인은 대표자·관리인·선정대표자 또는 대리인이 그 자격을 잃으면 그 사실을 서면으로 위원회에 신고하여야 한다. 이 경우 소명 자료를 함께 제출하여야 한다.

제20조【심판참가】① 행정심판의 결과에 이해관계가 있는 제3자나 행정청은 해당 심판청구에 대한 제7조 제6항 또는 제8조 제7항에 따른 위원회나 소위원회의 의결이 있기 전까지 그 사건에 대하여 심판참가를 할 수 있다.
② 제1항에 따른 심판참가를 하려는 자는 참가의 취지와 이유를 적은 참가신청서를 위원회에 제출하여야 한다. 이 경우 당사자의 수만큼 참가신청서 부본을 함께 제출하여야 한다.
③ 위원회는 제2항에 따라 참가신청서를 받으면 참가신청서 부본을 당사자에게 송달하여야 한다.
④ 제3항의 경우 위원회는 기간을 정하여 당사자와 다른 참가인에게 제3자의 참가신청에 대한 의견을 제출하도록 할 수 있으며, 당사자와 다른 참가인이 그 기간에 의견을 제출하지 아니하면 의견이 없는 것으로 본다.
⑤ 위원회는 제2항에 따라 참가신청을 받으면 허가 여부를 결정하고, 지체 없이 신청인에게는 결정서 정본을, 당사자와 다른 참가인에게는 결정서 등본을 송달하여야 한다.
⑥ 신청인은 제5항에 따라 송달을 받은 날부터 7일 이내에 위원회에 이의신청을 할 수 있다.

제21조【심판참가의 요구】① 위원회는 필요하다고 인정하면 그 행정심판 결과에 이해관계가 있는 제3자나 행정청에 그 사건 심판에 참가할 것을 요구할 수 있다.
② 제1항의 요구를 받은 제3자나 행정청은 지체 없이 그 사건 심판에 참가할 것인지 여부를 위원회에 통지하여야 한다.

제22조【참가인의 지위】① 참가인은 행정심판 절차에서 당사자가 할 수 있는 심판절차상의 행위를 할 수 있다.
② 이 법에 따라 당사자가 위원회에 서류를 제출할 때에는 참가인의 수만큼 부본을 제출하여야 하고, 위원회가 당사자에게 통지를 하거나 서류를 송달할 때에는 참가인에게도 통지하거나 송달하여야 한다.
③ 참가인의 대리인 선임과 대표자 자격 및 서류 제출에 관하여는 제18조, 제19조 및 이 조 제2항을 준용한다.

제4장 행정심판 청구

제23조【심판청구서의 제출】① 행정심판을 청구하려는 자는 제28조에 따라 심판청구서를 작성하여 피청구인이나 위원회에 제출하여야 한다. 이 경우 피청구인의 수만큼 심판청구서 부본을 함께 제출하여야 한다.
② 행정청이 제58조에 따른 고지를 하지 아니하거나 잘못 고지하여 청구인이 심판청구서를 다른 행정기관에 제출한 경우에는 그 행정기관은 그 심판청구서를 지체 없이 정당한 권한이 있는 피청구인에게 보내야 한다.
③ 제2항에 따라 심판청구서를 보낸 행정기관은 지체 없이 그 사실을 청구인에게 알려야 한다.
④ 제27조에 따른 심판청구 기간을 계산할 때에는 제1항에 따른 피청구인이나 위원회 또는 제2항에 따른 행정기관에 심판청구서가 제출되었을 때에 행정심판이 청구된 것으로 본다.

제24조【피청구인의 심판청구서 등의 접수·처리】① 피청구인이 제23조 제1항·제2항 또는 제26조 제1항에 따라 심판청구서를 접수하거나 송부받으면 10일 이내에 심판청구서(제23조 제1항·제2항의 경우만 해당된다)와 답변서를 위원회에 보내야 한다. 다만, 청구인이 심판청구를 취하한 경우에는 그러하지 아니하다.
② 제1항에도 불구하고 심판청구가 그 내용이 특정되지 아니하는 등 명백히 부적법하다고 판단되는 경우에 피청구인은 답변서를 위원회에 보내지 아니할 수 있다. 이 경우 심판청구서를 접수하거나 송부받은 날부터 10일 이내에 그 사유를 위원회에 문서로 통보하여야 한다.
③ 제2항에도 불구하고 위원장이 심판청구에 대하여 답변서 제출을 요구하면 피청구인은 위원장으로부터 답변서 제출을 요구받은 날부터 10일 이내에 위원회에 답변서를 제출하여야 한다.
④ 피청구인은 처분의 상대방이 아닌 제3자가 심판청구를 한 경우에는 지체 없이 처분의 상대방에게 그 사실을 알려야 한다. 이 경우 심판청구서 사본을 함께 송달하여야 한다.

⑤ 피청구인이 제1항 본문에 따라 심판청구서를 보낼 때에는 심판청구서에 위원회가 표시되지 아니하였거나 잘못 표시된 경우에도 정당한 권한이 있는 위원회에 보내야 한다.
⑥ 피청구인은 제1항 본문 또는 제3항에 따라 답변서를 보낼 때에는 청구인의 수만큼 답변서 부본을 함께 보내되, 답변서에는 다음 각 호의 사항을 명확하게 적어야 한다.
1. 처분이나 부작위의 근거와 이유
2. 심판청구의 취지와 이유에 대응하는 답변
3. 제4항에 해당하는 경우에는 처분의 상대방의 이름·주소·연락처와 제4항의 의무 이행 여부
⑦ 제4항과 제5항의 경우에 피청구인은 송부 사실을 지체 없이 청구인에게 알려야 한다.
⑧ 중앙행정심판위원회에서 심리·재결하는 사건인 경우 피청구인은 제1항 또는 제3항에 따라 위원회에 심판청구서 또는 답변서를 보낼 때에는 소관 중앙행정기관의 장에게도 그 심판청구·답변의 내용을 알려야 한다.

제25조【피청구인의 직권취소등】 ① 제23조 제1항·제2항 또는 제26조 제1항에 따라 심판청구서를 받은 피청구인은 그 심판청구가 이유 있다고 인정하면 심판청구의 취지에 따라 직권으로 처분을 취소·변경하거나 확인을 하거나 신청에 따른 처분(이하 이 조에서 "직권취소등"이라 한다)을 할 수 있다. 이 경우 서면으로 청구인에게 알려야 한다.
② 피청구인은 제1항에 따라 직권취소등을 하였을 때에는 청구인이 심판청구를 취하한 경우가 아니면 제24조 제1항 본문에 따라 심판청구서·답변서를 보내거나 같은 조 제3항에 따라 답변서를 보낼 때 직권취소등의 사실을 증명하는 서류를 위원회에 함께 제출하여야 한다.

제26조【위원회의 심판청구서 등의 접수·처리】 ① 위원회는 제23조 제1항에 따라 심판청구서를 받으면 지체 없이 피청구인에게 심판청구서 부본을 보내야 한다.
② 위원회는 제24조 제1항 본문 또는 제3항에 따라 피청구인으로부터 답변서가 제출된 경우 답변서 부본을 청구인에게 송달하여야 한다.

제27조【심판청구의 기간】 ① 행정심판은 처분이 있음을 알게 된 날부터 90일 이내에 청구하여야 한다.
② 청구인이 천재지변, 전쟁, 사변(事變), 그 밖의 불가항력으로 인하여 제1항에서 정한 기간에 심판청구를 할 수 없었을 때에는 그 사유가 소멸한 날부터 14일 이내에 행정심판을 청구할 수 있다. 다만, 국외에서 행정심판을 청구하는 경우에는 그 기간을 30일로 한다.
③ 행정심판은 처분이 있었던 날부터 180일이 지나면 청구하지 못한다. 다만, 정당한 사유가 있는 경우에는 그러하지 아니하다.

> 2020년 제8회 논술형 쟁점

④ 제1항과 제2항의 기간은 불변기간(不變期間)으로 한다.
⑤ 행정청이 심판청구 기간을 제1항에 규정된 기간보다 긴 기간으로 잘못 알린 경우 그 잘못 알린 기간에 심판청구가 있으면 그 행정심판은 제1항에 규정된 기간에 청구된 것으로 본다.
⑥ 행정청이 심판청구 기간을 알리지 아니한 경우에는 제3항에 규정된 기간에 심판청구를 할 수 있다.
⑦ 제1항부터 제6항까지의 규정은 무효등확인심판청구와 부작위에 대한 의무이행심판청구에는 적용하지 아니한다.

제28조【심판청구의 방식】① 심판청구는 서면으로 하여야 한다.
② 처분에 대한 심판청구의 경우에는 심판청구서에 다음 각 호의 사항이 포함되어야 한다.
1. 청구인의 이름과 주소 또는 사무소(주소 또는 사무소 외의 장소에서 송달받기를 원하면 송달장소를 추가로 적어야 한다)
2. 피청구인과 위원회
3. 심판청구의 대상이 되는 처분의 내용
4. 처분이 있음을 알게 된 날
5. 심판청구의 취지와 이유
6. 피청구인의 행정심판 고지 유무와 그 내용
③ 부작위에 대한 심판청구의 경우에는 제2항 제1호·제2호·제5호의 사항과 그 부작위의 전제가 되는 신청의 내용과 날짜를 적어야 한다.
④ 청구인이 법인이거나 제14조에 따른 청구인 능력이 있는 법인이 아닌 사단 또는 재단이거나 행정심판이 선정대표자나 대리인에 의하여 청구되는 것일 때에는 제2항 또는 제3항의 사항과 함께 그 대표자·관리인·선정대표자 또는 대리인의 이름과 주소를 적어야 한다.
⑤ 심판청구서에는 청구인·대표자·관리인·선정대표자 또는 대리인이 서명하거나 날인하여야 한다.

제29조【청구의 변경】① 청구인은 청구의 기초에 변경이 없는 범위에서 청구의 취지나 이유를 변경할 수 있다.
② 행정심판이 청구된 후에 피청구인이 새로운 처분을 하거나 심판청구의 대상인 처분을 변경한 경우에는 청구인은 새로운 처분이나 변경된 처분에 맞추어 청구의 취지나 이유를 변경할 수 있다.
③ 제1항 또는 제2항에 따른 청구의 변경은 서면으로 신청하여야 한다. 이 경우 피청구인과 참가인의 수만큼 청구변경신청서 부본을 함께 제출하여야 한다.
④ 위원회는 제3항에 따른 청구변경신청서 부본을 피청구인과 참가인에게 송달하여야 한다.

⑤ 제4항의 경우 위원회는 기간을 정하여 피청구인과 참가인에게 청구변경 신청에 대한 의견을 제출하도록 할 수 있으며, 피청구인과 참가인이 그 기간에 의견을 제출하지 아니하면 의견이 없는 것으로 본다.
⑥ 위원회는 제1항 또는 제2항의 청구변경 신청에 대하여 허가할 것인지 여부를 결정하고, 지체 없이 신청인에게는 결정서 정본을, 당사자 및 참가인에게는 결정서 등본을 송달하여야 한다.
⑦ 신청인은 제6항에 따라 송달을 받은 날부터 7일 이내에 위원회에 이의신청을 할 수 있다.
⑧ 청구의 변경결정이 있으면 처음 행정심판이 청구되었을 때부터 변경된 청구의 취지나 이유로 행정심판이 청구된 것으로 본다.

제30조 【집행정지】 ① 심판청구는 처분의 효력이나 그 집행 또는 절차의 속행(續行)에 영향을 주지 아니한다.
② 위원회는 처분, 처분의 집행 또는 절차의 속행 때문에 중대한 손해가 생기는 것을 예방할 필요성이 긴급하다고 인정할 때에는 직권으로 또는 당사자의 신청에 의하여 처분의 효력, 처분의 집행 또는 절차의 속행의 전부 또는 일부의 정지(이하 "집행정지"라 한다)를 결정할 수 있다. 다만, 처분의 효력정지는 처분의 집행 또는 절차의 속행을 정지함으로써 그 목적을 달성할 수 있을 때에는 허용되지 아니한다.
③ 집행정지는 공공복리에 중대한 영향을 미칠 우려가 있을 때에는 허용되지 아니한다.
④ 위원회는 집행정지를 결정한 후에 집행정지가 공공복리에 중대한 영향을 미치거나 그 정지사유가 없어진 경우에는 직권으로 또는 당사자의 신청에 의하여 집행정지 결정을 취소할 수 있다.
⑤ 집행정지 신청은 심판청구와 동시에 또는 심판청구에 대한 제7조 제6항 또는 제8조 제7항에 따른 위원회나 소위원회의 의결이 있기 전까지, 집행정지 결정의 취소신청은 심판청구에 대한 제7조 제6항 또는 제8조 제7항에 따른 위원회나 소위원회의 의결이 있기 전까지 신청의 취지와 원인을 적은 서면을 위원회에 제출하여야 한다. 다만, 심판청구서를 피청구인에게 제출한 경우로서 심판청구와 동시에 집행정지 신청을 할 때에는 심판청구서 사본과 접수증명서를 함께 제출하여야 한다.
⑥ 제2항과 제4항에도 불구하고 위원회의 심리·결정을 기다릴 경우 중대한 손해가 생길 우려가 있다고 인정되면 위원장은 직권으로 위원회의 심리·결정을 갈음하는 결정을 할 수 있다. 이 경우 위원장은 지체 없이 위원회에 그 사실을 보고하고 추인(追認)을 받아야 하며, 위원회의 추인을 받지 못하면 위원장은 집행정지 또는 집행정지 취소에 관한 결정을 취소하여야 한다.

> 2016년 제4회, 2022년 제10회, 2023년 제11회, 2025년 제13회 논술형 쟁점

⑦ 위원회는 집행정지 또는 집행정지의 취소에 관하여 심리·결정하면 지체 없이 당사자에게 결정서 정본을 송달하여야 한다.

제31조【임시처분】① 위원회는 처분 또는 부작위가 위법·부당하다고 상당히 의심되는 경우로서 처분 또는 부작위 때문에 당사자가 받을 우려가 있는 중대한 불이익이나 당사자에게 생길 급박한 위험을 막기 위하여 임시지위를 정하여야 할 필요가 있는 경우에는 직권으로 또는 당사자의 신청에 의하여 임시처분을 결정할 수 있다.

② 제1항에 따른 임시처분에 관하여는 제30조 제3항부터 제7항까지를 준용한다. 이 경우 같은 조 제6항 전단 중 "중대한 손해가 생길 우려"는 "중대한 불이익이나 급박한 위험이 생길 우려"로 본다.

③ 제1항에 따른 임시처분은 제30조 제2항에 따른 집행정지로 목적을 달성할 수 있는 경우에는 허용되지 아니한다.

> 2016년 제4회, 2025년 제13회 논술형 쟁점

제5장 심리

제32조【보정】① 위원회는 심판청구가 적법하지 아니하나 보정(補正)할 수 있다고 인정하면 기간을 정하여 청구인에게 보정할 것을 요구할 수 있다. 다만, 경미한 사항은 직권으로 보정할 수 있다.

② 청구인은 제1항의 요구를 받으면 서면으로 보정하여야 한다. 이 경우 다른 당사자의 수만큼 보정서 부본을 함께 제출하여야 한다.

③ 위원회는 제2항에 따라 제출된 보정서 부본을 지체 없이 다른 당사자에게 송달하여야 한다.

④ 제1항에 따른 보정을 한 경우에는 처음부터 적법하게 행정심판이 청구된 것으로 본다.

⑤ 제1항에 따른 보정기간은 제45조에 따른 재결 기간에 산입하지 아니한다.

⑥ 위원회는 청구인이 제1항에 따른 보정기간 내에 그 흠을 보정하지 아니한 경우에는 그 심판청구를 각하할 수 있다.

제32조의2【보정할 수 없는 심판청구의 각하】위원회는 심판청구서에 타인을 비방하거나 모욕하는 내용 등이 기재되어 청구 내용을 특정할 수 없고 그 흠을 보정할 수 없다고 인정되는 경우에는 제32조 제1항에 따른 보정 요구 없이 그 심판청구를 각하할 수 있다.

제33조【주장의 보충】① 당사자는 심판청구서·보정서·답변서·참가신청서 등에서 주장한 사실을 보충하고 다른 당사자의 주장을 다시 반박하기 위하여 필요하면 위원회에 보충서면을 제출할 수 있다. 이 경우 다른 당사자의 수만큼 보충서면 부본을 함께 제출하여야 한다.

② 위원회는 필요하다고 인정하면 보충서면의 제출기한을 정할 수 있다.

③ 위원회는 제1항에 따라 보충서면을 받으면 지체 없이 다른 당사자에게 그 부본을 송달하여야 한다.

제34조【증거서류 등의 제출】 ① 당사자는 심판청구서·보정서·답변서·참가신청서·보충서면 등에 덧붙여 그 주장을 뒷받침하는 증거서류나 증거물을 제출할 수 있다.
② 제1항의 증거서류에는 다른 당사자의 수만큼 증거서류 부본을 함께 제출하여야 한다.
③ 위원회는 당사자가 제출한 증거서류의 부본을 지체 없이 다른 당사자에게 송달하여야 한다.

제35조【자료의 제출 요구 등】 ① 위원회는 사건 심리에 필요하면 관계 행정기관이 보관 중인 관련 문서, 장부, 그 밖에 필요한 자료를 제출할 것을 요구할 수 있다.
② 위원회는 필요하다고 인정하면 사건과 관련된 법령을 주관하는 행정기관이나 그 밖의 관계 행정기관의 장 또는 그 소속 공무원에게 위원회 회의에 참석하여 의견을 진술할 것을 요구하거나 의견서를 제출할 것을 요구할 수 있다.
③ 관계 행정기관의 장은 특별한 사정이 없으면 제1항과 제2항에 따른 위원회의 요구에 따라야 한다.
④ 중앙행정심판위원회에서 심리·재결하는 심판청구의 경우 소관 중앙행정기관의 장은 의견서를 제출하거나 위원회에 출석하여 의견을 진술할 수 있다.

제36조【증거조사】 ① 위원회는 사건을 심리하기 위하여 필요하면 직권으로 또는 당사자의 신청에 의하여 다음 각 호의 방법에 따라 증거조사를 할 수 있다.
1. 당사자나 관계인(관계 행정기관 소속 공무원을 포함한다. 이하 같다)을 위원회의 회의에 출석하게 하여 신문(訊問)하는 방법
2. 당사자나 관계인이 가지고 있는 문서·장부·물건 또는 그 밖의 증거자료의 제출을 요구하고 영치(領置)하는 방법
3. 특별한 학식과 경험을 가진 제3자에게 감정을 요구하는 방법
4. 당사자 또는 관계인의 주소·거소·사업장이나 그 밖의 필요한 장소에 출입하여 당사자 또는 관계인에게 질문하거나 서류·물건 등을 조사·검증하는 방법

② 위원회는 필요하면 위원회가 소속된 행정청의 직원이나 다른 행정기관에 촉탁하여 제1항의 증거조사를 하게 할 수 있다.
③ 제1항에 따른 증거조사를 수행하는 사람은 그 신분을 나타내는 증표를 지니고 이를 당사자나 관계인에게 내보여야 한다.

④ 제1항에 따른 당사자 등은 위원회의 조사나 요구 등에 성실하게 협조하여야 한다.

제37조【절차의 병합 또는 분리】 위원회는 필요하면 관련되는 심판청구를 병합하여 심리하거나 병합된 관련 청구를 분리하여 심리할 수 있다.

제38조【심리기일의 지정과 변경】 ① 심리기일은 위원회가 직권으로 지정한다.
② 심리기일의 변경은 직권으로 또는 당사자의 신청에 의하여 한다.
③ 위원회는 심리기일이 변경되면 지체 없이 그 사실과 사유를 당사자에게 알려야 한다.
④ 심리기일의 통지나 심리기일 변경의 통지는 서면으로 하거나 심판청구서에 적힌 전화, 휴대전화를 이용한 문자전송, 팩시밀리 또는 전자우편 등 간편한 통지 방법(이하 "간이통지방법"이라 한다)으로 할 수 있다.

제39조【직권심리】 위원회는 필요하면 당사자가 주장하지 아니한 사실에 대하여도 심리할 수 있다.

제40조【심리의 방식】 ① 행정심판의 심리는 구술심리나 서면심리로 한다. 다만, 당사자가 구술심리를 신청한 경우에는 서면심리만으로 결정할 수 있다고 인정되는 경우 외에는 구술심리를 하여야 한다.
② 위원회는 제1항 단서에 따라 구술심리 신청을 받으면 그 허가 여부를 결정하여 신청인에게 알려야 한다.
③ 제2항의 통지는 간이통지방법으로 할 수 있다.

제41조【발언 내용 등의 비공개】 위원회에서 위원이 발언한 내용이나 그 밖에 공개되면 위원회의 심리·재결의 공정성을 해칠 우려가 있는 사항으로서 대통령령으로 정하는 사항은 공개하지 아니한다.

제42조【심판청구 등의 취하】 ① 청구인은 심판청구에 대하여 제7조 제6항 또는 제8조 제7항에 따른 의결이 있을 때까지 서면으로 심판청구를 취하할 수 있다.
② 참가인은 심판청구에 대하여 제7조 제6항 또는 제8조 제7항에 따른 의결이 있을 때까지 서면으로 참가신청을 취하할 수 있다.
③ 제1항 또는 제2항에 따른 취하서에는 청구인이나 참가인이 서명하거나 날인하여야 한다.
④ 청구인 또는 참가인은 취하서를 피청구인 또는 위원회에 제출하여야 한다. 이 경우 제23조 제2항부터 제4항까지의 규정을 준용한다.
⑤ 피청구인 또는 위원회는 계속 중인 사건에 대하여 제1항 또는 제2항에 따른 취하서를 받으면 지체 없이 다른 관계 기관, 청구인, 참가인에게 취하 사실을 알려야 한다.

제6장 재결

제43조 【재결의 구분】 ① 위원회는 심판청구가 적법하지 아니하면 그 심판청구를 각하(却下)한다.
② 위원회는 심판청구가 이유가 없다고 인정하면 그 심판청구를 기각(棄却)한다.
③ 위원회는 취소심판의 청구가 이유가 있다고 인정하면 처분을 취소 또는 다른 처분으로 변경하거나 처분을 다른 처분으로 변경할 것을 피청구인에게 명한다.
④ 위원회는 무효등확인심판의 청구가 이유가 있다고 인정하면 처분의 효력 유무 또는 처분의 존재 여부를 확인한다.
⑤ 위원회는 의무이행심판의 청구가 이유가 있다고 인정하면 지체 없이 신청에 따른 처분을 하거나 처분을 할 것을 피청구인에게 명한다.

제43조의2 【조정】 ① 위원회는 당사자의 권리 및 권한의 범위에서 당사자의 동의를 받아 심판청구의 신속하고 공정한 해결을 위하여 조정을 할 수 있다. 다만, 그 조정이 공공복리에 적합하지 아니하거나 해당 처분의 성질에 반하는 경우에는 그러하지 아니하다.
② 위원회는 제1항의 조정을 함에 있어서 심판청구된 사건의 법적·사실적 상태와 당사자 및 이해관계자의 이익 등 모든 사정을 참작하고, 조정의 이유와 취지를 설명하여야 한다.
③ 조정은 당사자가 합의한 사항을 조정서에 기재한 후 당사자가 서명 또는 날인하고 위원회가 이를 확인함으로써 성립한다.
④ 제3항에 따른 조정에 대하여는 제48조부터 제50조까지, 제50조의2, 제51조의 규정을 준용한다.

제44조 【사정재결】 ① 위원회는 심판청구가 이유가 있다고 인정하는 경우에도 이를 인용(認容)하는 것이 공공복리에 크게 위배된다고 인정하면 그 심판청구를 기각하는 재결을 할 수 있다. 이 경우 위원회는 재결의 주문(主文)에서 그 처분 또는 부작위가 위법하거나 부당하다는 것을 구체적으로 밝혀야 한다.
② 위원회는 제1항에 따른 재결을 할 때에는 청구인에 대하여 상당한 구제방법을 취하거나 상당한 구제방법을 취할 것을 피청구인에게 명할 수 있다.
③ 제1항과 제2항은 무효등확인심판에는 적용하지 아니한다.

제45조 【재결 기간】 ① 재결은 제23조에 따라 피청구인 또는 위원회가 심판청구서를 받은 날부터 60일 이내에 하여야 한다. 다만, 부득이한 사정이 있는 경우에는 위원장이 직권으로 30일을 연장할 수 있다.

② 위원장은 제1항 단서에 따라 재결 기간을 연장할 경우에는 재결 기간이 끝나기 7일 전까지 당사자에게 알려야 한다.

제46조【재결의 방식】① 재결은 서면으로 한다.
② 제1항에 따른 재결서에는 다음 각 호의 사항이 포함되어야 한다.
1. 사건번호와 사건명
2. 당사자·대표자 또는 대리인의 이름과 주소
3. 주문
4. 청구의 취지
5. 이유
6. 재결한 날짜
③ 재결서에 적는 이유에는 주문 내용이 정당하다는 것을 인정할 수 있는 정도의 판단을 표시하여야 한다.

제47조【재결의 범위】① 위원회는 심판청구의 대상이 되는 처분 또는 부작위 외의 사항에 대하여는 재결하지 못한다.
② 위원회는 심판청구의 대상이 되는 처분보다 청구인에게 불리한 재결을 하지 못한다.

제48조【재결의 송달과 효력 발생】① 위원회는 지체 없이 당사자에게 재결서의 정본을 송달하여야 한다. 이 경우 중앙행정심판위원회는 재결 결과를 소관 중앙행정기관의 장에게도 알려야 한다.
② 재결은 청구인에게 제1항 전단에 따라 송달되었을 때에 그 효력이 생긴다.
③ 위원회는 재결서의 등본을 지체 없이 참가인에게 송달하여야 한다.
④ 처분의 상대방이 아닌 제3자가 심판청구를 한 경우 위원회는 재결서의 등본을 지체 없이 피청구인을 거쳐 처분의 상대방에게 송달하여야 한다.

제49조【재결의 기속력 등】① 심판청구를 인용하는 재결은 피청구인과 그 밖의 관계 행정청을 기속(羈束)한다.

> 2018년 제6회, 2019년 제7회, 2022년 제10회, 2024년 제12회 논술형 쟁점

② 재결에 의하여 취소되거나 무효 또는 부존재로 확인되는 처분이 당사자의 신청을 거부하는 것을 내용으로 하는 경우에는 그 처분을 한 행정청은 재결의 취지에 따라 다시 이전의 신청에 대한 처분을 하여야 한다.
③ 당사자의 신청을 거부하거나 부작위로 방치한 처분의 이행을 명하는 재결이 있으면 행정청은 지체 없이 이전의 신청에 대하여 재결의 취지에 따라 처분을 하여야 한다.
④ 신청에 따른 처분이 절차의 위법 또는 부당을 이유로 재결로써 취소된 경우에는 제2항을 준용한다.
⑤ 법령의 규정에 따라 공고하거나 고시한 처분이 재결로써 취소되거나 변경되면 처분을 한 행정청은 지체 없이 그 처분이 취소 또는 변경되었다는 것을 공고하거나 고시하여야 한다.

⑥ 법령의 규정에 따라 처분의 상대방 외의 이해관계인에게 통지된 처분이 재결로써 취소되거나 변경되면 처분을 한 행정청은 지체 없이 그 이해관계인에게 그 처분이 취소 또는 변경되었다는 것을 알려야 한다.

제50조【위원회의 직접 처분】 ① 위원회는 피청구인이 제49조 제3항에도 불구하고 처분을 하지 아니하는 경우에는 당사자가 신청하면 기간을 정하여 서면으로 시정을 명하고 그 기간에 이행하지 아니하면 직접 처분을 할 수 있다. 다만, 그 처분의 성질이나 그 밖의 불가피한 사유로 위원회가 직접 처분을 할 수 없는 경우에는 그러하지 아니하다.
② 위원회는 제1항 본문에 따라 직접 처분을 하였을 때에는 그 사실을 해당 행정청에 통보하여야 하며, 그 통보를 받은 행정청은 위원회가 한 처분을 자기가 한 처분으로 보아 관계 법령에 따라 관리·감독 등 필요한 조치를 하여야 한다.

> 2023년 제11회, 2025년 제13회 논술형 쟁점

제50조의2【위원회의 간접강제】 ① 위원회는 피청구인이 제49조 제2항(제49조 제4항에서 준용하는 경우를 포함한다) 또는 제3항에 따른 처분을 하지 아니하면 청구인의 신청에 의하여 결정으로 상당한 기간을 정하고 피청구인이 그 기간 내에 이행하지 아니하는 경우에는 그 지연기간에 따라 일정한 배상을 하도록 명하거나 즉시 배상을 할 것을 명할 수 있다.
② 위원회는 사정의 변경이 있는 경우에는 당사자의 신청에 의하여 제1항에 따른 결정의 내용을 변경할 수 있다.
③ 위원회는 제1항 또는 제2항에 따른 결정을 하기 전에 신청 상대방의 의견을 들어야 한다.
④ 청구인은 제1항 또는 제2항에 따른 결정에 불복하는 경우 그 결정에 대하여 행정소송을 제기할 수 있다.
⑤ 제1항 또는 제2항에 따른 결정의 효력은 피청구인인 행정청이 소속된 국가·지방자치단체 또는 공공단체에 미치며, 결정서 정본은 제4항에 따른 소송제기와 관계없이 「민사집행법」에 따른 강제집행에 관하여는 집행권원과 같은 효력을 가진다. 이 경우 집행문은 위원장의 명에 따라 위원회가 소속된 행정청 소속 공무원이 부여한다.
⑥ 간접강제 결정에 기초한 강제집행에 관하여 이 법에 특별한 규정이 없는 사항에 대하여는 「민사집행법」의 규정을 준용한다. 다만, 「민사집행법」 제33조(집행문부여의 소), 제34조(집행문부여 등에 관한 이의신청), 제44조(청구에 관한 이의의 소) 및 제45조(집행문부여에 대한 이의의 소)에서 관할 법원은 피청구인의 소재지를 관할하는 행정법원으로 한다.

> 2019년 제7회, 2023년 제11회, 2025년 제13회 논술형 쟁점

제51조【행정심판 재청구의 금지】 심판청구에 대한 재결이 있으면 그 재결 및 같은 처분 또는 부작위에 대하여 다시 행정심판을 청구할 수 없다.

제7장 전자정보처리조직을 통한 행정심판 절차의 수행

제52조【전자정보처리조직을 통한 심판청구 등】① 이 법에 따른 행정심판 절차를 밟는 자는 심판청구서와 그 밖의 서류를 전자문서화하고 이를 정보통신망을 이용하여 위원회에서 지정·운영하는 전자정보처리조직(행정심판 절차에 필요한 전자문서를 작성·제출·송달할 수 있도록 하는 하드웨어, 소프트웨어, 데이터베이스, 네트워크, 보안요소 등을 결합하여 구축한 정보처리능력을 갖춘 전자적 장치를 말한다. 이하 같다)을 통하여 제출할 수 있다.
② 제1항에 따라 제출된 전자문서는 이 법에 따라 제출된 것으로 보며, 부본을 제출할 의무는 면제된다.
③ 제1항에 따라 제출된 전자문서는 그 문서를 제출한 사람이 정보통신망을 통하여 전자정보처리조직에서 제공하는 접수번호를 확인하였을 때에 전자정보처리조직에 기록된 내용으로 접수된 것으로 본다.
④ 전자정보처리조직을 통하여 접수된 심판청구의 경우 제27조에 따른 심판청구 기간을 계산할 때에는 제3항에 따른 접수가 되었을 때 행정심판이 청구된 것으로 본다.
⑤ 전자정보처리조직의 지정내용, 전자정보처리조직을 이용한 심판청구서 등의 접수와 처리 등에 관하여 필요한 사항은 국회규칙, 대법원규칙, 헌법재판소규칙, 중앙선거관리위원회규칙 또는 대통령령으로 정한다.

제53조【전자서명등】① 위원회는 전자정보처리조직을 통하여 행정심판 절차를 밟으려는 자에게 본인(本人)임을 확인할 수 있는 「전자서명법」 제2조 제2호에 따른 전자서명(서명자의 실지명의를 확인할 수 있는 것을 말한다)이나 그 밖의 인증(이하 이 조에서 "전자서명등"이라 한다)을 요구할 수 있다.
② 제1항에 따라 전자서명등을 한 자는 이 법에 따른 서명 또는 날인을 한 것으로 본다.
③ 전자서명등에 필요한 사항은 국회규칙, 대법원규칙, 헌법재판소규칙, 중앙선거관리위원회규칙 또는 대통령령으로 정한다.

제54조【전자정보처리조직을 이용한 송달 등】① 피청구인 또는 위원회는 제52조 제1항에 따라 행정심판을 청구하거나 심판참가를 한 자에게 전자정보처리조직과 그와 연계된 정보통신망을 이용하여 재결서나 이 법에 따른 각종 서류를 송달할 수 있다. 다만, 청구인이나 참가인이 동의하지 아니하는 경우에는 그러하지 아니하다.

② 제1항 본문의 경우 위원회는 송달하여야 하는 재결서 등 서류를 전자정보처리조직에 입력하여 등재한 다음 그 등재 사실을 국회규칙, 대법원규칙, 헌법재판소규칙, 중앙선거관리위원회규칙 또는 대통령령으로 정하는 방법에 따라 전자우편 등으로 알려야 한다.
③ 제1항에 따른 전자정보처리조직을 이용한 서류 송달은 서면으로 한 것과 같은 효력을 가진다.
④ 제1항에 따른 서류의 송달은 청구인이 제2항에 따라 등재된 전자문서를 확인한 때에 전자정보처리조직에 기록된 내용으로 도달한 것으로 본다. 다만, 제2항에 따라 그 등재사실을 통지한 날부터 2주 이내(재결서 외의 서류는 7일 이내)에 확인하지 아니하였을 때에는 등재사실을 통지한 날부터 2주가 지난 날(재결서 외의 서류는 7일이 지난 날)에 도달한 것으로 본다.
⑤ 서면으로 심판청구 또는 심판참가를 한 자가 전자정보처리조직의 이용을 신청한 경우에는 제52조·제53조 및 이 조를 준용한다.
⑥ 위원회, 피청구인, 그 밖의 관계 행정기관 간의 서류의 송달 등에 관하여는 제52조·제53조 및 이 조를 준용한다.
⑦ 제1항 본문에 따른 송달의 방법이나 그 밖에 필요한 사항은 국회규칙, 대법원규칙, 헌법재판소규칙, 중앙선거관리위원회규칙 또는 대통령령으로 정한다.

제8장 보칙

제55조【증거서류 등의 반환】위원회는 재결을 한 후 증거서류 등의 반환 신청을 받으면 신청인이 제출한 문서·장부·물건이나 그 밖의 증거자료의 원본(原本)을 지체 없이 제출자에게 반환하여야 한다.

제56조【주소 등 송달장소 변경의 신고의무】당사자, 대리인, 참가인 등은 주소나 사무소 또는 송달장소를 바꾸면 그 사실을 바로 위원회에 서면으로 또는 전자정보처리조직을 통하여 신고하여야 한다. 제54조 제2항에 따른 전자우편주소 등을 바꾼 경우에도 또한 같다.

제57조【서류의 송달】이 법에 따른 서류의 송달에 관하여는 「민사소송법」 중 송달에 관한 규정을 준용한다.

제58조【행정심판의 고지】① 행정청이 처분을 할 때에는 처분의 상대방에게 다음 각 호의 사항을 알려야 한다.
1. 해당 처분에 대하여 행정심판을 청구할 수 있는지
2. 행정심판을 청구하는 경우의 심판청구 절차 및 심판청구 기간

② 행정청은 이해관계인이 요구하면 다음 각 호의 사항을 지체 없이 알려 주어야 한다. 이 경우 서면으로 알려 줄 것을 요구받으면 서면으로 알려 주어야 한다.
1. 해당 처분이 행정심판의 대상이 되는 처분인지
2. 행정심판의 대상이 되는 경우 소관 위원회 및 심판청구 기간

제59조 【불합리한 법령 등의 개선】 ① 중앙행정심판위원회는 심판청구를 심리·재결할 때에 처분 또는 부작위의 근거가 되는 명령 등(대통령령·총리령·부령·훈령·예규·고시·조례·규칙 등을 말한다. 이하 같다)이 법령에 근거가 없거나 상위 법령에 위배되거나 국민에게 과도한 부담을 주는 등 크게 불합리하면 관계 행정기관에 그 명령 등의 개정·폐지 등 적절한 시정조치를 요청할 수 있다. 이 경우 중앙행정심판위원회는 시정조치를 요청한 사실을 법제처장에게 통보하여야 한다.
② 제1항에 따른 요청을 받은 관계 행정기관은 정당한 사유가 없으면 이에 따라야 한다.

제60조 【조사·지도 등】 ① 중앙행정심판위원회는 행정청에 대하여 다음 각 호의 사항 등을 조사하고, 필요한 지도를 할 수 있다.
1. 위원회 운영 실태
2. 재결 이행 상황
3. 행정심판의 운영 현황
② 행정청은 이 법에 따른 행정심판을 거쳐 「행정소송법」에 따른 항고소송이 제기된 사건에 대하여 그 내용이나 결과 등 대통령령으로 정하는 사항을 반기마다 그 다음 달 15일까지 해당 심판청구에 대한 재결을 한 중앙행정심판위원회 또는 제6조 제3항에 따라 시·도지사 소속으로 두는 행정심판위원회에 알려야 한다.
③ 제6조 제3항에 따라 시·도지사 소속으로 두는 행정심판위원회는 중앙행정심판위원회가 요청하면 제2항에 따라 수집한 자료를 제출하여야 한다.

제61조 【권한의 위임】 이 법에 따른 위원회의 권한 중 일부를 국회규칙, 대법원규칙, 헌법재판소규칙, 중앙선거관리위원회규칙 또는 대통령령으로 정하는 바에 따라 위원장에게 위임할 수 있다.

02 행정사법

[시행 2022. 11. 15.] [법률 제19034호, 2022. 11. 15., 일부개정]

제1장 총칙

제1조 【목적】 이 법은 행정사(行政士) 제도를 확립하여 행정과 관련한 국민의 편익을 도모(圖謀)하고 행정제도의 건전한 발전에 이바지함을 목적으로 한다.

2024년 제12회 약술형
일반행정사의 업무

제2조 【업무】 ① 행정사는 다른 사람의 위임을 받아 다음 각 호의 업무를 수행한다. 다만, 다른 법률에 따라 제한된 업무는 할 수 없다.
1. 행정기관에 제출하는 서류의 작성
2. 권리·의무나 사실증명에 관한 서류의 작성
3. 행정기관의 업무에 관련된 서류의 번역
4. 제1호부터 제3호까지의 규정에 따라 작성된 서류의 제출 대행(代行)
5. 인가·허가 및 면허 등을 받기 위하여 행정기관에 하는 신청·청구 및 신고 등의 대리(代理)
6. 행정 관계 법령 및 행정에 대한 상담 또는 자문에 대한 응답
7. 법령에 따라 위탁받은 사무의 사실 조사 및 확인
② 제1항에 따른 업무의 내용과 범위는 대통령령으로 정한다.

제3조 【행정사가 아닌 사람에 대한 금지 사항】 ① 행정사가 아닌 사람은 다른 법률에 따라 허용되는 경우를 제외하고는 제2조에 따른 업무를 업(業)으로 하지 못한다.
② 행정사가 아닌 사람은 행정사 또는 이와 비슷한 명칭을 사용하지 못한다.

제4조 【행정사의 종류】 행정사는 소관 업무에 따라 일반행정사, 해사행정사 및 외국어번역행정사로 구분하고, 종류별 업무의 범위와 내용은 대통령령으로 정한다.

제2장 행정사의 자격과 시험

제5조 【행정사의 자격】 행정사 자격시험에 합격한 사람은 행정사 자격이 있다.

제6조 【결격사유】 다음 각 호의 어느 하나에 해당하는 사람은 행정사가 될 수 없다.

1. 피성년후견인 또는 피한정후견인
2. 파산선고를 받고 복권(復權)되지 아니한 사람
3. 금고 이상의 실형을 선고받고 그 집행이 끝나거나(집행이 끝난 것으로 보는 경우를 포함한다) 집행이 면제된 날부터 3년이 지나지 아니한 사람
4. 금고 이상의 형의 집행유예를 선고받고 그 유예기간이 끝난 날부터 2년이 지나지 아니한 사람
5. 금고 이상의 형의 선고유예를 받고 그 유예기간에 있는 사람
6. 공무원으로서 징계처분에 따라 파면되거나 해임된 후 3년이 지나지 아니한 사람
7. 제30조에 따라 행정사 자격이 취소된 후 3년이 지나지 아니한 사람

제7조【행정사자격심의위원회】 ① 행정사 자격의 취득과 관련된 다음 각 호의 사항을 심의하기 위하여 행정안전부에 행정사자격심의위원회를 둘 수 있다.
1. 행정사 자격시험 과목 등 시험에 관한 사항
2. 행정사 자격시험 선발 인원의 결정에 관한 사항
3. 행정사 자격시험의 일부면제 대상자의 요건에 관한 사항
4. 그 밖에 행정사 자격의 취득과 관련한 중요 사항
② 행정사자격심의위원회의 구성 및 운영에 필요한 사항은 대통령령으로 정한다.

제8조【행정사 자격시험】 ① 행정사 자격시험은 행정안전부장관이 실시한다.
② 행정사 자격시험은 제1차시험과 제2차시험으로 구분하여 실시한다.
③ 행정안전부장관은 행정사 자격시험의 관리에 관한 업무를 「한국산업인력공단법」에 따른 한국산업인력공단에 위탁할 수 있다.
④ 행정사 자격시험의 시험과목, 시험방법, 그 밖에 시험에 관하여 필요한 사항은 대통령령으로 정한다.

제9조【시험의 일부 면제】 ① 다음 각 호의 어느 하나에 해당하는 사람은 제1차시험을 면제한다.
1. 공무원으로 재직한 사람 중 다음 각 목의 어느 하나에 해당하는 사람
   가. 경력직공무원(특수직공무원 중 대통령령으로 정하는 공무원은 제외한다. 이하 같다)으로 10년 이상 근무한 사람 중 7급(이에 상당하는 계급을 포함한다) 이상의 직에 5년 이상 근무한 사람
   나. 대통령령으로 정하는 특수경력직공무원으로 10년 이상 근무한 사람 중 7급 이상에 상당하는 직에 5년 이상 근무한 사람
2. 「고등교육법」에 따른 대학에서 외국어 전공 학사학위를 받은 후 그 외국어 번역 업무에 5년 이상 종사한 경력이 있는 사람

3. 「고등교육법」에 따른 대학원에서 외국어 전공 석사학위 또는 박사학위를 받은 후 그 외국어 번역 업무에 3년 이상 종사한 경력이 있는 사람
4. 행정사 자격이 있는 사람으로서 다른 종류의 행정사 자격시험에 응시하는 사람

② 다음 각 호의 어느 하나에 해당하는 사람은 제1차시험의 전과목과 제2차시험의 과목 중 2분의 1을 넘지 아니하는 범위에서 대통령령으로 정하는 과목을 면제한다.
1. 경력직공무원으로서 다음 각 목의 어느 하나에 해당하는 사람
   가. 15년 이상 근무한 사람 중 6급(이에 상당하는 계급을 포함한다) 이상의 직에 8년 이상 근무한 사람
   나. 10년 이상 근무한 사람 중 5급(이에 상당하는 계급을 포함한다) 이상의 직에 5년 이상 근무한 사람
2. 대통령령으로 정하는 특수경력직공무원으로서 다음 각 목의 어느 하나에 해당하는 사람
   가. 15년 이상 근무한 사람 중 6급 이상에 상당하는 직에 8년 이상 근무한 사람
   나. 10년 이상 근무한 사람 중 5급 이상에 상당하는 직에 5년 이상 근무한 사람
3. 「고등교육법」에 따른 대학에서 외국어 전공 학사학위를 받은 후 그 외국어 번역 업무에 7년 이상 종사한 경력이 있는 사람
4. 「고등교육법」에 따른 대학원에서 외국어 전공 석사학위 또는 박사학위를 받은 후 그 외국어 번역 업무에 5년 이상 종사한 경력이 있는 사람

③ 다음 각 호의 어느 하나에 해당하는 사람에게는 제1항 및 제2항을 적용하지 아니한다.
1. 공무원으로 근무 중 탄핵된 사람 또는 징계처분에 따라 그 직에서 파면되거나 해임된 사람
2. 공무원으로 근무 중 금전, 물품, 부동산, 향응 또는 그 밖에 대통령령으로 정하는 재산상 이익을 취득하거나 제공한 사유로 강등 또는 정직에 해당하는 징계처분을 받은 사람
3. 공무원으로 근무 중 다음 각 목에 해당하는 것을 횡령(橫領), 배임(背任), 절도, 사기 또는 유용(流用)한 사유로 강등 또는 정직에 해당하는 징계처분을 받은 사람
   가. 「국가재정법」에 따른 예산 및 기금
   나. 「지방재정법」에 따른 예산 및 「지방자치단체 기금관리기본법」에 따른 기금
   다. 「국고금 관리법」 제2조 제1호에 따른 국고금
   라. 「보조금 관리에 관한 법률」 제2조 제1호에 따른 보조금

마. 「국유재산법」 제2조 제1호에 따른 국유재산 및 「물품관리법」 제2조 제1항에 따른 물품
바. 「공유재산 및 물품 관리법」 제2조 제1호 및 제2호에 따른 공유재산 및 물품
사. 그 밖에 가목부터 바목까지에 준하는 것으로서 대통령령으로 정하는 것

④ 제1항 및 제2항에 따른 외국어 번역 업무에 종사한 경력 등 자격인정에 필요한 사항은 대통령령으로 정한다.
⑤ 제1차시험에 합격한 사람에 대하여는 다음 회의 시험에서만 제1차시험을 면제한다.

제9조의2 【시험부정행위자에 대한 조치】 ① 행정안전부장관은 제8조에 따른 행정사 자격시험에서 부정행위를 한 사람에 대하여는 그 시험을 정지시키거나 무효로 처리한다.
② 제1항에 따라 시험이 정지되거나 무효로 처리된 사람은 그 처분이 있은 날부터 5년간 행정사 자격시험에 응시하지 못한다.

제3장 업무신고

제10조 【행정사의 업무신고】 ① 행정사 자격이 있는 사람이 행정사로서 업무를 하려면 대통령령으로 정하는 바에 따라 주된 사무소의 소재지를 관할하는 특별자치시장·특별자치도지사·시장·군수 또는 자치구의 구청장(이하 "시장등"이라 한다)에게 대통령령으로 정하는 행정사 업무신고 기준을 갖추어 신고(이하 "행정사업무신고"라 한다)하여야 한다. 신고한 사항을 변경할 때도 또한 같다.
② 행정사업무신고의 기준 및 절차 등에 관하여 필요한 사항은 대통령령으로 정한다.

> 2017년 제5회, 2020년 제8회, 2025년 제13회 약술형 업무신고

제11조 【업무신고의 수리 거부】 ① 시장등은 행정사업무신고를 하려는 사람이 행정사업무신고 기준을 갖추지 아니한 경우에는 그 행정사업무신고의 수리를 거부할 수 있다. 이 경우 지체 없이 행정사업무신고의 수리 거부 사실 및 그 사유를 당사자에게 알려야 한다.
② 시장등이 업무신고를 받은 날부터 3개월이 지날 때까지 제12조에 따른 행정사업무신고확인증(이하 "신고확인증"이라 한다)을 발급하지 아니하거나 행정사업무신고의 수리 거부 통지를 하지 아니하면 3개월이 되는 날의 다음 날에 행정사업무신고가 수리된 것으로 본다.
③ 제1항에 따라 행정사업무신고의 수리가 거부된 사람은 그 통지를 받은 날부터 3개월 이내에 행정사업무신고의 수리 거부에 대한 불복(不服)의 이유를 밝혀 시장등에게 이의신청을 할 수 있다.

> 2017년 제5회 약술형 업무신고 수리 거부

④ 시장등은 제3항에 따른 이의신청이 이유 있다고 인정하면 신고확인증을 발급하여야 한다.
⑤ 제3항에 따른 이의신청에 필요한 사항은 행정안전부령으로 정한다.

제12조【신고확인증의 발급】① 시장등은 행정사업무신고를 받은 때에는 그 내용을 확인한 후 행정안전부령으로 정하는 바에 따라 신고확인증을 행정사에게 발급하여야 한다.
② 제1항에 따라 신고확인증을 발급받은 사람은 신고확인증을 잃어버리거나 못쓰게 된 경우에는 행정안전부령으로 정하는 바에 따라 시장등에게 재발급을 신청할 수 있다.

제13조【신고확인증의 대여 등의 금지】① 행정사는 다른 사람에게 신고확인증을 대여하여서는 아니 된다.
② 누구든지 다른 사람의 신고확인증을 대여받아 사용하여서는 아니 된다.
③ 누구든지 제1항 및 제2항에 따른 신고확인증의 대여를 알선하여서는 아니 된다.

제14조【사무소의 설치 등】① 행정사는 제2조에 따른 업무를 하기 위한 사무소를 하나만 설치할 수 있다.
② 행정사는 그 업무를 효율적으로 수행하고 공신력(公信力)을 높이기 위하여 2명 이상의 행정사로 구성된 합동사무소를 설치할 수 있으며, 행정사합동사무소를 구성하는 행정사의 수를 넘지 아니하는 범위에서 주사무소와 분사무소(分事務所)를 설치할 수 있다. 이 경우 주사무소와 분사무소에는 행정사합동사무소를 구성하는 행정사가 각각 1명 이상 상근하여야 한다.
③ 행정사가 사무소를 이전한 때에는 10일 이내에 이전 후의 사무소 소재지를 관할하는 시장등에게 신고하여야 한다.
④ 제3항에 따라 이전신고를 받은 시장등은 이전신고한 행정사에게 신고확인증을 발급하여야 하며, 종전의 사무소 소재지를 관할하는 시장등에게 사무소의 이전 사실을 통지하여야 한다.
⑤ 제3항에 따른 신고 전에 발생한 사유로 인한 행정사에 대한 행정처분은 제3항에 따라 신고를 받은 시장등이 행한다.
⑥ 사무소의 설치·운영 및 신고와 그 밖에 필요한 사항은 행정안전부령으로 정한다.

제15조【사무소의 명칭 등】① 행정사는 그 사무소의 종류별로 사무소의 명칭 중에 행정사사무소 또는 행정사합동사무소라는 글자를 사용하고, 행정사합동사무소의 분사무소에는 그 분사무소임을 표시하여야 한다.
② 행정사가 아닌 사람은 행정사사무소 또는 이와 비슷한 명칭을 사용하지 못하며, 행정사합동사무소나 그 분사무소가 아니면 행정사합동사무소나 그 분사무소 또는 이와 비슷한 명칭을 사용하지 못한다.

> 2020년 제8회 약술형
> 행정사업무신고확인증

제16조【폐업신고】① 행정사가 폐업한 경우에는 본인이, 사망한 경우에는 가족이나 동거인 또는 그 사무직원이 지체 없이 그 사실을 시장등에게 신고하여야 한다. 폐업한 행정사가 업무를 다시 시작할 때에도 또한 같다.
② 제1항에 따른 신고에 필요한 사항은 행정안전부령으로 정한다.

제17조【휴업신고】① 행정사가 3개월이 넘도록 휴업(업무신고를 하고 업무를 시작하지 아니하는 경우를 포함한다. 이하 같다)하거나 휴업한 행정사가 업무를 다시 시작하려면 시장등에게 신고하여야 한다.
② 시장등은 제1항에 따른 업무재개신고를 받은 날부터 15일 이내에 신고수리 여부를 신고인에게 통지하여야 한다.
③ 시장등은 제2항에서 정한 기간 내에 신고수리 여부 또는 민원 처리 관련 법령에 따른 처리기간의 연장을 신고인에게 통지하지 아니하면 그 기간(민원 처리 관련 법령에 따라 처리기간이 연장 또는 재연장된 경우에는 해당 처리기간을 말한다)이 끝난 날의 다음 날에 신고를 수리한 것으로 본다.
④ 제1항에 따라 휴업한 행정사가 2년이 지나도 업무를 다시 시작하지 아니하는 경우에는 폐업한 것으로 본다.
⑤ 제1항에 따른 휴업신고 및 업무재개신고에 필요한 사항은 행정안전부령으로 정한다.

제4장 행정사의 권리ㆍ의무

제18조【사무직원】① 행정사는 사무직원을 둘 수 있으며, 소속 사무직원을 지도ㆍ감독할 책임이 있다.
② 사무직원의 직무상 행위는 그를 고용한 행정사의 행위로 본다.
③ 삭제

제19조【보수】① 행정사는 업무를 위임한 자로부터 보수를 받는다.
② 행정사와 그 사무직원은 업무에 관하여 제1항에 따른 보수 외에 어떠한 명목으로도 위임인으로부터 금전 또는 재산상의 이익이나 그 밖의 반대급부(反對給付)를 받지 못한다.

제20조【증명서의 발급】① 행정사는 업무에 관련된 사실의 확인증명서를 발급할 수 있다.
② 외국어번역행정사는 그가 번역한 번역문에 대하여 번역확인증명서를 발급할 수 있다.
③ 제1항과 제2항에 따른 증명서 발급의 범위는 대통령령으로 정한다.

제21조【행정사의 의무와 책임】① 행정사는 품위를 유지하고 신의와 성실로써 공정하게 직무를 수행하여야 한다.
② 행정사가 위임받은 업무를 수행하면서 고의 또는 과실로 위임인에게 재산상의 손해를 입힌 경우에는 그 손해를 배상할 책임이 있다.

> 2019년 제7회 약술형
> 행정사의 의무와 책임

제21조의2 【수임제한】 ① 공무원직에 있다가 퇴직한 행정사는 퇴직 전 1년부터 퇴직할 때까지 근무한 행정기관에 대한 제2조 제1항 제5호에 따른 업무를 퇴직한 날부터 1년 동안 수임할 수 없다.
② 제1항의 수임제한은 제25조의7에 따른 법인구성원 또는 소속행정사로 지정되는 경우를 포함한다.
③ 제1항에 따른 행정기관의 범위는 대통령령으로 정한다.

> 2018년 제6회 약술형
> 금지행위와 위반에 대한 벌칙

제22조 【금지행위】 행정사와 그 사무직원은 다음 각 호의 행위를 하여서는 아니 된다.
1. 정당한 사유 없이 업무에 관한 위임을 거부하는 행위
2. 당사자 중 어느 한 쪽의 위임을 받아 취급하는 업무에 관하여 이해관계를 달리하는 상대방으로부터 같은 업무를 위임받는 행위. 다만, 당사자 양쪽이 동의한 경우는 제외한다.
3. 행정사의 업무 범위를 벗어나서 타인의 소송이나 그 밖의 권리관계분쟁 또는 민원사무처리과정에 개입하는 행위
4. 업무수임 또는 수행 과정에서 관련 공무원과의 연고(緣故) 등 사적인 관계를 드러내며 영향력을 미칠 수 있는 것으로 선전하는 행위
5. 행정사의 업무에 관하여 거짓된 내용을 표시하거나 객관적 사실을 과장 또는 누락하여 소비자를 오도(誤導)하거나 오해를 불러일으킬 우려가 있는 내용의 광고행위
6. 행정사 업무의 알선을 업으로 하는 자를 이용하거나 그 밖의 부당한 방법으로 행정사 업무의 위임을 유치(誘致)하는 행위

제23조 【비밀엄수】 행정사 또는 행정사이었던 사람(행정사의 사무직원 또는 사무직원이었던 사람을 포함한다)은 정당한 사유 없이 직무상 알게 된 사실을 다른 사람에게 누설하여서는 아니 된다.

제24조 【업무처리부 작성】 ① 행정사는 업무를 위임받으면 대통령령으로 정하는 바에 따라 업무처리부(業務處理簿)를 작성하여 보관하여야 한다.
② 제1항에 따른 업무처리부에는 다음 각 호의 사항을 적어야 한다.
1. 일련번호
2. 위임받은 연월일
3. 위임받은 업무의 개요
4. 보수액
5. 위임인의 주소와 성명
6. 그 밖에 위임받은 업무의 처리에 필요한 사항

제25조 【행정사의 교육】 ① 행정사 자격이 있는 사람이 행정사 업무를 시작하려면 대통령령으로 정하는 바에 따라 행정안전부장관이 시행하는 실무교육을 받아야 한다.

② 행정사의 사무소(행정사합동사무소 또는 행정사법인의 경우에는 주사무소를 말한다)의 소재지를 관할하는 특별시장·광역시장·특별자치시장·도지사·특별자치도지사(이하 "시·도지사"라 한다)는 행정사의 자질과 업무수행능력 향상을 위하여 직접 또는 대통령령으로 정하는 기관·단체 등에 위탁하여 행정사에 대한 연수교육을 실시하여야 한다.
③ 행정사는 제2항에 따른 연수교육을 받아야 한다.
④ 제1항에 따른 실무교육 및 제2항에 따른 연수교육의 과목·시기·기간 및 이수방법 등에 관하여 필요한 사항은 대통령령으로 정한다.

제4장의2 행정사법인

제25조의2 【행정사법인의 설립】 행정사는 제2조에 따른 업무를 조직적이고 전문적으로 수행하기 위하여 3명 이상의 행정사를 구성원으로 하는 행정사법인을 설립할 수 있다.

> 2021년 제9회 약술형
> 법인의 설립

제25조의3 【설립 절차】 ① 행정사법인을 설립하려면 행정사법인의 구성원이 될 행정사가 정관(定款)을 작성하여 대통령령으로 정하는 바에 따라 행정안전부장관의 인가(이하 "설립인가"라 한다)를 받아야 한다. 정관을 변경할 때에도 또한 같다.
② 행정사법인의 정관에는 다음 각 호의 사항을 적어야 한다.
1. 목적, 명칭, 주사무소 및 분사무소의 소재지
2. 행정사법인을 구성하는 행정사(이하 "법인구성원"이라 한다)의 성명과 주소
3. 법인구성원의 출자에 관한 사항
4. 법인구성원 회의에 관한 사항
5. 자산 및 회계에 관한 사항
6. 행정사법인의 대표에 관한 사항
7. 존립시기, 해산사유를 정한 경우에는 그 시기 또는 사유
8. 그 밖에 대통령령으로 정하는 사항
③ 행정사법인은 대통령령으로 정하는 바에 따라 등기하여야 한다.
④ 행정사법인은 그 주사무소의 소재지에서 설립등기를 함으로써 성립한다.

제25조의4 【행정사법인의 업무신고 등】 ① 행정사법인이 제2조에 따른 업무를 하려면 대통령령으로 정하는 바에 따라 주사무소의 소재지를 관할하는 시장등에게 대통령령으로 정하는 행정사법인 업무신고 기준을 갖추어 신고(이하 "법인업무신고"라 한다)하여야 한다. 신고한 사항을 변경할 때에도 또한 같다.

> 2022년 제10회 약술형
> 법인의 업무신고와 수리 거부

② 시장등은 법인업무신고를 하려는 자가 법인업무신고 기준을 갖추지 아니한 경우에는 그 법인업무신고의 수리를 거부할 수 있다. 이 경우 지체 없이 법인업무신고의 수리 거부 사실 및 그 사유를 당사자에게 알려야 한다.
③ 시장등은 법인업무신고를 받은 때에는 그 내용을 확인한 후 행정안전부령으로 정하는 바에 따라 법인업무신고확인증을 행정사법인에 발급하여야 한다.
④ 법인업무신고의 기준 및 절차 등에 관하여 필요한 사항은 대통령령으로 정한다.

제25조의5【행정사법인의 사무소 등】 ① 행정사법인은 법인구성원의 수를 넘지 아니하는 범위에서 주사무소와 분사무소를 설치할 수 있다. 이 경우 주사무소와 분사무소에는 각각 1명 이상의 법인구성원이 상근하여야 한다.
② 행정사법인은 사무소의 명칭 중에 행정사법인이라는 글자를 사용하여야 하고, 행정사법인의 분사무소에는 그 분사무소임을 표시하여야 한다.
③ 행정사법인이 아닌 자는 행정사법인 또는 이와 비슷한 명칭을 사용하지 못하며, 행정사법인의 사무소나 그 분사무소가 아니면 행정사법인이나 그 분사무소 또는 이와 비슷한 명칭을 사용하지 못한다.

제25조의6【행정사법인의 소속행정사 등】 ① 행정사법인은 행정사를 고용할 수 있다.
② 행정사법인은 제1항에 따라 행정사를 고용한 경우에는 주사무소 소재지의 시장등에게 행정안전부령으로 정하는 바에 따라 신고하여야 하며, 그 변경이 있는 경우에도 또한 같다.
③ 제1항에 따라 고용된 행정사(이하 "소속행정사"라 한다) 및 법인구성원은 업무정지 중이거나 휴업 중인 사람이 아니어야 한다.
④ 소속행정사 및 법인구성원은 그 행정사법인의 사무소 외에 따로 사무소를 둘 수 없다.
⑤ 법인업무신고를 한 행정사법인은 제25조 제1항에 따른 실무교육을 받지 아니한 사람을 소속행정사로 고용하거나 법인구성원으로 할 수 없다.
⑥ 행정사법인이 제25조의2 또는 그 밖의 이 법에 따른 법인구성원에 관한 요건을 갖추지 못하게 된 경우에는 6개월 이내에 이를 보충하여야 한다.

제25조의7【업무수행 방법】 ① 행정사법인은 법인의 명의로 업무를 수행하여야 하며, 수임한 업무마다 그 업무를 담당할 법인구성원 또는 소속행정사(이하 "담당행정사"라 한다)를 지정하여야 한다. 다만, 소속행정사를 담당행정사로 지정할 경우에는 법인구성원과 공동으로 지정하여야 한다.
② 행정사법인이 수임한 업무에 대하여 담당행정사를 지정하지 아니한 경우에는 법인구성원 모두를 담당행정사로 지정한 것으로 본다.
③ 담당행정사는 지정된 업무에 관하여 그 법인을 대표한다.

④ 행정사법인이 그 업무에 관하여 작성하는 서면(書面)에는 행정사법인의 명의를 표시하고 담당행정사가 기명날인하여야 한다.

제25조의8 【해산】 ① 행정사법인은 다음 각 호의 사유로 해산한다.
1. 정관에서 정하는 해산 사유의 발생
2. 법인구성원 전원의 동의
3. 합병 또는 파산
4. 설립인가의 취소
② 행정사법인이 해산하면 청산인은 지체 없이 그 사유를 대통령령으로 정하는 바에 따라 행정안전부장관에게 신고하여야 한다.

제25조의9 【합병】 ① 행정사법인은 법인구성원 전원의 동의가 있으면 다른 행정사법인과 합병할 수 있다.
② 제1항의 경우에는 제25조의3을 준용한다.

제25조의10 【설립인가의 취소】 행정안전부장관은 행정사법인이 다음 각 호의 어느 하나에 해당하는 경우에는 대통령령으로 정하는 바에 따라 설립인가를 취소할 수 있다. 다만, 제1호의 경우에는 설립인가를 취소하여야 한다.
1. 거짓이나 그 밖의 부정한 방법으로 설립인가를 받은 경우
2. 제25조의6 제6항을 위반하여 법인구성원에 관한 요건을 6개월 이내에 보충하지 아니한 경우
3. 제32조에 따른 업무정지처분을 받고 그 업무정지 기간 중에 업무를 수행한 경우
4. 법령을 위반하여 업무를 수행한 경우

제25조의11 【경업의 금지】 ① 법인구성원 또는 소속행정사는 자기 또는 제3자를 위하여 그 행정사법인의 업무범위에 속하는 업무를 수행하거나 다른 행정사법인의 법인구성원 또는 소속행정사가 되어서는 아니 된다.
② 행정사법인의 법인구성원 또는 소속행정사이었던 사람은 그 행정사법인에 소속한 기간 중에 그 행정사법인의 담당행정사로서 수행하고 있었거나 수행을 승낙한 업무에 관하여는 퇴직 후 행정사의 업무를 수행할 수 없다. 다만, 그 행정사법인의 동의가 있는 경우에는 그러하지 아니하다.

제25조의12 【손해배상책임의 보장】 행정사법인은 그 직무를 수행하면서 고의나 과실로 의뢰인에게 손해를 입힌 경우 그 손해에 대한 배상책임을 보장하기 위하여 대통령령으로 정하는 바에 따라 손해배상준비금 적립이나 보험가입 등 필요한 조치를 하여야 한다.

> 2021년 제9회 약술형
> 설립인가의 취소

제25조의13 【준용규정】 ① 행정사법인에 관하여는 그 성질에 반하지 아니하는 범위에서 제11조 제2항부터 제5항까지, 제12조 제2항, 제13조, 제14조 제3항부터 제6항까지, 제16조부터 제21조까지 및 제22조부터 제24조까지의 규정을 준용한다.
② 행정사법인에 관하여 이 법에서 정한 것 외에는 「상법」 중 합명회사(合名會社)에 관한 규정을 준용한다.

제5장 대한행정사회

제26조 【대한행정사회의 설립 등】 ① 행정사의 품위 향상과 직무의 개선·발전을 도모하기 위하여 대한행정사회(이하 "행정사회"라 한다)를 둔다.
② 행정사회는 법인으로 한다.
③ 행정사회는 정관을 정하여 행정안전부장관의 인가를 받아 설립등기를 함으로써 성립한다.
④ 행정사회의 설립·운영 및 설립인가 신청 등에 필요한 사항은 대통령령으로 정한다.

제26조의2 【행정사회의 가입 의무】 행정사(법인구성원 및 소속행정사를 포함한다)로서 개업하려면 행정사회에 가입하여야 한다.

제26조의3 【행정사회의 공익활동 의무】 행정사회는 취약계층의 지원 등 공익활동에 적극 참여하여야 한다.

제27조 【행정사회의 정관】 ① 행정사회의 정관에는 다음 각 호의 사항이 포함되어야 한다.
1. 목적·명칭과 사무소의 소재지
2. 대표자와 그 밖의 임원에 관한 사항
3. 회의에 관한 사항
4. 행정사의 품위유지와 업무 및 교육에 관한 사항
5. 회원의 가입·탈퇴 및 지도·감독에 관한 사항
6. 회계 및 회비부담에 관한 사항
7. 자산에 관한 사항
8. 그 밖에 행정사회의 목적을 달성하기 위하여 필요한 사항
② 정관을 변경하려면 행정안전부장관의 인가를 받아야 한다.

제28조 【「민법」의 준용】 행정사회에 관하여 이 법에서 규정하지 아니한 사항에 대하여는 「민법」 중 사단법인에 관한 규정을 준용한다.

제29조 【행정사회에 대한 감독 등】 ① 행정사회는 행정안전부장관의 감독을 받는다.

② 행정안전부장관은 감독을 위하여 필요하다고 인정하면 행정사회에 대하여 그 업무에 관한 사항을 보고하게 하거나 자료의 제출 또는 그 밖에 필요한 명령을 할 수 있으며, 소속 공무원으로 하여금 행정사회의 사무소에 출입하여 업무상황과 그 밖의 서류 등을 검사하게 할 수 있다.
③ 제2항에 따라 출입·검사 등을 하는 공무원은 행정안전부령으로 정하는 증표를 지니고 상대방에게 이를 보여주어야 한다.

제6장 지도·감독

제30조【자격의 취소】 ① 행정안전부장관은 행정사가 다음 각 호의 어느 하나에 해당하는 경우에는 그 자격을 취소하여야 한다.
1. 거짓이나 그 밖의 부정한 방법으로 행정사 자격을 취득한 경우
2. 제13조 제1항을 위반하여 신고확인증을 양도하거나 대여한 경우
3. 제32조에 따른 업무정지처분을 받고 그 업무정지 기간에 행정사 업무를 한 경우
4. 이 법을 위반하여 징역형이 확정된 경우

② 행정안전부장관은 제1항에 따라 행정사 자격을 취소하려는 경우에는 청문을 하여야 한다.

> 2015년 제3회, 2023년 제11회 약술형
> 자격 취소

제31조【감독상 명령 등】 ① 행정안전부장관 또는 행정사의 사무소(행정사합동사무소 또는 행정사법인의 경우에는 주사무소를 말한다)의 소재지를 관할하는 시장등은 행정사 또는 행정사법인에 대한 감독을 위하여 필요하다고 인정하면 해당 행정사 또는 행정사법인에 대하여 업무에 관한 사항을 보고하게 하거나 업무처리부 등 자료의 제출 또는 그 밖에 필요한 명령을 할 수 있으며, 소속 공무원으로 하여금 그 사무소에 출입하여 장부·서류 등을 검사하거나 질문하게 할 수 있다.
② 제1항에 따라 출입·검사 등을 하는 공무원은 행정안전부령으로 정하는 증표를 지니고 상대방에게 이를 보여주어야 한다.

> 2015년 제3회 약술형
> 장부검사

제32조【업무의 정지】 ① 행정사 사무소(행정사합동사무소 또는 행정사법인의 경우에는 주사무소를 말한다)의 소재지를 관할하는 시장등은 행정사 또는 행정사법인이 다음 각 호의 어느 하나에 해당하는 경우에는 6개월의 범위에서 기간을 정하여 업무의 정지를 명할 수 있다.
1. 제14조 제1항을 위반하여 두 개 이상의 사무실을 설치한 경우
2. 제14조 제2항 후단 또는 제25조의5 제1항 후단을 위반하여 행정사합동사무소를 구성하는 행정사 또는 법인구성원이 상근하지 아니한 경우
3. 제17조 제1항(제25조의13 제1항에서 준용하는 경우를 포함한다)에 따른 휴업신고를 하지 아니한 경우

> 2014년 제2회, 2023년 제11회 약술형
> 업무정지사유

4. 제19조 제2항(제25조의13 제1항에서 준용하는 경우를 포함한다)을 위반하여 위임인으로부터 보수 외에 금전 또는 재산상 이익이나 그 밖의 반대급부를 받은 경우
5. 제25조의6 제4항을 위반하여 따로 사무소를 둔 경우
6. 제31조 제1항에 따른 보고 또는 업무처리부 자료 제출 등의 명령에 따르지 아니하거나 검사 또는 질문을 거부·방해 또는 기피한 경우

② 제1항에 따른 업무정지에 관한 기준은 행정안전부령으로 정한다.
③ 제1항에 따른 업무정지처분은 그 사유가 발생한 날부터 3년이 지나면 할 수 없다.

제33조【행정제재처분효과의 승계 등】 ① 제16조(제25조의13 제1항에서 준용하는 경우를 포함한다)에 따라 폐업신고를 한 후 업무를 다시 시작하는 신고를 한 행정사(행정사법인을 포함한다. 이하 이 조에서 같다)는 폐업신고 전 행정사의 지위를 승계한다.
② 제1항의 경우 폐업신고 전의 행정사에 대하여 제32조 제1항 각 호의 위반행위를 사유로 한 행정처분의 효과는 그 처분일부터 1년간 업무를 다시 시작하는 신고를 한 행정사에게 승계된다.
③ 제1항의 경우 업무를 다시 시작하는 신고를 한 행정사에 대하여 폐업신고 전 행정사의 제32조 제1항 각 호의 위반행위를 사유로 행정처분을 할 수 있다. 다만, 폐업신고를 한 날부터 업무를 다시 시작하는 신고를 한 날까지의 기간이 1년을 넘은 경우는 그러하지 아니하다.
④ 제3항에 따라 행정처분을 하는 경우에는 폐업한 기간과 폐업의 사유 등을 고려하여 업무정지의 기간을 정하여야 한다.

제7장 보칙

제34조【위임 및 위탁】 ① 이 법에 따른 행정안전부장관의 권한은 그 일부를 대통령령으로 정하는 바에 따라 시·도지사에게 위임할 수 있다.
② 이 법에 따른 행정안전부장관의 업무는 그 일부를 대통령령으로 정하는 바에 따라 행정사회에 위탁할 수 있다.

제35조【응시 수수료】 제8조에 따른 행정사 자격시험에 응시하려는 사람은 행정안전부령으로 정하는 바에 따라 수수료를 내야 한다.

제35조의2【규제의 재검토】 행정안전부장관은 제38조에 따른 과태료 부과기준에 대하여 2015년 6월 1일을 기준으로 2년마다(매 2년이 되는 해의 기준일과 같은 날 전까지를 말한다) 폐지, 완화 또는 유지 등의 타당성을 검토하여야 한다.

제8장 벌칙

제36조 【벌칙】 ① 다음 각 호의 어느 하나에 해당하는 자는 3년 이하의 징역 또는 3천만 원 이하의 벌금에 처한다.
1. 제3조 제1항을 위반하여 제2조 제1항 각 호의 업무를 업으로 한 자
2. 제13조(제25조의13 제1항에서 준용하는 경우를 포함한다)를 위반하여 신고확인증을 다른 자에게 대여한 행정사, 행정사법인과 이를 대여받은 자 또는 대여를 알선한 자

② 다음 각 호의 어느 하나에 해당하는 자는 1년 이하의 징역 또는 1천만 원 이하의 벌금에 처한다.
1. 행정사업무신고 또는 법인업무신고를 하지 아니하고 행정사 업무를 한 자
2. 제21조의2에 따른 수임제한 규정을 위반한 사람
3. 제22조 제4호(제25조의13 제1항에서 준용하는 경우를 포함한다)를 위반하여 사적인 관계를 드러내며 영향력을 미칠 수 있는 것으로 선전한 자
4. 제22조 제5호(제25조의13 제1항에서 준용하는 경우를 포함한다)를 위반하여 소비자를 오도하거나 오해를 불러일으킬 우려가 있는 내용의 광고행위를 한 자
5. 제23조(제25조의13 제1항에서 준용하는 경우를 포함한다)를 위반하여 업무상 알게 된 사실을 다른 사람에게 누설한 자
6. 제32조에 따른 업무정지처분을 받고 그 업무정지 기간에 행정사 업무를 한 자

③ 다음 각 호의 어느 하나에 해당하는 자는 100만 원 이하의 벌금에 처한다.
1. 제19조 제2항(제25조의13 제1항에서 준용하는 경우를 포함한다)을 위반하여 위임인으로부터 보수 외에 금전 또는 재산상 이익이나 그 밖의 반대급부를 받은 자
2. 제22조 제1호(제25조의13 제1항에서 준용하는 경우를 포함한다)를 위반하여 정당한 사유 없이 업무에 관한 위임을 거부한 자
3. 제22조 제2호(제25조의13 제1항에서 준용하는 경우를 포함한다)를 위반하여 당사자 양쪽으로부터 같은 업무에 관한 위임을 받은 자
4. 제22조 제3호(제25조의13 제1항에서 준용하는 경우를 포함한다)를 위반하여 타인의 소송이나 그 밖의 권리관계분쟁 또는 민원사무처리과정에 개입한 자
5. 제22조 제6호(제25조의13 제1항에서 준용하는 경우를 포함한다)를 위반하여 알선을 업으로 하는 자를 이용하거나 그 밖의 부당한 방법으로 행정사 업무의 위임을 유치한 자
6. 제25조의11을 위반하여 경업(競業)을 한 자

제37조 【양벌규정】 행정사 또는 행정사법인의 사무직원이나 소속행정사가 행정사 또는 행정사법인의 업무와 관련하여 제36조를 위반하면 그 행위자를 벌하는 외에 그 행정사 또는 행정사법인에도 해당 조문의 벌금형을 과(科)한다. 다만, 행정사 또는 행정사법인이 그 위반행위를 방지하기 위하여 해당 업무에 관하여 상당한 주의와 감독을 게을리하지 아니한 경우에는 그러하지 아니하다.

> 2016년 제4회 약술형
> 과태료 부과대상자의 유형과 내용

제38조 【과태료】 ① 다음 각 호의 어느 하나에 해당하는 자에게는 500만원 이하의 과태료를 부과한다.
1. 제3조 제2항을 위반하여 행정사 또는 이와 비슷한 명칭을 사용한 자
2. 제15조 제2항 또는 제25조의5 제3항을 위반하여 행정사사무소, 행정사합동사무소 또는 그 분사무소나 행정사법인 또는 그 분사무소와 비슷한 명칭을 사용한 자
2의2. 제25조의12에 따른 조치를 취하지 아니한 행정사법인
3. 정당한 사유 없이 제29조 제2항 및 제31조 제1항에 따른 보고 또는 자료제출을 하지 아니하거나, 거짓으로 보고·자료제출을 하거나, 출입·검사를 방해·거부 또는 기피한 자

② 다음 각 호의 어느 하나에 해당하는 자에게는 100만 원 이하의 과태료를 부과한다.
1. 제14조 제3항(제25조의13 제1항에서 준용하는 경우를 포함한다)에 따른 사무소 이전신고를 하지 아니한 자
2. 제15조 제1항 또는 제25조의5 제2항을 위반하여 행정사사무소, 행정사합동사무소 또는 행정사법인이라는 글자를 사용하지 아니하거나 그 분사무소임을 표시하지 아니한 자
3. 제24조(제25조의13 제1항에서 준용하는 경우를 포함한다)를 위반하여 업무처리부를 작성하지 아니하거나 거짓으로 작성한 자
4. 제25조 제3항을 위반하여 연수교육을 받지 아니하고 행정사 업무를 수행한 사람

③ 제1항 및 제2항에 따른 과태료는 대통령령으로 정하는 바에 따라 행정안전부장관, 시·도지사 또는 시장등이 부과·징수한다.

비송사건절차법

[시행 2025. 1. 31.] [법률 제20437호, 2024. 9. 20., 타법개정]

제1편 총칙

제1조【적용 범위】이 편(編)의 규정은 법원의 관할에 속하는 비송사건(非訟事件, 이하 "사건"이라 한다) 중 이 법 또는 그 밖의 다른 법령에 특별한 규정이 있는 경우를 제외한 모든 사건에 적용한다.

제2조【관할법원】① 법원의 토지 관할이 주소에 의하여 정하여질 경우 대한민국에 주소가 없을 때 또는 대한민국 내의 주소를 알지 못할 때에는 거소지(居所地)의 지방법원이 사건을 관할한다.
② 거소가 없을 때 또는 거소를 알지 못할 때에는 마지막 주소지의 지방법원이 사건을 관할한다.
③ 마지막 주소가 없을 때 또는 그 주소를 알지 못할 때에는 재산이 있는 곳 또는 대법원이 있는 곳을 관할하는 지방법원이 사건을 관할한다.

> 2015년 제3회, 2023년 제11회 약술형
> 토지 관할

제3조【우선관할 및 이송】관할법원이 여러 개인 경우에는 최초로 사건을 신청받은 법원이 그 사건을 관할한다. 이 경우 해당 법원은 신청에 의하여 또는 직권으로 적당하다고 인정하는 다른 관할법원에 그 사건을 이송할 수 있다.

> 2015년 제3회, 2022년 제10회, 2023년 제11회 약술형
> 우선관할 및 이송

제4조【관할법원의 지정】① 관할법원의 지정은 여러 개의 법원의 토지 관할에 관하여 의문이 있을 때에 한다.
② 관할법원의 지정은 관계 법원에 공통되는 바로 위 상급법원이 신청에 의하여 결정(決定)함으로써 한다. 이 결정에 대하여는 불복신청을 할 수 없다.

> 2015년 제3회 약술형
> 관할법원의 지정

제5조【법원 직원의 제척·기피】사건에 관하여는 법원 직원의 제척(除斥) 또는 기피(忌避)에 관한 「민사소송법」의 규정을 준용한다.

제6조【대리인】① 사건의 관계인은 소송능력자로 하여금 소송행위를 대리(代理)하게 할 수 있다. 다만, 본인이 출석하도록 명령을 받은 경우에는 그러하지 아니하다.
② 법원은 변호사가 아닌 자로서 대리를 영업으로 하는 자의 대리를 금하고 퇴정(退廷)을 명할 수 있다. 이 명령에 대하여는 불복신청을 할 수 없다.

> 2016년 제4회, 2020년 제8회 약술형
> 대리금지

| 2020년 제8회 약술형 대리권의 증명 |

제7조 【대리권의 증명】 ① 제6조에 따른 대리인에 관하여는 「민사소송법」 제89조를 준용한다.
② 대리인의 권한을 증명하는 사문서(私文書)에 관계 공무원 또는 공증인의 인증(認證)을 받아야 한다는 명령에 대하여는 불복신청을 할 수 없다.

제8조 【신청 및 진술의 방법】 신청 및 진술에 관하여는 「민사소송법」 제161조를 준용한다.

제9조 【신청서의 기재사항, 증거서류의 첨부】 ① 신청서에는 다음 각 호의 사항을 적고 신청인이나 그 대리인이 기명날인하거나 서명하여야 한다.
1. 신청인의 성명과 주소
2. 대리인에 의하여 신청할 때에는 대리인의 성명과 주소
3. 신청의 취지와 그 원인이 되는 사실
4. 신청 연월일
5. 법원의 표시
② 증거서류가 있을 때에는 그 원본 또는 등본(謄本)을 신청서에 첨부하여야 한다.

| 2019년 제7회 약술형 비송사건에서 증거조사 |
| 2024년 제12회 약술형 비송사건에서 사실인정 방법 |

제10조 【「민사소송법」의 준용】 사건에 관하여는 기일(期日), 기간, 소명(疎明)방법, 인증(人證)과 감정(鑑定)에 관한 「민사소송법」의 규정을 준용한다.

제11조 【직권에 의한 탐지 및 증거조사】 법원은 직권으로 사실의 탐지와 필요하다고 인정하는 증거의 조사를 하여야 한다.

제12조 【촉탁할 수 있는 사항】 사실 탐지, 소환, 고지(告知), 재판의 집행에 관한 행위는 촉탁할 수 있다.

제13조 【심문의 비공개】 심문(審問)은 공개하지 아니한다. 다만, 법원은 심문을 공개함이 적정하다고 인정하는 자에게는 방청을 허가할 수 있다.

제14조 【조서의 작성】 법원서기관, 법원사무관, 법원주사 또는 법원주사보(이하 "법원사무관등"이라 한다)는 증인 또는 감정인(鑑定人)의 심문에 관하여는 조서(調書)를 작성하고, 그 밖의 심문에 관하여는 필요하다고 인정하는 경우에만 조서를 작성한다.

제15조 【검사의 의견 진술 및 심문 참여】 ① 검사는 사건에 관하여 의견을 진술하고 심문에 참여할 수 있다.
② 사건 및 그에 관한 심문의 기일은 검사에게 통지하여야 한다.

제16조 【검사에 대한 통지】 법원, 그 밖의 관청, 검사와 공무원은 그 직무상 검사의 청구에 의하여 재판을 하여야 할 경우가 발생한 것을 알았을 때에는 그 사실을 관할법원에 대응한 검찰청 검사에게 통지하여야 한다.

제17조 【재판의 방식】 ① 재판은 결정으로써 한다.
② 재판의 원본에는 판사가 서명날인하여야 한다. 다만, 신청서 또는 조서에 재판에 관한 사항을 적고 판사가 이에 서명날인함으로써 원본을 갈음할 수 있다.
③ 재판의 정본(正本)과 등본에는 법원사무관등이 기명날인하고, 정본에는 법원인(法院印)을 찍어야 한다.
④ 제2항에 따른 서명날인은 기명날인으로 갈음할 수 있다.

제18조 【재판의 고지】 ① 재판은 이를 받은 자에게 고지함으로써 효력이 생긴다.
② 재판의 고지는 법원이 적당하다고 인정하는 방법으로 한다. 다만, 공시송달(公示送達)을 하는 경우에는 「민사소송법」의 규정에 따라야 한다.
③ 법원사무관등은 재판의 원본에 고지의 방법, 장소, 연월일을 부기(附記)하고 도장을 찍어야 한다.

> 2016년 제4회 약술형
> 재판의 고지

제19조 【재판의 취소 · 변경】 ① 법원은 재판을 한 후에 그 재판이 위법 또는 부당하다고 인정할 때에는 이를 취소하거나 변경할 수 있다.
② 신청에 의하여만 재판을 하여야 하는 경우에 신청을 각하(却下)한 재판은 신청에 의하지 아니하고는 취소하거나 변경할 수 없다.
③ 즉시항고(卽時抗告)로써 불복할 수 있는 재판은 취소하거나 변경할 수 없다.

> 2017년 제5회 약술형
> 재판의 취소 · 변경

제20조 【항고】 ① 재판으로 인하여 권리를 침해당한 자는 그 재판에 대하여 항고할 수 있다.
② 신청에 의하여만 재판을 하여야 하는 경우에 신청을 각하한 재판에 대하여는 신청인만 항고할 수 있다.

> 2015년 제3회, 2023년 제11회 약술형
> 항고의 의의 및 종류

제21조 【항고의 효력】 항고는 특별한 규정이 있는 경우를 제외하고는 집행정지의 효력이 없다.

> 2020년 제8회, 2023년 제11회 약술형
> 항고 제기의 효과

제22조 【항고법원의 재판】 항고법원의 재판에는 이유를 붙여야 한다.

제23조 【항고의 절차】 이 법에 따른 항고에 관하여는 특별한 규정이 있는 경우를 제외하고는 항고에 관한 「민사소송법」의 규정을 준용한다.

제24조 【비용의 부담】 재판 전의 절차와 재판의 고지 비용은 부담할 자를 특별히 정한 경우를 제외하고는 사건의 신청인이 부담한다. 다만, 검사가 신청한 경우에는 국고에서 부담한다.

> 2018년 제6회 약술형
> 비용의 부담

제25조 【비용에 관한 재판】 법원은 제24조에 따른 비용에 관하여 재판을 할 필요가 있다고 인정할 때에는 그 금액을 확정하여 사건의 재판과 함께 하여야 한다.

> 2018년 제6회 약술형
> 비용에 관한 재판

제26조 【관계인에 대한 비용 부담 명령】 법원은 특별한 사유가 있을 때에는 이 법에 따라 비용을 부담할 자가 아닌 관계인에게 비용의 전부 또는 일부의 부담을 명할 수 있다.

> 2018년 제6회 약술형
> 비용의 부담

제27조 【비용의 공동 부담】 비용을 부담할 자가 여럿인 경우에는 「민사소송법」 제102조를 준용한다.

제28조 【비용의 재판에 대한 불복신청】 비용의 재판에 대하여는 그 부담의 명령을 받은 자만 불복신청을 할 수 있다. 이 경우 독립하여 불복신청을 할 수 없다.

제29조 【비용 채권자의 강제집행】 ① 비용의 채권자는 비용의 재판에 의하여 강제집행을 할 수 있다.
② 제1항에 따른 강제집행의 경우에는 「민사집행법」의 규정을 준용한다. 다만, 집행을 하기 전에 재판서의 송달은 하지 아니한다.
③ 비용의 재판에 대한 항고가 있을 때에는 「민사소송법」 제448조 및 제500조를 준용한다.

제30조 【국고에 의한 비용의 체당】 직권으로 하는 탐지, 사실조사, 소환, 고지, 그 밖에 필요한 처분의 비용은 국고에서 체당(替當)하여야 한다.

제31조 【신청의 정의】 이 편에서 "신청"이란 신청과 신고를 말한다.

제2편 민사(民事)비송사건

제1장 법인에 관한 사건

제32조 【재단법인의 정관 보충 사건의 관할】 ① 「민법」 제44조에 따른 사건은 법인설립자 사망 시의 주소지의 지방법원이 관할한다.
② 법인설립자의 주소가 국내에 없을 때에는 그 사망 시의 거소지 또는 법인설립지의 지방법원이 관할한다.

제33조 【임시이사 또는 특별대리인의 선임, 법인의 해산·청산의 감독의 관할】 ① 임시이사 또는 특별대리인의 선임(選任)은 법인의 주된 사무소 소재지의 지방법원 합의부가 관할한다.
② 법인의 해산 및 청산에 대한 감독은 그 주된 사무소 소재지의 지방법원이 관할한다.

제34조 【임시총회 소집 사건에 관한 관할】 ① 「민법」 제70조 제3항에 따른 사건은 법인의 주된 사무소 소재지의 지방법원 합의부가 관할한다.
② 「민법」 제70조 제3항에 따른 임시총회 소집의 허가신청과 그 사건의 재판에 관하여는 제80조 및 제81조를 각각 준용한다.

제35조【법인에 대한 검사인의 선임】법원은 특별히 선임한 자로 하여금 법인의 감독에 필요한 검사(檢査)를 하게 할 수 있다.

제36조【청산인】법인의 청산인(清算人)에 관하여는 제117조 제1항, 제119조 및 제121조를 준용한다.

제37조【청산인 또는 검사인의 보수】법원이 법인의 청산인 또는 제35조에 따라 검사할 자를 선임한 경우에는 제77조 및 제78조를 준용한다.

제38조【감정인의 선임 비용 등】「민법」제91조 제2항에 따른 감정인을 선임하는 경우에는 제124조 및 제125조를 준용한다.

제2장 신탁에 관한 사건

제39조【관할법원】① 「신탁법」에 따른 사건(이하 "신탁사건"이라 한다)은 특별한 규정이 있는 경우를 제외하고는 수탁자의 보통재판적이 있는 곳의 지방법원이 관할한다.
② 수탁자의 임무가 종료된 후 신수탁자(新受託者)의 임무가 시작되기 전에는 전수탁자(前受託者)의 보통재판적이 있는 곳의 지방법원이 신탁사건을 관할한다.
③ 수탁자 또는 전수탁자가 여럿인 경우에는 그 중 1인의 보통재판적이 있는 곳의 지방법원이 신탁사건을 관할한다.
④ 「신탁법」제21조 제3항에 따른 사건은 유언자 사망 시 주소지의 지방법원이 관할한다.
⑤ 제1항부터 제4항까지의 규정에 따른 관할법원이 없는 경우에는 신탁재산이 있는 곳(채권의 경우에는 재판상의 청구를 할 수 있는 곳을 그 재산이 있는 곳으로 본다)의 지방법원이 신탁사건을 관할한다.
⑥ 제1항부터 제3항까지 및 제5항에도 불구하고 「신탁법」제18조 제1항 제1호 및 제2호에 따른 신탁재산관리인의 선임에 관한 사건은 다음 각 호의 구분에 따른 법원이 관할한다.
1. 「신탁법」제18조 제1항 제1호에 따른 신탁재산관리인의 선임에 관한 사건 : 「가사소송법」제2조 제1항 제2호 가목37) 및 제44조에 따라 해당 상속재산관리인의 선임사건을 관할하는 법원
2. 「신탁법」제18조 제1항 제2호에 따른 신탁재산관리인의 선임에 관한 사건 : 「채무자 회생 및 파산에 관한 법률」제3조에 따라 해당 파산선고를 관할하는 법원

제40조【부정한 목적으로 신탁선언에 의하여 설정된 신탁의 종료 재판】
① 「신탁법」제3조 제3항에 따른 청구에 의한 재판을 하는 경우 법원은 수탁자의 의견을 들어야 한다.
② 제1항에 따른 청구에 대한 재판은 이유를 붙인 결정으로써 하여야 한다.

③ 제1항에 따른 청구에 대한 재판은 수탁자와 수익자에게 고지하여야 한다.
④ 제1항에 따른 청구를 인용(認容)하는 재판에 대하여는 수탁자 또는 수익자가 즉시항고를 할 수 있다. 이 경우 즉시항고는 집행정지의 효력이 있다.
⑤ 제1항에 따른 청구를 기각(棄却)하는 재판에 대하여는 그 청구를 한 자가 즉시항고를 할 수 있다.

제41조【수탁자 사임허가의 재판】 ① 수탁자가 「신탁법」 제14조 제2항에 따른 사임허가의 재판을 신청하는 경우에는 그 사유를 소명하여야 한다.
② 제1항에 따른 신청에 대한 재판에 대하여는 불복신청을 할 수 없다.

제42조【수탁자 해임의 재판】 ① 「신탁법」 제16조 제3항에 따른 수탁자 해임 청구에 대한 재판을 하는 경우 법원은 수탁자를 심문하여야 한다.
② 제1항에 따른 재판은 이유를 붙인 결정으로써 하여야 한다.
③ 제1항에 따른 재판은 위탁자, 수탁자 및 수익자에게 고지하여야 한다.
④ 제1항에 따른 재판에 대하여는 위탁자, 수탁자 또는 수익자가 즉시항고를 할 수 있다.

제43조【신탁재산관리인 선임의 재판】 ① 수탁자와 수익자 간의 이해가 상반되어 수탁자가 신탁사무를 수행하는 것이 적절하지 아니하다는 이유로 「신탁법」 제17조 제1항에 따라 신탁재산관리인을 선임하는 재판을 하는 경우 법원은 수익자와 수탁자의 의견을 들어야 한다.
② 제1항에 따른 재판은 이유를 붙인 결정으로써 하여야 한다.
③ 제1항에 따른 재판은 수익자와 수탁자에게 고지하여야 한다.
④ 제1항에 따른 재판에 대하여는 수익자 또는 수탁자가 즉시항고를 할 수 있다.

제44조【신탁재산관리인 선임의 재판】 ① 다음 각 호의 어느 하나에 해당하는 재판을 하는 경우 법원은 이해관계인의 의견을 들을 수 있다.
1. 「신탁법」 제17조 제1항에 따른 신탁재산관리인 선임의 재판(수탁자의 임무가 종료되었음을 이유로 하는 재판만 해당한다)
2. 「신탁법」 제18조 제1항에 따른 필수적 신탁재산관리인 선임의 재판
3. 「신탁법」 제19조 제4항에 따른 새로운 신탁재산관리인 선임의 재판
② 제1항에 따른 재판에 대하여는 불복신청을 할 수 없다.

제44조의2【신탁재산관리인의 보수 결정 재판】 ① 「신탁법」 제17조 제6항 및 제18조 제3항에 따른 신탁재산관리인의 보수를 정하는 재판을 하는 경우 법원은 수익자 또는 수탁자가 여럿인 경우의 다른 수탁자의 의견을 들어야 한다.

② 제1항에 따른 재판은 수익자와 수탁자가 여럿인 경우의 다른 수탁자에게 고지하여야 한다.
③ 제1항에 따른 재판에 대하여는 수익자 또는 수탁자가 여럿인 경우의 다른 수탁자가 즉시항고를 할 수 있다.

제44조의3 【신탁재산관리인 사임허가 및 해임의 재판】 ① 신탁재산관리인이 「신탁법」 제19조 제2항에 따른 사임허가의 재판을 신청하는 경우에는 그 사유를 소명하여야 한다.
② 「신탁법」 제19조 제3항에 따라 신탁재산관리인을 해임하는 재판을 하는 경우 법원은 이해관계인의 의견을 들을 수 있다.
③ 제1항 및 제2항에 따른 재판에 대하여는 불복신청을 할 수 없다.

제44조의4 【신수탁자 선임의 재판】 ① 「신탁법」 제21조 제2항에 따라 신수탁자의 선임을 청구하는 경우에는 그 사유를 소명하여야 한다.
② 제1항에 따른 청구에 대한 재판을 하는 경우 법원은 이해관계인의 의견을 들을 수 있다.
③ 제1항에 따른 청구에 대한 재판은 위탁자, 수익자 및 수탁자가 여럿인 경우의 다른 수탁자에게 고지하여야 한다.
④ 제1항에 따른 청구에 대한 재판에 대하여는 위탁자, 수익자 또는 수탁자가 여럿인 경우의 다른 수탁자가 즉시항고를 할 수 있다.

제44조의5 【유언신탁의 신수탁자 선임 재판】 ① 「신탁법」 제21조 제3항에 따라 신수탁자를 선임하는 재판을 하는 경우에는 제44조의4 제1항 및 제2항을 준용한다.
② 제1항에 따른 재판에 대하여는 불복신청을 할 수 없다.

제44조의6 【신수탁자의 보수 결정 재판】 「신탁법」 제21조 제4항에 따른 신수탁자의 보수를 정하는 재판을 하는 경우 그 절차에 관하여는 제44조의2를 준용한다.

제44조의7 【신탁재산의 첨부로 인한 귀속의 결정】 ① 「신탁법」 제28조 단서에 따라 가공(加工)으로 인하여 생긴 물건을 원재료 소유자에게 귀속시키는 재판은 위탁자, 수탁자(신탁재산관리인이 선임된 경우에는 신탁재산관리인을 말한다. 이하 이 조에서 같다) 또는 수익자가 신청할 수 있다. 이 경우 수탁자가 여럿일 때에는 수탁자 각자가 신청할 수 있다.
② 제1항에 따른 신청에 대한 재판의 경우 법원은 위탁자, 수탁자 및 수익자의 의견을 들어야 한다.
③ 제1항에 따른 신청에 대한 재판은 이유를 붙인 결정으로써 하여야 한다.
④ 제1항에 따른 신청에 대한 재판은 위탁자, 수익자 및 수탁자에게 고지하여야 한다. 수탁자가 여럿일 때에는 수탁자 각자에게 고지하여야 한다.

⑤ 제1항에 따른 신청에 대한 재판에 대하여는 위탁자, 수익자 또는 수탁자(수탁자가 가공한 경우에는 다른 수탁자에 한한다)가 즉시항고를 할 수 있다. 이 경우 수탁자가 여럿일 때에는 수탁자 각자가 즉시항고를 할 수 있다.

제44조의8 【이익에 반하는 행위에 대한 법원의 허가】 ① 수탁자가 「신탁법」 제34조 제2항 제3호에 따른 이익에 반하는 행위의 허가를 신청하는 경우에는 그 사유를 소명하여야 한다.
② 제1항에 따른 신청에 대한 재판을 하는 경우 법원은 다른 수탁자(신탁재산관리인이 선임된 경우에는 신탁재산관리인을 말한다. 이하 이 조에서 같다) 및 수익자의 의견을 들어야 한다.
③ 제1항에 따른 신청에 대한 재판은 이유를 붙인 결정으로써 하여야 한다.
④ 제1항에 따른 신청에 대한 재판은 다른 수탁자와 수익자에게 고지하여야 한다.
⑤ 제1항에 따른 신청에 대한 재판에 대하여는 다른 수탁자 또는 수익자가 즉시항고를 할 수 있다. 이 경우 즉시항고는 집행정지의 효력이 있다.

제44조의9 【신탁관리인 선임의 재판】 ① 「신탁법」 제67조 제1항·제2항 또는 제70조 제6항에 따른 신탁관리인 선임의 재판을 하는 경우 법원은 이해관계인의 의견을 들을 수 있다.
② 제1항에 따른 재판에 대하여는 불복신청을 할 수 없다.

제44조의10 【신탁관리인의 보수 결정 재판】 ① 「신탁법」 제67조 제4항에 따른 신탁관리인의 보수를 정하는 재판을 하는 경우 법원은 수탁자(신탁재산관리인이 선임된 경우에는 신탁재산관리인을 말한다. 이하 이 조에서 같다)의 의견을 들어야 한다.
② 제1항에 따른 재판은 수탁자에게 고지하여야 한다.
③ 제1항에 따른 재판에 대하여는 수탁자가 즉시항고를 할 수 있다.

제44조의11 【신탁관리인 사임허가 및 해임의 재판】 ① 신탁관리인이 「신탁법」 제70조 제2항에 따른 사임허가의 재판을 신청하는 경우에는 그 사유를 소명하여야 한다.
② 「신탁법」 제70조 제4항에 따라 신탁관리인을 해임하는 재판을 하는 경우 법원은 이해관계인의 의견을 들을 수 있다.
③ 제1항 및 제2항에 따른 재판에 대하여는 불복신청을 할 수 없다.

제44조의12 【수익자집회 소집허가의 재판】 ① 「신탁법」 제72조 제4항에 따른 수익자집회 소집의 허가를 신청하는 경우에는 수탁자가 수익자집회의 소집을 게을리한 사실을 소명하여야 한다.
② 제1항에 따른 신청은 서면으로 하여야 한다.

③ 「신탁법」 제72조 제4항에 따른 수익자집회 소집의 허가신청과 그 사건의 재판에 관하여는 제81조를 준용한다.

제44조의13 【신탁사채에 관한 사건】 수탁자가 「신탁법」 제87조 제1항에 따라 사채(社債)를 발행한 경우에 관하여는 다음 각 호의 구분에 따른 규정을 준용한다.
1. 사채모집을 위탁받은 회사의 사임허가 신청과 해임청구 및 그 회사의 사무승계자 선임청구에 대한 재판: 제110조
2. 사채권자집회의 소집 허가신청: 제112조
3. 사채권자집회의 결의 인가청구: 제113조
4. 사채모집을 위탁받은 회사, 대표자 또는 집행자에게 줄 보수와 그 사무 처리에 필요한 비용의 신탁재산 부담 허가신청: 제114조

제44조의14 【신탁변경의 재판】 ① 「신탁법」 제88조 제3항에 따른 신탁변경의 재판은 서면으로 신청하여야 한다.
② 제1항에 따른 신청에 대한 재판을 하는 경우 법원은 위탁자, 수탁자 및 수익자의 의견을 들어야 한다.
③ 제1항에 따른 신청에 대한 재판은 이유를 붙인 결정으로써 하여야 한다.
④ 제1항에 따른 신청에 대한 재판은 위탁자, 수탁자 및 수익자에게 고지하여야 한다.
⑤ 제1항에 따른 신청에 대한 재판에 대하여는 위탁자, 수탁자 또는 수익자가 즉시항고를 할 수 있다. 이 경우 즉시항고는 집행정지의 효력이 있다.

제44조의15 【수익권 매수가액의 결정】 ① 「신탁법」 제89조 제4항, 제91조 제3항 또는 제95조 제3항에 따른 매수가액 결정의 청구는 서면으로 하여야 한다.
② 제1항에 따른 청구에 대한 재판을 하는 경우 법원은 수탁자와 매수청구를 한 수익자의 의견을 들어야 한다.
③ 제1항에 따른 청구에 대한 재판은 이유를 붙인 결정으로써 하여야 한다.
④ 제1항에 따른 청구에 대한 재판은 수탁자와 매수청구를 한 수익자에게 고지하여야 한다.
⑤ 제1항에 따른 청구에 대한 재판에 대하여는 수탁자 또는 매수청구를 한 수익자가 즉시항고를 할 수 있다. 이 경우 즉시항고는 집행정지의 효력이 있다.

제44조의16 【사정변경에 의한 신탁종료의 재판】 ① 「신탁법」 제100조에 따른 청구에 대한 재판을 하는 경우 법원은 위탁자, 수탁자 및 수익자의 의견을 들어야 한다.
② 제1항에 따른 청구에 대한 재판은 이유를 붙인 결정으로써 하여야 한다.
③ 제1항에 따른 청구에 대한 재판은 위탁자, 수탁자 및 수익자에게 고지하여야 한다.

④ 제1항에 따른 청구에 대한 재판에 대하여는 위탁자, 수탁자 또는 수익자가 즉시항고를 할 수 있다. 이 경우 즉시항고는 집행정지의 효력이 있다.

제44조의17 【검사인 선임의 재판】 ① 「신탁법」 제105조 제2항에 따른 검사인(檢査人)의 선임 청구는 서면으로 하여야 한다.
② 제1항에 따른 청구서에는 제9조 제1항 각 호의 기재사항 외에 검사 목적을 적어야 한다.
③ 제1항에 따른 청구에 대한 재판에 대하여는 불복신청을 할 수 없다.

제44조의18 【검사인의 보수】 ① 법원은 「신탁법」 제105조 제2항에 따라 검사인을 선임한 경우 신탁재산에서 검사인의 보수를 지급하게 할 수 있다.
② 제1항에 따라 검사인의 보수를 정하는 재판을 하는 경우 법원은 수탁자의 의견을 들어야 한다.
③ 제1항에 따른 재판은 수탁자에게 고지하여야 한다.
④ 제1항에 따른 재판에 대하여는 수탁자가 즉시항고를 할 수 있다.

제44조의19 【검사인의 보고】 ① 「신탁법」 제105조 제2항에 따라 선임된 검사인은 법원에 검사 결과를 서면으로 보고하여야 한다.
② 법원은 검사에 관한 설명이 필요할 때에는 「신탁법」 제105조 제2항에 따라 선임된 검사인을 심문할 수 있다.
③ 법원은 제1항에 따른 검사 결과에 따라 수탁자에게 시정을 명할 수 있다.
④ 수탁자는 제3항에 따른 명령을 받은 즉시 그 사실을 수익자에게 알려야 한다.
⑤ 제3항에 따른 명령에 대하여는 불복신청을 할 수 없다.

제44조의20 【유한책임신탁에 관한 신탁사건의 신청】 ① 「신탁법」 제114조 제1항에 따른 유한책임신탁에 관한 신탁사건의 신청은 서면으로 하여야 한다.
② 제1항에 따른 신청서에는 제9조 제1항 각 호의 기재사항 외에 유한책임신탁의 명칭, 수탁자의 성명이나 명칭 또는 「신탁법」 제114조 제2항 제4호에 따른 신탁사무처리지를 적어야 한다.

제44조의21 【청산수탁자의 변제허가】 「신탁법」 제133조 제1항에 따른 청산수탁자가 같은 법 제135조 제2항에 따른 변제허가의 신청을 할 때에는 그 사유를 소명하여야 한다.

제44조의22 【감정인 선임의 절차와 비용】 ① 「신탁법」 제136조 제4항에 따른 감정인 선임의 재판에 대하여는 불복신청을 할 수 없다.
② 「신탁법」 제136조 제4항에 따른 감정인 선임절차에 드는 비용은 같은 법 제133조 제1항에 따른 청산수탁자가 부담한다. 감정인의 소환 및 심문 비용의 경우에도 또한 같다.

제44조의23 【신탁관리인의 권한】 「신탁법」 제67조 제1항 또는 제2항에 따라 신탁관리인이 선임된 경우 이 장(章)의 규정을 적용할 때에는 신탁관리인을 수익자로 본다.

제44조의24 【법원의 감독】 ① 법원은 신탁사건의 감독을 위하여 필요하다고 인정할 때에는 이해관계인의 신청에 의하여 또는 직권으로 재산목록, 신탁사무에 관한 장부와 서류의 제출을 명하고, 신탁사무 처리에 관하여 수탁자와 그 밖의 관계인을 심문할 수 있다.
② 제1항에 따른 신청은 서면으로 하여야 한다.
③ 제1항에 따른 재판에 대하여는 불복신청을 할 수 없다.

제3장 재판상의 대위에 관한 사건

2013년 제1회 약술형
재판상의 대위

제45조 【재판상 대위의 신청】 채권자는 자기 채권의 기한 전에 채무자의 권리를 행사하지 아니하면 그 채권을 보전할 수 없거나 보전하는 데에 곤란이 생길 우려가 있을 때에는 재판상의 대위(代位)를 신청할 수 있다.

제46조 【관할법원】 재판상의 대위는 채무자의 보통재판적이 있는 곳의 지방법원이 관할한다.

제47조 【대위신청의 기재사항】 대위의 신청에는 제9조 제1항 각 호의 기재사항 외에 다음 각 호의 사항을 적어야 한다.
1. 채무자와 제3채무자의 성명과 주소
2. 신청인이 보전하려는 채권 및 그가 행사하려는 권리의 표시

제48조 【대위신청의 허가】 법원은 대위의 신청이 이유 있다고 인정한 경우에는 담보를 제공하게 하거나 제공하게 하지 아니하고 허가할 수 있다.

제49조 【재판의 고지】 ① 대위의 신청을 허가한 재판은 직권으로 채무자에게 고지하여야 한다.
② 제1항에 따른 고지를 받은 채무자는 그 권리를 처분할 수 없다.

제50조 【즉시항고】 ① 대위의 신청을 각하한 재판에 대하여는 즉시항고를 할 수 있다.
② 대위의 신청을 허가한 재판에 대하여는 채무자가 즉시항고를 할 수 있다.
③ 제1항 및 제2항에 따른 항고의 기간은 채무자가 재판의 고지를 받은 날부터 기산(起算)한다.

제51조 【항고 비용의 부담】 항고절차의 비용과 항고인이 부담하게 된 전심(前審)의 비용에 대하여는 신청인과 항고인을 당사자로 보고 「민사소송법」 제98조에 따라 부담할 자를 정한다.

제52조 【심리의 공개 및 검사의 불참여】 이 장의 규정에 따른 절차에 관하여는 제13조 및 제15조를 적용하지 아니한다.

제4장 보존 · 공탁 · 보관과 감정에 관한 사건

제53조 【공탁소의 지정 및 공탁물보관인의 선임】 ① 「민법」 제488조 제2항에 따른 공탁소의 지정 및 공탁물보관인의 선임은 채무이행지의 지방법원이 관할한다.
② 법원은 제1항에 따른 지정 및 선임에 관한 재판을 하기 전에 채권자와 변제자를 심문하여야 한다.
③ 법원이 제1항에 따른 지정 및 선임을 한 경우에 그 절차의 비용은 채권자가 부담한다.

제54조 【공탁물보관인의 의무】 제53조에 따른 공탁물보관인의 의무에 관하여는 「민법」 제694조부터 제697조까지 및 제700조를 준용한다. 다만, 「민법」 제696조에 따른 통지는 변제자에게 하여야 한다.

제54조의2 【공탁물보관인의 사임허가 등】 ① 법원은 제53조에 따른 공탁물보관인의 사임을 허가하거나 공탁물보관인을 해임할 수 있다. 공탁물보관인의 사임을 허가하는 경우 법원은 다시 공탁물보관인을 선임하여야 한다.
② 공탁물보관인의 사임허가 절차에 관하여는 제44조의11 제1항을 준용한다.

제55조 【경매 대가의 공탁】 「민법」 제490조에 따른 법원의 허가에 관하여는 제53조를 준용한다.

제56조 【질물에 의한 변제충당의 허가】 ① 「민법」 제338조 제2항에 따라 질물(質物)로 직접 변제에 충당할 것을 청구하는 경우에는 제53조 제1항 및 제2항을 준용한다.
② 법원이 제1항에 따른 청구를 허가한 경우에는 그 절차의 비용은 질권설정자가 부담한다.

제57조 【환매권 대위 행사 시의 감정인 선임】 ① 「민법」 제593조에 따른 감정인의 선임 · 소환 및 심문은 물건 소재지의 지방법원이 관할한다.
② 법원이 제1항에 따른 선임을 한 경우에는 그 절차의 비용은 매수인이 부담한다.

제58조 【검사의 불참여】 이 장의 규정에 따른 절차에 관하여는 제15조를 적용하지 아니한다.

제59조 【불복신청의 금지】 이 장의 규정에 따라 지정 또는 선임을 하거나 허가를 한 재판에 대하여는 불복신청을 할 수 없다.

제5장 법인의 등기

제60조【관할등기소】 ① 법인등기에 관하여는 법인의 주된 사무소 소재지를 관할하는 지방법원, 그 지원 또는 등기소를 관할등기소로 한다.
② 대한민국에 사무소를 둔 외국법인의 등기에 관하여는 제1항을 준용한다.

제61조 삭제

제62조【이사·청산인의 등기】 법인의 이사 또는 청산인의 등기를 할 때에는 그 주민등록번호도 등기하여야 한다.

제63조【설립등기의 신청】 ① 법인설립의 등기는 법인을 대표할 사람이 신청한다.
② 제1항에 따른 등기의 신청서에는 다음 각 호의 서류를 첨부하여야 한다.
1. 법인의 정관
2. 이사의 자격을 증명하는 서면
3. 주무관청의 허가서 또는 그 인증이 있는 등본
4. 재산목록

제64조【변경의 등기】 ① 법인 사무소의 신설·이전, 그 밖의 등기사항의 변경등기 신청서에는 사무소의 신설·이전 또는 등기사항의 변경을 증명하는 서면을 첨부하되, 주무관청의 허가가 필요한 사항은 그 허가서 또는 그 인증이 있는 등본을 첨부하여야 한다.
② 임시이사가 제1항에 따른 등기를 신청하는 경우에는 신청서에 그 자격을 증명하는 서면을 첨부하여야 한다.

제65조【해산의 등기】 법인의 해산등기 신청서에는 해산의 사유를 증명하는 서면을 첨부하고, 이사가 청산인으로 된 경우를 제외하고는 청산인의 자격을 증명하는 서면을 첨부하여야 한다.

제65조의2【등기사항의 공고】 등기한 사항의 공고는 신문에 한 차례 이상 하여야 한다.

제65조의3【등기사항을 공고할 신문의 선정】 ① 지방법원장은 매년 12월에 다음 해에 등기사항의 공고를 게재할 신문을 관할구역의 신문 중에서 선정하고, 일간신문에 이를 공고하여야 한다.
② 공고를 게재할 신문이 휴간되거나 폐간되었을 때에는 다시 다른 신문을 선정하여 제1항과 같은 방법으로 공고하여야 한다.

제65조의4【신문 공고를 갈음하는 게시】 지방법원장은 그 관할구역에 공고를 게재할 적당한 신문이 없다고 인정할 때에는 신문에 게재하는 공고를 갈음하여 등기소와 그 관할구역의 시·군·구의 게시판에 공고할 수 있다.

제66조【「상업등기법」의 준용】 ① 법인과 대한민국에 사무소를 둔 외국법인의 등기에 관하여는 「상업등기법」 제3조, 제5조부터 제10조까지, 제11조 제2항·제3항, 제12조부터 제22조까지, 제24조, 제25조, 제26조 제1호부터 제10호까지 및 제12호, 제14호·제17호, 제28조, 제75조부터 제80조까지, 제82조부터 제86조까지, 제87조 제1항, 제88조, 제89조 및 제91조를 준용한다. 다만, 임시이사의 등기신청에 관하여는 「상업등기법」 제25조 제1항 및 제2항을 준용하지 아니한다.
② 법인의 등기에 관하여는 「상업등기법」 제54조부터 제56조까지 및 제60조를 준용한다.
③ 대한민국에 사무소를 둔 외국법인의 등기에 관하여는 「상업등기법」 제23조 제3항을 준용한다.

제67조【법인등기 규정의 특수법인등기에의 적용 등】 ① 이 법 중 법인의 등기에 관한 규정은 「민법」 및 「상법」 외의 법령에 따라 설립된 법인의 등기에 대하여도 적용한다. 다만, 그 법령에 특별한 규정이 있거나 성질상 허용되지 아니하는 경우에는 그러하지 아니하다.
② 제1항에 규정된 법인의 업무에 관하여 재판상 또는 재판 외의 모든 행위를 할 수 있는 대리인에 관하여는 「상업등기법」 제16조 및 제17조 중 지배인에 관한 규정과 같은 법의 회사의 지배인등기에 관한 규정을 준용한다.

제6장 부부재산 약정의 등기

제68조【관할등기소】 부부재산 약정(約定)의 등기에 관하여는 남편이 될 사람의 주소지를 관할하는 지방법원, 그 지원 또는 등기소를 관할등기소로 한다.

제69조 삭제

제70조【부부재산 약정에 관한 등기신청인】 부부재산 약정에 관한 등기는 약정자 양쪽이 신청한다. 다만, 부부 어느 한쪽의 사망으로 인한 부부재산 약정 소멸의 등기는 다른 한쪽이 신청한다.

제71조【「부동산등기법」의 준용】 부부재산 약정의 등기에는 「부동산등기법」 제2조 제1호부터 제3호까지, 제6조, 제8조부터 제13조까지, 제14조 제2항부터 제4항까지, 제16조부터 제20조까지, 제22조, 제24조 제1항 제1호 및 같은 조 제2항, 제29조 제1호부터 제5호까지 및 제8호부터 제10호까지, 제31조부터 제33조까지, 제58조, 제100조, 제101조(전산정보처리조직을 이용한 이의신청에 관한 부분은 제외한다), 제102조부터 제109조까지, 제109조의2 제1항·제3항(제1항에 관련된 부분만 해당한다) 및 제113조를 준용한다.

제3편 상사(商事)비송사건

제1장 회사와 경매에 관한 사건

제72조【관할】① 「상법」 제176조, 제306조, 제335조의5, 제366조 제2항, 제374조의2 제4항, 제386조 제2항, 제432조 제2항, 제443조 제1항 단서와 그 준용규정에 따른 사건 및 같은 법 제277조 제2항, 제298조, 제299조, 제299조의2, 제300조, 제310조 제1항, 제391조의3 제4항, 제417조, 제422조, 제467조, 제582조, 제607조 제3항에 따른 사건은 본점 소재지의 지방법원 합의부가 관할한다.
② 「상법」 제239조 제3항과 그 준용규정에 따른 사건은 합병무효의 소(訴)에 관한 제1심 수소법원(受訴法院)이 관할한다.
③ 「상법」 제619조에 따른 사건은 폐쇄를 명하게 될 외국회사 영업소 소재지의 지방법원이 관할한다.
④ 「상법」 제600조 제1항에 따른 사건은 합병 후 존속하는 회사 또는 합병으로 인하여 설립되는 회사 본점 소재지의 지방법원이 관할한다.
⑤ 「상법」 제70조 제1항 및 제808조 제1항에 관한 사건은 경매할 물건 소재지의 지방법원이 관할한다.
⑥ 「상법」 제394조 제2항에 관한 사건은 같은 법 제403조에 따른 사건의 관할법원이 관할한다.

제73조【검사인 선임신청의 방식】① 검사인의 선임신청은 서면으로 하여야 한다.
② 제1항에 따른 신청서에는 다음 각 호의 사항을 적고 신청인이 기명날인하여야 한다.
1. 신청의 사유
2. 검사의 목적
3. 신청 연월일
4. 법원의 표시

제74조【검사인의 보고】① 검사인의 보고는 서면으로 하여야 한다.
② 법원은 검사에 관한 설명이 필요할 때에는 검사인을 심문할 수 있다.

제75조【변태설립사항의 변경에 관한 재판】① 「상법」 제300조에 따른 변태설립사항의 변경에 관한 재판은 이유를 붙인 결정으로써 하여야 한다.
② 법원은 재판을 하기 전에 발기인과 이사의 진술을 들어야 한다.
③ 발기인과 이사는 제1항에 따른 재판에 대하여 즉시항고를 할 수 있다.

제76조【검사인 선임의 재판】「상법」 제467조 제1항에 따른 검사인의 선임에 관한 재판을 하는 경우 법원은 이사와 감사의 진술을 들어야 한다.

제77조【검사인의 보수】법원은 「상법」 제298조, 제310조 제1항, 제422조 제1항 또는 제467조 제1항에 따라 검사인을 선임한 경우 회사로 하여금 검사인에게 보수를 지급하게 할 수 있다. 이 경우 그 보수액은 이사와 감사의 의견을 들어 법원이 정한다.

제78조【즉시항고】제76조 및 제77조에 따른 재판에 대하여는 즉시항고를 할 수 있다.

제79조【업무·재산상태의 검사를 위한 총회 소집】법원은 「상법」 제467조에 따른 검사를 할 때에 주주총회의 소집이 필요하다고 인정하면 일정 기간 내에 그 소집을 할 것을 명하여야 한다.

제80조【업무·재산상태의 검사 및 총회소집 허가의 신청】① 「상법」 제277조 제2항에 따른 검사의 허가를 신청하는 경우에는 검사를 필요로 하는 사유를 소명하고, 같은 법 제366조 제2항에 따른 총회 소집의 허가를 신청하는 경우에는 이사가 그 소집을 게을리한 사실을 소명하여야 한다.
② 제1항에 따른 신청은 서면으로 하여야 한다.

제81조【업무·재산상태의 검사 등의 신청에 대한 재판】① 제80조에 따른 신청에 대하여는 법원은 이유를 붙인 결정으로써 재판을 하여야 한다.
② 신청을 인용한 재판에 대하여는 불복신청을 할 수 없다.

제82조【납입금의 보관자 등의 변경 허가신청】「상법」 제306조(「상법」 제425조 제1항 및 제516조의9 제4항에서 준용하는 경우를 포함한다)에 따른 허가의 신청은 그 사유를 소명하고 발기인 또는 이사가 공동으로 하여야 한다.

제83조【단주 매각의 허가신청】「상법」 제443조 제1항 단서(「상법」 제461조 제2항 및 제530조 제3항에서 준용하는 경우를 포함한다)에 따른 허가의 신청에 관하여는 제82조를 준용한다.

제84조【직무대행자 선임의 재판】① 「상법」 제386조 제2항(「상법」 제415조에서 준용하는 경우를 포함한다)에 따른 직무대행자 선임에 관한 재판을 하는 경우 법원은 이사와 감사의 진술을 들어야 한다.
② 제1항의 경우에는 제77조, 제78조 및 제81조를 준용한다.

제84조의2【소송상 대표자 선임의 재판】① 「상법」 제394조 제2항에 따른 소송상 대표자 선임에 관한 재판을 하는 경우 법원은 이사 또는 감사위원회의 진술을 들어야 한다.
② 제1항의 경우에는 제81조를 준용한다.

제85조【직무대행자의 상무 외 행위의 허가신청】① 「상법」 제408조 제1항 단서에 따른 상무(常務) 외 행위의 허가신청은 직무대행자가 하여야 한다.

② 신청을 인용한 재판에 대하여는 즉시항고를 할 수 있다. 이 경우 항고기간은 직무대행자가 재판의 고지를 받은 날부터 기산한다.
③ 제2항에 따른 항고는 집행정지의 효력이 있다.

제86조【주식의 액면 미달 발행의 인가신청 등】 ①「상법」제417조에 따른 주식의 액면 미달 발행의 인가신청은 서면으로 하여야 한다.
② 제1항에 따른 신청에 대한 재판은 이유를 붙인 결정으로써 하여야 한다.
③ 법원은 재판을 하기 전에 이사의 진술을 들어야 한다.
④ 제2항에 따른 재판에 대하여는 즉시항고를 할 수 있다.
⑤ 제4항에 따른 항고는 집행정지의 효력이 있다.

제86조의2【주식매도가액 및 주식매수가액 결정의 재판】 ① 법원은「상법」제335조의5 및 그 준용규정에 따른 주식매도가액의 결정 또는 같은 법 제374조의2 제4항 및 그 준용규정에 따른 주식매수가액의 결정에 관한 재판을 하기 전에 주주와 매도청구인 또는 주주와 이사의 진술을 들어야 한다.
② 여러 건의 신청사건이 동시에 계속(係屬) 중일 때에는 심문과 재판을 병합하여야 한다.
③ 제1항에 따른 재판에 관하여는 제86조 제1항·제2항·제4항 및 제5항을 준용한다.

제87조 삭제

제88조【신주의 발행 무효로 인하여 신주의 주주가 받을 금액의 증감 신청】
①「상법」제432조 제2항에 따른 신청은 신주발행 무효 판결이 확정된 날부터 6개월 내에 하여야 한다.
② 심문은 제1항에 따른 기간이 경과한 후에만 할 수 있다.
③ 여러 건의 신청사건이 동시에 계속 중일 때에는 심문과 재판을 병합하여야 한다.
④ 법원은 제1항에 따른 신청을 받으면 지체 없이 그 사실을 관보에 공고하여야 한다.

제89조【제88조의 신청에 대한 재판의 효력】 ① 제88조 제1항에 따른 신청에 대한 재판은 총주주(總株主)에 대하여 효력이 있다.
② 제1항에 따른 재판에 관하여는 제75조 제1항, 제76조, 제78조 및 제85조 제3항을 준용한다.

제90조【해산을 명하는 재판】 ①「상법」제176조 제1항에 따른 재판에 관하여는 제75조 제1항을 준용한다.
② 법원은 재판을 하기 전에 이해관계인의 진술과 검사의 의견을 들어야 한다.

제91조【즉시항고】 회사, 이해관계인 및 검사는 제90조에 따른 재판에 대하여 즉시항고를 할 수 있다. 이 경우 항고는 집행정지의 효력이 있다.

제92조 【해산명령신청의 공고와 그 방법】 「상법」 제176조 제1항에 따른 해산명령의 신청이 있는 경우에는 제88조 제4항을 준용한다.

제93조 【해산재판의 확정과 등기촉탁】 회사의 해산을 명한 재판이 확정되면 법원은 회사의 본점 소재지의 등기소에 그 등기를 촉탁하여야 한다.

제94조 【해산명령 전의 회사재산 보전에 필요한 처분】 ① 「상법」 제176조 제2항에 따라 관리인의 선임, 그 밖에 회사재산의 보전에 필요한 처분을 하는 경우에는 제44조의9, 제77조 및 제78조를 준용한다.
② 제1항에 따른 관리인에 관하여는 「민법」 제681조, 제684조, 제685조 및 제688조를 준용한다.

제94조의2 【관리인의 사임허가 등】 ① 법원은 제94조에 따른 관리인의 사임을 허가하거나 관리인을 해임할 수 있다. 관리인의 사임을 허가하는 경우 법원은 다시 관리인을 선임하여야 한다.
② 관리인의 사임허가 또는 해임 절차에 관하여는 제44조의11을 준용한다.

제95조 【회사관리인의 회사 재산상태 보고 등】 ① 법원은 그 선임한 관리인에게 재산상태를 보고하고 관리계산(管理計算)을 할 것을 명할 수 있다. 이 재판에 대하여는 불복신청을 할 수 없다.
② 이해관계인은 제1항에 따른 보고와 계산에 관한 서류의 열람을 신청하거나 수수료를 내고 그 등본의 발급을 신청할 수 있다.
③ 검사는 제2항에 따른 서류를 열람할 수 있다.

제96조 【비용의 부담】 ① 법원이 「상법」 제176조 제2항에 따라 직권으로 재판을 하였거나 신청에 상응한 재판을 한 경우에는 재판 전의 절차와 재판의 고지 비용은 회사가 부담한다. 법원이 명한 처분에 필요한 비용도 또한 같다.
② 법원이 항고인의 신청에 상응한 재판을 한 경우에는 항고절차의 비용과 항고인이 부담하게 된 전심의 비용은 회사가 부담한다.

제97조 【해산명령 청구자의 담보제공】 「상법」 제176조 제3항에 따라 제공할 담보에 관하여는 「민사소송법」 제120조 제1항 및 제121조부터 제126조까지의 규정을 준용한다.

제98조 【설립 무효판결의 확정과 등기촉탁】 회사 설립을 무효로 하는 판결이 확정되면 제1심 수소법원은 회사의 본점 소재지의 등기소에 그 등기를 촉탁하여야 한다.

제99조 【합병 등의 무효판결의 확정과 등기촉탁】 회사의 합병, 주식회사의 분할 또는 분할합병을 무효로 하는 판결이 확정된 경우에는 제98조를 준용한다.

제100조【합병회사의 채무부담부분 결정의 재판】「상법」제239조 제3항(「상법」제269조 및 제530조 제2항에서 준용하는 경우를 포함한다)에 따른 재판에 관하여는 제75조 제1항, 제78조 및 제85조 제3항을 준용한다.

제101조【유한회사와 외국회사 영업소 폐쇄에의 준용】① 유한회사에 관하여는 제76조부터 제81조까지, 제83조, 제84조, 제84조의2, 제85조, 제88조, 제89조 및 제100조를 준용한다.
② 외국회사 영업소의 폐쇄를 명하는 경우에는 제90조부터 제94조까지, 제94조의2 및 제95조부터 제97조까지의 규정을 준용한다.

제102조【지분압류채권자의 보전청구】① 「상법」제224조 제1항 단서(「상법」제269조에서 준용하는 경우를 포함한다)에 따른 예고를 한 채권자는 회사의 본점 소재지의 지방법원 합의부에 지분환급청구권의 보전(保全)에 필요한 처분을 할 것을 청구할 수 있다.
② 제1항에 따른 청구에 대한 재판에 관하여는 제75조 제1항 및 제78조를 준용한다.

제103조 삭제

제104조【유한회사와 주식회사의 합병 인가신청】「상법」제600조 제1항에 따른 합병의 인가신청은 합병을 할 회사의 이사와 감사가 공동으로 신청하여야 한다.

제105조【유한회사의 조직 변경 인가신청】「상법」제607조 제3항에 따른 인가신청을 하는 경우에는 제104조를 준용한다.

제106조【유한회사의 합병 인가신청 등에 관한 재판】제104조 및 제105조에 따른 신청이 있는 경우에는 제81조를 준용한다.

제107조【그 밖의 등기촉탁을 할 경우】다음 각 호의 어느 하나에 해당하는 경우에는 제1심 수소법원은 회사의 본점 소재지의 등기소에 그 등기를 촉탁하여야 한다.
1. 회사 청산인의 해임 재판이 있는 경우
2. 합명회사, 합자회사 또는 유한회사의 설립을 취소하는 판결이 확정된 경우
3. 합명회사 또는 합자회사의 사원 제명(除名) 또는 그 업무집행권한이나 대표권 상실의 판결이 확정된 경우
4. 주식회사의 이사·감사·대표이사 또는 청산인이나 유한회사의 이사·감사 또는 청산인의 직무를 일시적으로 맡아 할 사람을 선임한 경우
5. 주식회사의 이사 또는 감사나 유한회사 이사의 해임 판결이 확정된 경우
6. 주식회사의 창립총회 또는 주주총회나 유한회사의 사원총회가 결의한 사항이 등기된 경우에 결의취소·결의무효확인·결의부존재확인(決議不存在確認) 또는 부당결의의 취소나 변경의 판결이 확정된 경우

7. 주식회사의 신주 발행 또는 자본 감소의 무효판결이 확정된 경우
8. 주식회사의 주식 교환 또는 이전(移轉)의 무효판결이 확정된 경우
9. 유한회사의 자본 증가 또는 자본 감소의 무효판결이 확정된 경우

제108조【등기촉탁서의 첨부서면】이 법에 따라 법원이 회사의 본점 소재지의 등기소에 등기를 촉탁할 때에는 촉탁서에 재판의 등본을 첨부하여야 한다.

제2장 사채에 관한 사건

제109조【관할법원】「상법」제439조 제3항(그 준용규정을 포함한다), 제481조, 제482조, 제483조 제2항, 제491조 제3항, 제496조 및 제507조 제1항에 따른 사건은 사채를 발행한 회사의 본점 소재지의 지방법원 합의부가 관할한다.

제110조【사채모집의 수탁회사에 관한 재판】① 「상법」제481조에 따른 허가신청, 같은 법 제482조에 따른 해임청구 또는 같은 법 제483조 제2항에 따른 선임청구에 대한 재판은 이해관계인의 의견을 들은 후 이유를 붙인 결정으로써 하여야 한다.
② 신청 및 청구를 인용한 재판에 대하여는 불복신청을 할 수 없다.
③ 신청 및 청구를 인용하지 아니한 재판에 대하여는 즉시항고를 할 수 있다.

제111조 삭제

제112조【사채권자집회의 소집 허가신청】「상법」제491조 제3항에 따른 허가신청에 관하여는 제80조 및 제81조를 준용한다.

제113조【사채권자집회의 결의 인가청구】① 「상법」제496조에 따른 결의의 인가를 청구하는 경우에는 의사록(議事錄)을 제출하여야 한다.
② 제1항에 따른 청구가 있는 경우에는 제78조, 제85조 제3항 및 제110조 제1항을 준용한다.

제114조【사채모집 위탁의 보수 등 부담 허가신청】① 「상법」제507조 제1항에 따른 허가신청은 사채모집을 위탁받은 회사, 대표자 또는 집행자가 하여야 한다.
② 제1항에 따른 신청이 있는 경우에는 제113조 제2항을 준용한다.

제115조【사채권자 이의기간 연장의 신청】「상법」제439조 제3항(「상법」제530조 제2항에서 준용하는 경우를 포함한다)에 따른 기간의 연장 허가 신청이 있는 경우에는 제110조를 준용한다.

제116조【검사의 불참여】이 장의 절차에 관하여는 제15조를 적용하지 아니한다.

제3장 회사의 청산에 관한 사건

제117조【관할법원】① 합명회사와 합자회사의 청산에 관한 사건은 회사의 본점 소재지의 지방법원이 관할한다.
② 주식회사와 유한회사의 청산에 관한 사건은 회사의 본점 소재지의 지방법원 합의부가 관할한다.

제118조【법원의 감독】① 회사의 청산은 법원의 감독을 받는다.
② 법원은 회사의 업무를 감독하는 관청에 의견의 진술을 요청하거나 조사를 촉탁할 수 있다.
③ 회사의 업무를 감독하는 관청은 법원에 그 회사의 청산에 관한 의견을 진술할 수 있다.

제119조【청산인의 선임·해임 등의 재판】청산인의 선임 또는 해임의 재판에 대하여는 불복신청을 할 수 없다.

제120조【청산인의 업무대행자】주식회사와 유한회사의 청산인에 관하여는 제84조 및 제85조를 준용한다.

제121조【청산인의 결격사유】다음 각 호의 어느 하나에 해당하는 자는 청산인으로 선임될 수 없다.
1. 미성년자
2. 피성년후견인
3. 자격이 정지되거나 상실된 자
4. 법원에서 해임된 청산인
5. 파산선고를 받은 자

제122조 삭제

제123조【청산인의 보수】법원이 청산인을 선임한 경우에는 제77조 및 제78조를 준용한다.

제124조【감정인의 선임 비용】법원이 「상법」 제259조 제4항 또는 그 준용규정에 따른 감정인을 선임한 경우 그 비용은 회사가 부담한다. 감정인의 소환 및 심문 비용의 경우에도 또한 같다.

제125조【감정인 선임의 절차 및 재판】제124조에 따른 감정인의 선임 절차와 재판에 관하여는 제58조 및 제59조를 준용한다.

제126조【청산인의 변제 허가신청】「상법」 제536조 제2항 또는 그 준용규정에 따른 허가의 신청에 관하여는 제81조 제1항 및 제82조를 준용한다.

제127조【서류 보존인 선임의 재판】「상법」 제541조 제2항 또는 그 준용규정에 따른 서류 보존인 선임의 재판에 대하여는 불복신청을 할 수 없다.

제128조 【외국회사의 영업소 폐쇄 시의 청산절차】「상법」제620조에 따른 청산에 관하여는 그 성질상 허용되지 아니하는 경우를 제외하고는 이 장의 규정을 준용한다.

제4장 삭제

제4편 보칙

제247조 【과태료사건의 관할】 과태료사건은 다른 법령에 특별한 규정이 있는 경우를 제외하고는 과태료를 부과받을 자의 주소지의 지방법원이 관할한다.

제248조 【과태료재판의 절차】 ① 과태료재판은 이유를 붙인 결정으로써 하여야 한다.
② 법원은 재판을 하기 전에 당사자의 진술을 듣고 검사의 의견을 구하여야 한다.
③ 당사자와 검사는 과태료재판에 대하여 즉시항고를 할 수 있다. 이 경우 항고는 집행정지의 효력이 있다.
④ 과태료재판 절차의 비용은 과태료를 부과하는 선고가 있는 경우에는 그 선고를 받은 자가 부담하고, 그 밖의 경우에는 국고에서 부담한다.
⑤ 항고법원이 당사자의 신청을 인정하는 재판을 한 경우에는 항고절차의 비용 및 전심에서 당사자가 부담하게 된 비용은 국고에서 부담한다.

제249조 【과태료재판의 집행】 ① 과태료재판은 검사의 명령으로써 집행한다. 이 경우 그 명령은 집행력 있는 집행권원과 같은 효력이 있다.
② 과태료재판의 집행절차는 「민사집행법」의 규정에 따른다. 다만, 집행을 하기 전에 재판의 송달은 하지 아니한다.

제250조 【약식재판】 ① 법원은 타당하다고 인정할 때에는 당사자의 진술을 듣지 아니하고 과태료재판을 할 수 있다.
② 당사자와 검사는 제1항에 따른 재판의 고지를 받은 날부터 1주일 내에 이의신청을 할 수 있다.
③ 제1항에 따른 재판은 이의신청에 의하여 그 효력을 잃는다.
④ 이의신청이 있는 경우 법원은 당사자의 진술을 듣고 다시 재판하여야 한다.

제251조 【외국인에 관한 비송사건절차】 외국인에 관한 사건의 절차로서 조약(條約)에 의하여 특별히 정하여야 할 사항은 대법원규칙으로 정한다.

ME
MO

2026 박문각 행정사 2차
수험용 법전

초판인쇄	2025. 10. 27.	**초판발행**	2025. 11. 3.	**편저자**	임병주	
발행인	박 용	**발행처**	(주)박문각출판	**등록**	2015년 4월 29일 제2019-000137호	
주소	06654 서울시 서초구 효령로 283 서경 B/D 4층			**팩스**	(02)584-2927	
전화	교재 문의 (02)6466-7202					

저자와의
협의하에
인지생략

이 책의 무단 전재 또는 복제 행위는 저작권법 제136조에 의거, 5년 이하의 징역 또는 5,000만원 이하의 벌금에 처하거나 이를 병과할 수 있습니다.

정가 23,000원

ISBN 979-11-7519-228-7